邵学言　肖鹞飞 ◎ 主编

国际金融

（第三版）

GUOJI JINRONG

中山大学出版社
·广州·

版权所有　翻印必究

图书在版编目（CIP）数据

国际金融/邵学言，肖鹞飞主编．—3 版．—广州：中山大学出版社，2010.9
ISBN 978 - 7 - 306 - 03723 - 7

Ⅰ．国…　Ⅱ．①邵…　②肖…　Ⅲ．国际金融　Ⅳ．F831

中国版本图书馆 CIP 数据核字（2010）第 150287 号

出版人：	祁　军
策划编辑：	刘学谦
责任编辑：	刘学谦
封面设计：	曾　斌
责任校对：	杨文泉
责任技编：	何雅涛
出版发行：	中山大学出版社
电　　话：	编辑部 020 - 84111996，84111997，84113349，84110779
	发行部 020 - 84111998，84111981，84111160
地　　址：	广州市新港西路 135 号
邮　　编：	510275　传　真：020 - 84036565
网　　址：	http：//www.zsup.com.cn　E-mail：zdcbs@ mail. sysu. edu. cn
印刷者：	广东省农垦总局印刷厂
规　　格：	787mm×960mm　1/16　21.75 印张　447 千字
版次印次：	1997 年第 1 版　2004 年第 2 版　2010 年 9 月第 3 版　2016 年 1 月第 12 次印刷
印　　数：	38001 - 41000 册　定　价：38.00 元

如发现本书因印装质量影响阅读，请与出版社发行部联系调换

内容提要

《国际金融》(第三版)共分为11章。第一、二章介绍了国际收支及其调节的基础知识和基本理论;第三、四章阐述了国际金融学科最基本、最核心的汇率理论和汇率政策问题;第五、六章介绍了外汇市场的结构与机制、外汇交易方式、外汇风险与管理;第七、八章主要介绍了国际金融市场结构、跨国资本流动的原因和结果;第九章特别介绍了国际贸易融资体系与方式;第十、第十一章介绍了国际金融环境、货币与金融活动的国际安排和协调。本书各章实际涉及了国际金融领域的三大核心问题:一是开放经济下内部均衡的衡量和调节,二是广义国际金融市场的结构、机制和交易活动,三是国际金融活动的协调。

本书适合各大专院校金融学、国际经济与贸易、经济学等专业教学使用,也适用于金融工作有一定实践经历的自学者。

内容提要

前　　言

国际金融是研究货币与借贷资本在国际间运动的规律和方式的一门学科，是国际经济学的重要组成部分。当今时代，学习和研究国际金融显得越来越重要，并更具挑战性。这是因为国际金融已经成为影响和促进世界经济发展的重要因素，同时也因为国际金融工具、国际金融业务、国际金融市场和机构创新层出不穷，使国际金融成为国际经济中最活跃、最敏感、最富于创新冲动的领域。

经济与金融进一步全球化的趋势，促进了国际金融理论和业务的变化和发展。为了及时反映这些变化和发展，我们对2004年出版的《国际金融》（第二版）教材进行了修订。在修订过程中，我们吸收了国内高校对《国际金融》教材在内容和结构等方面的研究成果，参考了国外著名大学和商学院国际金融课程主流教材的内容体系的发展，总结了第二版《国际金融》在教学实践中反映出来的优点和不足。修订后的《国际金融》（第三版）具有以下特点：

第一，为提高学生理论联系实际的能力，在保持我国同类教材比较重视开放经济下宏观金融理论的特色基础上，进一步充实了属于微观金融的内容；

第二，对重要资料和数据进行了全面的更新和补充；

第三，为帮助学生掌握和凝炼所学章节的知识，在每章后增加了"本章小结"部分；

第四，为拓宽学生知识面，各章后均增加和补充了"相关链接"的内容。

《国际金融》教材建设在国内外都发展得特别快，并且出现了多层次和多样化的趋势。本教材的编写主要立足于经贸与金融类专业的本科教学，同时也兼顾了经济、贸易工作部门的实际工作者学习参考之用。

本书由广东外语外贸大学国际经济贸易学院邵学言教授和肖鹞飞教授主编。参与各章撰写的人员如下：邵学言（撰写第五、六、九章），肖鹞飞（撰写第三、四、七、八章），关晓红（撰写第十、十一章），李仁秀（撰写第一、二章），肖芍芳（对第一、二章进行了修改和补充）。全书最后由邵学言、肖鹞飞统稿。

在本书的编写过程中，我们参阅了大量的国内外文献，限于篇幅，恕不一一列出，在此谨向各位作者致谢。还要感谢中山大学出版社的编辑们对本书从第一版至第三版的编写和出版所给予的关心和支持。由于编者水平所限，如有疏漏和不足，敬请读者指正，使本书得以进一步完善。

编　者
2010年8月

目 录

第一章 国际收支 ………………………………………………………… (1)
  第一节 国际收支与国际收支平衡表 ……………………………… (1)
    一、国际收支的概念 ……………………………………………… (1)
    二、国际收支平衡表 ……………………………………………… (2)
  第二节 国际收支的不平衡与调节 ………………………………… (5)
    一、国际收支不平衡的含义 ……………………………………… (5)
    二、国际收支不平衡的原因 ……………………………………… (8)
    三、国际收支不平衡的调节 ……………………………………… (9)
  第三节 国际收支调节理论 ………………………………………… (15)
    一、弹性分析理论 ………………………………………………… (15)
    二、吸收分析理论 ………………………………………………… (19)
    三、货币分析理论 ………………………………………………… (21)
  本章小结 ……………………………………………………………… (23)

第二章 国际储备 ………………………………………………………… (31)
  第一节 国际储备概述 ……………………………………………… (31)
    一、国际储备的概念 ……………………………………………… (31)
    二、国际储备的形式 ……………………………………………… (31)
    三、国际储备的来源 ……………………………………………… (34)
    四、国际储备的作用 ……………………………………………… (35)
  第二节 国际储备管理 ……………………………………………… (36)
    一、国际储备管理的含义 ………………………………………… (36)
    二、国际储备管理的内容 ………………………………………… (36)
  第三节 我国的国际储备 …………………………………………… (42)
    一、我国的国际储备概况 ………………………………………… (42)
    二、我国的国际储备管理 ………………………………………… (43)
  本章小结 ……………………………………………………………… (44)

第三章 外汇与汇率 (47)
第一节 外汇的概念 (47)
一、外汇的一般定义 (47)
二、国际货币基金组织对外汇的定义 (47)
三、我国外汇管理条例对外汇的定义 (48)
四、外汇的基本特征 (48)
五、外汇的种类 (48)
六、外汇的作用 (48)
第二节 外汇汇率 (49)
一、汇率的概念 (49)
二、外汇的标价方法 (49)
三、汇率的种类 (50)
第三节 汇率决定的基础及影响汇率变动的主要因素 (53)
一、汇率决定的基础 (53)
二、影响汇率变动的主要因素 (56)
第四节 汇率变动对经济的影响 (58)
一、汇率变动的一般含义 (58)
二、汇率变动对经济的影响 (58)
第五节 汇率理论 (62)
一、国际借贷理论 (62)
二、购买力平价理论 (63)
三、利率平价理论 (67)
四、蒙代尔-弗莱明模型 (69)
五、货币分析法 (74)
六、资产组合分析法 (75)
本章小结 (76)

第四章 汇率制度与外汇管制 (80)
第一节 汇率制度的类型 (80)
一、固定汇率制度 (80)
二、浮动汇率制度 (82)
三、其他汇率制度 (83)
第二节 汇率制度的选择 (85)
一、固定汇率制度与浮动汇率制度的优劣争论 (85)
二、汇率制度的选择 (86)

三、关于发展中国家汇率制度选择问题的新解释 …………………………… (89)
　　四、人民币汇率制度的选择 …………………………………………………… (91)
第三节　外汇市场的干预 …………………………………………………………… (93)
　　一、干预外汇市场的主要目的 ………………………………………………… (93)
　　二、干预外汇市场的方式 ……………………………………………………… (94)
　　三、外汇市场干预的实践 ……………………………………………………… (95)
　　四、外汇市场干预的效应分析 ………………………………………………… (96)
第四节　外汇管制政策 ……………………………………………………………… (97)
　　一、外汇管制的目的 …………………………………………………………… (97)
　　二、外汇管制的主体 …………………………………………………………… (97)
　　三、外汇管制的对象和范围 …………………………………………………… (97)
　　四、外汇管制的主要内容 ……………………………………………………… (98)
　　五、外汇管制的方式 …………………………………………………………… (100)
　　六、外汇管制的经济影响 ……………………………………………………… (100)
第五节　外汇管制与货币自由兑换 ………………………………………………… (101)
　　一、货币自由兑换的概念 ……………………………………………………… (101)
　　二、货币自由兑换的条件 ……………………………………………………… (102)
　　三、货币自由兑换后经济所面临的主要风险 ………………………………… (103)
第六节　我国的外汇管制与人民币自由兑换的演进 ……………………………… (104)
　　一、国民经济恢复时期的外汇管制（1949—1952年） ……………………… (104)
　　二、全面计划经济时期的外汇管制（1953—1978年） ……………………… (105)
　　三、改革开放初期的外汇管制（1979—1993年） …………………………… (105)
　　四、1994年以后的外汇管理体制 ……………………………………………… (107)
本章小结 ……………………………………………………………………………… (108)

第五章　外汇市场与外汇交易 ……………………………………………………… (111)

第一节　外汇市场 …………………………………………………………………… (111)
　　一、外汇市场的功能 …………………………………………………………… (112)
　　二、外汇市场的特点 …………………………………………………………… (113)
　　三、外汇市场的构成 …………………………………………………………… (116)
　　四、外汇市场的类型 …………………………………………………………… (117)
　　五、外汇市场的清算系统 ……………………………………………………… (119)
　　六、世界主要外汇市场 ………………………………………………………… (120)
第二节　外汇交易 …………………………………………………………………… (122)
　　一、外汇交易的报价和交割 …………………………………………………… (123)

  二、即期外汇交易 ………………………………………………… (124)
  三、远期外汇交易 ………………………………………………… (126)
  四、掉期交易 ……………………………………………………… (133)
  五、套汇交易 ……………………………………………………… (135)
 第三节　外币期货与期权 ……………………………………………… (138)
  一、外币期货 ……………………………………………………… (139)
  二、外币期权 ……………………………………………………… (144)
 第四节　买入汇率、卖出汇率在外汇交易与进出口报价中的运用 …… (154)
  一、外汇的买卖价在外汇兑换业务中的运用 …………………… (154)
  二、外汇的买卖价在出口报价中的运用 ………………………… (154)
  三、远期汇率在出口报价中的运用 ……………………………… (155)
 本章小结 ………………………………………………………………… (156)

第六章　外汇风险管理 …………………………………………………… (164)
 第一节　外汇风险概述 ………………………………………………… (164)
  一、外汇风险的概念 ……………………………………………… (164)
  二、外汇敞口与外汇风险的种类 ………………………………… (165)
  三、外汇风险的构成和外汇风险管理的基本原理 ……………… (169)
 第二节　外汇风险管理方法 …………………………………………… (170)
  一、外汇风险管理的内部措施 …………………………………… (171)
  二、外汇风险管理的外部措施 …………………………………… (174)
 第三节　套期保值方法的选择 ………………………………………… (179)
  一、远期市场保值的成本分析 …………………………………… (179)
  二、远期外汇市场保值与货币市场保值的成本比较分析 ……… (180)
 本章小结 ………………………………………………………………… (181)

第七章　国际金融市场 …………………………………………………… (188)
 第一节　国际金融市场的形成与发展 ………………………………… (188)
  一、国际金融市场的概念 ………………………………………… (188)
  二、国际金融市场的形成 ………………………………………… (189)
  三、国际金融市场的发展 ………………………………………… (190)
  四、国际金融市场的类型 ………………………………………… (191)
  五、国际金融市场的作用 ………………………………………… (192)
 第二节　国际货币市场 ………………………………………………… (193)
  一、银行短期信贷 ………………………………………………… (193)

二、贴现业务 ………………………………………………………… (194)
　　三、国库券业务 ……………………………………………………… (194)
　　四、大额可转让存单 ………………………………………………… (194)
　　五、商业票据和银行承兑汇票 ……………………………………… (195)
第三节　国际资本市场 ………………………………………………… (196)
　　一、国际信贷市场 …………………………………………………… (196)
　　二、国际证券市场 …………………………………………………… (197)
第四节　欧洲货币市场 ………………………………………………… (202)
　　一、欧洲货币市场的形成与发展 …………………………………… (202)
　　二、欧洲货币市场的特点 …………………………………………… (204)
　　三、欧洲货币市场的构成 …………………………………………… (205)
　　四、欧洲货币市场的作用和影响 …………………………………… (209)
　　五、欧洲货币市场的发展前景 ……………………………………… (210)
第五节　衍生金融市场 ………………………………………………… (210)
　　一、衍生金融市场的产生和发展 …………………………………… (210)
　　二、衍生金融市场的功能 …………………………………………… (212)
　　三、衍生金融市场的风险 …………………………………………… (213)
本章小结 ………………………………………………………………… (214)

第八章　国际资本流动 ……………………………………………… (215)
第一节　国际资本流动的概念及其特征 ……………………………… (215)
　　一、国际资本流动的概念及类型 …………………………………… (215)
　　二、国际资本流动的发展及其特征 ………………………………… (216)
　　三、国际资本流动的原因 …………………………………………… (217)
　　四、国际资本流动的经济影响 ……………………………………… (218)
第二节　国际长期资本流动 …………………………………………… (219)
　　一、国际直接投资 …………………………………………………… (219)
　　二、国际间接投资 …………………………………………………… (221)
第三节　国际短期资本流动 …………………………………………… (223)
　　一、国际短期资本流动的类型 ……………………………………… (223)
　　二、影响国际短期资本流动的主要因素 …………………………… (224)
　　三、国际短期资本流动对经济的影响 ……………………………… (225)
第四节　国际资本流动与国际债务危机 ……………………………… (225)
　　一、国际债务危机的爆发 …………………………………………… (225)
　　二、国际债务危机产生的原因 ……………………………………… (226)

  三、国际债务危机的影响 ...... (227)
  四、解决国际债务危机的措施 ...... (228)
  五、解决国际债务危机的启示 ...... (230)
  六、主权债务问题 ...... (231)
 第五节　国际资本流动与货币危机 ...... (231)
  一、货币危机的概念 ...... (231)
  二、货币危机的表现 ...... (232)
  三、货币危机发生的主要原因 ...... (234)
  四、货币危机的传染 ...... (235)
  五、货币危机的影响 ...... (235)
  六、货币危机理论 ...... (236)
 本章小结 ...... (237)

第九章　国际贸易融资 ...... (242)

 第一节　短期对外贸易融资 ...... (243)
  一、短期对外贸易融资的概念和方式 ...... (243)
  二、对出口商的融资 ...... (244)
  三、对进口商的融资 ...... (245)
 第二节　国际保理业务 ...... (246)
  一、国际保理业务简述 ...... (246)
  二、国际保付代理业务的基本程序和特点 ...... (247)
  三、国际保付代理业务的类型 ...... (248)
  四、保理业务的费用 ...... (249)
  五、保理业务在国际贸易中的作用 ...... (250)
 第三节　中长期对外贸易融资——出口信贷 ...... (251)
  一、出口信贷的产生和发展 ...... (251)
  二、出口信贷的概念和特点 ...... (253)
  三、出口信贷体系的类型 ...... (253)
  四、出口信贷的基本贷款形式 ...... (254)
  五、出口信贷保险 ...... (258)
  六、出口信贷担保 ...... (259)
  七、协调各国出口信贷政策的国际协议与组织 ...... (260)
 本章小结 ...... (262)

第十章　国际货币体系 ...... (267)

第一节 国际货币体系概述 (267)
　一、国际货币体系的概念及其作用 (267)
　二、国际货币体系的划分 (268)
第二节 国际金本位制 (269)
　一、国际金本位制的特征 (269)
　二、对国际金本位制的评价 (271)
　三、国际金本位制的崩溃 (271)
第三节 布雷顿森林体系 (272)
　一、布雷顿森林体系的建立 (272)
　二、布雷顿森林体系的主要内容 (274)
　三、布雷顿森林体系的运行 (275)
　四、布雷顿森林体系的解体 (276)
　五、对布雷顿森林体系的评价 (280)
第四节 当前的国际货币体系——牙买加货币体系 (281)
　一、牙买加货币体系的形成 (281)
　二、牙买加协定的主要内容 (282)
　三、牙买加协定后国际货币体系的特征 (283)
　四、对当前国际货币体系的评价 (288)
　五、国际货币体系改革 (290)
第五节 欧洲货币一体化 (293)
　一、欧洲货币一体化进程 (293)
　二、欧洲货币一体化的影响 (298)
本章小结 (300)

第十一章　国际金融机构 (304)
第一节 国际货币基金组织 (304)
　一、国际货币基金组织的宗旨 (305)
　二、国际货币基金组织的组织结构 (305)
　三、国际货币基金组织的资金来源 (306)
　四、国际货币基金组织的业务活动 (307)
　五、国际货币基金组织的基本矛盾 (311)
第二节 世界银行集团 (313)
　一、世界银行 (314)
　二、国际开发协会 (318)
　三、国际金融公司 (320)

第三节　区域性国际金融机构 …………………………………… (322)
　一、国际清算银行 …………………………………………… (322)
　二、亚洲开发银行 …………………………………………… (323)
　三、非洲开发银行 …………………………………………… (327)
本章小结 ………………………………………………………… (329)

主要参考文献 ………………………………………………… (331)

第一章 国际收支

国际收支及其理论是国际金融学科的重要组成部分。一国的国际收支是该国所有对外经济往来情况的集中概括,是政府宏观决策必须考虑的重要经济指标。国际收支平衡表是国与国之间经济联系的账面表现,从中可分析和理解国际货币金融运动的规律。如今,各国均非常重视对国际收支问题的研究,我们可将国际收支和国际收支平衡表作为学习和研究国际金融的切入点,以便进一步深入学习和了解这一学科。

第一节 国际收支与国际收支平衡表

一、国际收支的概念

国际收支(Balance of Payments)记载的是国际经济交易,随着国际经济往来内容的不断扩大,国际收支的概念也发生了相应变化,有狭义和广义之分。狭义的国际收支是指一国的外汇收支,即在一定时期内(通常为1年)一国对外往来中必须立即结清的各种外汇收支的总情况。"二战"后,国与国之间发生了许多没有外汇收支的交易,如战争赔款、补偿贸易以及国与国之间或国际组织以实物形式提供的无偿援助和投资等,这种不涉及货币收付或只是单方转移财富的国际往来,在今天已经占据了相当重要的地位。为了全面反映一国的对外往来情况,目前,各国均根据国际货币基金组织的定义,普遍采用了广义的国际收支概念:指一国居民在一定时期内(1月、1季或1年)与非居民之间全部经济交易的系统记录。

为了充分理解广义国际收支的确切含义,还需要强调以下几方面的内容:

(1)国际收支记录的必须是国际的经济交易。所谓经济交易,是指经济价值从一个经济单位向另一个经济单位的转移。经济价值可包括有形和无形的资产,如货物、服务、收入和金融资产等;经济价值的转移方式可以是对等的交易,也可以是单方的无偿转移。现今国际收支的统计原则是,只要发生了国际的经济交易,则应在国际收支平衡表中予以记录。这与以支付为基础(On Payment Basis)的狭义的国际收支概念不同,广义的国际收支是以交易为基础(On Transaction Basis)的。可见,国际收支反映的内容,既包括涉及货币收付的经济交易,也包括没有涉及货币收付的经济交易。

(2) 国际收支记录的必须是一国居民与非居民之间的经济交易。判断一项交易是否应当包括在国际收支范围内，所依据的不是交易双方的国籍，而是交易双方是否有一方是该国居民，另一方为非居民。只有居民与非居民之间的经济交易才是国际经济交易。在国际收支统计中，居民是指在一个国家的经济领土内具有经济利益的经济单位，包括个人、政府、非营利团体和企业四类。一国的大使馆等驻外机构不是所在国的居民；国际组织由于不属于任何一国，因而是任何国家的非居民。

(3) 国际收支是一个流量的概念。根据统计学的定义，流量是一定时期内发生的变量变动的数值。国际收支通常是对一年内的国际经济交易进行总结，所以它是一个流量的概念。

(4) 国际收支是个事后的概念。定义中的"一定时期"一般是指过去的一个会计年度。

二、国际收支平衡表

国际收支平衡表（Balance of Payment Statement）是将一国的国际收支按照特定账户分类和复式记账原则编制的会计报表。许多国家根据本国统计资料来源的便利性或分析问题的需要之不同，分别编制适合本国国情的国际收支平衡表。但是，为了使各国的国际收支平衡表具有可比性，2004年国际货币基金组织出版了《国际收支手册》（第五版），对国际收支平衡表的编制所采用的概念、准则、惯例、分类方法以及标准构成都作了统一的规定和说明。各会员国均普遍按照国际货币基金组织的要求，按月、季或年度来编制和公布本国的国际收支平衡表，并定期向国际货币基金组织报送，以便其能及时了解会员国的国际收支情况。

（一）国际收支平衡表的编制

国际收支平衡表是按照"有借必有贷，借贷必相等"的复式簿记原理来编制的。复式簿记原则上要求每笔交易同时进行借方记录和贷方记录，即在国际收支统计中，所有国际经济交易都会在国际收支平衡表的借贷两方得到表示，因而，国际收支平衡表的借方总额和贷方总额是相等的，其账面净差额为零。

按照复式簿记的记账法则，贷方记录的是资产的减少或负债的增加，借方记录的是资产的增加或负债的减少。凡是引起本国从国外获得货币收入的交易均记入贷方，包括本国商品和劳务的出口、本国对外资产的减少和本国对外负债的增加等内容；凡是引起本国对外国货币支出的交易则记入借方，包括本国商品和劳务的进口、本国对外资产的增加和本国对外负债的减少等内容。

（二）国际收支平衡表的项目分类及主要内容

根据《国际收支手册》（第五版）的规定，国际收支平衡表可分为经常账户、资本与金融账户以及错误和遗漏账户三部分。

1. 经常账户

经常项目（Current Account），是指对一国与他国之间实际资源的转移情况进行记录的项目，包括以下内容：货物、服务、收益和经常转移。

（1）货物（Goods）。是经常账户乃至整个国际收支平衡表中最重要的账户，记录的是一国的商品出口与进口。一国输出商品可带来外汇收入，记入贷方；一国输入商品则引起外汇的支出，记入借方。商品进出口差额称为贸易收支差额，若出口大于进口则外汇收入大于支出，称贸易顺差；反之，则为贸易逆差。许多国家习惯以离岸价格（FOB）来计算出口商品的价格，以到岸价格（CIF）来计算进口商品的价格。为了便于编制及分析比较，国际货币基金组织建议会员国无论是出口还是进口均应采用离岸价格（FOB）来记录，由进口所涉及的运输费和保险费则另列入服务项目内。

（2）服务（Services）。服务是经常账户的第二个大项目，记录劳务的输出和输入。贷方记录劳务的输出，即本国居民为非居民提供的各种劳务数额；借方记录劳务的输入，即非居民为本国居民提供的各种劳务的数额。这一项目的交易内容较为繁杂，主要包括运输、旅游以及在一些在国际贸易中地位越来越重要的项目（如通讯、金融、计算机服务、专利权使用和特许以及其他商业服务）等。

（3）收入（Income）。记录由生产要素在国际的流动所引起的要素报酬收支。国际的生产要素流动包括劳工的输出入和资本的输出入。因而该项目下设有"雇员报酬"和"投资收益"两个细目。具体而言，一国居民在国外所赚取的工资、薪金和其他收入，应记录在"雇员报酬"项目的贷方，而一国支付给非居民（例如季节性的短期工人等）的报酬则应记录在"雇员报酬"项目的借方。一国居民对外投资所获取的利润、利息、股利等收入应列入"投资收益"项目的贷方，而非居民在本国的"投资收益"则记录在借方。

（4）经常转移（Current Transfers）。转移项目属于国际收支平衡表中的特殊项目，记录的是国际实际资源或金融资产无偿转移的情况。在《国际收支手册》（第五版）中，将转移区分为经常转移与资本转移两种类型。经常转移列在经常账户中，而资本转移列在资本与金融账户的资本项目内。若为外国对本国无偿转移实际资源或金融资产，则记录在贷方；反之，若是由本国对外国提供实际资源或金融资产的无偿转移，则记录在借方。无偿转移包括政府无偿转移和私人无偿转移。政府无偿转移主要有债务豁免、政府间军事援助、经济援助、捐款、战争赔款等，私人无偿转移主要有侨民汇款、年金、赠予等。

2. 资本与金融账户

资本与金融账户（Capital and Financial Account），是指对资产所有权在国际流动情况进行记录的账户，它包括资本项目和金融项目两大部分。

（1）资本项目（Capital Account）。记录：①资本转移；②非生产性、非金融性资产的收买或放弃。资本转移包括居民移居国外所引起的资本转移、单方面的对外债务减免（即债权人不索取任何回报而取消的债务）等；非生产性、非金融性资产的收买或放弃，是指各种无形资产如专利、版权、商标、经销权以及租赁和其他可转移合同的交易等。

（2）金融项目（Financial Account）。记录的内容与《国际收支手册》（第四版）所设置的资本项目基本相同，反映的是金融资产在一国与他国之间的转移，即国际资本流动。一国资本的流出表明其对外资产的增加或对外负债的减少，记入国际收支平衡表的借方；反之，资本流入则表明该国对外资产的减少或对外负债的增加，记入国际收支平衡表的贷方。与经常账户不同，金融项目的各个项目并不按借贷方总额来记录，而是按净额（借贷差额）来计入相应的借方或贷方。

在国际流动的资本，内容非常复杂，可以从不同的角度来予以划分。根据资本类型的不同，可分为直接投资、证券投资、其他投资和储备资产四类；从交易的主体（或资本拥有者）来划分，可分为私人资本和政府资本；从资本的期限来划分，则可分为短期资本和长期资本；等等。按照国际货币基金组织的标准格式，可将反映国际资本流动的金融项目划分为以下几个小细目：

1）直接投资（Direct Investment）。直接投资的主要特征是，投资者对非居民企业的经营活动拥有有效的发言权。这意味着直接投资者和企业之间存在着长期的关系，并且投资者对企业经营管理施加着相当大的影响。直接投资可以采取在国外直接建立分支企业的形式，也可以采用购买国外企业一定比例股票的形式。

2）证券投资（Portfolio Investment）。指本国居民和非居民之间以有价证券作为投资对象的交易活动。本国居民购买外国的股票和债券记录在国际收支平衡表的借方，非居民购买本国的股票和债券记录在国际收支平衡表的贷方。

3）其他投资（Other Investment）。这是一个剩余项目，它包括所有除了直接投资、证券投资或储备资产以外的资本交易，包括存贷款、货币、短期票据的交易等。

4）储备资产（Reserve Assets）。是指一国货币当局（主要指中央银行）所持有并可随时动用的对外资产，包括货币性黄金、外汇资产、特别提款权以及在 IMF 的储备头寸。（关于储备资产的相关问题在第二章有详细介绍。）

3. 错误与遗漏账户

国际收支平衡表采用的是复式记账法，因此所有项目的借方总额和贷方总额应是相等的。但是，由于各种国际经济交易的统计资料来源不一、记录时间不同，以及一些人为因素（如虚报出口或数据不宜公开）等原因，在结账时会不可避免地出现净的借方或贷方差额。基于会计上的需要，因此就人为地设立了一个抵消性的项目，即错误与遗漏账户（Errors and Omissions Account）。若借方总额大于贷方总额，则在错误与遗漏项目的贷方列出上述差额；反之，若贷方总额大于借方总额，则将差额列入该项目的借方，以抵消统计上的偏差。简言之，一切统计上的遗漏与误差均归入错误与遗漏账户中。

国际货币基金组织公布的国际收支账户设置可如图1-1所示。

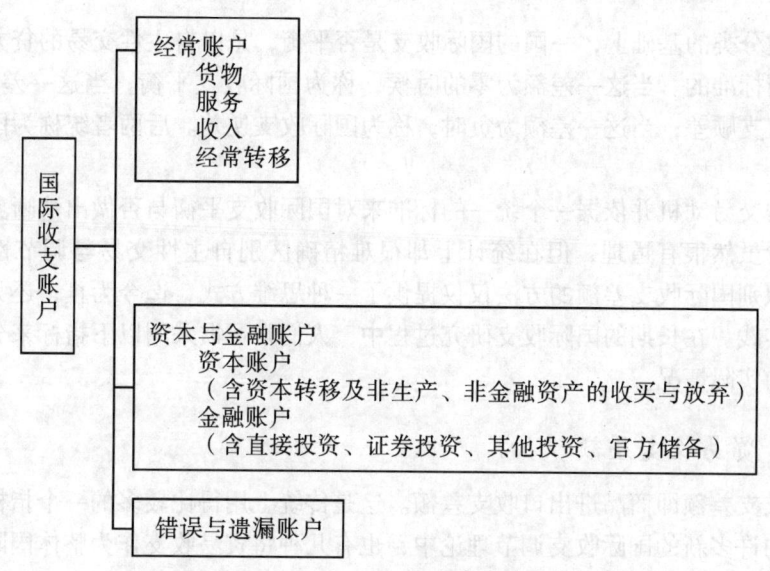

图1-1　国际货币基金组织公布的国际收支账户

第二节　国际收支的不平衡与调节

一、国际收支不平衡的含义

由前述可知，国际收支平衡表是依据复式簿记原理进行编制的，即任何一笔国际经济交易均会产生金额相等的借方记录和贷方记录，因而国际收支平衡表的借贷方总额必然是相等的，尽管某个或某些项目会出现借方数额大于或小于贷方数额的情况，但这些差额必然会由其余项目的盈余或赤字额所抵消。国际收支平衡表在账面上总是平衡的。但这只是会计意义上的平衡，事实上，国际收支更经常处于不平衡的状况。那么，应以什么标准来衡量国际收支的实际情况呢？理论上多以"自主性交易"作为国际收支是否平衡的判别标准。

在国际收支的理论研究中，通常将所有交易按照发生的动机分为自主性交易（Autonomous Transactions）和调节性交易（Accomodating Transactions）两部分。所谓自主性交易，是指个人和企业基于某种商业动机或其他考虑（比如追逐利润、旅游、汇款赡养亲友等）而从事的经济交易；调节性交易，是指为弥补自主性交易收支不平衡所造成的外汇供求缺口而进行的交易。比如当一国的自主性交易的支出大于收入，即发生国际收支逆差时，该国就会采取向外国政府或国际金融机构借款、动用官方储备等调节性交易来弥补。

在上述分类的基础上，一国的国际收支是否平衡，是以自主性交易的贷方与借方的差额为判断标准的。当这一差额为零的时候，称为国际收支平衡；当这一差额为正时，称为国际收支顺差；当这一差额为负时，称为国际收支逆差。后两者统称为国际收支不平衡。

这种按交易动机并依据一个统一的标准来对国际收支平衡与否做出清晰界定的方法从理论上看虽然很有道理，但在统计上却很难精确区别自主性交易与调节性交易。所以，这种识别国际收支差额的方法仅仅提供了一种思维方式，迄今为止，还无法将这一思维付诸实践。在长期的国际收支研究过程中，人们常习惯采用以下指标来分析和研究国际收支的实际情况。

（一）贸易收支差额

贸易收支差额即商品进出口收支差额。这是传统上用得比较多的一个指标，即使在战后出现的许多新的国际收支调节理论中，也有几种将贸易收支作为整体国际收支的代表。实际上，商品的进出口仅仅是国际收支的一部分内容，不能代表国际收支的全部。但是，对某些国家来说，贸易收支在全部国际收支中所占的比重相当大。因此，根据分析侧重点的不同，可将贸易收支作为国际收支的近似代表。此外，贸易收支在国际收支中还有其特殊重要性。商品的进出口情况综合反映了一国的产业结构、产品质量和劳动生产率状况，反映了该国产业在国际上的竞争能力，等等。因此，即使像美国这样资本项目比重相当大的国家，仍然十分重视贸易收支差额。

（二）经常账户收支差额

经常账户包括有形贸易收支（即货物进出口）、无形贸易收支（即服务和收入）以及经常转移支付。前两项构成经常账户收支的主体。经常账户收支差额虽然并不能代表全部国际收支，但它反映的是一个国家真实资源综合变化的实际情况。由于一国拥有多少真实资源可支配使用，对经济增长或发展十分重要，因而各国广为使用经常账户收支差额这一指标，作为制定国际收支政策和产业政策的重要依据。国际货币基金组织也特别重视各国经常账户的收支状况，将其作为考察成员国经济状况的重要指标之一。

（三）资本与金融账户收支差额

资本与金融账户收支差额具有两方面的分析作用：

（1）通过资本与金融账户余额可以看出一个国家资本市场的开放程度和金融市场的发达程度，对一国货币政策和汇率政策的调整提供有效的参考。一般而言，资本市场开放的国家,资本与金融账户的流量总额较大。

(2) 通过对资本与金融账户及其与经常账户之间关系的分析,可以了解一国经常账户和融资的状况。根据复式记账原则,在国际收支中一笔贸易流量通常对应一笔金融流量,因此经常账户中实际资源的流动和资本与金融账户中资产所有权的变动是同一问题的两个方面。在不考虑错误与遗漏因素时,经常账户中的余额必然对应着资本与金融账户在相反方向上的数量相等的余额,也就是说,经常账户余额与资本与金融账户余额之和等于零。当经常账户出现赤字时,必然对应着资本与金融账户的相应盈余,这意味着一国可利用金融资产的净流入为经常账户赤字融资。

影响金融资产流动的因素很多,这些因素主要是影响国内和国外各种资产的投资收益率与风险的各种因素,例如利率、各种其他投资的利润率、预期的汇率走势和税收方面的考虑,以及政治风险等因素。

由于各国经济发展程度、金融市场的成熟度和开放度,以及在利率和货币价值稳定程度等方面存在较大的差异,资本与金融账户差额在各国国际收支分析中所占的地位也不同。

(四) 综合账户差额或总差额

综合账户差额或总差额是指经常账户和资本与金融账户中剔除了储备资产内容的余额。其具体构成包括经常账户和资本与金融账户中的资本转移、直接投资、证券投资、其他投资项目所构成的余额。这是一个最为全面地反映一国国际收支情况的指标,通过对综合账户差额或总差额的分析,可以了解一国实际资源及其金融资产在国际转移的全部情况。同时,由于综合账户差额必然导致储备资产的反方向变动,所以,它也是衡量一国国际收支影响其储备资产发生变化的重要指标。

由于国际收支中的各种行为将导致外国货币与本国货币在外汇市场上的供求变动,影响到两种货币比价的稳定性。为了保持外汇市场上的价格不发生变动,政府必须利用储备进入市场进行外汇干预以实现供求平衡。所以,综合差额在政府有义务维护固定汇率制度时是极其重要的。而在浮动汇率制度下,政府原则上可以不动用储备而听任汇率随市场供求而变动,或是使用储备调节的任务相对较轻,所以这一差额在现代的分析意义上略有弱化。

由此可知,国际收支不平衡的衡量口径有多种,不同的国家往往根据自身情况选用其中一种或若干种,来判断自己在国际交往中的地位和状况,并采取相应的对策。比如,某个国家的经常账户收支连年发生巨额赤字,而资本与金融账户收支则连年盈余。这样的国家虽然综合账户收支处于平衡,但从长期看,国际收支状况不容乐观。因为长年的经常账户赤字反映了该国产业的国际竞争力低下,国际收支的长久平衡没有坚实的基础,眼前的平衡是依靠利用外资来维持的,所以,它极可能存在严重的外汇短缺和结构性国际收支不平衡。总之,对国际收支平衡与否的分析是非常复杂的,须根据不同的

侧重点进行深入细致的研究,才能掌握国际收支的真实信息。

二、国际收支不平衡的原因

一国的国际收支不平衡可以由多种原因引起。国际收支失衡可以表现为以下五种:

(一) 临时性不平衡

国际收支的临时性不平衡是短期的、由非确定或偶然因素引起的。比如,国内外突然爆发的某个重大事件可能会影响到一国商品进出口的大量增减,或引起巨额资金在国际的频繁移动,从而导致国际收支发生失衡。这种失衡程度一般较轻,持续时间不长,带有可逆性,可以认为是一种正常现象。在浮动汇率制度下,这种性质的国际收支失衡有时不需要政策调节,市场汇率的波动自然就能将其纠正。在固定汇率制度下,一般也不需要采用政策措施,只需动用官方储备便能加以克服。

(二) 结构性不平衡

结构性不平衡,是指国内经济、产业结构不能适应世界市场的变化而发生的国际收支失衡。结构性失衡通常反映在贸易项目或经常账户上。结构性失衡包括产品供求结构失衡和要素价格结构失衡。

(1) 产品供求结构失衡,是指一国产品的供求结构无法适应世界市场供求结构的变化,致使其国际收支发生的不平衡。比如,一国的国际贸易在一定的生产条件和消费需求下处于均衡状态,当国际市场需求发生变化、新产品不断淘汰老产品、新款式高质量产品不断淘汰旧款式低质量产品、新的替代品不断出现的时候,如果该国的产品结构不能及时进行调整,那么其原有的贸易平衡就会遭到破坏,贸易逆差就会出现。

(2) 要素价格结构失衡,是指一国要素价格的变动使其出口品在国际市场上的比较优势消失所造成的国际收支失衡。比如,一国原是劳动力禀赋丰富的国家,相对劳动密集型的产品具有比较优势,但如果该国工资上涨幅度高于劳动生产率提高的程度,则该国出口品的成本就会提高,在国际市场中失去竞争力。与临时性不平衡不同,结构性不平衡具有长期的性质,扭转起来相当困难。

(三) 货币性不平衡

货币性不平衡,是指由于价格水平、成本、汇率、利率等货币性因素所引起的国际收支失衡。如果一国货币供给量过多,物价会上升,致使其出口商品价格相对提高、成本上扬,进口商品价格相对便宜,由此必然导致该国的出口减少和进口增加,贸易收支发生赤字。同时,该国利息率的下降,则会造成资本流出增加和流入减少,加剧国际收支的失衡。

（四）周期性不平衡

周期性不平衡，是指由于经济周期的波动所导致的国际收支失衡。当一国经济处于衰退和萧条时期，社会总需求下降，进口需求也相应下降，国际收支有可能发生盈余；反之，如果一国经济处于扩张和繁荣时期，国内投资与消费需求旺盛，对进口的需求也相应增加，国际收支便可能出现逆差。一个国家的国际收支既受本国经济周期的影响，也受其他有关国家经济周期的影响。世界主要国家经济周期的波动，在很大程度上会影响与其经济贸易关系密切的国家的国际收支发生失衡。

（五）收入性不平衡

收入性不平衡是一个比较笼统的概念，可以概括为一国国民收入相对快速增长，导致进口需求的增长超过出口增长所引起的国际收支失衡。国民收入相对快速增长的原因多种多样，可以是周期性的、货币性的，或经济处在高速增长阶段所引起的。

三、国际收支不平衡的调节

由上述可知，影响国际收支不平衡的因素多种多样，国际收支不平衡是经常发生的。巨额的、连续的国际收支逆差或顺差均不利于经济的稳定和发展，政府有必要采取有效措施对国际收支的失衡进行调节，力求达到内外部经济的均衡。鉴于各国都比较注重国际收支逆差，我们在此着重讨论逆差的调节。

（一）国际收支自动平衡机制

经济体系中存在着某些机制，能够使国际收支失衡在一定程度上得到缓和，甚至不需要政府当局采取调整措施，国际收支也能自动恢复平衡。完全或接近完全的市场经济中就存在着这样一种机制，国际收支可以通过市场经济变量的变动自动恢复平衡。

国际收支失衡有两种表现形式：国际收支顺差和国际收支逆差。前者表现为对外收入大于支付，后者表现为对外收入小于支付。国际收支失衡会引起国内某些经济变量的变动，这些变动反过来又会影响国际收支。所以，国际收支的自动平衡机制，是指由国际收支失衡引起的国内经济变量变动对国际收支的反作用过程。以下分别就金铸币本位制度、纸币流通制度下的固定汇率和浮动汇率条件下的国际收支自动平衡机制作一些基本的分析说明。

1. 金铸币本位制度下的国际收支自动平衡机制

金铸币本位制度下的国际收支自动平衡机制就是18世纪英国经济学家大卫·休谟（David Hume）的"货币－价格机制"。在金铸币本位制度下，一国国际收支发生逆差，就意味着本国黄金外流，国内黄金存量减少，货币供给随之减少，从而引起国内物价水平下跌，本国产品在国外市场的竞争力提高，外国产品在本国的竞争力下降，于是出口增加，进口减少，国际收支逆差减少或消除；之后，随着国际收支顺差的出现，造成黄金内流以及国内货币供给的增加，物价水平随之上涨，出口因此减少，进口增加，国际收支顺差减少或消除。金铸币本位制度下的"货币－价格机制"自动调整过程可用图1－2表示。

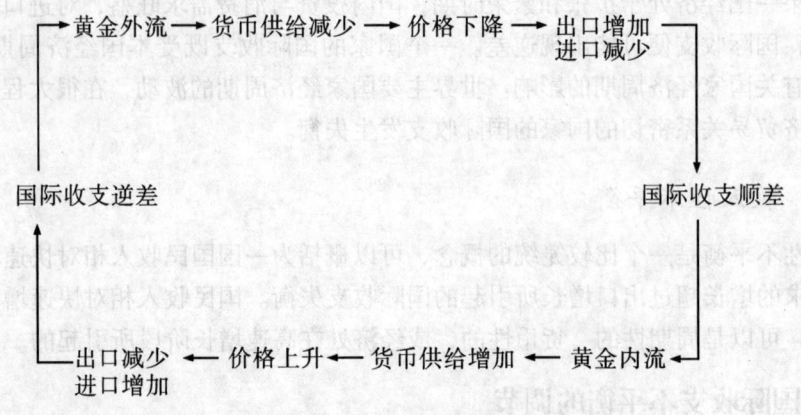

图1－2 金铸币本位制度下的国际收支自动平衡机制

2. 纸币流通制度下的国际收支自动平衡机制

纸币流通制条件下，国际收支自动平衡机制同样发生作用，与金本位制度下的国际收支自动平衡机制的自动调节原理是一样的，只是自动调节的过程更为复杂一些。在纸币制度下，国际收支的失衡会引起外汇储备、货币供应量发生变化，进而影响国民收入、物价和利率等变量的变动，从而影响国际收支，使其自动达到平衡。

（1）在实行纸币本位制的固定汇率条件下，一方面，当一国国际收支发生逆差时，本币汇率会下降。为了维持固定汇率不变，一国货币当局必然会动用外汇储备进行干预，本国货币供应量因此而减少，利息率上升，导致本国资本流出减少、流入增加，改善资本项目收支。另一方面，本国货币供应量减少，物价下跌，本国出口商品价格下降，出口增加；同时，进口需求减少，贸易收支因此得到改善。当一国国际收支发生顺差时情况正好相反。

（2）在浮动汇率制度下，一国货币当局不需要对汇率进行干预，汇率的升降主要由外汇供求关系决定。当一国国际收支发生逆差时，外汇需求就会大于外汇供给，外币价格趋于上升，本币价格趋于下降，即本币贬值，这将有利于出口的增加和进口的减少，贸易逆差得到改善；反之，若是一国国际收支发生顺差，外汇需求就会小于外汇供给，外币价格将下降，而本币价格将上升。这对国际收支将起到相反的调节作用。随着汇率的升降变化，国际收支失衡情况会自动得到缓解。

需要说明的是，国际收支自动调节只有在纯粹的自由经济中才能产生理论上所描述的那些作用,政府的某些宏观经济政策会干扰自动调节过程,使其作用下降、扭曲或根本不起作用。

(二) 调节国际收支的政策措施

国际收支的自动平衡机制只能在一定的经济环境及条件下才会发生作用,当市场失灵时,国际收支自动平衡机制的作用将被削弱或失效。因而,当国际收支出现失衡时,一国当局并不能完全依靠经济体系的自动调节来恢复国际收支的平衡,而是需要政府出面,采取适当的政策措施,对市场进行干预,才可能实现国际收支的平衡。世界各国政府调节国际收支的政策措施多种多样,大体有以下几种。

1. 外汇缓冲政策

外汇缓冲政策或称融资政策,是指一国动用官方储备或向外筹借资金来消除国际收支失衡的手段。例如,当一国国际收支出现逆差时,该国货币当局可通过减少外汇储备或增加对外负债的方法来消除逆差。外汇缓冲或融资政策是一种既简便又能避免调整痛苦的手段。但是,一国外汇储备规模总是有限的,而依靠国际融资来平衡国际收支逆差又会造成一国外债的大量累积。因而,外汇缓冲政策多数用于调节由临时性因素或突发事件的冲击所引起的国际收支失衡,对于长期、巨额的国际收支失衡,政府则主要通过实施各种适当的支出政策来进行调节。当然,融资政策与调节社会总需求的支出政策之间具有一定的互补性与替代性。比如,当国际收支发生逆差时,一国政府既可以采取支出型政策来加以调节,也可以采用融资的办法或两者相结合的办法来加以调节。在逆差额既定的情况下,较多使用资金融通,便可较少使用需求调节;反之,较多使用需求调节,便可较少使用资金融通。总之,融资政策是在短期内利用资金融通的方式来弥补国际收支赤字,以实现经济稳定的一种政策。

2. 财政货币政策

财政货币政策属于支出变更型政策(Expenditure-Changing Policy)类型。主要是指通过改变社会总需求或总支出水平,来改变对外国商品、劳务和金融资产的需求,使国际收支达到平衡的政策手段。

运用财政政策调节国际收支,主要是通过增减政府财政开支、提高或降低税率的办法来实现的。货币政策是中央银行通过调节货币供应量与利率来影响宏观经济活动水平的经济政策,主要工具是公开市场业务、再贴现以及法定准备金比率。财政政策与货币政策都可直接影响社会总需求,由此调节内部均衡;同时,社会总需求的变动又可以通过边际进口倾向影响进口和通过利率影响资金流动,由此调节外部均衡。

紧缩性的财政政策和货币政策具有降低社会总需求和总支出的作用。当社会总需求和总支出下降时,对外国商品、劳务和金融资产的需求也相应下降,从而使国际收支逆差得到改善。反之,扩张性的财政货币政策具有增加社会总需求和总支出的作用。当社会总需求和总支出增加时,对外国商品、劳务和金融资产的需求也相应增加,从而使国际收支顺差减少，趋向于平衡。

从理论上看，财政货币政策可从三个渠道来影响国际收支。下面仅以国际收支逆差为例，对此进行进一步阐述。如果一国发生了国际收支逆差，为使其外部经济恢复均衡，该国可通过实施紧缩性的财政货币政策来加以调节。第一，紧缩性的财政货币政策将通过乘数效应影响国民收入，由此造成本国居民商品和劳务支出的下降，减少了对进口品及其国外劳务的支出。第二，紧缩性的财政货币政策将通过相对价格效应影响出口增加和进口减少。因为，紧缩性的财政货币政策会使国内物价水平降低，国内出口品和进口替代品价格的下降，提高了本国出口品在国际市场上的竞争力，刺激国外居民将需求转向本国出口品，同时也刺激本国居民的需求从进口品转向进口替代品，从而获得增加出口、减少进口、改善贸易收支的效果。第三，紧缩性的货币政策还会影响本国利息率上升，增加国外资金流入，减少本国资金流出，改善资本账户收支，从而改善国际收支逆差状况。

然而，这类政策的局限性在于，政策的实施往往与国内经济目标相冲突，例如，国际收支逆差的改善往往是以牺牲国内经济增长为代价的。因为，紧缩性的财政货币政策在减少进口的同时也抑制了本国居民对国内产品的需求，由此会导致生产能力的过剩和失业的增加。特别在一国经济不景气、存在严重失业的情况下，若同时发生国际收支逆差，当局就会面临着左右为难的境地。因而，在运用财政货币政策对国际收支不平衡进行调节时，不能不综合考虑与国内经济状况的适应性。

3. 汇率政策

汇率政策是指政府通过汇率的变动来调节国际收支的政策手段，属于支出转换型政策（Expenditure-Switching Policy）类型，即它不是通过改变社会总需求和总支出水平，而是通过改变需求和支出的方向，来调节国际收支不平衡的政策。

若一国国际收支出现逆差，政府通过本币的贬值或促使其汇率下浮，就可以改变出口品、进口品和进口替代品以及国内外劳务的相对价格，将国内支出从外国商品和劳务转移到国内的商品和劳务上来，从而达到增加出口外汇收入、减少进口外汇支出、改善国际收支逆差的目的。

一国通过本币贬值或汇率下浮来改善国际收支逆差的措施，能否达到预期的效果，主要取决于以下几个条件：①该国进出口商品需求弹性之和是否大于1，即是否能满足马歇尔－勒纳条件（$D_x + D_m > 1$）。只有满足了马歇尔－勒纳条件，货币贬值才能实际改善一国的贸易逆差状况。②该国是否存在闲置资源并能获得充分的利用。因为贬值后对出口品和进口替代品的需求转换还需要有充足的供给。③贬值造成的相对价格效应能否持续较长的一段时间。若贬值的结果是国内物价的快速上涨，则会造成出口成本的增加，而不利于出口。因此，货币贬值政策通常都必须结合紧缩性的财政货币政策来实施，否则将引起严重的通货膨胀而收不到应有的效果。

4. 直接管制

直接管制包括外汇管制、进口许可证管制等具体措施，属于支出转换型政策类型，指的是政府通过对外汇的买卖、对外贸易以及资本的输出入进行直接的干预和管理，来达到维持国际收支平衡的目的。

当一国国际收支发生逆差时，政府通常采取一些行政手段刺激出口，限制进口，防止资本外流，鼓励资本流入的措施。如对进口商品和劳务课以较高的关税，使进口商品和劳务的价格相对上升，引导居民将一部分支出转移到购买进口替代品上来，减少进口支出；同时采取出口补贴、出口退税、出口信贷优惠等措施来鼓励出口，增加出口收入，从而达到减少国际收支逆差的目的。

直接管制措施的特点是比较灵活、针对性强。适当运用直接管制措施，可以在纠正国际收支赤字的同时又不影响整个经济局势。但是，直接管制措施容易导致国与国之间发生"贸易战"，因此，国际经济组织和经济学理论多半不赞成采用直接管制措施，但在国际收支发生较严重的困难时，发达国家和发展中国家都会程度不同地采用直接管制措施来解决国际收支困难。

5. 政策搭配

在开放经济中，政府宏观经济目标分为内部均衡和外部均衡两部分。内部均衡目标包括充分就业、物价稳定和经济增长，外部均衡目标为国际收支平衡。采用什么样的政策措施来调节国际收支，不仅取决于国际收支失衡的性质，还取决于国际收支失衡时国内社会和宏观经济结构，以及内部均衡和外部均衡之间的相互关系。一般而言，对不同性质的国际收支失衡需要采用不同的调节方法。如可通过资金融通来纠正暂时性的国际收支不平衡，采取紧缩性的货币政策来调节国际收支的货币性不平衡。但是，每一种国际收支调节政策都会对宏观经济带来或多或少的调节成本，一国所采取的调节国际收支失衡的政策措施往往不利于其内部经济的增长。比如，当一国发生国际收支逆差的同时，国内经济处于高失业状况，此时，采取紧缩的财政货币政策虽有助于调节国际收支逆差，但势必会加剧国内的失业状况。因此，各国政府在制定国际收支的调节措施时，不能不同时考虑内部经济的平衡发展，合理搭配使用各种政策，以求以最小的经济和社会代价实现国际收支的平衡，以求内外经济同时达到均衡的理想状态。

为实现内外均衡目标，可供一国当局选用的政策工具有两类：一类是支出变更型政策（包括财政政策和货币政策），二类是支出转换型政策（包括汇率政策和直接管制措施）。对于直接管制措施，发展中国家用得较多，西方国家一般不轻易采用。如何运用这两类政策工具来实现内外均衡目标，西方学者对此做了许多相关的研究，提出了各种见解。

获得诺贝尔经济学奖的经济学家丁伯根（J. Tinbergen）最早提出了将政策目标和工具联系在一起的经济政策理论，被称为"丁伯根原则"。该原则指出，要实现若干个独立的政策目标，至少需要相互独立的若干个有效的政策工具。根据这一原则，在一国可灵活调整汇率水平（浮动汇率制）的条件下，内外均衡目标是可以实现的。因为，可以选用支出变更型政策即财政货币政策来实现内部均衡，而以支出转换型政策即汇率政策来实现外部均衡。例如，当一国经济状况为巨额国际收支逆差且伴随严重失业问题时，政府可以采取的内外均衡调节措施是，以扩张性的财政货币政策来解决内部失业问题，同时进行本币贬值或促使汇率下浮来解决国际收支逆差问题，这样就可使内外经济同时达到均衡。

然而，在固定汇率制度下，一国难以运用汇率的变动作为政策工具，政府手中实际上只有支出变更这样一种政策工具可用，即只能通过运用影响社会总需求的财政货币政策来调节内外均衡。这样，内外均衡目标在对调整政策的要求上就存在着冲突的可能。这一情况是英国经济学家詹姆斯·米德（J. Meade）提出的，被称为"米德冲突"（Meade's Conflict）。显然，在内外经济状况的不同组合下便会出现内外均衡难以兼顾的情形。例如，在开放条件下，一国经济可能面临着如表1-1所示的内外经济状况的组合（假定失业与通货膨胀是两种独立的情况，外部均衡就是国际收支平衡）。

表1-1 固定汇率制下内部均衡与外部均衡的搭配与矛盾

序号	内部经济状况	外部经济状况
1	失业增加	国际收支逆差
2	失业增加	国际收支顺差
3	通货膨胀	国际收支逆差
4	通货膨胀	国际收支顺差

在表1-1中，第二、三两种情况意味着内外均衡之间的一致。以第二种情况为例，为实现经济的内部均衡，显然要求政府采取增加社会总需求的措施进行调控，这便会导致进口相应增加，在出口保持不变时，就会使原有的国际收支顺差状况得以改变而趋于平衡。这样，政府在采取措施实现内部均衡的同时，也对外部均衡的实现发挥了积极影响，因此是内外均衡一致的情况。而第一、四两种情况意味着内外均衡的冲突，因为政府在通过调节社会总需求实现内部均衡时，会引起外部经济状况距离均衡目标更远。

在米德的分析中，内外均衡的冲突一般是指在固定汇率制下，两种特定的内外经济状况的组合：①失业增加伴随着国际收支逆差；②通货膨胀伴随国际收支顺差。可见，当外部均衡要求实行紧缩性政策时，内部均衡却可能要求实行扩张性政策；当外部均衡要求实行扩张性政策时，内部均衡却可能要求实行紧缩的政策。显然，用一种政策手段的确是无法同时完成两个目标的。

关于如何解决内外均衡的矛盾问题，西方经济学家在以后的研究中提出了相关政策搭配的基本思路。蒙代尔（R. Mundell）认为，只要适当地搭配使用财政政策和货币政策，就可以同时实现内外部的均衡。蒙代尔通过对政策调控的研究，提出了"有效市场分类原则"。他认为，应针对不同的目标，选择最能发挥有效影响的政策手段。根据这一原则，蒙代尔区分了财政政策、货币政策在影响内外均衡上的不同效果，提出了以货币政策实现外部均衡目标、财政政策实现内部均衡目标的指派方案。在蒙代尔看来，财政政策和货币政策对国民收入和经常账户收支有同样的影响，它们的不同作用主要表现在利率和资本账户上。紧缩性财政政策趋于降低利率，而紧缩性货币政策则会提高利率。在其他条件相同的情况下，本国利率提高会改善资本账户收支，本国利率降低则会恶化资本账户收支。可见，这两种政策对国际收支有着不同的意义，其中，货币政策对国际收支的调节作用更大，因而，可指派货币政策去调节国际收支，财政政策去调节内部经济。这样，一国的内外部经济即便处于矛盾的状况下，也能通过财政政策和货币政策的合理搭配，同时实现内外部经济的均衡（如表1-2所示）。

表1-2 一国财政政策与货币政策的配合

国际收支状况	国内经济状况	
	高失业率	高通货膨胀率
顺差	扩张性的财政政策 扩张性的货币政策	紧缩性的财政政策 扩张性的货币政策
逆差	扩张性的财政政策 紧缩性的货币政策	紧缩性的财政政策 紧缩性的货币政策

第三节 国际收支调节理论

国际收支调节理论，是研究分析国际收支不平衡的成因及如何使其维持平衡的理论方法。国际收支调节理论是国际金融学的重要组成部分。

一、弹性分析理论

弹性分析理论（Elasticity Approach）是由英国经济学家琼·罗宾逊（J. Robinson）在马歇尔微观经济学和局部均衡分析方法的基础上发展起来的。该理论主要分析了在收入不变的条件下货币贬值对贸易收支的影响，它紧紧围绕进出口商品的供求弹性来论述国际收支问题。

(一) 关于弹性的基本概念

在经济学中,弹性是用来表示因变量对自变量的反应的敏感程度。弹性的一般公式为:

$$\text{弹性系数} = \text{因变量的变动比率} / \text{自变量的变动比率}$$

需求量变动的比例与价格变动的比例之比,称为需求弹性;供给量变动的比例与价格变动的比例之比,称为供给弹性。在进出口方面,分别有四个弹性,它们是:

(1) 进口商品的需求弹性(D_m)。计算公式为:

$$D_m = \text{进口商品需求量的变动率} / \text{进口商品价格的变动率}$$

(2) 出口商品的需求弹性(D_x),计算公式为:

$$D_x = \text{出口商品需求量的变动率} / \text{出口商品价格的变动率}$$

(3) 进口商品的供给弹性(S_m),计算公式为:

$$S_m = \text{进口商品供给量的变动率} / \text{进口商品价格的变动率}$$

(4) 出口商品的供给弹性(S_x),计算公式为:

$$S_x = \text{出口商品供给量的变动率} / \text{出口商品价格的变动率}$$

从上述四个公式可见,所谓弹性,实际上就是一种比例关系。这种比例关系的值越高,表示弹性越高;反之,比例关系的值越低,则表示弹性越低。

(二) 弹性论的基本观点

1. 贬值对贸易额的影响

国际收支弹性分析理论认为,贸易收支差额 = 出口外汇收入 - 进口外汇支出,其中,出口外汇收入 = 出口商品数量(Q_x) × 出口商品价格(P_x),进口外汇支出 = 进口商品数量(Q_m) × 进口商品价格(P_m)。货币贬值首先会引起进出口商品的价格变动,进而引起进出口商品的数量发生变动,最终影响贸易收支差额的改变。当一国货币贬值,在其出口商品需求弹性大于1的条件下,可以使出口外汇收入增加;反之,该国的出口商品需求弹性若是小于1,那么货币贬值不但不能增加其出口外汇收入,反而使其收入少于贬值前(如表1-3所示)。而进口只要存在弹性,即进口商品需求弹性只要大于零,货币贬值就可以使进口外汇支出减少(如表1-4所示)。由此得出的结论是:一国要想通过货币贬值来改善贸易收支差额,其进出口商品需求弹性之和就必须大于1,即 $D_m + D_x > 1$,这就是著名的马歇尔 - 勒纳条件(Marshall-Lerner Condition)。当一国的进出口商品满足了马歇尔 - 勒纳条件($D_m + D_x > 1$)时,意味着该国进出口商品数量的变动率大于进出口商品价格的变动率,货币贬值将使其出口外汇收入增加和进口外汇支出减少,贸易收支差额得到改善。若一国的 $D_m + D_x < 1$,则货币贬值会恶化其贸易收支。

表1-3 不同弹性条件下本币贬值对出口外汇收入的影响

出口商品本币单价 P_x(¥)	汇率($/¥)	出口商品外币单价 P_x($)	出口数量(Q_x)	出口外汇收入($)	P_x的变动率(%)	Q_x的变动率(%)	出口需求弹性(D_x)
10	1/8	1.25	100	125	—	—	—
10	1/10	1	110	110	20	10	0.5
10	1/10	1	150	150	20	50	2.5

表1-4 不同弹性条件下本币贬值对进口外汇支出的影响

进口商品外币单价 P_m($)	汇率($/¥)	进口商品本币单价 P_x(¥)	进口数量(Q_m)	进口外汇支出($)	P_m的变动率(%)	Q_m的变动率(%)	进口需求弹性(D_m)
1	1/8	8	100	100	—	—	—
1	1/10	10	99	99	25	1	0.04
1	1/10	10	60	60	25	40	1.60

2. 贬值对贸易条件的影响

贸易条件（Terms of Trade）又称交换比价，是指出口商品单位价格与进口商品单位价格之比，表明1单位出口品所能换得的进口品数额，用公式表示：

$$T = P_x / rP_m$$

式中：T 为贸易条件；P_x 为出口商品单位价格；P_m 为进口商品单位价格；r 为汇率（以直接标价法表示）。贸易条件 T 上升，意味着每单位出口品可换取较多的进口品，表示该国的贸易条件改善；贸易条件 T 下降，意味着每单位出口品可换取的进口品较少，表示该国的贸易条件恶化。因为，一国货币的贬值，在国内外产品价格 P_x 和 P_m 不变的情况下，本国产品在国外市场变得相对便宜，外国产品在本国市场变得相对昂贵，从而导致本国的贸易条件恶化。因此，一国货币的贬值，将会改善还是恶化该国的贸易条件，取决于进出口商品的供求弹性。假定：①供给弹性趋于无限大，以本币衡量的进口价格上涨，出口价格不变，贸易条件将恶化；②供给弹性无限小（等于零），进口价格不变，出口价格上升，贸易条件得到改善；③当需求弹性趋于无限大时，出口价格上升，进口价格不变，贸易条件可以改善；④当需求弹性无限小时，出口价格不变，进口价格上升，贸易条件将恶化。即：

$$S_x S_m > D_x D_m，贸易条件恶化；$$

$S_x S_m < D_x D_m$，贸易条件改善；

$S_x S_m = D_x D_m$，贸易条件不变。

需要指出的是，货币贬值对贸易条件的上述影响是理论推导的结果，它有待更充分的实证检验。事实上，货币贬值对贸易条件的影响，在不同国家是不一样的，很难做出绝对判断。一般来说，贬值或使一国的贸易条件不变，或使一国的贸易条件恶化，贬值改善一国贸易条件的例子是极其罕见的。

（三）弹性分析理论简评

弹性分析理论纠正了货币贬值一定能改善国际收支的片面看法，提出只有在一定的进出口供求弹性条件下，货币贬值才能使贸易收支得到改善的观点，在一定程度上反映了世界市场的现实情况。

弹性分析理论的不足主要表现在：

（1）该理论是建立在局部均衡分析法的基础上，它仅局限于分析汇率变化对贸易收支的影响，没有考虑资本流动的问题，这在资本流动十分庞大的当今，其局限性显得较为突出。

（2）该理论假设进出口商品的供给具有完全的弹性也不符合实际，因此，它只适用于社会非充分就业的状况。

（3）该理论还忽视了货币贬值发挥作用的时间因素。大量的国际经济实践证明，即使具备了马歇尔－勒纳条件，货币贬值也不能马上改善贸易收支，相反，货币贬值后的头一段时间，贸易收支反而可能会恶化，需要待出口供给和进口需求做了相应的调整后，贬值对贸易收支的有利影响才能反映出来，贸易收支才能逐渐得到改善。整个过程用曲线描述出来，成字母 J 形，故称这种现象为 J 曲线效应（如图 1-3 所示）。

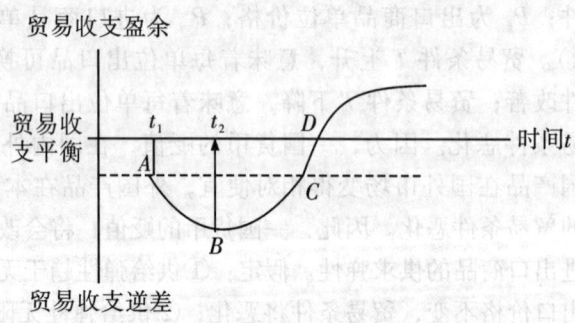

图 1-3 J 曲线效应

在 J 曲线图中，由 A 点到 B 点，表示贬值后贸易收支首先恶化，逆差扩大，然后，随时间推移，再经过 C 点和 D 点得到改善。

J曲线效应普遍存在主要是因为从货币贬值信息的传达到引起进出口方行为的改变需要一定的时间。第一,在贬值之前已签订的贸易协议仍然必须按原来的数量和价格执行。这样,贬值前已签订但在贬值后执行的贸易协议下,出口数量不能增加以冲抵出口外币价格的下降,进口数量不能减少以冲抵进口外币价格的上升。于是,贸易收支趋向恶化。第二,即使在贬值后签订的贸易协议,出口增长仍然要受认识、决策、资源、生产周期等的影响。从贸易合同的签订到实际收款,须经过一段时间才能完成。

二、吸收分析理论

吸收分析理论(Absorption Approach)又称支出分析法(Expenditure Approach),它以凯恩斯的宏观经济理论为基础,着重从总收入与总支出(总吸收)的相对关系来分析国际收支失衡的原因,并提出相应的调节国际收支政策主张。该理论的代表人物是詹姆士·米德(James Meade)和西德尼·亚历山大(Sidney Stuart Alexander)。

(一)关于国际收支失衡原因的分析

吸收分析理论认为,国际收支是与整个国民经济相联系的,只有把国际收支与一国的国民经济总的活动结合起来分析,才能了解国际收支变动的原因及其调节国际收支不平衡的方法。亚历山大是通过以下关系式将国际收支与国民收入和支出联系起来的。按照宏观经济学理论,开放经济条件下的国民收入均衡方程式为:

国民收入(Y)=消费支出(C)+投资支出(I)+政府支出(G)+[出口(X)-进口(M)]

移动等式两边,得:

$$X - M = Y - (C + I + G)$$

上式中,$X-M$为贸易收支差额,以此作为国际收支的代表,用B表示。$C+I+G$为国内总支出,即国民收入中被国内吸收的部分,用A表示。由此,国际收支差额实际上就可由国民收入(Y)与国内吸收(A)之间的差额来表示:

$$B = Y - A$$

由此得出结论:影响国际收支不平衡的因素主要是国民收入(Y)和国内总吸收(A)的不均衡所造成的,国际收支顺差是吸收相对于收入不足的表现,而国际收支逆差则是吸收相对于收入过大的反映。当国民收入大于总吸收时,国际收支为顺差;当国民收入小于总吸收时,国际收支为逆差;当国民收入等于总吸收时,国际收支平衡。

(二)关于国际收支调节的政策主张

根据上述理论公式,吸收分析理论所主张的国际收支调节政策,无非就是通过支出转换与支出增减政策来改变总收入与总吸收(支出),从而使国际收支达到平衡的政策。以国际收支逆差为例,依吸收分析理论的看法,国际收支逆差表明,一国的总需求超过总供给,即总吸收超过总收入。调节的渠道无非两条:一是减少总吸收,二是增加

总收入。至于应通过减少总吸收还是增加总收入来使国际收支达到均衡,则应结合国内的经济状况来考虑。

当一国发生国际收支逆差,并且内部经济处于衰退和非充分就业状态,此时,国内存在闲置资源,适当地调节国际收支的政策措施应当是扩张性的财政货币政策和货币贬值。扩张性的财政货币政策可以影响国民收入增加;在一定条件下,货币贬值可以使出口增加,并引导闲置资源转移到出口品生产部门,通过乘数效应促使国民收入进一步增加,从而使国际收支逆差得到改善。但是,由于国民收入增加的同时吸收也会增加,因而,只有当边际吸收倾向小于1,即吸收的增长小于收入的增长的情况下,才能达到理想的国际收支调节效果。

若一国发生国际收支逆差,其内部经济处于膨胀及充分就业状态,已无闲置资源可利用。此时,应通过减少总吸收来达到调节国际收支均衡的目的,适当的政策措施应是紧缩性的财政货币政策。通过实行紧缩性的财政货币政策,可以降低人们对进口商品和劳务的过度需求,从而使进口支出减少;同时,紧缩性的财政货币政策,致使物价下跌,出口成本下降,出口增加,从而有利于改善国际收支的逆差状况。但由于紧缩性的财政货币政策在减少进口商品和劳务需求的同时,也会降低总收入。这不但影响了国际收支的调节效果,还可能导致内部经济的失衡。因此,吸收论者主张,在运用紧缩性的财政货币政策来调节国际收支逆差的同时,还必须使用支出转换政策即通过货币贬值来消除紧缩性财政货币政策的不利影响。在一国经济处于充分就业的情况下,货币贬值会引起物价水平上涨,从而影响国内总吸收减少,进口需求减少,国际收支逆差得到改善。

可见,与经济处于非充分就业的情况不同,在经济处于充分就业的情况下,货币贬值不是通过影响国民收入的增加,而是通过影响国内总吸收的减少来发挥对国际收支的调节作用的。

（三）吸收分析理论简评

吸收分析理论以一般均衡分析为基础,将国际收支同国内经济联系起来,从总收入与总吸收的相对关系中来考察国际收支失衡的原因,并提出相应的国际收支调节政策,有助于人们更深入地认识国际收支失衡与均衡的实质问题。吸收分析理论在关于货币贬值对国际收支影响的研究方面超越了弹性分析理论的局限,指出了弹性分析理论的不足,吸纳了弹性分析理论的某些合理内容。它在国际收支调节政策的制定上更具实践意义。

同弹性分析理论一样,吸收分析理论的主要缺点之一是以贸易收支代替国际收支,忽略了资本流动对国际收支的重要影响。从宏观角度看,吸收分析理论还存在不够全面和自相矛盾的地方。

三、货币分析理论

货币分析理论（Monetary Approach），又称货币分析法，是建立在20世纪70年代在美国兴起的货币主义学说基础上的国际收支理论，代表人物主要是蒙代尔（R. Mundell）、约翰逊（H. Johnson）和弗兰克尔（J. Frenkel）等。有别于传统的弹性分析理论和吸收分析理论，货币分析理论是从货币的角度而不是从商品的角度来分析国际收支失衡的原因并提出相应政策主张。

（一）货币分析理论的假定前提

货币分析理论（以下简称货币论）有三个基本假定：

第一，在充分就业的均衡状态下，一国的实际货币需求是收入和利率等变量的稳定函数。

第二，从长期看，货币需求是稳定的，货币供给变动不影响实物产量。

第三，贸易商品的价格是由世界市场决定的，从长期来看，一国的价格水平和利率水平接近世界市场水平。

（二）货币分析理论的基本观点

货币分析理论认为，国际收支的不平衡是由于货币供给与需求之间的失衡造成的。如果一国的货币供给大于货币需求，就会使国际收支发生逆差；反之，一国的货币供给小于货币需求，国际收支就会出现顺差；若是一国的货币供给等于货币需求，则国际收支平衡。货币分析理论强调的是货币供求均衡对国际收支平衡的决定作用。

在现代货币信用制度下，一国的货币供给有两个来源：一是国内提供的货币供应基数，即中央银行的国内信贷或支持货币供给的国内资产，用 D 表示；二是来自国外的货币供应基数，由国际收支盈余获得（其过程是，当出口商将获得的外汇收入到银行兑换成本币时就会增加国内的货币供应量），用 R 表示。这样，一国的总的货币供给为：

$$M_s = m(D + R) \tag{1}$$

式中：m 为货币乘数，指银行体系通过辗转存贷创造货币，使货币供应基数多倍扩大的系数。为叙述方便，取 $m = 1$，可得

$$M_s = D + R \tag{2}$$

从长期看，可以假定名义货币供应量（M_s）与名义货币需求量（M_d）相等，即

$$M_s = M_d \tag{3}$$

$$M_d = D + R \tag{4}$$

$$R = M_d - D \tag{5}$$

式中：R 代表国际收支，M_d 代表货币需求，D 代表本国供给的货币。公式（5）就

是货币论的最基本方程式。即国际收支差额（官方储备的增减）＝本国货币需求－本国供给的货币。

可见，货币分析理论把国际收支的不平衡归因于货币需求与供给的不协调以及由此而引起的两者调整过程中所伴随的现象。具体而言，当一国国内货币供给量通过国内信贷的扩张而增加时，国内的货币供给就超过了需求（$M_d < D$），人们手中持有的现金余额就高于所希望持有的水平，因而就会将多余的货币用来购买国外商品、劳务和证券。这样，进口增加以及资本的流出，造成国际收支逆差。反之，当国内货币供给量通过国内信贷紧缩而减少时，国内的货币供给就小于货币需求（$M_d > D$），人们为了使手中持有的现金余额恢复到希望持有的水平，就会减少对国外商品和劳务的需求以及变卖国外证券，这样，进口减少以及资本流入增加，形成国际收支顺差。国际收支实际上是一国货币供求由不均衡调整到均衡的结果。当 $M_d < D$，过剩的货币供给通过国际收支逆差的方式得以解决；若 $M_d > D$，通过国际收支顺差则可以弥补国内货币供给的缺口。当国内名义货币供应量与实际经济变量（国民收入、产量等）所决定的实际货币余额需求相一致时，国际收支便处于平衡。

（三）货币分析理论对贬值的分析

由于货币论是从开放经济的角度把货币供应的来源区分为国内部分和国外部分，那么，在开放经济条件下，一国的货币需求除了受国民收入和利率因素影响之外，该国货币的升贬值，通过汇率的变动，也会影响国内货币需求发生变化。货币论在考察贬值对国际收支的影响时，假设"一价定律"成立（$p = ep^*$），则上述货币需求公式可改写成：

$$M_d = ep^* f(y, i)$$

式中：e 为本币衡量的外币价格（直接标价法），p 为国内价格水平，p^* 为国外价格水平。当本国货币贬值时，e 值上升（直接标价法），由此引起国内价格 $p = ep$ 上升，则 M_d 相应地上升；当 $M_d > D$，国际收支逆差减少发生顺差。由此，货币论对贬值的分析所得出的结论是：贬值将引起贬值国国内价格上升，致使实际货币余额减少，对经济具有紧缩作用。若要发挥货币贬值对改善国际收支逆差的作用，则在贬值时，国内的名义货币供应不能增加。因为 $R = M_d - D$，若 D 与 M_d 同时增加，并且 D 的增加等于甚至大于 M_d 的增加，则贬值不能改善国际收支，甚至可能恶化国际收支。

（四）货币分析理论的政策主张

货币分析理论认为，国际收支是一种货币现象，所有国际收支不平衡，在本质上都是由于货币供求的不平衡造成的，都可以由国内货币政策来解决。因而主张政府通过执行不同的货币政策来控制货币供应量，使货币增长与经济增长保持一致的速度，以实现国际收支平衡目标。

以国际收支逆差为例，货币论者认为，一国国际收支逆差的根源在于国内信贷扩张过大,相应的调整措施应是实行紧缩的货币政策,收缩国内信贷,这样,人们就会减少对国外商品和劳务的需求以及变卖国外证券,进口因此减少,资本流入因此增加,当局国际收支平衡目标得以实现。

货币论者进一步强调,所谓国内货币政策,主要指货币供应政策。因为货币需求是收入、利率的稳定函数,而货币供应则在很大程度上可由政府操控,因此,政府若实行膨胀性的货币政策(增加 D),就可以减少国际收支顺差;而实行紧缩性的货币政策(减少 D),就可以减少国际收支逆差。尽管货币论者认为货币供应量与需求的关系是导致国际收支不平衡的根源,但是,货币论者却不主张政府视国际收支的顺差、逆差而频繁变动货币政策,而应该执行稳定的货币政策,使货币增长稳定在与国民收入相适应的水平,从而使汇率稳定和国际收支平衡。

(五) 货币分析理论简评

货币论的主要贡献在于唤醒了人们在国际收支分析中对货币因素的重新重视。与弹性论和吸收论不同,货币论还考虑了资本在国际移动对国际收支的影响。货币论注重协调货币市场的供求均衡,因此在政策措施上侧重于控制国内货币增长率。

货币论的不足之处在于:

第一,它在假定前提中认定货币需求是收入和利率的稳定函数,但若不是稳定的,那么国际收支就不能仅仅从货币供应的变化中推测出来;另外,它关于货币供应对实物产量和收入没有影响的假定也不尽切合实际。

第二,货币论关于应对国际收支逆差的政策主张应是紧缩国内信贷;同时认为,当采用贬值来改善国际收支逆差时,必须结合紧缩性的货币政策。可见,货币论政策主张的含义或必然后果,就是以牺牲国内实际经济增长为代价。这对经济处于衰退期的国家来说,纠正国际收支逆差的代价就过于沉重了,这在一定程度上削弱了该理论的实践意义。

本章小结

1. 广义的国际收支概念,是指一国居民在一定时期内(1月、1季或1年)与非居民之间全部经济交易的系统记录。

2. 国际收支平衡表是将一国的国际收支按照特定账户分类编制的会计报表。国际收支平衡表是按照"有借必有贷,借贷必相等"的复式簿记原理来编制的。

3. 国际收支平衡表可分为经常账户、资本与金融账户以及错误与遗漏账户三部分。

4. 在国际收支的理论研究中,通常将所有的交易按照发生的动机分为自主性交易和调节性交易两部分。

5. 一国的国际收支差额,就是指自主性交易的贷方与借方的差额。当这一差额为零的时候,称为国际收支平衡;当这一差额为正时,就称为国际收支顺差;当这一差额为负时,就称为国际收支逆差。

6. 一国的国际收支不平衡可以由多种原因引起,按照这些原因,国际收支失衡可以分为以下五种:临时性不平衡、结构性不平衡、货币性不平衡、周期性不平衡、收入性不平衡。

7. 世界各国政府调节国际收支的政策措施多种多样,大体有以下几种:外汇缓冲政策、财政货币政策、汇率政策、直接管制、政策搭配。

8. 国际收支调节理论,是研究分析国际收支不平衡的成因及如何使其国际收支维持平衡的理论方法,是国际金融学的重要组成部分。西方具有代表性的国际收支调节理论包括弹性论、吸收论和货币论。

思考题:

1. 国际收支平衡表有哪些主要项目?简述 IMF 出版的《国际收支手册》第五版与第四版中关于国际收支平衡表中的项目设置及其内容的差别。
2. 判断一国国际收支不平衡的标准是什么?
3. 导致国际收支不平衡的因素有哪些?
4. 简述弹性分析理论的内容。
5. 简述货币分析理论对货币贬值效应的分析及其政策主张。
6. 简述开放条件下政策搭配的原理和目标。

附表 1　《国际收支手册》第四版与第五版的账户对比

第四版	第五版
经常账户	经常账户
货物 无形贸易(含服务、收入) 单方面转移(含经常转移与资本转移)	货物 服务 收入 经常转移
资本账户	资本与金融账户
长期资本流动(含直接投资以及证券投资与其他投资中偿还期限在 1 年以上的部分) 短期资本流动(含证券投资与其他投资中偿还期限在 1 年以下的部分)	资本账户(含资本转移及非生产、非金融资产的收买与放弃) 金融账户(含直接投资、证券投资、其他投资、官方储备)
储备账户(即官方储备)	
错误与遗漏账户	错误与遗漏账户

20世纪80年代以来,国际贸易与国际金融领域均发生了重大变化,为适应这些变化,国际货币基金组织在综合各国实践的基础上,对传统的国家收支统计体系进行了较大的修正,于1993年出版了《国际收支手册》第五版。但原有第四版(1977年出版)的账户设置在很多国家仍然使用,并且在相当多的理论研究中仍沿用了原有的分类,所以也有必要了解。

上表列出了《国际收支手册》第四版与第五版各自国际收支账户的组成,以进行对比,读者可以自行总结这两者之间的主要区别。在此需要特别指出的是,资本账户这一概念在新旧国际收支账户体系中的含义截然不同。

附表2 1992年度中国国际收支平衡表

(单位:百万美元)

名　　称	差　额	贷　方	借　方
国际收支总计	-2 102	115 841	117 943
一、经常项目	6 401	85 618	79 217
(一)对外贸易	5 183	69 568	64 385
1. 出口(FOB)	69 568	69 568	
2. 进口(FOB)	-64 385		64 385
(二)非贸易往来	63	14 844	14 781
1. 货运	-2 370	1 780	4 150
其中:运费	-2 582	1 294	3 876
保险	212	486	274
2. 港口供应与服务	-81	368	449
3. 旅游收支	1 435	3 947	2 512
其中:国际客运	417	417	
4. 投资收支	248	5 595	5 347
(1)利润	-22		22
(2)利息	-1 272	614	1 886
(3)银行收支	1 542	4 981	3 439
5. 其他非贸易往来	831	3 154	2 323

续上表

名　称	差　额	贷　方	借　方
（1）邮电收支	277	349	72
（2）政府交往收支	-86	141	227
（3）劳务承包收支	40	60	20
（4）其他收支	600	2 604	2 004
（三）无偿转让	1 155	1 206	51
1. 与国际组织往来	139	173	34
2. 无偿援助和捐赠	212	212	
3. 侨汇	213	228	15
4. 居民及其他收支	591	593	2
二、资本往来项目	-251	30 223	30 474
（一）长期资本往来	655	27 642	26 987
1. 直接投资	7 156	11 156	4 000
（1）外国和中国的港澳台在中国大陆直接投资	11 156	11 156	
（2）中国在港澳台地区和外国直接投资	-4 000		4 000
2. 证券投资	-57	865	922
（1）外国和中国的港澳台在中国大陆的证券投资	393	865	472
（2）中国在港澳台地区和外国的证券投资	-450		450
3. 国际组织贷款	1 381	1 583	202
4. 外国政府贷款	872	1 501	629
5. 银行借款	-3 228	2 768	5 996
6. 地方、部门借款	-2 271	659	2 930
7. 延期付款	79	1 877	1 798
8. 延期收款	84	6 153	6 069

续上表

名　称	差　额	贷　方	借　方
9. 加工装配补偿贸易中应付客商作价设备款	-538	276	814
10. 租赁	528	797	269
11. 对外贷款	-140	7	147
12. 其他	-3 211		3 211
（二）短期资本往来	-906	2 581	3 487
1. 银行借款		2 441	2 441
2. 地方、部门借款		140	140
3. 延期付款	-		
4. 延期收款	-		
5. 其他	-3 487		3 487
三、净误差与遗漏	-8 252		8 252
四、储备资产增减额	2 102	2 427	325
1. 黄金储备	-		
2. 外汇储备		2 269	2 269
3. 特别提款权		158	158
4. 在基金组织的储备头寸	-325		325
5. 对基金信贷的使用	-		

注：按国际货币基金组织颁布的《国际收支手册》第四版的要求编制。

附表3 2009年中国国际收支平衡表

单位：亿美元

项　目	行次	差　额	贷　方	借　方
一、经常项目	1	2 971	14 846	11 874
A. 货物和服务	2	2 201	13 333	11 132
a. 货物	3	2 495	12 038	9 543
b. 服务	4	−294	1 295	1 589
1. 运输	5	−230	236	466
2. 旅游	6	−40	397	437
3. 通讯服务	7	0	12	12
4. 建筑服务	8	36	95	59
5. 保险服务	9	−97	16	113
6. 金融服务	10	−3	4	7
7. 计算机和信息服务	11	33	65	32
8. 专有权利使用费和特许费	12	−106	4	111
9. 咨询	13	52	186	134
10. 广告、宣传	14	4	23	20
11. 电影、音像	15	−2	1	3
12. 其他商业服务	16	59	247	188
13. 别处未提及的政府服务	17	1	9	8
B. 收益	18	433	1 086	653
1. 职工报酬	19	72	92	21
2. 投资收益	20	361	994	632
C. 经常转移	21	337	426	89
1. 各级政府	22	−2	0	3
2. 其他部门	23	340	426	86
二、资本和金融项目	24	1 448	7 464	6 016

续上表

项 目	行次	差 额	贷 方	借 方
A. 资本项目	25	40	42	2
B. 金融项目	26	1 409	7 422	6 014
1. 直接投资	27	343	1 142	799
1.1 我国在外直接投资	28	−439	42	481
1.2 外国在华直接投资	29	782	1 100	318
2. 证券投资	30	387	981	594
2.1 资产	31	99	669	570
2.1.1 股本证券	32	−338	122	461
2.1.2 债务证券	33	437	547	110
2.1.2.1（中）长期债券	34	370	479	110
2.1.2.2 货币市场工具	35	67	68	0
2.2 负债	36	288	312	24
2.2.1 股本证券	37	282	288	7
2.2.2 债务证券	38	6	23	17
2.2.2.1（中）长期债券	39	6	23	17
2.2.2.2 货币市场工具	40	0	0	0
3. 其他投资	41	679	5 299	4 620
3.1 资产	42	94	1 174	1 080
3.1.1 贸易信贷	43	−544	0	544
长期	44	−38	0	38
短期	45	−506	0	506
3.1.2 贷款	46	130	450	320
长期	47	−315	0	315
短期	48	445	450	5
3.1.3 货币和存款	49	52	267	216

续上表

项目	行次	差额	贷方	借方
3.1.4 其他资产	50	456	457	1
长期	51	0	0	0
短期	52	456	457	1
3.2 负债	53	585	4 125	3 540
3.2.1 贸易信贷	54	321	321	0
长期	55	22	22	0
短期	56	298	298	0
3.2.2 贷款	57	37	3 222	3 185
长期	58	−97	135	232
短期	59	134	3 087	2 953
3.2.3 货币和存款	60	116	456	340
3.2.4 其他负债	61	111	126	15
长期	62	110	110	0
短期	63	1	16	15
三、储备资产	64	−3 984	0	3 984
3.1 货币黄金	65	−49	0	49
3.2 特别提款权	66	−111	0	111
3.3 在基金组织的储备头寸	67	−4	0	4
3.4 外汇	68	−3 821	0	3 821
3.5 其他债权	69	0	0	0
四、净误差与遗漏	70	−435	0	435

注：1. 本表计数采用四舍五入原则。
2. 自本次起，国家外汇管理局按照国际惯例对储备资产记录方法进行了调整，即平衡表中只记录由于交易引起的储备资产变动，不包括汇率、价格等非交易因素引起的储备资产价值变动。

资料来源：国家外汇管理局。

第二章 国际储备

第一节 国际储备概述

一、国际储备的概念

国际储备（International Reserve），是指一国政府持有的、用于弥补国际收支逆差、维持其货币汇率稳定及作为对外偿债保证的国际上普遍接受的资产。

国际清偿能力（International Liquidity），是指一国持有的各种形式的储备资产及该国对外筹借资金的能力。国际储备与国际清偿能力既相联系又有区别。具体而言，国际储备仅指一国具有的现实的对外清偿能力；而国际清偿能力还包括了潜在的对外清偿能力，如向外国政府或中央银行、国际金融组织和商业银行借款的能力。可见，国际清偿能力的内涵比国际储备更广，而国际清偿能力的强弱则部分取决于国际储备的多少，一国现有的国际储备越多，国际清偿能力就越强；反之，则越弱。

二、国际储备的形式

根据IMF的统计口径，国际储备主要由以下四种形式构成：

（一）黄金储备

黄金储备（Gold Reserve），指一国政府持有的货币性黄金（Monetary Gold）。非货币用途的黄金（包括货币当局持有的）不在此列。在金本位制时期，黄金是最主要的储备资产，执行世界货币的职能，是国际支付和清算的最后手段。"二战"后的布雷顿森林体系下，黄金作为货币汇率确定的基础，仍是重要的国际储备形式。但由于各国货币当局在动用国际储备时，并不能直接以黄金实物对外支付，而只能在黄金市场上出售黄金，换成可兑换的货币，黄金储备的使用不够直接和方便；并且，储存黄金既无利息收入，储存成本也较高。自20世纪70年代布雷顿森林体系解体，美元与黄金脱钩，黄金逐渐非货币化后，黄金在各国国际储备中的比重随之下降。但是，黄金具有其他储备形式所不及的安全保值的特性，一国持有黄金储备的多寡仍然是衡量其对外支付能力大小的指标之一,所以,黄金储备至今在各国国际储备资产中仍占据一席之地。

(二) 外汇储备

外汇储备(Foreign Exchange Reserve),指各国货币当局持有的对外流动性资产,主要是银行存款和国库券等。

与黄金储备不同,"二战"后,各国外汇储备在国际储备中的比重不断增大,成为当今国际储备的主体。1950年IMF会员国的外汇储备占国际储备资产总额的比重为27.5%,1970年达48.6%,80年代维持在80%以上,1990年为88%,超过所有其他形式的储备。据统计,1999年,国际货币基金组织成员国的外汇储备总额高达17251亿美元,是成员国黄金储备总量2731亿美元(按当时市价计算)的6倍多。另外,各种储备货币的地位也不断变化。"一战"前,英镑是最主要的储备货币,上世纪30年代美元崛起,与英镑同属主要储备货币。"二战"后的布雷顿森林体系是一种以美元为中心的国际金汇兑本位制,美元是唯一在一定条件下可按官价兑换黄金的货币,处于"等同"黄金的地位而成为最主要的储备货币。60年代始,美元危机频发,70年代初布雷顿森林体系解体,美元储备货币地位因之下降,德国马克、日元地位则不断上升,形成了储备货币多元化的局面(见表2-1)。1999年1月1日,欧盟单一货币目标实现,欧元诞生,德国马克、法国法郎等12种欧洲国家货币退出历史舞台。"欧元"这一新生货币将成为可与美元相抗衡的重要国际货币,储备货币格局从此发生了新的变化。

作为储备货币必须具备几个条件:①在现行国际货币体系中占有重要地位,是国际经济交易中主要的支付结算货币;②具有可兑换性,能够相对自由、方便地兑换成他国货币或其他储备资产;③价值相对稳定,即各国中央银行及公众对其购买力的稳定性具有信心。

表2-1 IMF成员国官方储备货币分布表

(单位:%)

货币	1998年	1999年	2003年	2008年
美元	69.4	71.0	65.9	64.0
德国马克	13.8	—	—	—
法国法郎	1.6	—	—	—
荷兰盾	0.3	—	—	—
欧元	—	17.9	25.2	26.5
英镑	2.7	2.9	2.8	4.1

续上表

货币	1998年	1999年	2003年	2008年
日元	6.2	6.4	3.9	3.3
瑞士法郎	0.3	0.2	0.2	0.1
其他	5.7	1.6	2.0	2.0

资料来源：IMF 2000年年报，IMF 2009年年报。

（三）在IMF的储备头寸

在IMF的储备头寸（Reserve Position in the Fund），亦称普通提款权（General Drawing Rights），是指一国在IMF的自动提款权，即在IMF普通账户中，会员国可自由提取使用的资产。具体由两部分构成：

（1）会员国向IMF认缴份额中25%的黄金外汇部分。按规定，会员国需向IMF缴纳一定的份额，其中的25%用黄金、美元或特别提款权缴纳，75%用本国货币缴纳。这25%黄金外汇部分称为"储备档"贷款，在使用时不需要IMF批准，会员国随时可以用本国货币购买这一部分的黄金外汇，来弥补国际收支逆差，然后在规定期限内再购回本国货币，所以是一种国际储备资产。

（2）IMF为满足其他会员国的资金需求而使用掉的本国货币部分。这部分是会员国对IMF的债权，IMF随时可向会员国偿还，亦即会员国可以无条件用来弥补国际收支逆差。当IMF向其他会员国提供本国货币，就会使IMF的本国货币持有量低于份额的75%。因此，一国在IMF的净储备头寸就等于它的份额减去IMF对其货币的持有额。这部分储备在IMF会员国国际储备资产中所占比重很小。截至1994年底，会员国的普通提款权仅占会员国国际储备总额的3.58%。

（四）特别提款权

特别提款权（Special Drawing Rights，SDRs）是IMF根据会员国上缴份额的大小无偿分配给各会员国的一种信用资产。它是相对于普通提款权之外的又一种使用资金的权利。会员国可使用特别提款权来归还IMF贷款以及会员国政府之间债权债务的清偿。基金组织于1969年创设特别提款权，并于1970年按会员国认缴的份额开始向会员国进行分配。IMF分配的而尚未使用完的特别提款权，就构成一国国际储备的一部分，由于发行量不多，因而在世界储备总额中所占比重不大。截至1994年底，会员国的特别提款权仅占会员国国际储备总额的1.78%。

特别提款权与其他储备资产相比，有着显著的区别：

（1）它不具有内在价值，是IMF人为创造的、纯粹账面上的资产。

(2) 它不像黄金和外汇那样通过贸易或非贸易交往取得，也不像储备头寸那样以所缴纳的份额作为基础，而是由 IMF 无偿分配给各会员国的。

(3) 它的用途是被严格限定的，只能在 IMF 及各国政府之间发挥作用，任何私人企业不得持有和运用，不能直接用于贸易或非贸易的支付。

特别提款权自 1969 年首次发行以来，先后已发行 6 次，共 214 亿特别提款权单位。到 1988 年 6 月止，各会员国的特别提款权持有额占非黄金储备的 3.90%。特别提款权刚创立时其价值是用黄金来表示的，即 1 个特别提款权含金量为 0.888671 克，与贬值前的美元等值，即 1 个特别提款权等于 1 美元。随着美元两次贬值，特别提款权与美元的比价相应调整为 1.08571 美元和 1.20635 美元。实行浮动汇率制后，IMF 决定自 1974 年 7 月 1 日起，特别提款权定值与黄金脱钩，改用一篮子 16 种货币作为定值标准，1980 年 9 月 18 日起又改用美元、联邦德国马克、日元、法国法郎和英镑来定值，1991 年 1 月起，它们的比重分别为：美元 40%、日元 17%、英镑 11%、德国马克 21%、法国法郎 11%。每 5 年调整一次。1999 年欧元启动，特别提款权从 2001 年 2 月起，改为以美元、欧元、日元、英镑定值，比重分别为 45%、29%、15%、11%；2006 年 1 月起，新一轮调整后货币篮子的比重分别为 44%、34%、11%、11%。

三、国际储备的来源

（一）收购黄金

一国中央银行在国内或国际金融市场收购黄金，均可增加其黄金储备量。但是，只有在国内金融市场用本币购买黄金才能增加总的国际储备量，而在国际金融市场使用外币购买黄金，却不能使国际储备总量增加，只是改变外汇储备与黄金储备的构成比例。由于黄金产量受自然条件的限制，黄金在各国国际储备中的比重一般难以增加，基本上保持稳定不变。

（二）国际收支顺差

对于非储备货币发行国，国际收支顺差是国际储备增加的主要途径。国际收支包含两部分，一是经常项目，二是资本项目。这两部分顺差均可增加一国的国际储备，但两者有区别，其中经常项目顺差是一国国际储备最重要和最稳定的来源，而由资本项目顺差所形成的一国国际储备是以对外负债为代价的，到期必须偿还。由于目前国际资本特别是短期资本的流动频繁，且规模巨大，影响了国际储备的稳定性。

（三）政府干预外汇市场所得外汇

一国中央银行针对本币升值而在外汇市场大量抛售本币、购进外国货币的做法，就会导致该国外汇储备的增加；反之，当一国货币当局向外汇市场提供外汇，购入本币时，本国的外汇储备就会减少。

（四）政府对外借贷

一国货币当局从国外借入贷款，也是增加国际储备的渠道之一。目前，许多国家的中央银行或政府机构，常通过在国际金融市场借取短期资金来弥补国际收支逆差和补充官方储备的不足。

除了黄金储备和外汇储备外，国际储备中的特别提款权和普通提款权部分则分别由IMF根据会员国上缴的份额来确定。

四、国际储备的作用

（一）平衡国际收支逆差

这是持有国际储备的首要作用。当一国国际收支发生逆差时，政府可采用各种国内经济调整政策或直接动用国际储备来平衡。通常，当国际收支为暂时性逆差时，各国政府较愿意直接动用储备予以弥补，即可通过动用外汇储备，减少在基金组织的储备头寸和特别提款权持有额，或在国际市场上变卖黄金来弥补国际收支赤字所造成的外汇供求缺口，从而使国内经济免受采取调整政策产生的不利影响，有助于国内经济目标的实现。可是，当一国有限的国际储备量却难以对付长期性的国际收支逆差时，就需要采取一定的调整政策。为了避免过快调整对国内经济造成的冲击，亦可动用国际储备作为辅助措施，为调整政策的从容实施提供必要的支撑，做到既能改善国际收支逆差，又能维持合理的经济增长速度。

（二）维持汇率稳定

由于国际外汇市场波动频繁剧烈，各国政府经常动用其持有的外汇储备资产，干预市场，以维持本币汇率的稳定。当一国的货币汇率受供求影响而下跌时，该国中央银行往往在外汇市场抛售外汇，购进本币，以控制本币汇率的进一步下滑，将汇率维持在一国政府所希望的水平。但是，由于各国货币当局持有的外汇储备量总是有限的，并且，国际储备作为干预资产的效能，要以充分发达的外汇市场和本国货币的完全自由兑换为前提条件，因而，外汇干预只能在短期内和一定程度上对汇率产生影响，无法从根本上改变汇率变动的长期趋势。

（三）作为举借外债的信誉保证

一国国际储备的多寡，是衡量该国国际清偿能力大小的重要指标。若国际储备充足，则国际清偿能力强，对外偿债有保障，信誉高，利于在国际金融市场上筹借资金；反之，则困难。

第二节 国际储备管理

一、国际储备管理的含义

国际储备管理,是指一国对本国国际储备的总体规模、各种储备形式、外汇储备中各种储备货币的比重及其存放地点、投资的具体形式和对象所进行的科学安排。国际储备管理涉及宏观和微观两个层面。宏观方面的管理:一是建立国际储备管理体制,包括确定国际储备管理机构(多数国家由中央银行负责)、制定国际储备管理法规等;二是确定国际储备总体规模。微观方面的管理主要是由中央银行或其他指定银行对国际储备特别是外汇储备资产进行具体的营运。

二、国际储备管理的内容

(一) 国际储备规模的管理

国际储备规模的管理,是指确定最适合本国国情的国际储备总体水平,即进行储备需求的数量管理。国际储备的主要作用在于弥补国际收支逆差和维持本币汇率的稳定,因此,各国都持有一定数量的国际储备。一国持有多少国际储备量为适度,这是国际储备规模管理的核心问题,若一国持有的国际储备量超出其实际所需要的量,则造成该国资源的浪费;若储备量过少,则不足以发挥作用。因而,许多国家均对此进行研究,以求将国际储备量控制在合适的水平。各国通常从本国对国际储备的需求方面去考虑其国际储备的适度规模问题。影响一国国际储备需求的因素主要有:

1. 持有国际储备的成本

国际储备实际上是对国外资源的购买力,一国持有过多的国际储备意味着放弃当前一部分投资或消费,牺牲了国内经济增长的机会,这就是持有国际储备的机会成本(Opportunity Cost),表明一国持有储备所付出的代价。储备需求量是由持有储备的机会成本和收益的均衡决定的。持有储备的成本就是进口品的投资收益率与持有储备资产的收益率之间的差额。这一差额越大,表明持有储备的成本越大。当然,除了黄金,其他储备资产都会给持有国带来一定的利息收益。因此在计算储备的成本时需要将这部分利息收益扣除。显然,储备需求与其持有储备的成本成反方向变化,具体来说,进口品的投资收益率越高,一国储备需求的水平就越低;反之亦然。

2. 外汇管制的程度

在实行严格外汇管制的条件下,一国可以较有效地控制进口用汇支出及资本的输出输入,能使国际收支保持相对稳定,因而对国际储备的需求相对较少;反之,不实行外汇管制或管制较松的国家，则需要较多的国际储备。发展中国家由于受其经济发展水平的限制，多数采用严格的外汇管制措施，其对储备的需求就相应较低。

3. 筹借外资的能力

在各国调节国际收支逆差的政策手段中，从国外金融市场借款是常用的方法之一。一国筹借外资能力的大小直接影响其国际储备的规模。若一国筹借外资能力较弱，说明其应付国际收支困难的能力不强，该国所需的国际储备规模就相对较大；反之，则可持有相对少的国际储备。但是也不能过少，因为一国筹借国外资金的能力是同该国的国际储备水平联系在一起的，储备水平过低会影响其对外信誉，削弱其国际清偿能力。

4. 本币的国际地位

如果一国的货币是可作为国际储备资产的可兑换货币，在其国际收支发生逆差时，用本币来清偿对外债务也是可选用的一个调节手段，因而，该国可保持规模较少的国际储备。

5. 汇率制度

从理论上说，在固定汇率制下，难以通过汇率的灵活变动来调整国际收支的不平衡，一国须备有充足的储备，用于应付国际收支逆差。在完全自由浮动的汇率制度下，国际收支可通过汇率的自发波动而趋向平衡。这样，国际储备弥补国际收支逆差这一主要功能就变得不重要了，因此，就可以不持有或只持有较少的国际储备。可见，国际储备需求与汇率制度的弹性程度是成负相关关系的。可是，从实际情况来看，自20世纪70年代布雷顿森林体系崩溃，西方各国改行浮动汇率制以来，国际储备量不仅没有减少，反而增长很快。这是因为西方各国实质上实行的是一种管理浮动汇率制，在这种制度下，国际储备需求取决于当局外汇干预的程度。随着游资（Hot Money）的剧增，外汇市场的不稳定大大加重，各国为稳定本国货币汇率而进行的外汇干预较从前不减反增，因此强调了国际储备干预外汇市场的作用。显然，在浮动汇率制下，充足的储备量也是必需的。

6. 对外贸易状况

由于贸易收支是决定国际收支状况的重要因素，国际储备最基本的作用是弥补国际收支逆差，因而，对外贸易状况是决定一国国际储备需求量的重要因素。一国的对外贸易状况包括对外贸易规模、贸易条件及商品的国际竞争能力等。若一国的贸易条件处于弱势，其商品缺乏竞争力，则需要较多的国际储备；反之，则较少。若一国的对外贸易规模较大，在国民经济中处于重要地位，则对国际储备的需求较大。

习惯上，人们常用进口额来代表对外贸易规模，将储备与进口的比率作为衡量一国储备充足与否的粗略指标。这一指标最初由著名经济学家特里芬于1947年提出，并在其1960年出版的《黄金与美元危机》一书之中加以论述。特里芬分析了有关的历史资料，认为一国国际储备应与它的进口额保持一定的比例关系，这一比率以40%为标准，

以 20% 为最低限。如果该比率低于 30%，就必须对国际收支进行调整。一般认为，国际储备应该能满足 3 个月的进口需要，这个数额按全年储备对进口的比率来计算，约为 25%。世界银行的《1985 年世界发展报告》在分析发展中国家的储备管理时写道："足以抵付 3 个月进口额的储备水平有时被认为是发展中国家的理想定额。"但是，以"储备进口比率法"来确定一国应有的储备水平，并不够科学和完全切合实际。首先，在理论上，国际储备需求是一个包括许多变量的函数，不能仅仅用进口贸易这一项变量来决定储备需求量的多少。其次，因为各国持有储备的代价和利益的差异很大，各国具体情况不同，客观上所需要的储备水平肯定也不同。因此，难以用同一个简单的标准来衡量每一个国家的适度国际储备水平。实际上，有许多发达工业国家，储备与进口比率通常都维持在 20% 的标准线之下，也不会发生问题。主要是由于这些国家实行的是浮动汇率制，而且能够随时向国际金融市场筹集到应急资金。最后，主要发达国家均为储备货币发行国，它们随时可用本国货币进行对外支付，直接弥补国际收支逆差，因此，它们对国际储备的需求就可以很少，甚至不需要持有储备。与发达国家相比，发展中国家对国际储备的需求有着不同的特点，这是由发展中国家的经济特征所决定的。某些因素如出口收入波动大、国际收支调整代价高、在国际资本市场上的融资能力差等，促使发展中国家需要持有较多的储备；另一些因素，如发展中国家持有储备的机会成本较高、实行严格的外汇管制等又导致发展中国家持有较少的储备。

　　然而，在现实社会中，如何具体确定最适度的国际储备水平却是一个极其复杂的问题。国际货币基金组织通常会采用一些客观指标来评估各会员国国际储备需求水平，若出现以下情形，则表示储备不足：①国内利率太高。因为高利率意味着制止资金外流，鼓励资金内流来保证对储备的需要。②加强对国际交易的限制。需要加强对国际贸易和资金流动的控制就意味着储备不足。③把积累储备作为经济政策首要目标。④持续的汇率不稳定。⑤新增储备主要源自信用安排。除储备不足的客观指标外，IMF 还运用几种评估适度储备水平的定量方法，如过去实际储备的趋势，过去储备与进口的比率，过去储备对国际收支综合差额趋势的比率。从理论与实际情形来看，这些事后指标虽有很大的局限性，但也有一定的参考价值。另外，还可用一些其他指标来测度一国适度的国际储备水平，如国际储备与外债余额的比率，国际储备与国民生产总值的比率，等等。不管怎样，贸易规模对于国际储备需求水平的决定是至关重要的，因而"储备进口比率法"不失为一个分析国家储备充足性的简明易行、便于国际比较的有益指标而被习惯采用。一些学者认为，最适度的国际储备不是某一个具体的数字，而可以是一个区域值。只要将国际储备量保持在这一幅度之内，就可以说最适度国际储备水平已经实现。如果储备超过这一区域的高限，则表示储备过多；低于这一区域的低限，则表示储备不足。诚然，用区域值来测算最适度储备水平更接近现实，对于国际储备的管理具有更大的实用性。

　　总之，对一国国际储备的适度规模进行测度需要考虑的因素还有很多，如一国对外开放程度、经济调整强度与速度、出口商品供求弹性、国际货币合作状况等，应对各种因素进行综合分析，在定性和定量分析的基础上来加以确定。

（二）国际储备结构的管理

国际储备结构的管理，是指依据"安全性、流动性、盈利性"三原则，确定不同形式的国际储备资产和外汇储备中各种储备货币之间的最佳构成比例、每一种储备货币中银行存款与有价证券的比重以及银行存款中存放地点的选择等具体管理措施。

由于国际储备中的 SDRs 和在 IMF 的储备头寸两部分是由各会员国向 IMF 缴纳份额所决定，会员国一般无权掌握和分配，因而国际储备的结构管理实际上是对黄金储备和外汇储备的管理。具体分为以下内容：

1. 确定黄金储备和外汇储备的比例

各国在对国际储备的管理过程中，首先考虑如何保证储备资产发挥全部作用，因此国际储备的流动性和安全性是管理的首要原则；其次则注重国际储备的盈利性。

在纸币本位制条件下，以黄金作为储备，可以避免因通胀而可能带来的贬值风险，是可靠的保值手段，同时，一国政府可以自主控制其黄金储备资产。作为最终的国际支付手段，黄金有着其他储备形式所没有的优点，因而各国均持有一定数量的黄金储备。但是，黄金的流动性和盈利性却相对较差，表现在：① 黄金不便作为日常的清算支付手段；②黄金储备的价值不稳定，受波动频繁的黄金市价的影响。若金价上升的幅度大于储藏黄金的费用，则可达到增值的目的；反之，则不仅没有收益，反而增加持有黄金储备的成本。鉴于黄金本身的特性，特别是在布雷顿森林体系解体以后，IMF 切断黄金与货币的固定联系，实行黄金非货币化后，各国持有的黄金比重减少了。1950 年，各国持有黄金储备的比重约占国际储备的 69%；截至 1995 年，黄金储备的比重仅为 3.3%。但由于黄金储备的安全性是其他储备形式所不能相比的，故黄金储备在国际储备中仍占据一定的地位。

外汇储备是战后国际储备的主要组成部分，所占比重由 1950 年的 27.6% 增至 1995 年的 76.1%（见表 2-2）。由于欧洲货币市场的出现和世界局势的缓和，外汇储备的安全性相应提高，且相对于黄金储备具有较好的流动性和盈利性，因而比重日益增大。但是，发达国家与发展中国家有所不同，发达国家的货币多为可自由兑换货币，国际支付能力强，因而喜欢持有较高比例的黄金储备以增加其国际储备的整体安全性。而发展中国家持有国际储备的机会成本较高，因此，持有较好盈利性的外汇储备的比重就较大，黄金储备占整个国际储备的比重大多小于发达国家。

表2-2 国际货币基金组织成员国的储备构成

(单位:%)

形式	1950年	1960年	1970年	1980年	1990年	1995年
黄金	69.0	61.1	40.4	57.8	28.5	19.3
外汇	27.6	33.1	47.8	38.4	66.5	76.1
特别提款权	—	—	3.4	1.5	2.3	1.6
储备头寸	3.4	5.8	8.4	2.3	2.7	3.0

资料来源：IMF统计资料。

2. 确定外汇储备中各种储备货币的比例

这部分管理内容主要是指在当今波动频繁剧烈的外汇和货币市场上，各国货币当局如何进行储备货币的多元化调整，合理安排各种储备货币在外汇储备额中所占的比重。在布雷顿森林体系下，美元取得等同黄金的地位，成为最主要的储备货币。由于美元对马克和日元等货币汇率的不断下跌，造成了许多国家特别是发展中国家储备资产的巨大损失。布雷顿森林体系解体之后，国际储备体系发生了根本的变化，由原来的黄金、美元储备体系变成了以黄金、SDRs、在IMF的储备头寸以及各种储备货币等多种储备资产混合构成的多元化国际储备体系。储备货币从单一的美元转变为美元、德国马克、日元、英镑、法国法郎等多种货币并存的局面。自从1999年1月1日欧元诞生，德国马克和法国法郎等欧盟12国货币退出历史舞台，国际储备货币的格局又发生了新的变化，欧元成为美元国际储备地位的强有力的竞争者。

随着布雷顿森林体系的崩溃，浮动汇率制的实行，各主要货币之间汇率的波动频繁剧烈，利率水平和通货膨胀率水平也时常变化，高低不等。当持有的储备货币发生汇率下浮、利率下降或通货膨胀率上升等情况时，一国储备资产的实际价值就会减少。可见，在浮动汇率制下持有不同货币储备资产的收益及风险存在很大的差异，储备货币结构的管理日益显得重要了。如何在获得一定预期收益率的情况下将风险降到最低限度，或者在承担一定风险的条件下获取尽可能高的预期收益率，是人们进行资产管理的首要原则。根据这一资产管理原则，一国货币当局在确定各种储备货币的币种结构比例时，须着重考虑下列因素：

（1）各种储备货币的收益和风险性差异。一国应持有哪些货币作为外汇储备资产，首先要考虑的是币值的稳定性。影响货币币值稳定与否的因素主要是汇率和通胀率的变化。一种货币若发生升值或贬值，其他货币就有可能对其发生贬值或升值；储备货币的通胀水平不一样，货币的实际购买力就不一样。其次，要考虑储备货币收益率的高低。储备货币资产的实际收益率等于名义收益率减去通货膨胀率及汇率的预期变动率。不同的储备货币具有不同的收益率,储备资产管理者的任务就是对各种储备货币的收益率、汇率以及通货膨胀率的实际和预期的变化趋势进行观察和分析,权衡各种储备货币的盈利性和风险性,不断地转换货币,搭配币种,以求获得最低风险之下的最大收益。

（2）储备货币的构成与储备资产用途之间的一致性。首先,由于外汇储备的主要作用之一是弥补国际收支逆差,即对外支付进口大于出口的部分。一国在储备货币币种的搭配上,应考虑国际贸易结算和债权债务清偿的实际需要,合理安排储备货币的构成比例。比如,一国在对外经贸往来中大量使用美元和欧元作为支付手段和清算手段,应经常性地保持适当数量的美元和欧元储备；如果一国的债务净额（债务大于债权的部分）是以日元为主,确定外汇储备币种结构时,则必须考虑日元应有的比例,同时还要与还本付息的时间进行匹配。将储备货币和对外支付所需货币达成一致,就可以在一定程度上减少汇率风险损失。其次,由于外汇储备的日常职能是充当干预手段,支持本国货币的汇率。一国货币当局必须确定一种干预货币。一国只有在储备中保有足够的干预货币,才可以避免或减少因兑换而产生的交易成本以及汇率风险。由于美元特定的历史地位,直至现在仍是被使用最多的国际支付手段和计值单位,同时也是国际外汇市场主要的干预货币,因此,目前美元在储备货币的构成中仍居主要地位。但是,一国储备货币的构成若过于集中,则会使其储备资产处于较大的汇率波动风险之中。詹姆士·托宾（James Tobin）的投资组合选择理论认为,将各种相互独立的不同资产混合搭配进行投资所承担的风险,一般要低于投资于任何单一资产所承担的风险,因为一部分资产的亏损可以由另一部分资产的升值来冲抵,从而维持预期的收益率,或保证资产的价值不遭受损失。因此,一国货币当局应实行储备货币多样化组合,这样才能避免"将所有鸡蛋放在同一个篮子中",从而降低汇率波动的风险,维持储备资产的整体价值不减少甚至增值。目前,世界储备货币多样化的格局也正是在浮动汇率制度下各国货币当局避免风险、保持外汇储备购买力的决策结果。总体而言,国际储备通常可分为两个部分,一部分用于日常弥补国际收支逆差和干预外汇市场的需要,称为交易性储备；另一部分用于不可预测的、突发的内外冲击之需要,称为预防性储备。交易性储备的货币构成应与弥补国际收支逆差和干预市场所需要的货币构成保持一致,而预防性储备则应按照分散原理进行投资。

3. 进行储备资产的投资组合和风险防范

由前述可知,各国货币当局主要是根据实际使用储备的需要,通过对各种储备货币的风险性与盈利性进行比较来确定外汇储备中各种储备货币的构成比例的。那么,在每一种储备货币中又应如何确定各种有价证券和存款的比例呢？在此,需要进行权衡比较的应当是储备资产的流动性与盈利性之间的关系。通常,流动性与盈利性是成反方向关系的,流动性高的资产,盈利性往往就低；相反,流动性低的资产,其盈利性就高。一些西方经济学家和英格兰银行等货币当局根据流动性把储备资产划分为三级：

一级储备或流动储备资产：指流动性强、盈利性低的资产,包括活期存款和短期票据等投资品种，平均期限为3个月。

二级储备：指流动性低于一级，而盈利性高于一级的储备资产，如中期债券等，平均期限为2~5年。

三级储备资产：指收益率高但投资期限长、流动性差、风险大的储备资产，如长期公债和其他信誉良好的长期投资工具，平均期限为4~10年。

一国国际储备管理当局在进行储备资产的投资组合和风险防范管理时，通常是先确定一级储备和二级储备的规模，后考虑储备资产的长期投资。因为国际储备资产的首要用途是弥补国际收支逆差和干预外汇市场，因而首先要保证储备资产的流动性。一般将一级储备作为交易性储备（Transaction Reserve），需要有充足的一级储备来满足日常的交易性需求，这部分储备随时可用于进行对外支付及充当日常干预外汇市场的手段；二级储备作为补充性的流动资产；三级储备则用于扩大储备资产的收益。一旦满足了交易性的储备需求，货币当局就可以将剩余的储备资产在二级储备与高收益储备之间进行组合投资，以期在保持一定的流动性条件下获取尽可能高的预期收益率。

由于国际储备本身的性质，各国货币当局在进行储备资产的管理过程中通常较私人投资者更注重资产的安全性和流动性，而相对不那么积极追求盈利性。表现在对储备资产的存放地点与投资具体形式的选择上，各国大都尽量限制储备资产投资于存在国家风险的国家或公司证券，而愿意投资于实力雄厚、信誉良好的政府债券和AAA级的欧洲债券。储备资产中一般不包括公司证券，这是因为公司证券的信誉和安全性不如政府债券，而且从政治角度考虑，一国政府不宜与他国的公司打交道。科学、合理的选择，能够最大限度地满足国际储备资产管理的安全性和流动性要求，并且能兼顾盈利性。

原则上，欧洲货币市场和欧洲债券市场被认为是较好的存放地点和投资对象。因为，将储备货币存放于欧洲货币市场，相对于存放在货币发行国被冻结的政治风险较小。另外，由于欧洲货币市场不受任何国家金融政策与条例的管辖，投资欧洲债券所受的限制少，流动性和盈利性都相对较高，还有一些信誉良好、政治稳定的国家政府债券也是较好的投资对象。

第三节 我国的国际储备

一、我国的国际储备概况

1977年我国开始对外公布国际储备情况。同IMF其他会员国一样，我国国际储备包括黄金储备、外汇储备、SDRs和在IMF的储备头寸四种形式。其中外汇储备是我国最主要的储备形式，占储备总额的90%以上；黄金储备额自1981年以来基本维持不变；SDRs和在IMF的储备头寸则为数很少。

我国国际储备的变化主要反映在外汇储备的变化上，随着我国经济改革的深入，对外贸易收支、非贸易收支以及资本流动量的扩大，我国外汇储备发生了巨大的变化。1978年至2002年，我国国际储备不断增加，由1978年的约26亿美元增加到1984年的167亿美元，1985年和1986年由于国家对外汇储备管理的失控导致了储备的急剧减少，比1984年减少37%。从1987年始，我国外汇储备便逐年增加，进入2000年后增长幅度进一步加大，截至2010年上半年，我国外汇储备总额已达到24543亿美元。

从1993年开始，我国外汇储备的统计口径有了变化，在这以前，我国的外汇储备分为国家外汇库存和中国银行外汇结存两部分。国家外汇库存是指国家通过中国银行兑进与卖出外汇相抵之后的余额；中国银行外汇结存是指中国银行的营运资金，加上在国内吸收的外汇存款与对外借款，减去在国内外的外汇贷款与投资之后的余额。两者有实质性的区别。从理论上说，只有国家外汇库存才是我国的对外债权，而中国银行的外汇结存，是该银行的对外负债，并非国家货币当局无条件使用的支付手段，与IMF关于外汇储备的概念有距离，将这部分计入国家外汇储备是不适宜的。因而，从1993年始，我国不再将中国银行外汇结存部分计入外汇储备。

二、我国的国际储备管理

我国的国际储备管理主要在两个方面：国际储备总量的管理和外汇储备结构的管理。由于我国国际储备中黄金储备量基本不变，SDRs和在IMF的储备头寸数额很小，因此，我国国际储备的管理重点在外汇储备管理方面。

（一）国际储备总量的管理

关于我国应持有多大量的国际储备为宜，各方见解不一。目前，世界各国仍然广泛采用"储备进口比率法"，即以3个月进口额作为确定适度国际储备量的标准。现实中，我国在确定外汇储备总量时，会以这一世界通用指标作为参考，但更多的是依据我国经济发展不同阶段的实际需要以及世界经济金融形势的变化来决定储备量的多少。具体而言，我国的国际储备量应比3个月的进口额高些还是低些，学界有不同的看法：

（1）认为我国应保持相对少的国际储备量。理由是：①利用外资是我国长期经济增长的必然需要。在借用外资的同时增加外汇储备，等于以高价借入，低价借出，增加了持有储备的成本。②我国目前经济工作还不能完全取消计划性，对外贸易和对外投资活动都有较严格的管理，这意味着我国平衡国际收支的能力较强，因而只需要相对低一些的储备量。③目前人民币汇率虽说是以市场供求为基础的、有管理的浮动汇率制，但由于外资不能自由进出我国的外汇交易市场，因而我国不需要过多地持有用于干预市场的那部分外汇储备。④如今随着我国政治、经济实力的不断增强，在国际上享有越来越高的声誉，在国际金融市场上筹借应急资金的能力也大大强于从前。⑤为满足弥补国际收支赤字需要而持有的交易性储备具有规模节约的特征，我国进出口规模大，由此所持有的国际储备量可相对少一些。

(2) 认为我国应保持相对多的国际储备量。理由包括：①随着我国加入世界贸易组织，国内商品市场和资本市场的进一步开放，加大了各种各样的风险，增加了国际收支的脆弱性；与此同时，我国对国际收支不平衡的行政调节手段却逐渐弱化，因而需要保持更多的国际储备以应付国际收支危机。②随着借用外资的增多，我国需要保有更多的外汇储备以发挥担保偿还外债的作用。③随着我国对外贸易额的不断增大，客观上要求我们具备充足的对外支付能力，方能应付国际收支可能出现的不利局面。

总之，较高水平的外汇储备意味着持有储备的机会成本较大，特别是目前我国的建设急需大量外汇资金，过多的储备无疑造成资源的巨大浪费；但是，低水平的储备量必要时又难以发挥其应有的作用。所以，对我国外汇储备总量的管理，须综合所有因素，借助国际经验，进行定性和定量分析，从而确定一个符合我国国情的外汇储备适度规模。

(二) 外汇储备结构的管理

我国外汇储备的结构管理，是指依据"安全性、流动性、盈利性"三原则对我国外汇储备资产进行具体的营运。

1. 外汇储备币种比例的管理

我国外汇储备中各种储备货币的比例调整须遵循的原则是：①保持多元化的货币储备，以分散汇率变动的风险；②根据进出口贸易中对外支付所需货币的币种和数量以及我国外债的币种结构，调整各种货币在储备中的比例，尽可能做到持有储备和使用相一致，以减少由于货币兑换所造成的损失；③密切注意汇率变动的趋势，随时调整各种储备货币的比例。

2. 各种储备货币投资形式的管理

选择储备货币的资产形式时，首先要考虑的是流动性和安全性，兼顾收益性。通过风险、收益及其流动性的分析，合理安排储备资产的短、中长期结构，以及存放和投资的具体地点和对象，在确保储备资产的安全性与流动性基础上增加盈利。

本章小结

1. 国际储备，是指一国政府持有的、用于弥补国际收支逆差、维持其货币汇率稳定及作为对外偿债保证的国际上普遍接受的资产。

2. 国际清偿能力，是指一国持有的各种形式的储备资产及该国对外筹借资金的能力。国际储备与国际清偿能力既相联系又有区别。具体而言，国际储备仅指一国具有的现实的对外清偿能力；而国际清偿能力还包括了潜在的对外清偿能力，如向外国政府或中央银行、国际金融组织和商业银行借款的能力。

3. 根据 IMF 的统计口径，国际储备主要由以下四种形式构成：黄金储备、外汇储备、在 IMF 的储备头寸、特别提款权。

4. 国际储备的来源：收购黄金、国际收支顺差、政府干预外汇市场所得外汇、政府对外借贷。

5. 国际储备的作用：平衡国际收支逆差、维持汇率稳定、作为举借外债的信誉保证。

6. 国际储备管理，是指一国对本国国际储备的总体规模、各种储备形式、外汇储备中各种储备货币的比重及其存放地点、投资的具体形式和对象所进行的科学安排。

思考题：
1. 什么是国际储备与国际清偿能力？
2. 国际储备的形式有哪些？
3. 国际储备有什么作用？
4. 什么是国际储备水平及其结构的管理？

相关链接　国际储备货币体系的发展趋势

一、国际储备货币的三足鼎立格局

从根本上来说，一种货币在世界货币体系中的地位归根结底要以该货币发行国的综合经济实力为基础。根据国际货币基金组织 1997 年 10 月出版的《世界经济展望》披露的统计材料，到 20 世纪 90 年代后期欧元问世前夕，美国、日本、欧盟在全球国内生产总值和实际贸易总额中的份额分别依次为 20.7%、8.0%、20.4% 和 15.2%、6.1%、14.7%（不含欧盟内部贸易）。从这两组数据可以看到，经过几十年此消彼长的发展，美国已经无可争辩地从战后初期的巅峰状态滑落下来，而日本和欧洲的经济实力得到了明显的增强。美、日、欧三大经济板块相对地位的改变不可避免地影响到国际储备货币总体格局的调整。资料显示，同期世界贸易中以美元、日元和欧盟十五国货币计价结算的比重分别为 48%、5% 和 31%；三者在世界债券市场上的份额分别为 37.2%、17% 和 34.5%；在全球外汇储备中的份额分别为 56.4%、7.1% 和 25.8%；在全球外汇交易量中的份额分别为 41.5%、12% 和 35%。

一般而言，四个重要因素将决定某一种货币的国际储备货币地位：一是它的稳定性，这种稳定性可以减少货币持有人的风险；二是有较强劲的汇率，这样可以避免投资人的资本损失；三是要有极具流动性的金融市场，它可以使持有人将自己持有的以该种货币表示的资产迅速多样化或变现；四是要有良好而严密的市场监管，可以将危机减少到最低程度。

国际货币基金组织 2000 年公布的一份工作记录指出，在长时期内，各国官方对一种特殊货币的储备需求，与影响这种需求的主要因素，即贸易流量（Trade Flows）、金

融流量（Financial Flows）以及货币制度（Currency Regimes）之间的关系是非常稳定的。欧元区的规模和它近期创立的金融市场，以及欧元区在世界贸易流量和世界国内生产总值中的份额超过美国的事实，将推动欧元在国际储备中的地位不断增强。

种种情况表明，尽管美元长期以来一直在国际储备中发挥核心作用，其他国家的货币仅仅只是作为对国际储备资产的补充。但1999年1月1日欧元的启动将逐渐改变国际储备货币的结构。因为从中、长期来看，一种货币能否成为世界上各个国家都乐于接受并持有的主要储备货币，关键取决于该货币赖以支撑的经济体的相对规模，以及该经济体在整个国际经济贸易中所占的份额。鉴于欧盟的整体经济实力已与美国旗鼓相当，因此欧元在国际储备货币结构的调整中具有十分明显的潜在优势。如国际货币基金组织前总裁康德苏所言，随着欧元过渡期的顺利结束，未来的国际货币体系将形成国际储备货币三分天下的局面，美元、欧元和日元三足鼎立将是今后一段时期内国际储备体系的基本态势。

国际储备货币多元化有利于国际货币体系摆脱对美元的过分依赖，有利于增加国际储备资产的供给并改善国际储备资产的结构。国际储备货币多元化还增加了各国完成国际支付的方便程度和实施国内货币政策的自由度，有利于采用不同形式的货币进行贸易结算，有利于各国实现国内宏观经济政策同对外经贸关系发展的相互协调运作，收到预期的政策效应。但是，国际储备多元化同时又增加了国际储备体系的不稳定性，容易造成国际储备资产的总量过大，因而带来通货膨胀的压力。在一定条件下，国际储备货币多元化还可能会加剧外汇市场的动荡，使国际储备资产管理更趋复杂化，因而加大国际储备资产保值增值的难度。

二、国际货币体系的"三区域"模式

美国经济学家巴里·艾森格林（Barry Eichengreen）曾对未来20年国际货币制度的发展方向进行了大胆预测，提出了"三区域"模式的观点，即世界经济三大主要区域——美洲、欧洲和亚洲——很可能按照各自的特点寻找符合本地区利益的货币合作方式，从而形成美元、欧元和日元三大经济货币区。

在欧洲，货币、经济、政治一体化的进程在深度和广度方面不断获得发展，欧盟及其有关机构将在较大范围内为欧元的稳定提供相对坚实的基础。在美洲，各国货币合作的唯一选择就是单一的美元化。对中南美国家而言，由于他们的经济规模一般都不大，且同美国的经济金融联系紧密，在实行开放经济政策的过程中，选择进行独立的货币改革面临着重重困难，因此逐渐实现"美元化"是一种理性的选择。在亚洲，贸易与金融活动的区域多样性则比较明显，在各国通力合作的基础上，以某几个国家的货币为核心，启动地区货币合作机制，直至建立一个如同欧元那样的新的"一篮子货币"，也有人将其称之为"亚元"（Asian Dollar），并不是完全不具备可能性。当然，基于亚洲地区特殊的地缘政治和地缘经济格局，加上日本同其他亚洲国家之间特殊的历史积怨，"亚元"要走的路还十分艰难、漫长。

第三章 外汇与汇率

外汇与汇率是国际金融最基本和最重要的内容。外汇与汇率的概念是国际金融最基本的概念，汇率理论是国际金融的最重要的理论。本章首先介绍外汇、汇率的基础知识，为以后进一步学习汇率制度与外汇管制、外汇交易与外汇市场、外汇风险管理等奠定基础；其次，阐述汇率的决定和汇率变动对经济的影响；接着介绍几种主要的汇率理论。

第一节 外汇的概念

一、外汇的一般定义

外汇（Foreign Exchange）是"国际汇兑"的简称。国际汇兑有动态和静态两种含义。国际汇兑的动态含义指的是一种汇兑行为，即为了清偿国际间的债权债务，借助于各种国际结算工具，把一个国家的货币兑换成另一个国家的货币的一种专门性经营活动。例如，我国某进出口公司向美国出口商购进一批机器设备，双方约定用美元支付。支付货款的时候，我国的进出口公司就要用人民币向经营外汇业务的银行购买美元汇票，然后汇往美国清偿货款，这一过程就是国际汇兑行为。

国际汇兑的静态含义，是指在清偿国际债权债务的国际汇兑活动中所使用的支付手段或结算工具。如上例中进出口公司用人民币向银行所购买的美元汇票。我们在日常生活中所使用的外汇概念和在本书中所使用的外汇概念主要是指国际汇兑的静态含义。

所以，外汇的一般定义是：外汇是指外国货币或以外国货币表示的用于国际结算的支付手段。

二、国际货币基金组织对外汇的定义

国际货币基金组织对外汇的定义是："外汇是货币行政当局（中央银行、货币管理机构、外汇平准基金组织和财政部）以银行存款、财政部国库券、长短期政府证券等形式所保有的在国际收支逆差时可以使用的债权。"从上面内容来看，国际货币基金组织是从外汇储备的角度来定义外汇的。

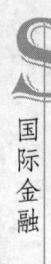

三、我国外汇管理条例对外汇的定义

我国于 1996 年 1 月 29 日发布了《中华人民共和国外汇管理条例》,并经 1997 年 1 月 14 日和 2008 年 8 月 1 日两次修改。其对外汇的定义是:"外汇是指下列以外币表示的可以用做国际清偿的支付手段和资产:①外币现钞,包括纸币、铸币;②外币支付凭证或者支付工具,包括票据、银行存款凭证、银行卡等;③外币有价证券,包括债券、股票等;④特别提款权;⑤其他外汇资产。"由此看来,我国对外汇的定义是广泛的,是从加强对外币金融资产管理的角度来定义的,目的是有利于对国际收支平衡的控制和汇率稳定的控制。

四、外汇的基本特征

归纳起来,外汇必须具备三个基本特征:第一,外汇是以外币表示的金融资产。任何以本国货币表示的金融资产对本国居民来说都不能称其为外汇。外汇属于金融资产,任何以外币表示的实物资产和无形资产不构成外汇。第二,外汇必须具有充分的可兑换性,它能够自由地兑换成其他国家的货币或购买其他信用工具以进行多边支付。第三,外汇必须具有普遍接受性和可偿付性。它能够在国际经济交易中被各国普遍接受和使用,可以保证得到偿付。

五、外汇的种类

根据自由兑换的程度来划分,外汇分为自由外汇和记账外汇两种。自由外汇是指可以在国际金融市场上自由买卖,在国际支付中广泛使用,并可以无限制地兑换成其他货币的外汇,如美元、日元、欧元、英镑、瑞士法郎、港元等;记账外汇是指不经过货币发行国批准,不能自由兑换成其他国家的货币,或对第三国进行支付的外汇。记账外汇只能用于贸易协定国双方之间的双边结算。贸易协定国双方根据支付协定,互为对方国家开立清算账户,用记账的方法结算两国之间的债权债务。

六、外汇的作用

随着国际政治、经济和文化交往的发展,外汇发挥的作用日益显著。外汇在国际经济活动中的作用主要表现在:①作为国际结算工具,外汇可以清算国际债权债务,促进国际经济贸易的发展;②作为信用工具,外汇可以促进国际信用授受和资本转移,调节国际资金供求的不平衡;③方便各国购买力的相互转移,扩大国际分工和商品流通的范围。

第二节 外汇汇率

一、汇率的概念

汇率（Foreign Exchange Rate）又称为汇价，是指两种不同货币之间进行兑换的比率或比价，或者说是以一种货币表示的另一种货币的价格。

外汇像其他商品一样，本身可以作为被买卖的对象。汇率则是外汇市场上外汇买卖的折算标准。受外汇市场供求关系的影响，市场汇率会经常变动，这种不断变动的汇率又称为外汇行市。在中国，外汇汇率通常由银行挂牌对外公布，所以外汇汇率又称为外汇牌价。

二、外汇的标价方法

根据基准货币不同，或者根据用本币表示外币价格、还是用外币表示本币价格的不同，外汇的标价方法有两种：一种叫直接标价法，另一种叫间接标价法。

（一）直接标价法

以一定单位的外国货币为基准，折算为若干数额的本国货币的标价方法；或者说以本国货币表示外国货币价格的方法，称为直接标价法（Direct Quotation）。例如，在香港外汇市场，美元与港币的汇率表示为：1 美元 = 7.7850 ~ 7.7870 港币。在这里，美元为外币，港币为本币，美元是基准货币。美元的金额不变，港币的数额随着美元和港币的相对价值的变化而变动。从买进外汇的角度来看，因为收进的外汇金额是确定的，应付的本币数额随两种币值的变化而变化。因此，这种标价法又称为应付标价法（Giving Quotation）。

在直接标价法下，若一定单位的外国货币折合的本币数额增加，即外汇汇率上涨，意味着外币币值的上升，本币币值的下降；若一定单位的外国货币折合的本币数额减少，即外汇汇率下跌，意味着外币币值的下降，本币币值的上升。

（二）间接标价法

以一定单位的本国货币为基准，折算为若干数额的外国货币的标价方法；或者说以外国货币表示本国货币的价格的方法，称为间接标价法（Indirect Quotation）。例如，在英国外汇市场，英镑与美元的汇率表示为：1 英镑 = 1.5200 ~ 1.5210 美元。在这里，美元为外币，英镑为本币，英镑是基准货币。英镑的金额不变，美元的数额随着英镑和美元相对价值的变化而变动。从买进外汇的角度来看，因为付出的本币金额是确定的，应收的外币数额随两种币值的变化而变化。因此，这种标价法又称为应收标价法（Receiving Quotation）。

在间接标价法下，若一定单位的本国货币折合的外币数额增加，即外汇汇率下跌，意味着外币币值的下降，本币币值的上升；若一定单位的本国货币折合的外币数额减少，即外汇汇率上涨，意味着外币币值的上升，本币币值的下降。

目前，世界上绝大多数国家的外汇市场采用直接标价法来表示外币与本币的兑换比率，采用间接标价法的国家主要是英国和美国。英镑曾经是国际贸易计价结算的中心货币，长期以来伦敦外汇市场上的英镑一直采用间接标价法。布雷顿森林体系建立以后，美元逐渐取代英镑成为国际结算和国际储备的中心货币，为了便于计价结算，从1978年9月1日开始，在纽约外汇市场，除了美元对英镑和爱尔兰镑仍沿用直接标价法外，美元对其他货币均采用间接标价法。

在传统的外汇市场上，主要是本币与外币的交易，公布的汇率也主要是本币对外币的汇率。因此，从外汇市场所在国的角度，根据本币与外币之间表示方法的不同，可以划分为直接标价法和间接标价法。欧洲货币市场出现以后，外汇交易主要是非本币之间的交易，因此出现了一种以关键货币（Key Currency）为基准的标价方法，这就是美元标价法。

（三）美元标价法

美元标价法，是指国际金融市场上以美元作为标准，用其他国家货币表示1美元的价格的报价方法。按照这种标价方法，所有在外汇市场上交易的货币都对美元报价，并且除了英镑等极少数货币外，其他各种货币都以美元作为基准货币（常量），而以其他货币作为标价货币（变量）。例如，在瑞士苏黎世外汇市场向日本东京的某家外汇银行询问日元汇率时，该外汇银行的报价，并不是直接报瑞士法郎对日元的汇率，而是报美元对日元的汇率，瑞士的银行再根据美元对瑞士法郎的汇率套算出瑞士法郎对日元的汇率。

美元标价法的优点是使各主要外汇市场的行情便于相互比较，同时也适应了国际外汇市场以美元作为各国货币交易中介的习惯做法。

三、汇率的种类

汇率从不同的角度可以划分为不同的种类。汇率的主要种类有：

（一）按政府采取的汇率政策的不同，可以划分为固定汇率和浮动汇率

固定汇率（Fixed Exchange Rate）是指由政府当局决定的、基本固定的、波动幅度限制在一定范围内的汇率。由于这种汇率一般不轻易变动，具有相对稳定性，故称之为固定汇率。

浮动汇率（Floating Exchange Rate）是指政府当局不规定本币与外币的固定比价和上下波动的幅度，任由外汇市场供求关系决定的汇率。根据浮动的方式不同，浮动汇率又可以分为自由浮动汇率、管理浮动汇率、联合浮动汇率、钉住浮动汇率等。

（二）按汇率制定的方法的不同，可以划分为基本汇率和套算汇率

基本汇率（Basic Rate）是指一国货币与国际上某一关键货币的汇率。关键货币是指在国际结算中广泛用做支付手段而被各国所普遍接受并与世界大多数国家定有汇率的货币。由于各国国情不同，选择的关键货币也不完全一样，与本国的国际贸易、国际结算和国际储备最密切相关的货币往往成为关键货币。由于该汇率是确定本币与其他货币汇率的基础，因此称为基本汇率。第二次世界大战后，美元在国际金融市场占据主导地位，所以许多国家把本币对美元的汇率定为基本汇率。

套算汇率（Cross Rate）是指根据两种货币对同一种关键货币的汇率而套算出该两种货币间的汇率。例如，某日，人民币对美元的汇率是 US $100 = RMB ¥678.75，美元对瑞士法郎的汇率为 US $1 = SF1.0648，在这两个基本汇率的基础上可以套算出人民币对瑞士法郎的汇率为 SF100 = RMB ¥637.44。

（三）按外汇买卖成交后交割时间的长短不同，可以划分为即期汇率和远期汇率

即期汇率（Spot Exchange Rate）是指在外汇交易中成交后在两个营业日内进行交割所使用的汇率。即期汇率用于外汇的现货买卖。

远期汇率（Forward Exchange Rate）是指在外汇交易中交易双方约定在成交后的将来某一时间进行外汇实际交割所使用的汇率。远期汇率用于外汇的远期买卖。

远期汇率与即期汇率有着密切关系，远期汇率的制定是以即期汇率为基础，再根据两种货币的利差、供求关系、心理预期等因素来决定的。远期汇率与即期汇率一般存在一定的差价，称为汇水，包括升水和贴水。当远期汇率高于即期汇率时称为外汇升水，当远期汇率低于即期汇率时称为外汇贴水。

（四）按银行买卖外汇的角度不同，可以划分为买入汇率、卖出汇率和中间汇率

买入汇率，亦称买入价（Buying Rate 或 Bid Price）是报价银行买入外汇时所使用的汇率。

卖出汇率，亦称卖出价（Sell Rate 或 Offer Price）是报价银行卖出外汇时所使用的汇率。

中间汇率，亦称中间价（Middle Rate）是指买入汇率与卖出汇率的平均数。

从事外汇业务的银行在对某种外汇的报价中,都同时报出买入汇率和卖出汇率,银行低价买进、高价卖出,买卖之间的差价用来补偿银行的经营费用或形成银行的经营利润。买卖价差一般为 0.1%~0.5%(如果是 0.1%也就是中间价上下各 0.05%)。

买价和卖价是从银行的角度来划分的。在直接标价法下,数额较小的价格为外汇买入价,数额较大的价格为外汇卖出价。例如,某日东京外汇市场一银行报出的美元汇率为 US\$1 = JP¥105.25~105.45,105.25 即为银行的美元买入价,105.45 即为银行的美元卖出价。在间接标价法下,数额较大的价格为外汇买入价,数额较小的价格为外汇卖出价。例如,某日纽约外汇市场一银行报出的瑞士法郎汇率为 US\$1 = SF1.0250~1.0270,则 1.0250 为银行卖出瑞士法郎的价格,1.0270 为银行买入瑞士法郎的价格。

银行在外汇牌价表上一般还会报出外币现钞买入价。由于现钞(纸币和铸币)不能生息,持有这种外币资产有机会成本;另外,如果外币现钞不能在本国流通,银行必须将收兑的外币现钞运往国外转存,要开支运费和保险费。所以,银行的现钞买入价要稍低于现汇买入价,而现钞的卖出价与现汇的卖出价相同。

(五)按外汇交易中支付方式的不同,可以划分为电汇汇率、信汇汇率和票汇汇率

电汇汇率(Telegraphic Transfer Rate,T/T Rate)是指经营外汇业务的银行以电报方式买卖外汇时所使用的汇率。用电汇方式支付外汇,付款时间最快,银行一般不能占用顾客资金,所以电汇汇率较高。现代外汇市场多用电汇方式付出外汇,银行在外汇交易中一般以电汇汇率作为计算其他汇率的基础。

信汇汇率(Mail Transfer Rate,M/T Rate)是银行用信函通知国内外分支行或代理行收付外汇时所使用的汇率。信汇付款要通过航空邮寄,交付时间比电汇迟,银行可以在一定时间内占用顾客资金,所以信汇汇率比电汇汇率低。

票汇汇率(Demand Draft Rate,D/D Rate)是指兑换各种外汇汇票、支票和其他各种票据所采用的汇率。票汇汇率根据票汇支付期限不同,又可以分为即期票汇汇率和远期票汇汇率。由于即期票汇交付时间比电汇长,所以即期票汇汇率比电汇汇率低;远期票汇的交付时间比即期票汇长,所以远期票汇汇率比即期票汇汇率低。

(六)按外汇管制程度不同,可以划分为官方汇率和市场汇率

官方汇率(Official Rate)是指由国家行政机构(财政部、中央银行或外汇管理机构)制定并公布的汇率。

市场汇率(Market Rate)是指由外汇市场供求关系决定的汇率。

外汇管制严格的国家实行官方汇率,并规定一切外汇交易都按这个汇率为准。没有外汇管制或外汇管制较松的国家,外汇市场的外汇交易以市场汇率为标准。经济转型的新兴市场经济国家,外汇管制较严格,但在逐步放松外汇管制政策后,可能会出现官方汇

率和市场汇率并存的状况，在一些范围内使用官方汇率，另一些范围内使用市场汇率。

（七）按汇率与货币实际价值关系的不同，可以划分为名义汇率和实际汇率

名义汇率（Nominal Exchange Rate）是指由官方法定的或在外汇市场上由供求关系决定的汇率。名义汇率是外汇市场公布的、没有剔除通货膨胀因素的汇率。

实际汇率（Real Exchange Rate）是指在名义汇率的基础上剔除了通货膨胀因素后的汇率。实际汇率（直接标价法）的基本公式是：

$$R^* = R \times P_f/P_d$$

式中：R^*为实际汇率，R为名义汇率，P_f为国外物价水平，P_d为本国物价水平。

上述计算方法是在现期名义汇率的基础上用过去一段时期两种货币各自的通货膨胀率（物价指数上涨幅度）来加以校正，从而得出实际的而不是名义的汇率水平及汇率变动幅度。它在货币实际购买力的研究中常常被用到。另一种实际汇率是指名义汇率剔除各种财政补贴和税收减免等因素后的汇率，用公式表示为：实际汇率 = 名义汇率 ± 财政补贴和税收减免。这一概念的实际汇率在研究汇率调整、倾销调查与反倾销措施、考察货币的实际购买力时常常被用到。

（八）按汇率制定的依据不同，可以划分为双边汇率和加权汇率

双边汇率（Bilateral Exchange Rate）是指一种货币对另一种货币的交换比率。上面所说的汇率都是双边汇率，它只能反映一种货币价值相对于另一种货币价值变化的情况。

加权汇率（Weighted Exchange Rate）又称为有效汇率（Effective Exchange Rate），是指一种货币对其他许多种货币的双边汇率的加权平均数。国际货币基金组织定期公布成员国家的若干种有效汇率指数，包括劳动力成本、消费物价、批发物价等为权数的经加权平均得出的不同类型的有效汇率指数。以贸易比重为权数的有效汇率所反映的是一国货币汇率在国际贸易中的总体竞争力和总体波动幅度。

第三节 汇率决定的基础及影响汇率变动的主要因素

一、汇率决定的基础

（一）国际金本位制度下汇率决定的基础

国际金本位制度始于1880年，一直持续到第一次世界大战以前。在国际金本位制度下，银行券可以自由兑换黄金，金币可以自由铸造，黄金可以自由输出输入国。货币储备使用黄金，以黄金进行国际结算。流通中的货币是以一定重量和成色的黄金铸造成

的金币。由于金币的价值取决于其含金量的多少，因此，两种货币的兑换比例就取决于这两种货币含金量的比。两个国家单位货币含金量的比称为铸币平价（Mint Par）。所以，在国际金本位制度下决定汇率的基础是铸币平价。例如，在金本位制时期，1英镑的重量是123.27447格令，成色为22K（Karat），即含金量为113.0016格令（7.32238克）纯金；1美元的重量为25.8格令，成色为90%，即含金量为纯金23.22格令（1.50463克）。根据含金量计算，英镑和美元的铸币平价是：113.0016/23.22 = 4.8665。这就是说，由于1英镑的含金量是1美元含金量的4.8665倍，所以，1英镑的价值是1美元价值的4.8665倍，即1英镑等于4.8665美元。

铸币平价只是决定汇率的基础，外汇市场上进行交易的汇率是以其为基础受外汇供求关系的影响而上下波动。市场汇率有时高于铸币平价，有时低于铸币平价。当外汇供过于求时，市场外汇汇率会低于铸币平价；当外汇供不应求时，市场外汇汇率会高于铸币平价。市场汇率的波动不是无限的，而是以黄金输送点（Gold Point）为其波动的上下界线。

在国际金本位制度下，市场汇率的波动幅度之所以受黄金输送点的限制，是因为黄金可以自由输出输入国，一国对外债权债务即可以用外汇结算又可以用黄金结算。进出口商采用哪种方式结算取决于铸币平价、当时的市场汇率和黄金在进出国之间的运输成本这三个因素。当市场上的外汇汇率大于铸币平价与黄金运送成本的和时，进口商就不会购买外汇来清偿货款，而会直接运送黄金来清偿货款，从而引起外汇需求下降，外汇汇率走低。当市场上外汇汇率小于铸币平价与黄金运送成本的差时，出口商就不会收进外汇并卖给外汇银行，而会用外汇在进口国换成黄金运回国或直接用黄金结算，其结果会引起本国的外汇供给减少，外汇汇率走高。因此，铸币平价与黄金运送成本的和就构成该国的黄金输出点，是该国外汇汇率的最高上限；铸币平价与黄金运送成本的差就构成该国的黄金输入点，是该国外汇汇率的最低下限。市场汇率在黄金输出点和黄金输入点之间波动。

例如，在第一次世界大战前，美元对英镑的铸币平价是1英镑 = 4.8665美元，在英国和美国之间运送黄金的费用约为所运送黄金价值的0.6%，即运送1英镑黄金的各种费用约0.03美元，于是美元和英镑两种货币之间的汇率波动界限如图3-1所示。

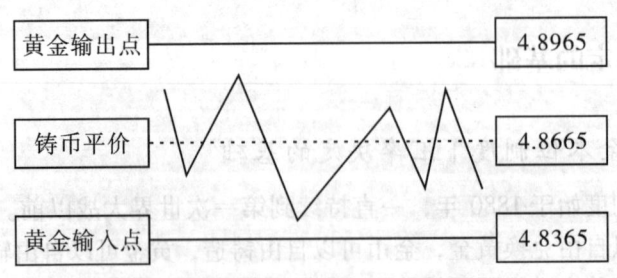

图3-1 国际金本位制度下汇率波动界限

在国际金本位制度下，由于黄金运送费用占黄金本身的价值的比重很小，所以两国货币汇率的波动幅度也很小，汇率相当稳定，充分体现了固定汇率制的特征。

（二）金块本位制和金汇兑本位制下汇率决定的基础

第一次世界大战以后，典型的金本位制遭到严重的破坏，原来实行金本位制的国家无力恢复典型的金本位制而分别实行了金块本位制和金汇兑本位制。金块本位制和金汇兑本位制是严重削弱了的金本位制。在实行金块本位制的国家，没有金币发行和金币流通，货币的发行是以黄金作为准备金，流通中的货币是黄金符号，国家规定黄金符号的含金量，并允许在一定的限额以上可与黄金兑换。例如，英国在1925年规定银行券兑现，只能兑换净重400盎司的金块；法国在1928年规定至少需要215000法郎才能兑换黄金。在实行金汇兑本位制的国家，也没有金币发行和金币流通，货币的发行是以外汇和黄金作为准备金，流通中的货币是黄金符号，国家以法律的形式规定黄金符号的含金量，黄金符号在本国不能兑换黄金，但可以通过兑换成实行金币或金块本位制国家的货币后再兑换成黄金。因此，在这两种货币制度下，汇率是由各自货币所代表的含金量之比来确定的。两种货币含金量的比称为黄金平价（Gold Parity），黄金平价是决定汇率的基础。

（三）纸币制度下汇率决定的基础

纸币制度是在金本位制度崩溃之后产生的一种货币制度，当货币符号完全不能与黄金兑换以后，货币符号也就完全纸币化。纸币制度可以划分为两个时期，一个是纸币仍然有法定含金量时期，另一个是纸币无法定含金量时期。前一个时期就是布雷顿森林体系时期。于1944年建立的布雷顿森林体系，通过"国际货币基金协定"以国际法的形式规定了成员国之间汇率制定的基础。首先确定了美元的含金量和黄金的官价，确认1美元的法定含金量为0.888671克纯金，每一盎司黄金的官价为35美元。其他成员国，如果其货币规定了含金量的，则该种货币含金量与美元含金量的比是黄金平价，黄金平价是制定汇率的基础；如果其货币未规定含金量，则以法律形式直接规定该种货币与美元的比价，称为货币平价（Currency Par），货币平价也是制定汇率的基础。各成员国货币与美元的市场汇率以黄金平价或货币平价为基础波动，上下波动的幅度不得超过1%。其他成员国之间的货币汇率也以黄金平价或货币平价为基础制定。

20世纪70年代以后，美元的法定含金量与其在市场上实际代表的金量越来越脱节，实际代表的金量远远小于其法定的含金量，最后，于1976年修改"国际货币基金协定"，宣布各国货币与黄金彻底脱钩。黄金作为汇率的名义"锚"也不存在之后，什么是汇率决定的基础呢？在纸币制度下，人们之所以接受纸币，以及纸币之所以能够流通，是因为纸币代表了一般购买力，纸币所具有的购买一定数量商品的能力表现了纸币在流通中所代表的价值。汇率决定于两种货币所代表的价值的比，在纸币制度下，两种

货币的价值比等于两种货币的购买力的比,两种货币购买力的比称为购买力平价。因此,这时决定汇率的基础是购买力平价。

二、影响汇率变动的主要因素

前面分析了决定汇率的基础,知道了在不同时期、在不同的货币制度背景下,决定汇率的基础也不同。而影响汇率变动的因素则更多:有内在因素与外在因素,有经济因素与政治因素,有制度因素与政策因素,有长期因素与短期因素。但归纳起来,引起汇率变动的主要经济因素有以下几种:

(一) 国际收支差额

汇率的变动主要取决于外汇市场上各国货币的供求变化,而影响外汇供求变动的直接原因是一国的国际收支状况。对国外的支付形成对外汇的需求,从国外取得的收入形成对外汇的供给。如果一国出现国际收支逆差,意味着该国的外汇需求将大于外汇的供给,在不考虑其他因素的情况下,必然会导致外汇汇率的上升、本币汇率的下跌;反之,如果一国出现国际收支顺差,意味着该国的外汇需求将小于外汇的供给,在不考虑其他因素的情况下,必然会导致外汇汇率的下跌、本币汇率的上升。

(二) 通货膨胀差异

一国货币的汇率反映该国货币的对外价值,一国的通货膨胀率反映该国货币的对内价值,货币的对内价值决定货币的对外价值。因此,两种货币对内价值比的变化决定了两种货币对外价值比的变化。在其他因素不变的情况下,如果一国发生了通货膨胀或其通货膨胀率高于其他国家,该国单位货币所代表的价值量减少,对内贬值,其对外的相对价值也会下降,本币汇率下降;反之,如果一国发生了通货紧缩或其通货紧缩率高于其他国家,该国单位货币所代表的价值量增加,对内升值,其对外的相对价值也会上升,本币汇率上升。较高的通货膨胀率会导致一国物价上涨较快,出口商品成本提高也快,国际竞争力下降,出口减少;而进口的商品价格相对便宜,进口数量增加。这样必然使贸易收支恶化,外汇需求增加,本币汇率下降;反之,会引起本币汇率上升。

(三) 利率差异

利率差异是引起资本流动特别是短期资本流动的重要因素。在开放经济条件下,如果某国提高本币利率或本国利率水平高于外国的利率水平时,会引起资本流入,造成外汇供给的增加,导致外汇汇率的下降、本币汇率的上升;反之,如果某国降低本币利率或本国利率水平低于外国的利率水平时,会引起资本流出,造成对外汇需求的增加,导致外汇汇率的上升、本币汇率的下降。利率的差异对远期汇率的影响更明显。高利率水平的货币或某国提高利率水平,会引起国际资本的套利活动,资本流入增加,该国货币的即期汇率上升。但为了防范汇率风险，套利者会做掉期交易，卖出该种货币的远期，导致该国货币的远期汇率下降；反之，低利率水平的货币或某国降低利率水平，会引起该国货币的即期汇率下降、远期汇率上升。

（四）经济增长

经济增长对汇率的影响是复杂的，不同因素引起的国内经济的加速增长或收缩，对贸易差额会产生不同的影响，从而使外汇汇率向不同的方向波动。

如果一国的经济增长率提高是由于国际需求由对他国的商品和劳务的需求转移到对本国的需求或由于技术改进、资源更合理配置和生产率提高等原因引起的供给增加，提高了出口商品的国际竞争力，则经济增长会改善该国的贸易差额，使本币汇率上升。

如果一国的经济增长率比其他国家高是一种长期趋势，意味着在该国投资有较高的回报率，外国投资资本的流入会增加，其中一部分必须兑换成本币才能投资于实业、地产和股票，从而引起该国货币汇率的上升。

如果经济增长是由于国内支出的自发变动引起的，则本币汇率有下跌趋势。由于国内支出增大而提高了国民收入，在较高的边际进口倾向的情况下，引起更多的商品进口，从而对贸易项目产生不利影响，本国货币受到贬值的压力。

（五）汇率预期

汇率的心理预期有时候能对汇率产生重大影响。心理预期是指人们对一种货币的币值将来可能会下降或上升的一种基本判断。外汇市场上交易者在进行某种货币的买卖决策时，与他们对货币汇率变动趋势的预期关系极大，若预期某种货币汇率可能下跌时，为了减轻损失或获取投机收益，人们会及时抛售该种货币，并买进预期可能上涨的另一种货币，其结果会导致该货币实际汇率下跌。心理预期因素对汇率的影响往往是短期的，影响交易者心理预期的因素则是复杂的、多方面的，比如相关的信息、新闻和传闻。

（六）外汇干预

外汇干预是指一国政府为了影响汇率的变动而进行的外汇买卖和采取的其他措施。不管是实行什么汇率制度的国家，政府都在不同程度上对汇率进行干预，借以实现其经济目标。政府的市场干预主要通过影响外汇市场的供求关系和交易者的心理预期来发挥作用的，有时是影响汇率变动的重要因素。各国对汇率的干预往往是通过中央银行直接参与外汇市场交易来实现的。为了进行外汇市场干预，一国需要有充足的外汇储备，或建立专门基金，如外汇平准基金、外汇稳定基金等，随时用于外汇市场的干预。当外汇汇率上升过快时，中央银行会抛售外汇，抑制外汇汇率的上升或促使外汇汇率下降；当外汇汇率下降过快时，中央银行会购进外汇，抑制外汇汇率下降或促使外汇汇率上升。

政府通过外汇干预,把汇率引导到有利于实现政府政策目标的水平。政府对外汇市场的直接干预,只能对汇率水平产生短期的影响,但与其他经济政策手段比较,它有见效快的特点,特别是几国政府的联合干预,对市场的影响力更不容忽视。

影响汇率变动的因素是多种多样的,以上只讨论了几种主要的因素,其他因素还有各国的外汇储备、政府的财政货币政策、黄金价格、股票价格、期货价格、石油价格,以及政治、战争等。

第四节　汇率变动对经济的影响

一、汇率变动的一般含义

人们在描述汇率变动时经常会使用不同的词语,其含义基本相同,但仔细推敲还是存在明显的差异。汇率是两种货币相对价值的比,因此可以从两个角度来描述同一汇率,从本币的角度可以称为本币汇率,从外币的角度可以称为外汇汇率。汇率变动的方向有两个,即上升和下降。描述汇率变动的概念主要有两对,即货币升值与货币贬值,汇率上升与汇率下降。货币升值与货币贬值是与固定汇率制相联系的,如果政府正式宣布提高本国货币的法定平价,或者提高本国货币对外国货币的基准汇率,则称为本币升值;如果政府正式宣布降低本国货币的法定平价,或者降低本国货币对外国货币的基准汇率,则称为本币贬值。汇率上升与汇率下降是指汇率随外汇市场供求关系的变化而上下波动。所以,在浮动汇率制下,汇率变动被描述为汇率上升与汇率下降。

汇率变动幅度的计算,由于计算的基数不同,同一汇率的变动幅度从不同角度计算的结果不同。例如,1994 年 1 月 1 日,人民币与美元的汇率由 1 美元 = 5.70 元人民币调整为 1 美元 = 8.70 元人民币。根据这一调整,人民币对美元汇率的变动幅度为 -34.5% [$(5.70/8.70-1)\times100\%$];美元对人民币的变动幅度为 52.6% [$(8.70/5.70-1)\times100\%$]。即人民币对美元贬值 34.5%,同时美元对人民币升值 52.6%。

二、汇率变动对经济的影响

汇率与经济活动特别是对外经济活动密切相关。许多其他经济因素会对汇率产生重要影响,同时,汇率的变动也会对其他经济因素产生重要影响。汇率对经济的影响是广泛的,这里分析其主要影响。

(一)汇率变动对国际收支的影响

一国汇率变动对其国际收支的影响是明显的,对贸易项目、非贸易项目、资本项目和官方储备项目等国际收支的主要项目都有普遍影响。在固定汇率制度下,汇率变动特别是汇率较大幅度的变动,对一国国际收支的影响比较强烈;在浮动汇率制度下,汇率变动的幅度较平缓,变动时间较长,对国际收支的影响也较温和。

1. 汇率变动对贸易收支的影响

一国货币汇率变动会改变其进出口商品的相对价格,从而影响该国商品进出口总额和商品进出口差额。一般情况是:一国货币对外贬值或本币汇率下降,有利于该国商品出口,限制该国商品的进口,会减少该国的贸易逆差或扩大该国的贸易顺差;一国货币对外升值或本币汇率上升,有利于该国商品进口,限制该国商品的出口,会减少该国的贸易顺差或扩大该国的贸易逆差。

以本币对外贬值或本币汇率下降为例来说明汇率变动对贸易收支的影响。本币对外贬值或本币汇率下降以后,意味着一定数量的外币可以换取更多的本国货币。因此从出口商的角度来看,可以出现三种情况:第一,在出口商品的外币价格不变的情况下,出口单位商品可以获得更多的本币收入,从而激励出口商的出口积极性;第二,在保证单位出口商品的本币表示的利润率不变的情况下,可以降低出口商品的外币标价,提高出口商品的国际竞争力,扩大出口;第三,在适当地降低出口商品的外币标价的情况下,既可以提高单位出口商品的本币表示的利润率,又可以增强出口商品的国际竞争力,扩大出口。以上三种情况都会促进出口。

从进口商的角度来看,本币对外贬值或本币汇率下降以后,意味着购买一定数量的外币必须支付更多的本国货币。因此,进口商的进口业务面临三种困境:第一,在进口商品的本币标价不变的情况下,进口商要面对进口商品成本上升,进口业务利润下降甚至亏损的局面;第二,如果要保证进口业务利润不下降,只有提高进口商品在本国市场的售价,其结果必然降低进口商品的竞争力,抑制进口;第三,选择折衷方案,适当提高进口商品在本国市场的售价,其结果是既降低进口业务利润,又降低进口商品的竞争力,仍然对进口不利。以上三种情况都会起到限制进口的作用。

但是,本币对外贬值或本币汇率下降不是在任何情况下都能够起到扩大出口、限制进口从而改善贸易收支的作用,它必须满足一定的条件,这一条件即马歇尔-勒纳条件。一国只有在满足马歇尔-勒纳条件的情况下,本币对外贬值或本币汇率下降才能够起到改善贸易收支状况的作用。在实践中,本币对外贬值或本币汇率下降在发挥改善贸易收支作用的过程中还存在"时滞"现象,即贸易收支先恶化后改善的运行轨迹。这就是贬值的J曲线效应(J-Curve Effect)。(参见第一章第三节)

2. 汇率变动对非贸易收支的影响

这里的非贸易收支主要是指劳务收支和经常性转移收支。由于非贸易收支的复杂性,汇率变动对非贸易收支的影响也是复杂的。这里主要以旅游收支为分析对象,因为国际旅游具有可替代性,因此对汇率的变动比较敏感。对许多非贸易项目来说,由于其不可替代性,因此对汇率的变动不敏感。

一国货币贬值或本币汇率下降,意味着单位外国货币可以兑换更多数量的本国货币，外币的购买力相对提高，本国的劳务价格相对下降，鼓励非居民购买本国的劳务，增加劳务收入；同时，外国的劳务价格会相对上升，限制本国居民购买外国的劳务，减少劳务支出。因此，一国货币贬值或本币汇率下降，有利于增加劳务收入、限制劳务支出，改善非贸易收支状况。例如，一位外国旅游者，1993年到中国旅游，旅游支出为1万元人民币，按当时汇率折算，支付1754美元（10000/5.70）；1994年1月1日以后，人民币汇率由1美元＝5.70元人民币调整为1美元＝8.70元人民币，外国旅游者到中国旅游，享受同样的服务，只需支付1149美元（10000/8.70）。这必然鼓励更多外国游客到中国来旅游，也鼓励外国游客增加其在中国的旅游支出。

反之，一国货币升值或本币汇率上升，意味着单位本国货币可以兑换更多数量的外国货币，本币的购买力相对提高，外国的劳务价格相对下降，鼓励本国居民购买外国的劳务，增加劳务支出；同时，本国的劳务价格会相对上升，限制外国居民购买本国的劳务，减少劳务收入。所以，一国货币升值或本币汇率上升，会恶化该国的非贸易收支状况。

3. 汇率变动对资本流出入的影响

资本在国与国之间流动的主要原因是逃避资本风险和追求更高的资本收益。在实行货币自由兑换的条件下，汇率变动或汇率预期变动对短期资本流动会产生重要影响。短期资本流动的目的是为了回避短期汇率风险或追逐短期利差和短期汇差。当一国货币将要贬值但还未贬值时，或一国货币汇率市场预期下降时，会引起本国资本流出增加、资本流入减少；当一国货币将要升值但还未升值时，或一国货币汇率市场预期上升时，会引起本国资本流入增加、资本流出减少。如果一国货币被高估，则会引起较长时期的资本流出增加、资本流入减少，在这种情况下，本币贬值或本币汇率调整到均衡汇率，则会引起资本流入增加、资本流出减少；如果一国货币被低估，则会引起较长时期的资本流入增加、资本流出减少，在这种情况下，本币升值或本币汇率调整到均衡汇率，则会引起资本流出增加、资本流入减少。

4. 汇率变动对官方外汇储备的影响

一国的外汇储备变动主要取决于该国的国际收支状况；如果国际收支顺差，则该国的外汇储备增加；如果国际收支逆差，则该国的外汇储备减少。因此，汇率对外汇储备的影响是间接的，即汇率变动通过影响经常项目收支和资本项目收支再影响外汇储备的变化。汇率变动对经常项目的影响效果是比较确定的，汇率变动对资本项目的影响效果则是复杂的。有时，汇率变动对经常项目的影响效果与对资本项目的影响效果是相矛盾的。因此，只有实现经常项目自由兑换而又实行资本项目管制的国家，汇率变动对外汇储备的影响才是比较确定的。即本国货币贬值或本币汇率下降会引起经常项目顺差，外汇储备增加；本国货币升值或本币汇率上升会引起经常项目逆差，外汇储备减少。

在浮动汇率制和储备货币多元化时期，储备货币汇率的变动会直接影响一国外汇储备的实际价值。储备货币汇率的变动对一国外汇储备的实际价值的影响取决于该国外汇储备的币种结构，如果占该国外汇储备比重大的货币汇率上升，而占该国外汇储备比重小的货币汇率下降，则该国的外汇储备总值会上升；反之，如果占该国外汇储备比重大的货币汇率下降，而占该国外汇储备比重小的货币汇率上升，则该国的外汇储备总值会下降。例如，某国外汇储备的币种结构是：美元占60%，日元占20%，欧元占20%。如果美元汇率上升5%，同时日元汇率和欧元汇率各下降5%，则该国外汇储备总值会增加；如果美元汇率下降5%，同时日元汇率和欧元汇率各上升5%，则该国外汇储备总值会减少。

（二）汇率变动对国内经济的影响

汇率变动对国内经济的影响主要表现在国内物价、国民收入和就业以及国际债权债务等方面。

1. 汇率变动对国内物价水平的影响

汇率变动对国内物价水平的影响是直接的和明显的。一般来说，一国货币贬值或本币汇率下降会引起国内物价水平的上升，一国货币升值或本币汇率上升会引起国内物价水平的下降。本币汇率下降对国内物价水平的影响主要通过以下途径来实现的：

（1）货币贬值或本币汇率下降会引起出口数量的增加和出口企业利润增加，如果出口商品的生产要素的供给不是完全充分的，则会引起出口商品的生产要素价格的上涨，而出口企业又是能够承受这种价格上涨的，因此出口商品的生产要素价格的上涨会是持续的。

（2）货币贬值或本币汇率下降会引起以本币表示的进口商品价格的上涨。因为进口商品包括制成品和中间产品，中间产品的价格上涨还会引起以中间产品为原材料或配件的下游产品的价格上涨。如果该国进口依存度比较高、特别是中间产品依存度比较高，国内物价水平的上涨还会比较严重。

（3）如果由于进口商品价格上涨使得进口数量减少，进口替代品的生产必然增加；如果进口替代品的生产资源和生产能力受到约束，进口替代品的价格也必然会上涨。

汇率变动与国内物价水平的变化是相互影响的，并且容易造成货币贬值与通货膨胀交替发生、互为因果的恶性循环，这是一国政府在采用货币贬值政策时应该慎重考虑的问题。

2. 汇率变动对国民收入和就业的影响

汇率变动对国民收入增长和就业水平的影响主要是通过商品的进出口来影响对国内的总需求。在一般情况下，一国货币贬值或本币汇率下降会促进该国出口产品和进口替代品的生产，在乘数作用下，会使国民收入得到倍数增长，促进就业水平的提高。从汇率对国民收入的影响机制来看，货币贬值产生的收入效应是正效应还是负效应，效应强度如何，取决于两个主要因素：一是汇率变动对该国国际贸易产生作用的大小，二是该国对外贸易对国民收入产生作用的大小。前者取决于进出口商品的供求弹性和边际进口倾向，后者取决于对外贸易乘数效应。

3. 汇率变动对国际债权债务的影响

货币贬值或本币汇率下降，对本国的债务人来说，偿还相同数额的外债需要支付更多的本国货币；对于本国的债权人来说，收回相同数额的外汇本息可以兑换更多的本国货币。因此，货币贬值或本币汇率下降，对本国的债权人有利，对本国的债务人不利。如果某国是净债务国，本币汇率下降幅度过大就有可能发生债务危机。反之，货币升值或本币汇率上升，对本国的债务人来说，偿还相同数额的外债需要支付较少的本国货币；对于本国的债权人来说，收回相同数额的外汇本息只能兑换较少的本国货币。因此，货币升值或本币汇率上升，对本国的债权人不利，对本国的债务人有利。

（三）汇率变动对世界经济的影响

稳定的国际汇率环境有利于国际贸易的发展，有利于国际投资的发展，从而有利于世界经济的发展。首先，汇率不稳定增大了外汇风险，增加了国际贸易活动中的不确定性；同时，汇率多变也会阻碍长期资本在国际的流动，不利于资金的供求在世界范围内的调节。所以，汇率不稳定最终会影响世界资源的合理配置和国际经济的正常发展。其次，汇率不稳定加剧了发达国家之间、发达国家与发展中国家之间的矛盾。但是，汇率的多变性也促进了区域性的货币合作，从而促进了区域性经济合作，以创造相对稳定的局部环境。

第五节 汇率理论

汇率理论是从不同的角度系统地探讨汇率的决定和汇率变动原因的思想和方法。汇率理论是国际金融理论中的核心部分。下面介绍几种主要的理论。

一、国际借贷理论

国际借贷理论（Theory of International Indebtedness）也叫国际收支理论，是第一次世界大战以前说明汇率变动的主要理论。1861年，英国经济学家葛逊（G. L. Goschen）最早提出了这一理论。其基本观点是：①外汇汇率由外汇的供给和需求决定。一个国家之所以出现外汇的供给和需求，是因为该国与他国存在借贷关系，而借贷关系的了结必然引起国与国之间的外汇收入和支出。因此，一国与他国存在的债权、债务关系以及债权债务关系的清偿是汇率变动的主要原因。②一国的经常项目和资本项目的差额，构成该国的国际借贷差额。国际借贷可以划分为固定借贷和流动借贷两类。固定借贷是指借贷关系已经形成但未进入实际清偿阶段的借贷；流动借贷是指借贷关系已经形成并进入实际清偿阶段的借贷。其中只有流动借贷才能对外汇供求关系产生实际影响。③如果一个国家的流动借贷相等,表明外汇供求平衡,该国汇率不会变动;如果一国的流动债权大于流动债务,即表明外汇供给大于需求,外汇汇率会下跌;如果流动债务大于流动债权,则表明外汇需求大于供给,外汇汇率会上升。

葛逊所论述的国际借贷实质上是国际收支。因此,国际借贷理论又称为国际收支理论或外汇供求理论。在国际金本位制度下,国际借贷理论能较好地解释汇率的变动。但在纸币流通的条件下,汇率的变动受许多因素的影响,只用国际借贷来说明汇率的变动是不够的,另外,该理论主要说明短期汇率的变动。

二、购买力平价理论

购买力平价理论(Theory of Purchasing Power Parity,简称 PPP 理论)是瑞典经济学家卡塞尔(G. Cassel)在总结前人研究成果的基础上,于 1922 年提出并进行了系统的论述。该理论在长期的争论中得到很大发展,已经成为当今汇率决定理论中最具影响的一种。

购买力平价理论的基本思想是:货币的价值在于其具有的购买力,两种货币之间的兑换比率决定于这两种货币购买力之比,汇率的变化由货币购买力之比的变化决定。购买力平价有两种形式:绝对购买力平价和相对购买力平价。绝对购买力平价是说明在某一时点上汇率的决定,相对购买力平价是说明在一段时期汇率的变动。购买力平价理论的基础是一价定律。

(一)一价定律

一价定律(One Price Law)是 19 世纪末 20 世纪初期英国金块主义者威得利(John Wheatley)首次提出的概念,它反映一种国际商品的套利条件,即在一定的汇率下,贸易者的套利行为会使同一种商品在两个国家的价格相等。该定律的基本含义是:A、B 两国只生产同类贸易品,没有关税和运输成本,没有资本流动。如果 P_{ia} 代表 A 国 i 商品的价格,P_{ib} 代表 B 国同类商品的价格,S 为 A 国货币与 B 国货币的汇率,则一价定律的公式为:

$$P_{ia} = P_{ib} \cdot S \qquad i = 1, 2, 3, \cdots, n$$

该公式表明,商品 i 以 A 国货币计值的价格必然等于以 B 国货币计值的价格乘以 A 国与 B 国货币的汇率。如果上式成立,两国贸易无利可图;如果不成立,则会有套利活动发生。

一价定律的理论意义在于:①它是绝对购买力平价理论的思想渊源;②为解释通货膨胀的国际传播提供了基础。

(二)绝对购买力平价

绝对购买力平价(Absolute Purchasing Parity)理论的观点是:两国货币所具有的购

买力之比决定了两国货币的交换比率。因为货币的购买力可以用物价水平的倒数来表示，因此，由绝对购买力平价决定的汇率可以表示为两国物价水平的比。用公式表示为：$E = P_a/P_b$，其中，E 为 A、B 两国货币的汇率，P_a、P_b 分别为两国的一般物价水平。将以上公式进行变形可得：$P_a = P_b \cdot E$。这就是一价定律的表达方式。所以，由购买力平价关系决定的汇率实际上是指建立在一价定律基础上各国商品和劳务绝对价格与汇率之间的关系。因此，绝对购买力平价从实质上可以表述为：不同国家的绝对物价水平以同一种货币计算时是相等的。

不同的是，一价定律是指可贸易商品在不同国家之间存在的一种价格关系；绝对购买力平价应该既包括可贸易商品又包括不可贸易商品，而只有仅考虑可贸易商品时，绝对购买力平价才与一价定律一致。

（三）相对购买力平价

相对购买力平价（Relative Purchasing Parity）反映了建立在一价定律基础上各国商品和劳务相对价格与汇率之间的关系，并用来说明汇率变动的原因。相对购买力平价理论的观点是：两国货币汇率在某一时期的变动，反映了两国的物价水平在同一时期发生的相对变动。例如，A 国发生通货膨胀，其货币在国内的购买力下降，而 B 国的物价水平基本不变，那么 A 国货币对 B 国货币的汇率就会下降。变化后的新汇率 E_1 等于：

$$E_1 = E_0 \times I_a / I_b$$

式中：I_a 为 A 国的物价变化率（通常用物价指数表示），I_b 为 B 国的物价变化率。

相对购买力平价是在绝对购买力平价的基础上发展的，也是对绝对购买力平价的修正。它认为，在商品的套购活动中，交易成本的存在使一价定律并不能完全成立，同时各国一般物价水平的计算中商品及其相应权数都存在差异，因此各国的一般物价水平以同一种货币计算时并不完全相等，而是存在着一定的、较为稳定的偏差。相对购买力平价考虑了诸如运费、关税、贸易配额等因素的存在，但假定它们在不同的时期都相同，因此各国同质或相似商品的价格变动率应该相等。这就是相对购买力平价的计算的基础，用公式表示为：

$$\Delta e = \Delta P - \Delta P^*$$

式中：Δe 表示汇率变动率，ΔP、ΔP^* 分别表示国内价格指数变动率和国外价格指数变动率，即通货膨胀率。因而，即使在绝对购买力平价不成立时，相对购买力平价仍然可以成立。

（四）名义汇率与实际汇率

购买力平价理论是一种可以验证的理论。自从该理论提出以来，研究者对其进行了各种检验。但检验结果发现，汇率与物价的关系只是在特定时期符合购买力平价，大多数时期不符合购买力平价。在短期内，购买力平价关系的偏离会经常出现，其偏离程度之大无法以统计误差来进行解释。从长期来看，比如 10 年时间，购买力平价成立的情况也很少；只有更长的时间，比如 30 年以上，购买力平价才存在较稳定的关系。汇率的波动远比价格的变动大。另外，购买力平价的核心是一价定律，但一价定律的成立，需要前提条件，如产品的同质性，不存在关税壁垒和交易成本等国际贸易障碍，不存在资本流动，价格机制充分发挥作用，经济处于充分就业状态，等等。因此，完全用价格的变动来解释汇率的变动是不完全的，也是不准确的。基于此，学者们又引入了实际汇率的概念，试图换一个视角、在更广泛的领域来解释汇率的变动。

实际汇率（the Real Exchange Rate）是外国商品和劳务相对本国商品和劳务的价格。这是一个实物量的概念。它表示用本国多少个标准单位的组合产品可以交换外国一个标准单位的组合产品。但是，不同的实物量不能加总，因此实际汇率也只能概念性地表述，一旦要用价值量来表述，其表达式就为：

$$Q = EP^*/P$$

式中：Q 是实际汇率，E 为名义汇率（直接标价法）；P 是用本国货币表示的国内一个标准单位的组合产品的价格，EP^* 是用本国货币表示的外国一个标准单位的组合产品的价格。根据一价定律，如果 $EP^* = P$，则购买力平价成立，那么 Q 的值等于 1。因此，Q 实际上是一个实际汇率系数。在这里，实际汇率并不是反映一个具体的量，而是反映一种状态，在某种状态下购买力平价成立，在某种状态下购买力平价不成立。假如在某一时刻，英国（本国）的物价指数为 200，而美国的物价指数为 250，名义汇率为 1 美元等于 0.80 英镑。检验结果 $Q = 1$，购买力平价成立。在某种状态下名义汇率被低估，在某种状态下名义汇率被高估。假定在购买力平价存在且国际相对价格不变的情况下，名义汇率上升（E 增大），实际汇率也将上升（Q 增大），即名义汇率的变化反映了实际汇率的变化。在名义汇率不变的情况下（即固定汇率下），如果国外的价格指数上升或国内价格指数下降，那么本国的实际汇率上升（即 $Q > 1$），本币升值，此时本币被低估；反之，实际汇率下降（即 $Q < 1$ 时），本币被高估。

在购买力平价理论中，Q 是一个常数，并且始终等于 1。但是，作为实际汇率的 Q 是作为一个外生变量，决定于实际经济因素的变化，如生产率的变动、自然资源的发现、消费偏好的变动等。如果把公式 $Q = EP^*/P$ 进行变形为：

$$E = QP/P^*$$

用来解释说明名义汇率时，名义汇率不仅决定于价格水平的变动，还决定于实际汇率的变动。假定本国需求开始从本国贸易品和非贸易品转向外国的贸易品，造成本国商品的超额供给和对外国商品的超额需求。在浮动汇率制度下，这种情况会通过进口的增加和本币贬值，直接导致名义汇率上升（E 增大），来平衡本国产品价格下降和外国产品价格上升引起货币实际购买力的变化，维持实际汇率不变；在固定汇率制度下，由于名义汇率不变，国外商品价格上升（P^* 增大）和国内商品价格下降（P 减小）造成 $Q > 1$，本币实际购买力的上升就会持续下去，即本币被低估。假定国内产品生产率水平上升，并导致国民收入提高，本国商品将出现超额供给（因为居民不会将其全部收入增量用于购买本国商品），而对外国商品将出现超额需求。在浮动汇率制度下，本币贬值，名义汇率上升，实际汇率不变；在固定汇率制度下，国内价格下降，国外价格上升，导致 $Q>1$，本币实际升值，本币被低估。

（五）购买力平价理论争议

迄今为止，购买力平价理论是最具影响力的汇率理论，同时也是最具争议性的理论。主要存在以下几方面的争议：

（1）在计算购买力平价时选择什么价格指数。一部分学者认为，购买力平价的计算所选用的价格指数只包括贸易品的价格指数。持这种观点的学者认为，如果严格按照购买力平价的前提条件——商品套利，应该用贸易品的价格指数，而不应该用一般物价指数，因为一价定律只能在贸易品中实现，非贸易品的价格与汇率决定和国际收支失衡并不直接相关。一部分学者认为，购买力平价的计算所选用的价格指数不仅要包括贸易品的价格指数，还要包括非贸易品的价格指数，如国民生产总值平减指数。持这种观点的学者认为，购买力平价理论最重要的是指货币之间的内在价值关系，反映一国货币的内在价值应该包括该国市场交易的全部商品。还有一部分学者认为，贸易品和非贸易品的划分在汇率决定上并不重要，因为它们之间的价格可能通过各种机制最后联系在一起。如某些贸易品实际上是一些非贸易品的投入，或者某些非贸易品是贸易品的投入；贸易品和非贸易品可能使用相同的生产要素，贸易品和非贸易品可能具有直接或间接的替代性。

（2）购买力平价有效性实证检验的争议。购买力平价理论提出之后，对购买力平价有效性的检验从来没有停止过。检验的方法和内容随着金融理论和研究方法的发展而发展。传统的检验主要是对购买力平价简单的非回归性的检验，集中在实际汇率和名义汇率的比较与一价定律的检验上。20世纪80年代以后，特别是进入90年代以后，主要是对实际汇率的回归检验和实际汇率的时间序列特征检验。但各种不同的检验得出各种完全不同的结果：有些检验证明其有效，有些检验证明其无效；在某个历史阶段证明其有效，在某个历史阶段又证明其无效。如弗兰克尔（Frenkel，1981）对1921年2月到1925年5月的美元/英镑、法郎/美元、法郎/英镑的汇率进行了检验，结果高度支持了绝对购买力平价和相对购买力平价；但是，他对20世纪70年代浮动汇率制以来的美元/英镑、法郎/美元、美元/马克的汇率进行了检验，结果并没有支持购买力平价理论。

（六）购买力平价理论的地位

购买力平价理论在汇率理论中的地位是毋庸置疑的，它既论证了汇率的决定，也试图分析汇率变动的原因。它是一种最简单、最直观和最易于理解的理论。虽然在有效性方面仍然存在争议，但普遍认为购买力平价理论有助于说明通货膨胀率与汇率变动之间的联系，在一定程度上说明了汇率变动的长期原因。特别是在高通货膨胀的国家或高通货膨胀时期，购买力平价理论能够成立。

在汇率理论中，购买力平价理论还成为其他汇率理论的基础和起点。虽然存在许多缺陷，但在实践中，购买力平价理论一直作为决定均衡汇率和确定货币被高估或被低估程度的标准。七国集团用它作为汇率稳定和政策协调的一个重要指标，欧洲货币体系用它作为调整中心汇率的依据，国际金融机构用它作为比较不同国家之间的成本、价格和GDP的重要标准。

但是，购买力平价理论也存在诸多缺陷：①购买力平价理论建立在一价定律的重要假设上，而该假设的成立需要严格的限制条件，如没有人为贸易障碍、没有贸易成本等。但在现实的国际贸易中，种种人为障碍不能忽视。②该理论以货币数量论为基础，仅考虑了货币性经济变量及人们的心理预期等因素对汇率变化的重要影响，忽视了实体经济因素对汇率的影响。③该理论只考虑了国际收支中的贸易项目，忽视了国际资本流动、生产成本和贸易条件等。④价格和汇率决定的因果关系不明确，是国内外价格决定汇率，还是汇率决定国内外价格。⑤从统计角度看，在实际测算中，要求两国的生产消费结构相似、价格体系接近、物价指数的编制方法一致，才能计算出比较符合实际的均衡汇率，而实际上这些要求难以满足。

三、利率平价理论

利率平价理论起源于外汇市场的实践，最早可以追溯到19世纪下半叶，但直到20世纪20年代才由凯恩斯首次提出利率平价的概念，并以此为基础形成了早期的利率平价理论。该理论后经其他经济学家的发展，系统地揭示了利率与汇率之间相互作用的内在联系。从国际金融市场的角度来看汇率的决定理论，购买力平价理论的一个重要缺陷是它在分析汇率的决定时只考虑了国际间商品和劳务的交易所引起的货币交易，而没有考虑国际资本流动因素所引起的货币交易；购买力平价理论也没有关注远期外汇市场和远期汇率问题。随着经济金融全球化的发展，国际资本流动和远期外汇市场成为影响汇率变动的重要因素。利率平价理论以两国的利率差异及其变动作为汇率变动的主要原因，成为远期汇率决定、解释国际间短期金融资本流动及短期汇率剧烈波动的首要理论。

利率平价理论可以分为无抛补利率平价理论和有抛补利率平价理论。

（一）无抛补利率平价理论

无抛补利率平价（Uncovered Interest Parity）是指预期的汇率远期变动率等于两国货币利率之差。它是投资者在无抛补套利活动中形成的。在这里，假定投资者是理性预期和风险中性，没有交易成本和外汇管制，套利资金是充分的，债券是完全替代的。投资者不进行远期交易，只是根据两种货币的利率差异和这两种货币汇率的预期来进行投资决策,没有采取风险补偿措施;投资者在承担风险的同时,也存在获得风险收益的好处。

假定,I_a 为 A 国一年期金融资产的利率,I_b 为 B 国 1 年期金融资产的利率。S 为两国货币的即期汇率(一个单位的 A 国货币等于若干单位的 B 国货币),S_e 为预期 1 年后两国货币的即期汇率。某投资者无抛补套利的过程是(以一个单位的 A 国货币为例):以 1 个单位的 A 国货币购买 A 国金融资产,1 年后的本利和为 $(1+I_a)$。如果以 1 个单位的 A 国货币按即期汇率 S 换成若干单位的 B 国货币,再购买 B 国的金融资产,1 年后将其本利和 $S(1+I_b)$ 按当时的即期汇率换成 A 国货币。

套利的结果取决于 1 年后的即期汇率和两国的利率水平。如果 $(1+I_a) < S(1+I_b)/S_e$,1 年后套利者获利;如果 $(1+I_a) > S(1+I_b)/S_e$,1 年后套利者亏损;如果 $(1+I_a) = S(1+I_b)/S_e$,1 年后套利者既不亏损也不获利,这时候利率平价形成。也就是说,在考虑到套利行为所涉及的汇率风险造成的损益以后,资本国际套利的有效收益为零。此时,$(S_e-S)/S = (I_b-I_a)/(1+I_a)$。如果用 f 表示市场对该段时期预期的汇率变动率(即 $(S_e-S)/S$),且 $(1+I_a) \approx 1$,则无抛补利率平价又可以表示为:$f \approx I_b - I_a$。这意味着,预期的汇率远期变动率等于两国货币利率之差。如果一国利率高于他国利率,则意味着市场预期该国货币在远期贬值;如果一国利率低于他国利率,则意味着市场预期该国货币在远期升值。

(二)有抛补利率平价理论

有抛补利率平价(Covered Interest Parity)是指汇率的远期升贴水率等于两国货币利率之差。如果一国利率高于他国利率,该国货币将在远期贬值;如果一国货币利率低于他国利率,该国货币将在远期升值。

从上面的无抛补套利活动中得出,套利者的套利结果取决于预期的汇率变动和两国的利率水平及其变动,并且可能出现三种情况:获利、亏损和平衡。为了锁定套利收入,套利者往往会进行抛补交易,即在买进一种货币的即期时,同时卖出该种货币的连本带利的远期。承接上面的例子,此时,预期 1 年后的即期汇率应改为一年期的远期汇率 F。套利者如果以 1 个单位的 A 国货币按即期汇率 S 换成若干单位的 B 国货币,再购买 B 国的金融资产,一年后的本利和为 $S(1+I_b)$,再按当时的一年期的远期汇率 F 换成 A 国货币等于 $S(1+I_b)/F$。由于这是一种确定的、无风险的套利活动,套利的交易方向一致,这必然会引起外汇市场的汇率变化和货币市场的利率变化。变化的结果必然是:$(1+I_a) = S(1+I_b)/F$,即形成抛补的利率平价。

整理上式得:$(F-S)/S = (I_b-I_a)/(1+I_a)$,如果用 f 表示远期汇率的升(贴)水率(即 $(F-S)/S$),且 $(1+I_a) \approx 1$,则抛补的利率平价又可以表示为:$f \approx I_b - I_a$。即汇率的远期升贴水率等于两国货币利率之差。

由于抛补的利率平价与无抛补的利率平价都是以国际金融市场上的国际套利为基

础，因而从方程表达方式上看并没有明显的差异，唯一不同之处就是投资者对远期汇率的预期被远期市场汇率所取代。规避汇率风险，意味着在避免汇率波动可能带来的损失的同时，也放弃了在市场汇率出现有利变动时可能出现的额外收益。

（三）利率平价与费雪效应

费雪效应是指预期通货膨胀率对名义利率水平决定的效应。通货膨胀率与利率之间的关系可以由费雪方程式来表达：

名义利率 = 实际利率 + 预期通货膨胀率

将费雪方程式和利率平价方程式结合在一起，就能找出利率、通货膨胀率和汇率之间的关系。假定有 A、B 两国，各国的费雪方程式为：

A 国名义利率 = A 国实际利率 + A 国预期通货膨胀率
B 国名义利率 = B 国实际利率 + B 国预期通货膨胀率

如果国际间的实际利率相同，即 A 国实际利率 = B 国实际利率，两国名义利率的差就等于两国预期通货膨胀率的差，即 A 国名义利率 – B 国名义利率 = A 国预期通货膨胀率 – B 国预期通货膨胀率。因此可以得出如下结论：根据购买力平价理论，汇率的变动取决于 A、B 两国预期通货膨胀率的差异；根据利率平价理论，汇率的变动取决于 A、B 两国利率的差异；根据费雪效应，A、B 两国的利率差异也取决于两国的预期通货膨胀率的差异。因此，在汇率理论中，购买力平价理论与利率平价理论是一致的。它们的区别在于：从购买力平价理论的角度看，汇率的变动取决于由商品供求因素所引起的通货膨胀差异；从利率平价理论的角度看，汇率的变动取决于由货币因素所引起的通货膨胀差异。这样，对通货膨胀的不同解释也就形成了对汇率变动的不同解释。

（四）利率平价理论的有效性

利率平价理论的成立必须满足以下条件：有足够的套利资金，有发达的远期外汇市场，国际套利的交易成本较低，政府对资本自由流动没有限制。缺乏上述因素就会出现对利率平价关系的偏离，各国在资本收益税率方面的差异，国家风险以及决策时滞等因素也会造成对利率平价关系的偏离。

从实证研究的结果来看，20 世纪五六十年代实行固定汇率制度时期，利率平价关系大体成立；而在 60 年末和 70 年代前期，利率平价关系出现一些偏离；进入 80 年代后，利率平价关系又趋于稳定。

四、蒙代尔 – 弗莱明模型

蒙代尔 – 弗莱明模型（Mundell-Fleming Model，以下简称 M – F 模型）是以罗伯特·蒙代尔和马库斯·弗莱明两位经济学家的名字命名的汇率模型。该模型以宏观经济模型为基础，考察在价格固定不变时汇率、国际收支与国民收入的关系。其采用严格的存量-流量均衡分析方法，既将重点放在决定经常账户平衡的不同条件，又着重分析决定资本净流入的不同条件，从而导出开放经济条件下的一般均衡条件。M-F 模型有助于理解开放经济条件下一国货币、财政及贸易政策变化的效应。

（一）M-F 模型的基础

M-F 模型可表述为 IS-LM-BP 模型，是建立在宏观经济模型的基础上的（见图 3-2）。

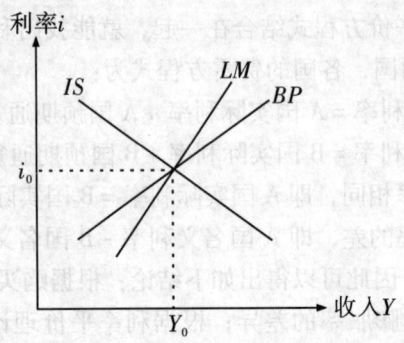

图 3-2　IS-LM-BP 均衡

1. IS 曲线

IS 表示国内商品市场的均衡，它反映了在政府支出、汇率等因素不变的情况下，维持开放经济下商品市场平衡时（投资等于储蓄）的国民收入与利率之间的关系。在 $Y-i$ 空间内，IS 曲线的斜率为负，因为如果利率降低时，投资需求增加，从而总需求水平也增加，为了维持商品市场上的总供求的平衡，必须提高国民收入水平。如果政府支出、汇率等因素发生变化，则 IS 曲线会向左或向右平移。

2. LM 曲线

LM 曲线表示国内货币市场的均衡，它反映了在名义货币供给水平、物价水平等因素不变的情况下，维持开放经济下货币市场平衡时（货币供给等于货币需求）的国民收入与利率之间的关系。在 $Y-i$ 空间内，LM 曲线的斜率为正，因为在货币供给不变的情况下，如果利率提高时，对货币的投机性需求会减少，为了维持货币市场上的总供求的平衡，必须提高国民收入水平以增加交易性的货币需求。如果名义货币供给水平、物价水平等因素发生变化，则 LM 曲线会向左或向右平移。

3. BP 曲线

BP 曲线表示国际收支均衡，它反映了在实际等因素不变的情况下，维持开放经济下国际收支平衡时（经常账户余额 + 资本与金融账户余额 = 0）的国民收入与利率之间的关系。在 $Y-i$ 空间内，BP 曲线受资金流动性不同的影响，有三种形态：在资金完全流动时，BP 曲线是一条与 Y 轴平行的曲线；在资金完全不流动时，BP 曲线是一条与 Y 轴垂直的曲线；在资金不完全流动时，BP 曲线是一条斜率为正的曲线。在 BP 曲线左方或上方的各点，表明国际收支处在盈余状态；在 BP 曲线右方或下方的各点，表明国际收支处在赤字状态。在资金流动的三种形态中，资金完全流动和资金完全不流动是开放经济分析中的特例，而资金不完全流动则是一种常态。

在资金不完全流动时，BP 曲线的斜率之所以为正，因为随着收入的增加，进口也增加，从而导致经常账户出现赤字。为了维持国际收支平衡，该国必须相应提高利率以吸引资金流入，资金流入为经常账户赤字提供融资，从而使国际收支保持平衡。资金流动性越大，为吸引一定数量的资金流入而需要提高的本国的利率水平也越小，BP 曲线也就越平缓。如果实际汇率发生变动，BP 曲线会出现左移或右移。

4. IS – LM – BP 的均衡

IS 与 LM 曲线的交点决定了本国产品市场和货币市场均衡的利率与产出，BP 曲线意味着外部均衡的实现。当 BP 曲线与 IS、LM 交于一点时，一国经济达到内外均衡，即商品市场、货币市场和国际收支同时实现均衡。在该均衡点上的均衡利率和收入水平分别为 i_0 和 Y_0。如图 3 – 2 所示。

（二）M – F 模型的政策分析

M – F 模型可以分别用于分析固定汇率制下和浮动汇率制下政策变动对一国均衡收入和利率的影响。

1. 在资本完全不流动的条件下

在资本完全不流动的条件下，国民收入对利率的弹性无限小，BP 曲线是垂直的，经常账户的均衡始终是与一定的收入水平相一致。如图 3 – 3 所示。

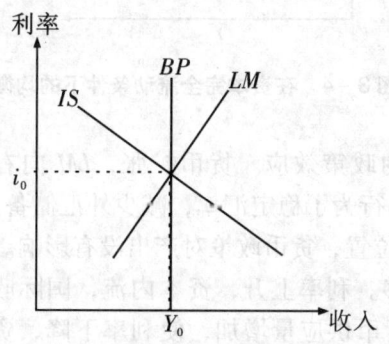

图 3 – 3　在资本完全不流动条件下的均衡

（1）在固定汇率制下的政策效应。货币扩张，LM 向右移动。在短期内，利率下降，收入上升，进口增加，国际收支的经常账户恶化；在长期内，国际收支逆差，外汇储备减少,货币供应量下降,LM 曲线又向左移动,回到原来的位置,收入、利率、国际收支状况恢复期初水平,但基础货币的内部结构发生变化。

财政扩张,IS 曲线右移。在短期内,利率上升,收入增加,进口增加,国际收支经常账户恶化;在长期内,国际收支逆差,外汇储备减少,货币供应量下降,LM 曲线左移至新的均衡点,导致利率进一步上升,收入和国际收支状况恢复到期初水平,但基础货币及总支出的内部结构均发生变化。

(2) 在浮动汇率制下的政策效应。货币扩张,LM 曲线右移。收入上升,利率下降,国际收支逆差,本国货币贬值;BP 曲线和 IS 曲线右移,交于新的均衡点,导致收入上升,利率下降。

财政扩张,IS 曲线右移,收入上升,利率上升,国际收支逆差,本国货币贬值;BP 曲线右移,IS 曲线继续右移,交于新的均衡点,导致收入上升,利率上升。

2. 在资本完全流动的条件下

在资本完全流动的条件下,国内利率等于国外利率;在国外利率一定的情况下,国民收入对利率的弹性无穷大,资本流动将弥补任何时候的经常账户的不平衡,即 BP 曲线是水平的。如图 3-4 所示。

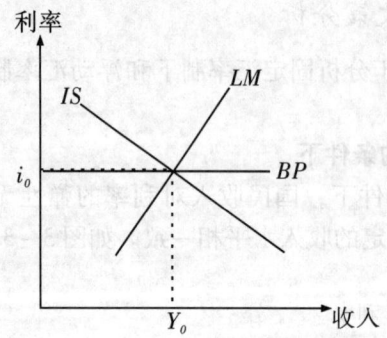

图 3-4 在资本完全流动条件下的均衡

(1) 在固定汇率制下的政策效应。货币扩张,LM 向右移动。利率下降,资本流出,国际收支逆差。中央银行为了稳定汇率,减少外汇储备,货币供应量减少,使利率上升,LM 曲线回到原来的位置,货币政策对产出没有影响。

财政扩张,IS 曲线右移。利率上升,资本内流,国际收支顺差。中央银行为了稳定汇率,增加外汇储备,货币供应量增加,使利率下降,资本流入减少,国际收支平衡,国民经济达到新的平衡,收入增加,财政政策发挥了作用。

(2) 在浮动汇率制下的政策效应。货币扩张,LM 向右移动。利率下降,资本流出,资本账户逆差,外汇汇率上升,本币贬值;出口增加,国际贸易盈余,收入增加;IS 曲线右移,形成新的均衡点。

财政扩张，IS 曲线右移。利率上升，资本流入，外汇汇率下降，本币升值；出口减少，收入减少，IS 曲线又回到原来位置。财政政策在长期内对收入没有影响。

3. 在资本不完全流动的条件下

在资本不完全流动的条件下，BP 曲线是向右上方倾斜的，$0°<$斜率$<90°$，资本流动性越大，BP 曲线越平缓（见图 3-2）。

（1）在固定汇率制下的政策效应。货币扩张，LM 向右移动。在短期内，收入增加，利率下降，国际收支逆差；从长期来看，国际收支逆差，外汇储备减少，货币供应量下降，LM 曲线回到原来的位置，收入、利率和国际收支都回到原来的水平。

财政扩张，IS 曲线右移。收入增加，利率上升，国际收支顺差；从长期来看，货币供应量增加，LM 曲线右移，形成新的均衡点。此时，国民收入进一步上升，利率较短期均衡的水平下降。

（2）在浮动汇率制下的政策效应。货币扩张，LM 向右移动。利率下降，资本流出；资本账户逆差，外汇汇率上升，本币贬值；出口增加，国际贸易盈余，收入增加；IS 曲线右移，BP 曲线下移，形成新的均衡点，收入上升。货币政策有效。

财政扩张，IS 曲线右移。如果资本流动性高，使 BP 曲线比 LM 曲线更平缓，利率上升，资本流入，本币升值；出口减少，IS 曲线左移，同时 BP 曲线上移，形成新的均衡点。财政政策的效果依赖于国内资产和外国资产的替代程度。如果资本流动性较低，BP 曲线比 LM 曲线陡，对于既定收入的变化，恢复国际收支均衡的利率上升比恢复货币市场均衡利率升高的幅度更大。国际收支恶化，外汇汇率上升，出口增加，IS 曲线继续右移；同时，由于本币贬值，BP 曲线下移，形成新的均衡点。

4. M-F 模型的政策分析概括

对 M-F 模型的政策分析概括见表 3-1。

表 3-1 M-F 模型政策分析

汇率制度	实施政策	资本流动性低	资本流动性高
固定汇率制度	货币政策	有效（短期）	基本无效
	财政政策	有效	有效
浮动汇率制度	货币政策	有效	有效（短期）
	财政政策	有效	基本无效

（三）对 M-F 模型的评价

M-F 模型的建立，奠定了宏观经济学分析的基础，它是宏观经济内外均衡和政策搭配的重要分析工具。但是，由于该模型的假设比较严格，如静态预期假设、价格不变假设、小国模型假设等，使模型的应用受到一定的限制。后来，其他经济学家对该模型不断修改和发展，放宽模型的假设条件，增加了回归预期假设分析以及J曲线时滞分析。

五、货币分析法

货币学派（Monetary Approach）的创始者主要是美国芝加哥大学和英国伦敦经济学院的哈里·约翰逊（Herry Johnson）和他的学生雅各布·弗伦克尔（Jacob Frenkel），以及蒙代尔和IMF的丹麦经济学家波拉克（J. J. Polak）。

货币分析法的汇率决定理论是在绝对购买力平价理论的基础上结合货币数量论发展起来的。该理论强调货币供给与货币需求关系在汇率决定过程中的作用。货币分析法的汇率决定理论的推导过程是从货币数量论的基本表达式开始的，认为一国的实际货币需求是相对稳定的，它不受货币市场存量的影响，只受一国实际经济活动的影响，如国民收入、利率、公众持有现金余额的愿望等。货币分析法有弹性价格模型和黏性价格模型两种。

（一）弹性价格模型

弹性价格模型（Flexible-Price Monetary Model）体现了货币主义的"货币中性论"的基本思想，认为商品价格和资产价格都是完全弹性的，通过价格的灵活变动，各个市场总是能迅速调整至均衡，货币对实际变量没有影响。该模型的基础是购买力平价理论和稳定的货币需求函数。

用公式表示是：

$$M_S/P = f(Y, i) \tag{1}$$

$$M_S^*/P^* = f(Y^*, i^*) \tag{2}$$

式中：M_S、M_S^* 分别指本国与外国的货币供应；$f(Y, i)$、$f(Y^*, i^*)$ 分别指本国和外国的实际货币需求。公式（1）表示本国货币市场的供求关系，公式（2）表示外国货币市场的供求关系。

按照绝对购买力平价理论，汇率 $E = P/P*$，把（1）和（2）式代入得：

$$E = P/P^* = [M_S/f(Y, i)]/[M_S^*/f(Y^*, i^*)] \tag{3}$$

上式表明：第一，在其他条件不变的情况下，若本国货币供应量相对货币需求而过分增长，则外汇汇率上升，本币汇率下降。第二，汇率变动与本国货币供给变化成正比，与外国货币供给变化成反比。第三，汇率变动与本国货币需求变化成反比，与外国货币需求变化成正比。

(二) 黏性价格模型

黏性价格模型（Sticky-Price Monetary Model）是由德国经济学家多恩布什（Rudiger Dombusch）提出来的。他结合了弹性价格模型和 M－F 模型，将货币分析模型向前推进了一步，建立了黏性价格模型，提出了汇率"超调"思想。其基本假定是：资产市场的价格——利率不论在长期还是在短期都是有弹性的，所以资产市场的调整是充分的、瞬时进行的；而商品市场的价格却是黏性的，在短期内近乎固定不变，在长期才显示其调整功能；商品市场的调整速度相对资产市场要缓慢得多。当受到非预期的货币冲击时，由于商品市场反应迟缓，资产市场则反应迅速，使汇率往往做出"超调"反映，而偏离其长期均衡值，这是短期汇率容易波动的原因。

在其他条件不变的情况下，如果本国货币供给一次性增加，在长期内，本国的价格水平将同比例上涨，本国货币将贬值相应幅度，产出和利率均不发生变动；在短期内，价格水平不变，利率与汇率作为资产价格可以迅速调整。由于利率平价在经济调整过程中始终成立，根据非抵补利率平价的基本原理，决定即期汇率的主要因素是预期的未来汇率水平以及两国的利率差异。由于投资者是理性预期，他们预期未来的本币汇率会处在长期平衡水平（即 $E_t e_{t+1} = \bar{e}$）。当货币供给量增加时，本国利率水平下降，则本币的即期汇率将相对于预期的未来汇率水平贬值，即

$$e_1 = \bar{e} - (i_1 - i^*)$$

由于利率下降，私人投资上升；由于名义汇率下降，价格水平不变，本币的实际汇率也贬值，净出口上升，本国产出超过充分就业水平。

由于产出超过充分就业水平，引起价格水平的缓慢上升。在货币市场，由于价格水平的上升，货币需求上升，造成利率的逐步上升。根据利率平价原理，本币利率上升则本币即期汇率上升。利率逐步提高，实际汇率的逐步升值，私人投资和出口逐步下降，总产出下降并向充分就业水平调整。此时，价格水平发生与货币供给同比例的上涨，本币汇率达到长期平衡水平，购买力平价成立，利率与产出恢复原状。

货币学派的汇率决定理论与传统的汇率决定理论的分歧在于对决定汇率因素的认识。传统理论认为，外汇供求取决于进出口所需要和取得的外汇，是用外汇流量来衡量的，理论基础是建立在购买力平价和商品套利关系上。货币学派理论是建立在资本国际流动的利率平价和资本套利关系基础上的，它的分析框架是开放经济条件下的货币供求分析，并将收入、利率、价格、货币供给等宏观经济变量纳入分析框架之中。

六、资产组合分析法

20 世纪 70 年代初期，在固定汇率制度崩溃和各国金融市场已高度发达的背景下，美国经济学家布朗森（W. Branson）、德国经济学家多恩布什等学者认为应从金融市场均衡的角度来考察汇率的决定及其短期和中期的变化趋势，由此产生了一种新的汇率决

定理论，称为资产组合分析法（Portfolio Balance Approach）。

在资产组合分析理论中，把一国的资产分为三大类，本国货币、本国货币表示的有收益的资产和外国货币表示的有收益的资产。一国私人部门（包括居民个人、企业和银行）所持有的财富可以用以下方程表示：

$$W = M + N_p + e F_p$$

式中：W，M，N_p，e，F_p 分别表示私人部门持有的以本币计值的财富总量、本国货币、本国货币表示的有收益的资产、汇率（直接标价法）和外国货币表示的有收益的资产。影响一国资产总量（W）的原因有各种资产供给量的变动及本币汇率的变动。三种资产市场各自的均衡条件为：

$$M/W = m\,(i, i^* + \Delta Ee)$$
$$B/W = b\,(i, i^* + \Delta Ee)$$
$$eF/W = f\,(i, i^* + \Delta Ee)$$

等式的左边代表资产的供给，等式的右边代表资产市场的需求，它决定于本国的资产收益率和按本币计值的外国资产的收益率（等于外国利率与汇率风险的升贴水之和）。

投资者会根据不同资产的收益率、风险、自身的风险偏好情况确定最优的资产组合，目标是效用最大化，即未来福利最大化。在某一特定时刻，如果本国货币、本币资产和外币资产的供给量不变，本币资产的需求与本币资产的预期收益率成正比关系，与外币资产的预期收益率成反比关系；外币资产的需求与外币资产的预期收益率成正比关系，与本币资产的预期收益率成反比关系；本国货币需求与本币资产预期收益率和外币资产预期收益率成反比关系。对三种资产的需求共同决定汇率。

当某种市场信息使资产持有人预期本币资产的未来收益将下降，他们必然会卖出本币资产而购入外币资产。这一资产的重新组合过程增加了对外币的需求，导致外汇汇率的上涨，直到资产持有人认为达到最佳组合，停止资产结构的调整，汇率才恢复稳定。因此，均衡汇率就是资产持有人自愿保持其现有的本币、本币资产和外币资产的组合，不再加以调整时的汇率。

本章小结

1. 外汇是国际汇兑的简称。国际汇兑有动态和静态两种含义。国际汇兑的动态含义指的是一种汇兑行为，即为了清偿国际间的债权债务，借助于各种国际结算工具，把一个国家的货币兑换成另一个国家的货币的一种专门性经营活动。国际汇兑的静态含义是指在清偿国际债权债务的国际汇兑活动中所使用的支付手段或结算工具。外汇的一般定义是：外汇是指外国货币或以外国货币表示的用于国际结算的支付手段。

2. 汇率又称为汇价，是指两种不同货币之间进行兑换的比率或比价，或者说是以一种货币表示的另一种货币的价格。外汇的标价方法主要有直接标价法、间接标价法和美元标价法。

3. 在不同的国际货币制度下决定汇率的基础不同。在国际金币本位制度下，决定汇率的基础是铸币平价；在金块本位和金汇兑本位制度下，决定汇率的基础是金平价或货币平价；在纸币制度下，汇率决定的基础是购买力平价。

4. 影响汇率变动的主要因素有国际收支差额、通货膨胀差异、利率差异、经济增长、汇率预期和外汇干预等。影响汇率变动的其他因素还有各国的外汇储备、政府的财政货币政策、黄金价格、股票价格、期货价格、石油价格，还有政治、战争，等等。

5. 汇率变动对经济的影响是广泛的，主要影响有对贸易收支、非贸易收支、资本流动、外汇储备的影响，对国内物价水平、国民收入增长和就业水平、国际债权债务的影响，对世界经济环境的影响。

6. 购买力平价的基本思想是：货币的价值在于其具有的购买力，两种货币之间的兑换比率决定于这两种货币购买力之比，汇率的变化由货币购买力之比的变化决定。购买力平价有两种形式：绝对购买力平价和相对购买力平价。绝对购买力平价说明在某一时点上汇率的决定，相对购买力平价说明在一段时期汇率的变动。购买力平价理论的基础是一价定律。

7. 利率平价理论认为两国的利率差异及其变动是汇率变动的主要原因。它成为远期汇率决定、解释国际间短期金融资本流动及短期汇率剧烈波动的首要理论。利率平价理论可以分为无抛补利率平价理论和有抛补利率平价理论。

8. 货币分析法的汇率决定理论是在绝对购买力平价理论的基础上结合货币数量论发展起来的。该理论强调货币供给与货币需求关系在汇率决定过程中的作用。货币分析法的汇率决定理论的推导过程是从货币数量论的基本表达式开始的，认为一国的实际货币需求是相对稳定的，它不受货币市场存量的影响，只受一国实际经济活动的影响，如国民收入、利率、公众持有现金余额的愿望等。货币分析法有弹性价格模型和黏性价格模型两种。

思考题：

1. 试比较直接标价法、间接标价法和美元标价法的异同。
2. 试述即期汇率与远期汇率的关系。
3. 阐述在国际金本位制度下汇率的自动调节机制。
4. 经济增长率和通货膨胀率的变化为什么会对一国货币汇率产生影响？
5. 一国货币汇率升值或贬值对该国的贸易收支和资本流出入会产生什么影响？
6. 试述无抵补利率平价与抵补利率平价的区别。
7. 假定其他经济因素不变，分析利率、收入、货币供给量变化所导致的汇率变化。

相关链接　巨无霸指数

1986年，英国的《经济学家》杂志应用购买力平价理论（PPP）编制了一个一目了然的"巨无霸指数"（Big Mac Index），为非专业人士预测汇率走向提供了一种简单的方法。购买力平价理论认为，从长期来看，两个国家货币的比价，即汇率，应该等于这两个国家相同的可贸易商品和服务的价格之比。购买力平价理论是以一价定律为基础。一价定律认为，如果不考虑交易成本等因素，同种可贸易商品在各地的价格都是一致的。巨无霸指数就是根据一价定律来检验或预测汇率的。

《经济学家》杂志之所以选择了麦当劳销售的巨无霸汉堡包，因为它在全球120个国家和地区生产和销售，该公司在全球实行统一的生产和服务标准，因此它最适合一价定律中相同商品的假设。2009年7月16日，《经济学家》杂志公布当时测算的巨无霸指数。见下表。

国家或地区	巨无霸的价格		巨无霸PPP	2009年7月13日的市场汇率	低估（-）或高估（+）的程度（%）
	用当地货币表示	用美元表示			
美国	$3.57	3.57	—	—	—
阿根廷	Peso11.50	3.02	3.22	3.81	-15
澳大利亚	A$4.34	3.37	1.22	1.29	-6
巴西	Real 8.03	4.02	2.25	2.0	+13
英国	£2.29	3.69	1.56	1.61	+3
加拿大	C$3.89	3.35	1.09	1.16	-6
智利	Peso1750	3.19	490	549	-11
中国	Yuan12.50	1.83	3.50	6.83	-49
捷克	Koruna67.92	3.64	19.00	18.70	+2
丹麦	Dkr29.50	5.53	8.26	5.34	+55
欧元区	3.31	4.62	1.08	1.39	+22
中国香港	HK$13.30	1.72	3.73	7.75	-52
匈牙利	Forint720	3.62	202	199	+1
印度尼西亚	Rupla20900	2.02	5854	10200	-43

续上表

国家或地区	巨无霸的价格 用当地货币表示	用美元表示	巨无霸PPP	2009年7月13日的市场汇率	低估（-）或高估（+）的程度（%）
日本	¥320	3.46	89.60	92.30	-3
马来西亚	M$6.77	1.88	1.90	3.60	-47
墨西哥	Peso33	2.39	9.24	13.80	-33
新西兰	NZ$4.90	3.08	1.37	1.59	-14
菲律宾	Peso99.39	2.05	27.80	48.40	-42
波兰	Zloty7.60	2.41	2.13	3.16	-33
俄罗斯	Rouble67	2.04	18.80	32.80	-43
新加坡	S$4.22	2.88	1.18	1.46	-19
南非	Rand17.95	2.17	5.03	8.28	-39
韩国	Won3400	2.59	952	1315	-28
瑞典	Skr39.00	4.93	10.90	7.90	+38
瑞士	SFr6.50	5.98	1.82	1.09	+68
中国台湾	NT$75.00	2.26	21.00	33.20	-37
泰国	Baht64.49	1.89	18.10	34.20	-47

巨无霸指数最大的成功是在预测欧元方面。当欧元于1999年启动时，在一片赞扬声中，几乎所有人都预测它对美元的比价会上升，但巨无霸指数却显示欧元被高估了。后来的结果证明巨无霸指数是正确的，欧元自诞生之日起就一路下滑，最低跌到1欧元兑换0.80美元的历史低位。但是，像所有的理论一样，购买力平价理论也是基于一定的假设之上的，世界各国生产的商品远不止巨无霸汉堡包一种，许多是无法进行交易的，因此无法进行比较，许多国家还管制资本流动，这些都与该理论的假设不一致。另外，理论总是要抽象一些不重要的东西，而现实却是复杂多样的，这就使得理论的预测与现实并不符合，甚至会出现相反的结果。

第四章 汇率制度与外汇管制

汇率政策（Exchange Rate Policy）是指一国货币当局对本国货币与外国货币的汇率进行管理时所采取的一系列措施、规范以及行政法规的总称，它由汇率政策目标以及与之相适应的政策工具、手段所组成。汇率政策的最终目标是与国家的宏观经济目标一致，即实现社会的经济增长、物价稳定、充分就业和国际收支平衡；其直接目标则是维持汇率的合理水平并确保汇率的稳定。为了实现上述汇率政策目标，一般采用以下汇率政策手段或工具：选择相应的汇率制度，实行相应的外汇管制，实行外汇市场干预和进行国际协调和合作。本章主要分析汇率制度的类型与选择、政府对外汇市场的干预、外汇管制、货币自由兑换和人民币汇率等问题。

第一节 汇率制度的类型

汇率制度（Exchange Rate System or Exchange Rate Regime）是指一国货币当局对本国汇率水平的确定和汇率变动方式所做的一系列安排或规定。汇率制度主要有固定汇率制度和浮动汇率制度两大类型。

一、固定汇率制度

固定汇率制度（Fixed Exchange Rate System），是指现实汇率受平价的制约，只能围绕平价在很小的范围内上下波动的汇率制度。从汇率制度的实践历史来看，固定汇率制度可以划分为金本位货币制度下的固定汇率制度和纸币流通制度下的固定汇率制度。

（一）金本位货币制度下的固定汇率制度

金本位货币制度是以黄金作为本位货币的一种货币制度。在金本位货币制度下，根据金币是否可以自由铸造、自由流通和货币符号是否可以自由兑换以及在什么条件下兑换等不同，金本位货币制度可以划分为金币本位制度、金块本位制度和金汇兑本位制度。在不同的金本位货币制度下，汇率确定的基础、汇率的稳定性和汇率的调节机制都不同，下面分别进行讨论。

1. 金币本位条件下的固定汇率制度

一般认为，金币本位条件下的固定汇率制度始于1880年，结束于第一次世界大战前夕。在金币本位制度下，金币可以自由铸造，银行券可以自由兑换金币，货币储备是黄金，黄金可以自由输出输入国，黄金是唯一的国际最后结算工具。在这种制度下，汇率决定的基础是铸币平价，即两种货币含金量的比；外汇市场的汇率以铸币平价为基础，受外汇供求关系的影响上下波动，波动幅度限制在黄金输送点之内，汇率波幅很小。这种汇率制度是最典型的固定汇率制度（详见第三章）。

金币本位条件下的固定汇率制度的优点表现在：由于各国货币的币值稳定，不会发生通货膨胀，从而使汇率保持稳定，有利于国际贸易的发展；由于汇率稳定，国际债权债务不存在贬值或升值的风险；由于汇率稳定，不存在大规模的外汇投机和套汇，有利于国际金融市场的发展。但是，金币本位条件下的固定汇率制度也存在不可克服的缺陷，因为汇率的稳定不仅取决于汇率决定的基础，而且还取决于各国国际收支的平衡状况。在金币本位制下，国际收支的调节是由市场通过物价与金币流动机制来实现的。这种国际收支自发调节机制发挥作用的前提条件是各国政府不限制黄金在国与国之间的自由流动。否则，汇率稳定的基础就会遭到破坏，固定汇率制度就难于延续。

第一次世界大战前夕，由于世界黄金存量的分布极不平衡，削弱了黄金作为世界货币的基础；由于主要大国正在准备世界大战，大量掠夺和囤积黄金，破坏了黄金的自由流动；由于各国为准备战争筹集资金，大量发行通货，破坏了金币自由兑换的原则。战争爆发以后，各国纷纷以银行券替代金币流通，金币本位的固定汇率制度被纸币流通的浮动汇率制度所代替。

2. 金块本位和金汇兑本位条件下的固定汇率制度

第一次世界大战以后，为了恢复国际货币秩序，美国继续实行金币本位，英国于1925年、法国于1928年先后实行金块本位制；其余各国的货币分别与美元、英镑、法郎挂钩实行金汇兑本位制。

金块本位制是削弱的金本位制。其特点是：中央银行以金块作为准备金发行纸币在市场上流通，国家不铸造金币，也不得自由铸造金币，但允许持有纸币者在一定额度以上向中央银行兑换黄金。在金块本位制下，决定汇率的基础是黄金平价，黄金平价是两种纸币所代表黄金量的比。由于纸币的可兑换性受到限制，纸币所代表的金量就是不稳定的，汇率也就相对不稳定；由丁黄金在国与国之间的流劲受到限制，黄金流动调节国际收支的作用也削弱了。因此，与金币本位制下的固定汇率相比，金块本位制下的固定汇率具有不稳定性，只实行了10年左右就放弃了。

实行金汇兑本位制的国家，本国不铸造金币，其发行的纸币也不能兑换黄金，只能以黄金和可兑换黄金的外汇作为国家银行发行纸币的准备金。发行的纸币可以购买外汇，用外汇再兑换黄金。实行金汇兑本位制国家的货币分别与金币本位制和金块本位制国家的货币挂钩，即与美元、英镑、法郎实行固定汇率。在金汇兑本位制下，决定汇率

的基础也是黄金平价，但由于纸币在国内完全不可以兑换，它所代表的金量更不稳定，同样，黄金流动调节国际收支的作用也大大削弱；并且，如果美元、英镑、法郎等本身的币值不稳定，与之挂钩的国家货币就更不稳定。因此，与实行金块本位制国家的货币汇率相比，实行金汇兑本位制国家的货币汇率更不稳定。所以，金汇兑本位制下的固定汇率随着金块本位制下的固定汇率的放弃而放弃。

（二）纸币流通制度下的固定汇率制度

1944年7月在美国新罕布什尔州的布雷顿森林召开了有44个国家参加的国际货币金融会议，并通过了《国际货币基金协定》，以该协定为基础构建了以黄金为基础、以美元为中心的纸币流通制度下的固定汇率制度，又称布雷顿森林体系下的固定汇率制度。

根据《国际货币基金协定》有关条款的规定，国际货币基金组织的成员国政府必须确认1盎司黄金等于35美元的官价，美元与黄金直接挂钩。规定1美元的含金量为0.888671克纯金，要求其他国家政府也规定各自货币的含金量，通过各国货币的含金量与美元含金量的比值确定各国货币与美元的汇率。成员国货币也可以不规定含金量而直接规定它与美元的汇率。各成员国货币与美元的固定比价即为法定汇率，不经国际货币基金组织的同意，不得随意变更，其他国家货币与美元挂钩。另外，协定还规定各国货币与美元汇率的官定波动幅度为平价上下各1%，如果市场汇率的波动幅度超过1%，各国政府有义务在外汇市场进行干预，以保持外汇行市的稳定；如果汇率波动幅度无法维持在±1%范围而需要改变货币平价时，须经国际货币基金组织的同意。

在布雷顿森林体系下，汇率决定的基础是黄金平价或货币平价，市场汇率受外汇供求关系的影响，围绕中心汇率上下波动，波动的界限是协定规定的上下限。所以，它也是一种固定汇率制度。但是，布雷顿森林体系下的固定汇率制度与金本位制度下的固定汇率制度有着根本的区别。金本位制度下的固定汇率制度的稳定性是通过市场机制形成的，布雷顿森林体系下的固定汇率制度的稳定性是依靠政府的人为调节来实现，当一国的国内经济目标与国际收支平衡、汇率稳定的目标产生矛盾的时候，各国政府往往是放弃后者。因此，布雷顿森林体系下的固定汇率制度的稳定性较金本位制度下的固定汇率制度的稳定性差。

二、浮动汇率制度

浮动汇率制度（Floating Exchange Rate System），是指一个国家不规定本国货币对外国货币的固定比价和上下波动幅度，其中央银行或货币当局也不承担维持汇率波动界限的义务，任由汇率根据外汇市场供求关系自由浮动或由货币当局自主调节汇率变动幅度的一种汇率制度。

浮动汇率制度可以按不同的标准进行分类。

（一）按照政府是否干预来划分

1. 自由浮动汇率制度

自由浮动汇率制度，是指汇率完全由外汇市场的供求关系决定，汇率的波动幅度也完全由外汇市场的供需自发调节，政府对汇率的变化不加任何干预。由于这种汇率的波动没有任何干预，因此也被称为清洁浮动。

2. 管理浮动汇率制度

管理浮动汇率制度，是指一国的货币当局通过干预外汇市场，以稳定汇率或控制汇率在一定的目标范围内变动。如果这种干预方法旨在低估本国货币汇率以增强对外价格竞争能力，则称其为肮脏浮动。

（二）按照浮动的方式来划分

1. 单独浮动汇率制度

单独浮动汇率制度，是指一国货币不与任何一国的货币发生固定联系，其汇率是根据外汇市场的供求关系而自动调整或者完全由本国政府自行决定。

2. 联合浮动汇率制度

联合浮动汇率制度，是指一些国家组成某种形式的经济货币集团，集团内成员国之间实行固定汇率制度，规定汇率的上下波动幅度，成员国共同维持相互之间汇率的稳定。成员国货币与非成员国货币则实行同升同降的浮动汇率。所以，联合浮动汇率制度又称为共同浮动汇率制度或集体浮动汇率制度。

三、其他汇率制度

在固定汇率制度和浮动汇率制度的基础上，派生出一些其他汇率制度的安排。作为制度创新，有的国家或地区吸收了固定汇率制度和浮动汇率制度各自的优点，设计出了介于固定汇率制度和浮动汇率制度之间的中间汇率制度安排；有的走向了国际货币合作的道路；另一些国家或地区则选择了进一步强化固定汇率制度特性的汇率制度。

（一）钉住汇率制度

钉住汇率制度，是指一国货币按固定比率同某种外币或混合货币单位相联系的汇率制度。在布雷顿森林体系下，各国货币都钉住美元，这种普遍的钉住汇率制度就是固定汇率制度（前面已有介绍）。布雷顿森林体系崩溃后，主要发达国家普遍实行浮动汇率制度，发展中国家则大多数仍然采用钉住汇率制度。在国际汇率制度以浮动汇率制度为基础的背景下，实行的钉住汇率制度有所不同，一国货币与被钉住货币之间的汇率是固定汇率，但与其他货币的汇率是根据这一固定汇率套算出来的，有可能是固定，也有可能是浮动，这取决于被钉住货币与其他货币的汇率是固定的还是浮动的。

钉住汇率制度按钉住的对象和钉住的方式不同可以分为不同的形式。

1. 钉住单一货币的汇率制度

钉住单一货币的汇率制度，是指一国货币按固定的比价与某种外币相联系，对其他外币的汇率根据此汇率套算得出。即该国货币与被钉住货币的汇率相对稳定，而与其他货币的汇率则随着被钉住货币的浮动而浮动。该国与被钉住货币的国家之间的经贸关系一般比较密切。如果一国的贸易伙伴比较单一，结算货币、债务货币和外汇储备等都比较单一时，适宜实行这种汇率制度。

2. 钉住一篮子货币的汇率制度

钉住一篮子货币的汇率制度，是指一些国家为了避免因本国货币钉住单一货币而受某一国货币的支配，将本国货币与一篮子货币（即多种外国货币）保持固定联系，实行稳定汇率，而与所有单一货币实行浮动的汇率制度。这一篮子货币的币种选择和货币在篮子中的比重，一般按照本国的国际贸易和国际支付结构来确定。如果一国的贸易是多元化，国际债权债务的币种是多元化，则为了使本币汇率稳定，适宜采用这种汇率制度。

3. 爬行钉住汇率制度

爬行钉住汇率制度是介于可调整的钉住汇率制度和管理浮动汇率制度之间的混合汇率制度。即本国货币与某种外币或混合货币单位在一段时期内保持固定比价，但每隔一段时间进行小幅度调整的汇率制度。这种汇率制度既能根据经济情况的变化而灵活地调节汇率，又能避免汇率的大幅度变动对国内经济造成冲击；汇率在一段时期内相对稳定，也有利于国际贸易、国际支付和国际投资的发展。

（二）汇率目标区制度

汇率目标区制度是指将汇率浮动限制在一定区域内的汇率制度。其内容是：①为本国货币确定一个中期的波动幅度（如上下各10%）；②政府通过运用经济政策或干预外汇市场将汇率的波动控制在规定的幅度内；③目标汇率应随经济情况的变动而调整，一般维持3~5年。汇率目标区制度并不要求有关国家将货币汇率固定在目标区内，也可以不承担干预的义务，但应运用经济政策调整汇率，使其回到目标区内。这是一种比钉住汇率制度更灵活的汇率制度，与管理浮动汇率制度相近。

（三）货币局制度

货币局制度是指在法律中明确规定本国货币与某一外国可兑换货币保持固定的交换比率，并且对本国货币的发行作特殊限制以保证履行这一法定义务的汇率制度。货币局不能持有任何国内资产，它发行的国内货币都是自动以外汇储备作为支持的。因此，货币局不是中央银行，它没有货币发行的主动权和最后贷款人的功能。货币局制度是一种特殊的固定汇率制度，它的优点是剥夺了政府可能滥用货币政策的权力，赋予了货币政策高度可信性；缺点是在经济政策上受制于他国，货币政策和财政政策受到严格限制。

(四) 美元化

美元化被称为超级固定汇率制度。它是指一种这样的经济现象：在一国或地区的经济生活中，外币取代了本国货币履行货币的基本职能，即作为价值储存的工具、记账单位或者支付手段。由于多数情况下替代本国货币的外国货币是美元，因此把这一经济现象称为美元化。根据外国货币在一国的法律地位和外币使用范围的差异，美元化可以划分为民间美元化、半官方美元化和官方美元化。民间美元化一般出现在外国货币并非法定货币的时候，为了避免资产受通货膨胀或者本币贬值的侵蚀，本国居民选择持有外币、外币存款或者其他外币资产。半官方美元化是指外币和本币都是法定货币，但在支付工资、税收和其他日常开支方面外币只是辅助本币，国家还保留着本国的中央银行或者其他货币管理机构，有相当的自主权和自由来执行货币政策。官方美元化又称为完全美元化，这时，外币作为唯一的或占主导地位的法定货币，不仅私人团体能合法地使用外币，政府也用外币作为支付手段，并且主动接受外币发行国的货币政策。作为汇率制度的美元化是指半官方美元化和官方美元化。

第二节　汇率制度的选择

汇率制度的选择一直是国际金融理论和国际金融实践中颇具争议的问题。在理论上，固定汇率制度与浮动汇率制度孰优孰劣的争论由来已久；在实践中，人们不断探索固定汇率与浮动汇率有机结合的制度创新，探索适合本国国情的汇率制度。

一、固定汇率制度与浮动汇率制度的优劣争论

固定汇率制度与浮动汇率制度孰优孰劣的争论是国际金融理论界长期存在的，大批著名的经济学家加入了这一问题的辩论。如赞成固定汇率制度的有蒙代尔和金德尔伯格（C. Kindleberger），赞成浮动汇率制度的有哈伯勒（G. Haberler）、约翰逊（H. Johnson）和弗里德曼（F. Fridman）等。

（一）赞成固定汇率制度的主要观点

第一，固定汇率制度可以避免由于汇率变动给国际贸易和国际投资带来的不确定性，减少国际贸易和国际投资中的汇率风险，从而可以获得稳定的预期收益，有利于国际贸易和国际投资的发展。

第二，固定汇率制度可以抑制政府的通货膨胀倾向，限制财政赤字规模，有利于维护本国产品在国内市场对进口产品的竞争力和本国出口产品在海外市场的竞争力。

第三，在固定汇率制度下，稳定的投机行为可以起到熨平汇率波动的作用。当外来

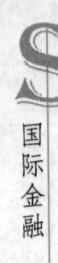

冲击使外汇汇率上升时，投机者会预期货币当局会干预外汇市场，因此会在外汇价格上升时抛售外汇；当外来冲击使外汇汇率下降时，投机者会买进外汇。

（二）反对固定汇率制度的主要观点

第一，固定汇率制使本国失去货币政策的独立性，为了维持汇率的稳定，各国不得不放弃国内均衡目标的实现。

第二，固定汇率制度会造成通货膨胀的国际传播。

第三，随着跨国资本流动的加剧，固定汇率制度很难维持，即使能维持，其成本也非常高。

（三）赞成浮动汇率制度的主要观点

第一，国际收支平衡可以通过汇率的波动自发调节，无需政府过多的政策干预。

第二，使政府的经济政策主要用来实现国内经济目标，增强了本国经济政策的自主性。

第三，可以阻断通货膨胀的国际性传播。

第四，政府无需持有大量的外汇储备来支持其汇率的稳定，可使更多的外汇资金用于经济发展。

第五，可以促进自由贸易和资本流动，提高资源配置的效率。

（四）反对浮动汇率制度的主要观点

第一，在浮动汇率制度下，由于汇率浮动频繁而剧烈，给国际贸易和投资带来很大的不确定性。

第二，由于货币政策的独立性增强，一国更有内在的通货膨胀倾向。

第三，浮动汇率不能促进各国经济政策的相互协调，容易造成国际经济和货币秩序的动荡和混乱。

第四，汇率自由浮动未必能阻断国外经济对本国经济的干扰。

在各国汇率制度的实践中，固定汇率制度和浮动汇率制度各有优劣，所以，这一争论本身也沿着两个方向发展：一个方向研究在什么条件下适合实行固定汇率制度，在什么条件下更适合实行浮动汇率制度，从而形成了最适度货币区理论；另一个方向研究什么样的汇率安排可以较好地结合固定汇率制度和浮动汇率制度的优点，从而产生了爬行钉住和汇率目标区等新的汇率制度的设计。

二、汇率制度的选择

国际金融体系应该选择以什么汇率制度为基础，一直是一个颇具争议的问题，这一部分内容将在国际货币体系的章节中重点阐述。一个国家选择什么样的汇率制度，应该根据该国的国情来决定。从各国汇率制度实践来看，各国的汇率制度的选择是多样化的，并且在不断变化。表 4 – 1 是国际货币基金组织成员国在 20 世纪 90 年代汇率制度的选择和变动的基本情况。

表 4 – 1　20 世纪 90 年代汇率制度的选择和变动情况

汇率安排	1991 年	1992 年	1993 年	1994 年	1995 年	1996 年	1997 年	1998 年
钉住货币	81	78	73	70	66	66	66	65
美元	24	24	21	23	22	21	20	20
法国法郎	14	14	14	14	14	14	15	15
其他货币	4	6	8	8	8	9	11	12
SDRs	6	5	4	4	3	3	3	4
其他组合货币	33	29	26	21	19	20	17	14
与单一货币对应的有限灵活性	4	4	4	4	4	4	4	4
合作性安排	10	9	9	10	10	12	12	13
根据一组指数调整	5	3	4	3	2	2		
有管理的浮动	27	23	29	33	44	45	46	54
独立浮动	29	44	56	58	54	52	53	46
合计	156	161	175	178	180	181	181	182

资料来源：IMF：International Financial Statistics Year Book（1998）。

以上资料反映了在国际货币基金组织成员国中，在汇率制度的选择上的统计数据。在汇率制度的实践中，许多国家有成功的经验，也有许多国家有失败的教训。经过分析归纳，一国要成功地选择一种好的汇率制度应该慎重考虑以下因素：

第一，本国国民经济的结构及其特征。经济结构包括一国的对外开放程度、国际贸易条件、名义工资及物价变动状况。对小国经济来说，如果它具有与几个大国的贸易依存度高的特征，则适合选择固定性较高的汇率制度。因为汇率的浮动对小国的国际贸易带来非常明显的波动，而固定汇率所带来的小国经济内部价格调整的成本却很低。但对大国经济来说，由于国际贸易的多元化，实行固定汇率而带来的经济内部价格调整的成本较高，因此应该坚持独立的经济政策，适合选择浮动性较高的汇率制度。

第二，在特定时期的政策趋向。如果政府在一个较长时期面临高通货膨胀问题，则适合采用固定汇率制度，通过本币与币值稳定的外币保持固定比价可以降低本币的通货膨胀率；否则，采用浮动汇率制度则会产生汇率走低与通货膨胀恶性循环的现象。如果

一国的物价和币值稳定,但国际金融市场的通货膨胀严重。为防止从国外输入通货膨胀,政府应该选择浮动汇率制度。浮动汇率制度可以增强一国货币政策的自主权,有利于把通货膨胀挡在国门之外。

第三,区域经济合作情况。两国或多国在经济贸易方面存在密切的关系时,特别是已经形成了一定形式的合作机制时,合作国家之间保持固定汇率是非常必要的。欧洲货币体系的产生和运行,欧元的诞生都充分地说明了这一点。

第四,国际经济条约的制约。在选择汇率制度时还必须考虑国际条约的制约。根据国际经济学中的"三元悖论"的原理,如果一国承诺实现资本项目的自由兑换,在对本国外汇市场干预实力不强的情况下,只能选择浮动汇率制度。

目前,国际货币基金组织把各国的汇率制度分为八类:

第一类:放弃独立法定货币的汇率制度(Exchange Arrangements with No Separate Legal Tender)。一国不发行自己的货币,而是使用他国货币作为本国唯一法定货币;或者一个货币联盟中,各成员国使用共同的法定货币。

第二类:货币局制度(Currency Board Arrangements)。货币当局做出明确的、法律上的承诺,以一固定的汇率使本国(或地区)货币与一指定外币进行兑换,并且对货币发行当局确保其法定义务的履行施加限制。

第三类:通常的固定钉住汇率制度(Conventional Fixed Peg Arrangements)。一国将其货币以一固定汇率钉住某一外国货币或外国货币篮子,汇率在 1% 的狭窄区间内波动。

第四类:水平波幅内的钉住汇率制度(Pegged Exchange Rates within Horizontal Bands)。与第三类的区别在于,波动的幅度宽于 1% 的区间。比如,埃及 3%,匈牙利则达到 15%。

第五类:爬行钉住汇率制度(Crawling Pegs)。一国货币当局以固定的、事先宣布的值,对汇率不时进行小幅度调整,或根据多指标对汇率进行小幅调整。

第六类:爬行区间内浮动汇率制度(Exchange Rates within Crawling Bands)。一国货币汇率保持在围绕中心汇率的波动区间内,但该中心汇率以固定的、事先宣布的值,或根据多指标不时地进行调整。如以色列的爬行波幅为 22%,白俄罗斯的爬行波幅为 5%。

第七类:不事先宣布汇率轨迹的管理浮动汇率制度(Managed Floating with No Preannounce Path for Exchange Rate)。一国货币当局在外汇市场进行积极干预以影响汇率,但不事先承诺或宣布汇率的轨迹。

第八类:独立浮动汇率制度(Independent Floating)。本国货币汇率由市场决定。货币当局偶尔进行干预,这种干预旨在缓和汇率的波动,防止不适当的波动(Undue Fluctuations),而不是设定汇率的水平。

各种汇率制度的国家或地区的数量分布见表 4-2。

表 4-2　汇率制度的国家或地区分布（2008 年）

类别	汇率制度名称	国家或地区（个）
第一类	放弃独立法定货币	10
第二类	货币局制度	13
第三类	固定钉住	68
第四类	水平波幅钉住	3
第五类	爬行钉住	8
第六类	爬行区间内浮动	2
第七类	管理浮动	44
第八类	独立浮动	40
合计		188

资料来源：IMF：《汇率安排与外汇管理制度 2008 年年报》。

三、关于发展中国家汇率制度选择问题的新解释

在国际汇率制度的演变过程中，发展中国家的汇率制度是一个重要的方面。自亚洲货币危机以后，发展中国家的汇率制度究竟应如何选择和下一步应如何改革，成为国际金融理论界关注的焦点，并提出了各种新的理论解释。

（一）"原罪"论

"原罪"是指这样一种状况：一国的货币不能用于国际借贷——外国银行或其他机构不能用该国货币提供贷款，甚至在本国市场上也不能用本币进行长期借贷。由于金融市场的这种不完全性，一国的国内投资不出现货币错配，便出现期限错配。因此，企业面临一种"魔鬼的选择"：要么借美元而造成货币错配，或者用短期贷款来做长期用途而出现期限错配。

这种"原罪"的直接后果是一国金融变得脆弱。因为，如果企业借外币用于国内业务而出现货币错配的话，当本币贬值时就会使借款的本币成本上升，容易陷入财务困境，直至破产。如果因为借本币出现期限错配的情形，当利率上升时，其借款成本也会大增。因此，汇率或利率稍有波动，便会有一批企业倒闭，并把银行也拖入，其结果必然使整个金融体系变得十分脆弱。再加上国际贷款人在感到形势不妙时，很可能未等贬值实际发生，便事先逼债或抽逃资金，于是触发金融危机。

由于"原罪"的存在，在汇率政策方面，无论企业还是政府都不愿意汇率变动，

更不愿货币贬值，久而久之汇率便浮动不起来。政府的汇率政策也会陷入两难状况，当投机者攻击本国货币时，政府无法用货币贬值来缓解压力，也不能用提高利率来保卫本国货币，最后只得听任金融崩溃。"原罪"论（Doctrine of the Original Sin）指出，对大多数发展中国家，无论采取浮动汇率制度还是固定汇率制度，"原罪"状况及造成的种种不利后果都会存在，最好的办法是实行完全的美元化或某种类似于欧元的制度。

（二）"害怕浮动"论

"害怕浮动"（the Fear of Floating）指的是这样的一种现象：一些声称实行弹性汇率制度的国家，却将其汇率维持在对某一货币（通常是美元）的一个狭小波动幅度内，这反映了这些国家对大规模的汇率波动存在一种长期的害怕。当情况有利时，比如说资本流入或贸易条件改善，新兴市场国家会不愿意让其货币升值，其原因是害怕某一部门的繁荣会损害其他部门的发展，最终损害其国际竞争力和破坏出口多样化的努力。当情况不利、可能贬值时，发展中国家会更强烈地抵制本币贬值。因为贬值有紧缩效应，如果贬值，这些国家不但将更难进入国际金融市场，而且国际资本流入可能急停，影响其经济增长。

害怕汇率浮动的国家主要是因为缺乏公信力，主要表现为：①这些国家的利率偏高，波动性很大；②与发达国家比较，这些国家在国际金融市场上主权评级低，较难获得国际贷款；③本国经济中存在部分美元化现象，无论政府或企业，其对外债务多以美元计值；④中央银行不能有效担当最后贷款人的角色。

（三）"中间制度消失"论

"中间制度消失"论（the Hypothesis of the Vanishing Intermediate Regime）认为：唯一可以持久的汇率制度是自由浮动汇率制度和具有非常强硬承诺机制的固定汇率制度（如货币联盟和货币局制度），介于两者之间的中间性汇率制度（如可调整的钉住、爬行钉住、目标汇率区制以及管理浮动汇率制）都正在消失或应该消失。

"中间制度消失"论是从资本自由流动下的"三难问题"、过度积累未对冲的外币债务、政治上的困难和公信力"可核验性"等四个方面来论证。

（1）根据"三难问题"的原理，在资本自由流动的情况下，政府不可能同时实现汇率稳定、货币政策独立性和金融市场国际一体化这三个目标，必须放弃其中一个。由于金融市场一体化由国际和国内因素同时决定，一国难以阻挡其发展趋势。因此，一国政府实际所能做的，要么选择汇率稳定而放弃货币主权（即选择固定汇率制），要么放弃汇率稳定而坚持货币独立（即选择自由浮动汇率制）。

（2）"中间制度消失"论认为，在钉住汇率的情况下，银行和企业会低估货币下跌或崩溃的风险，因而会过分持有未对冲的外币债务。结果当贬值发生时，其本币收入不足以偿还这些债务而破产，并对经济带来破坏性影响。因此，在资本高度流动的情况下，只有两种可行的汇率政策，一种是把汇率固定，另一种是让汇率充分浮动，因为这可使银行和企业有动机去对冲外汇风险。

(3) 一些采用钉住汇率制度的国家在发现有问题之后，往往由于政治原因必须等待很长时间才能够调整汇率或改变其汇率制度，但这时已经太晚，损失已经造成。故采用中间汇率制度的代价可能太大。

(4) "可核验性"是指市场参加者能从所观察到的资料中，在统计上推断出政府所宣布的汇率制度确实是实际上实行的制度。这要求政府实行的汇率制度简单而又透明，具有公信力，国际投资者才会有信心。完全的钉住制或完全自由的浮动制，对公众来说比较简单，比较容易自己进行核查，所以各国会最终选择可检查的汇率制度而放弃中间汇率制度。

(四) 退出战略

退出战略（Exit Strategies）是指一国怎样退出现行汇率制度，而改为采用另一种更加合适的汇率制度。最佳的退出战略是估计出钉住汇率的边际收益等于其边际成本的时间并在该点上退出。国际货币基金组织在1998年发表了关于退出战略的研究报告，其基本结论是：①对大部分新兴经济体来说，较高的汇率弹性是有利的；②当有大规模资本内流时放弃钉住汇率，这时候的退出战略的成功可能性较大；③在试图退出钉住汇率前，有关国家需要改善和加强其财政和货币政策。

四、人民币汇率制度的选择

(一) 人民币汇率制度的演变

1948年12月1日，中国人民银行成立，并发行了统一的货币——人民币。人民币对西方国家的汇率于1949年1月18日首先在天津产生。全国各地以天津口岸的汇率为标准，根据当地物价状况，公布各自的人民币汇率。1950年7月8日，我国开始实行全国统一的人民币汇率，由中国人民银行公布。1979年3月13日，国务院批准设立国家外汇管理总局，统一国家外汇管理，公布人民币汇率。

1949年至今，我国人民币汇率制度的演变大致经历了以下几个阶段。

第一阶段（1949—1952年）。人民币汇率实行管理浮动制。由于没有对人民币规定含金量，所以，人民币汇率主要根据国内外相对物价水平的变化确定，人民币汇率实行机动调整。1949年到1950年3月，人民币贬值52次。1950年3月全国统一财经工作会议以后，人民币汇率的贬值趋势逐渐被扭转。随后，人民币汇率有所回升。1952年1月1日起，人民币停止公开挂牌，但内部仍然使用对美元的折算率。从1952年6月起，人民币汇率的变动已经逐渐趋于平静。

第二阶段（1953—1972年）。人民币汇率采用固定汇率制。1955年3月，新版人

民币取代旧版人民币。从此开始直到1971年11月，人民币汇率在将近16年的时间里，按1美元＝2.4618元人民币的比价长期稳定地钉住美元。1971年8月以后，以美元为中心的固定汇率制瓦解，人民币汇率从1971年12月起进行调整。在这个阶段，进出口贸易实行内部核算，官方汇率仅用于非贸易外汇兑换，人民币的主要功能只是作为一种会计单位，人民币汇率真正的经济作用仅限于调节外国来华的旅游者和国外汇款。

第三阶段（1973—1980年）。人民币汇率的确定是根据一篮子货币定值，但在西方主要工业国家实行浮动汇率制的条件下，篮子中货币及权数不断改变，同时汇率的调整也变得频繁。由于此期间美元汇率持续下浮，人民币对美元的汇率逐年上升，年平均汇率由1972年的1美元折合2.24元人民币，调整到1980年的1.50元人民币。

第四阶段（1981—1984年）。人民币实行双重汇率制，即人民币官方牌价与贸易内部结算价并存。贸易内部结算价用于贸易进出口及其从属费用的结算，按1978年全国出口平均换汇成本计算为1美元＝2.80元人民币。官方牌价用于非贸易汇兑和结算，牌价按一篮子货币加权平均的方法计算为1美元＝1.50元人民币。这一阶段的汇率安排是实行爬行钉住制。

第五阶段（1985—1993年）。人民币官方牌价与外汇调剂价格并存。1985年我国取消贸易内部结算价，但外汇调剂业务的迅速发展形成了外汇调剂市场及相应的外汇调剂价格，因此，这一阶段我国又形成了人民币官方价与调剂价并存的新的双重汇率。官方汇率持续下调，到1993年12月31日为1美元＝5.80元人民币。外汇调剂价由市场供求决定，最高时超过1美元兑换10元人民币，最低时为1美元兑换5.50元人民币。到1993年12月，外汇调剂价为1美元兑换8.70元人民币。国际货币基金组织从1987年7月开始，已经将中国划为实行管理浮动汇率制的国家。

第六阶段（1994年以后）。1994年1月1日起实行官方牌价与外汇调剂价并轨，1美元兑换8.70元人民币。人民币实行单一的、有管理的浮动汇率制。但在实际运行中，人民币汇率并没有真正浮动起来，特别是1997年亚洲金融危机以后，人民币汇率实际上是实行钉住美元的固定汇率制。2005年7月21日，中国人民银行宣布即日起结束持续8年的事实上钉住美元的汇率制度，实行钉住一篮子货币的、有管理的浮动汇率制度。从此，人民币对美元走上了升值通道，到2008年6月，人民币对美元升值20%左右。由于美国的"次贷"危机演变成为全球金融危机，2008年7月以后，为了维护人民币汇率的稳定，人民币重新钉住美元，直到2010年6月又重新回到钉住一篮子货币的汇率制度。

（二）人民币汇率制度的选择

1994年，我国确定的人民币汇率制度是以市场供求为基础的、单一的、有管理的浮动汇率制度。但在实际运行过程中，人民币是钉住美元在很小的幅度内浮动，特别是1998年以来，人民币对美元的汇率几乎保持在8.27∶1的水平。学术界几乎一致认为，人民币事实上钉住了美元，名义上的有管理浮动汇率制转变为事实上钉住美元的汇率制度。

然而，这种钉住美元的汇率制度，在国内和国际招来许多非议。第一，汇率制度理论研究的新发展认为，中间汇率制度最终会消亡，钉住汇率制度是一种典型的中间汇率制度，因此，中国当前的汇率制度只能短期运行，长期则失效。第二，以日本为代表的贸易伙伴国认为，中国的汇率制度对他们的国际贸易造成伤害。第三，美国和日本的一些经济学家和金融家认为，中国通过僵硬的汇率制度输出通货紧缩。第四，国际货币基金组织也认为中国应该采取更富有弹性的汇率制度。

因此，人民币汇率制度的重新选择问题被提了出来。

（1）中国汇率制度选择的目标：①汇率制度的选择应该满足宏观经济稳定和经济增长的总体目标。②汇率制度的选择应将人民币汇率保持在相对稳定的水平，促进对外贸易和投资的顺利进行。③汇率制度的选择应考虑使汇率成为资源配置的有效工具。④汇率制度的选择使人民币汇率成为一种有效的政策手段，积极调整外部或内部的冲击。⑤汇率制度的选择还要为人民币的自由兑换做好准备。

（2）选择钉住货币篮子的制度。①篮子中的货币包括美元、日元和欧元。②以贸易权重为最优权重。

（3）选择钉住货币篮子制度的意义。①钉住货币篮子制度可以让人民币浮动起来，扩展政府调节经济的空间，增强货币政策的独立性，为资本账户的开放准备条件；②减少中央银行调节外汇市场的压力，解决目前中央银行汇率政策的两难问题，使政府免受人民币升值或贬值的困扰，缓解国际社会的压力。

（4）人民币汇率制度的退出战略。为了实现人民币汇率制度的平稳过渡，中国需要淡化人民币汇率的政治色彩，扩大人民币汇率的波动幅度，积极培育市场，加强亚洲货币和金融合作。

第三节 外汇市场的干预

外汇市场的干预是指一国货币当局基于国家政策或策略的考虑，为控制汇率变动而对外汇市场施加直接或间接的影响。外汇市场干预是一国汇率政策的一部分，是实现短期汇率政策目标的有力的汇率政策工具。

一、干预外汇市场的主要目的

政府干预外汇市场的主要目的是：①阻止短期汇率发生剧烈波动导致市场混乱。由于市场机制的特性，会出现市场失灵，导致资源的不合理配置，通过政府行为来调节，可以降低调节成本。②避免汇率水平在中长期内失调。一般认为，在汇率与购买力平价的偏离超过20％时，中央银行就有必要进行干预。③如果政府建立了一个不断移动的或固定的目标汇率，那么外汇市场的干预就会是经常性的。当汇率与政府的货币政策不一致时，或是由于市场参与者没有获得足够的信息而导致汇率水平没有适当地反映未来的趋势时，对这种偏离就要进行干预。④影响国际收支和本国经济的调节速度，并影响国内的货币供应量和政府的国际储备。例如，为了维持低汇率，刺激本国出口，货币当局可能进入外汇市场人为地造成本币低估；货币当局也可能在外汇市场上买卖不同品种的外汇，以调整其持有的外汇储备的结构。

二、干预外汇市场的方式

（一）直接干预和间接干预

直接干预，是指一国货币当局直接参与外汇市场的买卖，通过外汇的买进和卖出来影响货币的汇率；官方或准官方机构还可以通过进行外币借贷活动或采取多种措施控制对外交易和收付，从而直接影响外汇市场的供求状况。

间接干预，是指政府通过货币财政政策影响短期资本流动，从而间接影响外汇市场的供求状况和行情；政府还可以通过新闻媒介表达对汇率走势的看法，或者发表有利于中央银行政策意图的经济指标，从而影响市场参与者的心理预期，达到影响外汇供求的目的。

（二）冲销式干预和非冲销式干预

冲销式干预，是指货币当局在进行外汇市场干预的同时，通过公开市场活动干预外汇市场从而对国内基础货币变动情况加以抵消，使货币供应量维持不变的外汇市场干预行为。

非冲销式干预，是指不存在相应冲销措施的外汇市场干预，它会引起一国货币供应量的变动。

（三）积极干预和消极干预

积极干预，是指货币当局为导致汇率改变，使汇率接近于货币当局所设计的目标汇率而主动在外汇市场上进行的操作。

消极干预，是指货币当局为阻止汇率的某种变动，或者为熨平汇率的剧烈变动而在外汇市场上所进行的操作。

（四）单边干预和联合干预

单边干预，是指一国对本国货币与外国货币之间的汇率变动，在没有相关的其他国家配合下独自进行的干预。单边干预主要出现在封闭和半封闭的国内外汇市场。

联合干预，是指两国甚至多国联合协调行动，对汇率进行干预。在国际金融市场，关键货币之间的汇率往往要通过联合干预才能奏效。

三、外汇市场干预的实践

政府对外汇市场上日常汇率波动进行干预始于20世纪30年代。

英国1931年放弃金本位制后，英镑汇率剧烈波动，到1932年4月，英镑汇率比实行金本位制时的汇率下跌了30%。为了抑制投机性的短期资本流动对英镑汇率的影响，英国创设了"外汇平准基金"（Exchange Equalization Account），属于国库的一个组成部分，拥有英国全部营业用的黄金和外汇储备，由英格兰银行代为管理。其运作方式是：当从国外流入黄金或外汇使英镑汇率产生上升压力时，财政部就卖出基金的证券，用英镑收入购入黄金或外汇；与此相反，从国内流出黄金，形成英镑汇率下跌压力时，财政部则动用基金中的黄金或外汇购入英镑，并且从市场上买进证券。经过财政部的证券买卖活动，不但英镑汇率得以稳定，而且可以防止因黄金与外汇流出入带来的国内银根过度的时紧时松变化。

英国利用外汇平准基金成功地将英镑汇率维持在很小的波动范围内。此后，这种制度在各国得到了推广。美国、比利时、加拿大、荷兰、瑞士、法国等国纷纷实施了这种制度。美国于1934年4月创设了"外汇稳定基金"（Exchange Stabilization Fund），由财政部从当时因黄金官价上涨而获得的28亿美元收益中拨款20亿美元设立。在这20亿美元的资金中，有18亿美元的黄金和2亿美元的流动资金。其运作方式是：当国外黄金大规模流入美国时，财政部向联邦储备银行发行黄金证券获得美元资金，并用这些美元资金从市场上购入黄金。在外汇稳定基金中，由于流动资金太少，在黄金流入的同时，银行的准备金也会扩大，并成为信用膨胀的基础。因此，美国的外汇稳定基金实际上仅发挥了黄金输送渠道的作用，无法缓冲黄金流出入对国内金融的影响。

英、美两国的外汇稳定基金制度在最初的数年间是单独实施。1936年9月，英、美、法三国签订货币协议，各国的外汇稳定基金建立了联系，开始了货币合作的历史。

"二战"结束后的初期，政府干预外汇市场的目的之一是为了恢复货币的自由兑换。在布雷顿森林体系下，由于各国实行与美元挂钩的固定汇率制，稳定汇率政策成为各国汇率政策的支柱。对外汇市场进行干预是各国政府的义务和稳定汇率的重要手段。1973年固定汇率制度崩溃以后，工业发达国家普遍采用浮动汇率制，虽然各国政府不再承担干预外汇市场的义务，但是各国越来越多地通过直接干预外汇市场来管理汇率，其干预的次数和规模与日俱增。仅1973年7月至1975年1月，西方国家的干预总额达580亿美元；20世纪70年代后半期，这种干预更加明显。这主要是因为在浮动汇率制度下，汇率经常发生大规模波动，仅靠外汇市场的自发力量已很难抑制这种波动。在这种情况下，官方对外汇市场的直接干预比其他汇率管理手段更为方便灵活，效果更佳。

为了防止汇率过度波动影响各国经济及国际经济的顺利发展，同时，为了防止各国政府为维护自身利益而不适当地控制汇率，国际货币基金组织等对浮动汇率制下的政府干预制定了一系列的规定：①成员国的干预不能妨碍有效的国际收支调节，不能获得对其他成员国不公平的竞争利益；②当本国货币汇率存在短期的、具有破坏性的波动时，成员国必须通过干预外汇市场来对付混乱状态；③成员国在实施干预政策时要考虑其他成员国的利益。

20世纪80年代以后，政府干预出现了一个令人关注的变化，即经历10多年的浮动汇率制后，各国终于认识到联合干预外汇市场、稳定汇率的重要性。1982年的七国凡尔赛首脑经济会议通过了"关于国际货币方面的保证声明"，并设立了一个以法国财政部官员为首的机构，研究七国联合进行外汇市场干预的行动计划及有关问题。该机构于1983年4月28日发表了关于干预外汇汇率的研究报告，重申"两个或更多国家进行协调一致的干预，将比单个国家进行干预更为有效"。在随后的1984年伦敦七国首脑经济会议和1986年东京首脑经济会议中，联合协调干预外汇市场的问题再次得到重申。历史上，最典型的联合干预是1985年对美元汇率的干预。1985年9月，在纽约"广场饭店"召开的五国财长会议上，各国一致认为美元汇率被高估，决定联合干预外汇市场，并且协商了非常具体的联合干预目标：①将美元汇率下调10%～12%；②干预时间为6周，干预总规模计180亿美元，一天的最大干预规模为3亿～4亿美元；③干预资金由各国分担：美国与日本各30%、联邦德国25%、法国10%、英国5%。此后，五国联合在国际市场上抛售了近40亿美元；日本中央银行在一天内就抛售15亿美元。这种联合行动在几天时间内就使美元汇率下跌了8%。

四、外汇市场干预的效应分析

货币当局干预外汇市场主要通过两种途径发挥效应。第一，通过金融市场的资产调整来发挥效应。中央银行在外汇市场上买卖外汇，会改变各种资产的数量及其组成比例。根据汇率决定的资产组合理论，资产结构的变化会对汇率产生影响。一般来说，非冲销式干预对汇率的调控是有效的，但它会引起国内货币供应量的变动，从而在实现外部均衡的同时会影响到国内目标的均衡。冲销式干预对汇率的调控作用不确定，可能有一定的效果，也可能无效，但同时也不会影响国内经济目标的实现。第二，通过外汇市场干预本身的活动所产生的信号效应。中央银行在外汇市场进行干预，反映了政府对经济现状的态度，预示着政府未来采取政策措施的倾向，这将影响市场参与者的心理预期，从而影响其买卖行为，达到影响汇率变动的目的。当外汇市场预期混乱、投机活动猖獗、市场对未来汇率的走势不明朗时，政府干预的信号效应最为明显。

第四节 外汇管制政策

外汇管制（Exchange Control or Exchange Restriction）是指一国政府为维持国际收支平衡、汇率稳定和保障本国经济的发展，运用各种手段，包括法律的、行政的、经济的措施，对在其国境内和管辖范围内的本国和外国机关、企业、团体、个人的外汇买卖、外汇收支、外汇借贷、国际结算、外汇汇率和外汇市场等实行的控制。

一、外汇管制的目的

（1）保护本国经济免遭国外商品和资本的冲击。对于发展中国家来说，由于生产技术落后，产品缺乏竞争力，实行外汇管制是防止外国商品大量进口冲击本国民族工业最有效的手段之一。实行资本流动的控制是防止本国资本外流、稳定本国的投资和防止国际游资对本国金融市场冲击的有效手段。

（2）改善国际收支，维持国际收支平衡。一国在国际经济交易中常常会出现收支不平衡，如果差距过大并且长期存在，就会严重影响国内经济的正常发展。实施外汇管制是消除对外不平衡的有效手段。特别是市场机制不健全、经济自动调节能力较差的国家，实行严格的外汇管制，可以有效地促使国际收支恢复平衡。

（3）维护本国货币汇率的基本稳定。本国货币汇率在受到本国经济的影响和外部因素的冲击时都会发生变动，如果一国的货币汇率经常波动不稳，就会影响国内经济和对外经济的正常进行。所以，各国把防止汇率大幅度波动作为实行外汇管制的主要目的之一。

二、外汇管制的主体

为了实现外汇管制的目的，政府一般会指定一个机构执行外汇管理的职能，或授权多个机构履行管理职能。由于各国国情不同，外汇管制的机构大致可以分为以下几种：①由中央银行行使外汇管制的职能。这是大多数国家所采用的。②由财政部行使外汇管制的职能。如美国虽然基本上取消了外汇管制，但出于政治上的考虑，对同某些国家的金融和商业往来实行限制，这种限制由财政部负责执行。③由政府设立专门的机构来行使外汇管制的职能。如意大利国家外汇管理局就是在中央银行领导下专门行使外汇管理职能。另外，还有国家把外汇管制的不同职能分别交给几个政府部门执行。

三、外汇管制的对象和范围

（一）外汇管制的对象

外汇管制的对象分为对人和对物两个方面。对人的管理分为居民和非居民。居民也称境内户，是指长期居住在本国境内的自然人（包括本国公民和外国侨民），依照本国法律在本国境内设立的具有法人地位的本国和外国的机关、团体、企业，以及本国驻外外交、领事、商务机构和派往国外的工作人员。非居民也称境外户，是指长期居住在本国境外的自然人，依照当地法律设立的本国和外国的机关、团体、企业以及外国派驻本国的外交、领事、商务机构及其工作人员。对居民和非居民的外汇管制往往采取不同的政策和规定。有些国家对居民的外汇管制较松，对非居民的外汇管制较严；多数国家对居民实行严格的外汇管制，而对非居民的外汇管制较松。对法人和自然人的外汇管制在不同的方面也存在不同的政策和规定。有些方面对自然人宽松，对法人严格；有些方面对法人宽松，对自然人严格。

对物的管制包括外国货币、外币支付凭证、外币有价证券以及其他在外汇收支中所使用的各种支付手段和外汇资产，多数国家把黄金、白银等贵金属也列入管制对象之内。

（二）外汇管制的范围

外汇管制的范围是指外汇管制的法令、法规、条例所能发生效力的地区。一般来说，外汇管制的范围是以国界为限，但也有小于国界和超出国界的情况。如一些国家为了吸引外资，设立了出口加工区、自由贸易区和自由港等，在这样的地方基本上不实行外汇管制。历史上，英、法等国曾将其外汇管制的范围扩大到所属殖民地或货币区，其特点是，在货币区内外汇管制较松，而对区外则实行严格的外汇管制。另外，有些国家还针对与本国交易的对象国不同，采用不同的管制措施。

四、外汇管制的主要内容

（一）贸易外汇管制

贸易外汇管制是指对因进出口商品而发生的贸易外汇的收入和支出所实行的管制。贸易外汇管制是外汇管制中最重要、最普遍、最复杂的管理内容。因为，一国的贸易收支项目多、品种多，贸易收支占整个国际收支的比重大，是决定一国国际收支状况的重要因素。因此，对贸易外汇的管理自然成为各国外汇管制的重点。

贸易外汇管制包括出口外汇管制和进口外汇管制两部分内容。

（1）对进口付汇的管制。对进口外汇的需求实行管制的目的是限制与本国生产相竞争的商品进口，并禁止某些奢侈品及非必需品进口，以便节约外汇支出和保护本国工业。多数发展中国家实行进口许可证制度，由外汇管制机关签发进口许可证，进口商只有获得进口许可证才能购买进口所需的外汇。此外，对进口限制还采取以下几种措施：①对进口数量实行限制，超过限额的一律不准进口；②征收进口税和进口附加税；③进口预先存款制；④所有的进口统一由国家指定的进口单位办理。

(2) 对出口收汇的管制。各国对出口一般采取鼓励政策，以扩大出口，增加外汇收入。但为了保证出口所得外汇能及时全部调回国内，由国家掌握使用，多数国家对出口收汇都有严格的规定：①出口商必须向外汇主管机构申报出口商品的价格、金额、结算方式、支付货币和期限等内容，以便外汇管理机构对其收汇情况进行监督和检查；②出口商收到外汇后，必须及时向外汇主管部门申报，并把其所得外汇的全部或部分按官方汇率卖给指定银行。

（二）非贸易外汇管制

贸易与资本输出入以外的一切外汇收支，均属于非贸易外汇收支。一般来说，发达国家对非贸易外汇管制较为宽松，甚至不规定管制办法；大多数发展中国家对非贸易外汇管制较为严格和具体。非贸易外汇管制的总体原则是：收入管理较松，支出管理较严。

（三）资本输出入管制

对资本输出入的管制可以分为资本输出的管制和资本输入的管制。由于各国国情不同，对资本输出和输入的态度与要求不同，因而管制的重点和措施也不同。一般来说，发展中国家由于普遍存在生产技术水平落后、资金短缺与迅速发展本国经济的矛盾，因此采取一系列优惠政策吸引外资的流入，同时，采取措施限制本国资金的外流。而发达国家由于自身资金实力雄厚，往往放弃对资本流出的管制。

（四）现钞、贵金属出入境管制

对现钞、贵金属出入境管制的重点一般放在限制其输出上。多数实行外汇管制的国家都规定，携带现钞和贵金属出境，须提供外汇管理部门证明或入境时向海关出示申报单。有些国家实行限额管制，限额以内的现钞、贵金属可以自由携带出境，超过限额则要经外汇主管部门批准。

（五）汇率管制

汇率管制的方法主要有以下几种：

（1）直接管制汇率。政府指定一个部门制定、调整和公布汇率，并规定各项外汇收支必须按照公布的汇率兑换本国货币。许多发展中国家采用直接管制汇率的办法。

（2）实行复汇率制度。复汇率是指一国货币对另一国货币（主要是关键货币）存在两种或两种以上的比价。复汇率多种多样，十分复杂，但归纳起来主要有以下几种：①法定的差别汇率。一些国家对不同的外汇收支规定不同的兑换汇率，如对出口采用较高的外汇汇率，对进口采用较低的外汇汇率，以达到奖出限入的目的；如对原料、粮食进口给予优惠的汇率，对奢侈品进口采取限制性的汇率；有的实施贸易汇率和金融汇率的双重汇率制度。②外汇结汇证制度。有的国家规定，出口商须将其外汇收入按官方的法定汇率卖给指定银行，以获得本国货币，银行发给外汇结汇证明书。出口商可以将外汇结汇证在市场出售，获得额外本币。同时，对进口商供汇时，规定他们必须在市场上买进外汇结汇证交给指定银行，银行才按官方法定汇率卖给外汇。③官方汇率与市场汇率混合使用。有的国家既有官方汇率又有市场汇率。政府规定有些业务必须用官方汇率结汇或买汇，另一些业务则可以在自由外汇市场用市场汇率结汇或买汇。根据国际货币基金组织外汇管制年报的分类方法，凡外汇管制国家实行下述措施，均视为实行广义的复汇率制：一是课征外汇税，二是给予外汇津贴，三是不支付利息的预付进口存款制，四是对未偿付债务应保有相应存款，五是官定汇率背离市场汇率而不及时调整，等等。

五、外汇管制的方式

外汇管制的方式可以分为直接外汇管制和间接外汇管制两种。

（一）直接外汇管制

直接外汇管制是指对外汇买卖和汇率实行直接干预和控制。直接外汇管制按照实行的方式不同，又可以分为行政管制和数量管制。外汇的行政管制是指政府以行政手段对外汇买卖、外汇资产、外汇资金来源和运用所实行的监督和控制。其方法是：政府垄断外汇买卖，主要是通过外汇管制机构控制一切外汇交易；汇率由官方规定，限制或禁止外汇的自由买卖；对外汇资产进行管制，主要是采取强制国内居民申报他们所拥有的一切国外资产，以便尽可能多地掌握外汇资产，以备急需时可以使用；对进出口外汇实行管制，规定出口商所获得的外汇收入必须按官方价格及时卖给外汇指定银行，对进口商所需要的外汇进行必要的限制；控制资本的输出入，对调往国外的资本不予兑换外汇，甚至冻结外汇资产，以防资本外逃。

外汇的数量管制是政府对外汇收支实行数量调节和控制。其方法是对贸易外汇实行外汇配额制、外汇分成制，对非贸易外汇实行限额制。

（二）间接外汇管制

间接外汇管制是指外汇管制机构通过控制外汇的交易价格以调节外汇的成本和外汇的供求关系，从而达到间接管制外汇的目的。其主要方式是实行差别汇率制和进口外汇公开标售。

六、外汇管制的经济影响

外汇管制已经成为许多国家稳定汇率、平衡国际收支的重要手段，但外汇管制对实行外汇管制国家的其他经济方面及其他国家的经济将产生重要影响。

对实行外汇管制的国家来说，其积极作用表现为：①控制本国对外贸易，促进本国经济发展；②稳定外汇汇率；③限制资本外逃，改善国际收支；④以外汇管制为手段，要求对方国家改善贸易关税政策。其消极作用表现为：①导致汇率长期偏离均衡汇率，造成国内价格体系的扭曲；②限制竞争，保护落后，不利于国内资源的有效配置；③容易造成国内抑制性的通货膨胀。

外汇管制对世界经济的消极影响主要表现在：①不利于国际分工。因为外汇管制限制了国际商品的交换，限制了有关国家在国际贸易中比较优势的发挥。②破坏了外汇市场机制的运作。在外汇管制的情况下，外汇的需求受到抑制，汇率不反映供求关系，也不调节供求关系。③阻碍国际贸易的正常发展。货款的及时清偿是国际贸易正常进行的必备条件，存在外汇管制就意味着自由竞争受到限制，不利于国际自由贸易的发展。④增加政府和企业的费用支出。增加外汇管制环节必然要增加费用支出。⑤加剧国家之间的贸易摩擦。一般来说，一国实行外汇管制会导致贸易伙伴国的出口受到限制，进口会增加。这会导致贸易伙伴国的报复，出现贸易战和货币战。

第五节　外汇管制与货币自由兑换

外汇管制的宽严程度是通过货币可兑换性来反映的。如果一国对经常项目和资本项目下的货币兑换都实行管制，则称为完全的外汇管制；如果一国对经常项目下的货币兑换不实行管制，但对资本项目下的货币兑换实行管制，则称为部分的外汇管制；如果一国对经常项目和资本项目下的货币兑换都不实行管制，则称为没有外汇管制。

一、货币自由兑换的概念

货币自由兑换也叫货币可兑换，是指在外汇市场上能自由地用本国货币兑换某种外国货币，或用某种外国货币兑换本国货币。按引起货币兑换需求的国际经济交易的性质来划分，货币自由兑换可以分为经常项目下的货币自由兑换和资本项目下的货币自由兑换。

根据《国际货币基金组织协定》（以下简称《协定》）第八条款的定义，经常项目下货币自由兑换，是指成员国对经常项目下的外汇支付和转移而产生的货币兑换不实行限制。但是，有些支付限制不属于这一范畴。如一国由于实行商品贸易的限制从而导致的外汇支付的限制，政府规定以某种特定形式和渠道支付或转移外汇，为实现监测目的而规定的验证和登记手续，非政府行为所引起的支付阻碍或拖延，实行外汇留成制、外汇收入部分上缴制、外汇收入结售制和规定进口方以特定的货币支付进口货款等等，都不构成对《协定》第八条款所指的对支付的限制。

资本项目下的货币自由兑换，是指一国对资本流入和流出的货币兑换均无限制。一国货币要实现完全可兑换，一般要经过经常项目下货币自由兑换，再实现经常项目和资

本项目下货币都自由兑换。

根据国际货币基金组织出版的《汇率安排与外汇管制：2008年年报》，在基金组织185个成员中，已有166个成员接受了《协定》第八条款，实现了经常项目下的货币自由兑换；但是，有137个成员对资本市场交易实行限制，有113个成员对货币市场交易实行限制，有145个成员对直接投资实行限制，并且有许多成员对一部分或全部资本与金融项目交易使用歧视性汇率。

二、货币自由兑换的条件

上一节阐述了一国实行外汇管制的目的和作用。对于生产和技术绝对落后的国家来说，由于本国产品和服务在国际市场上缺乏竞争力，采用外汇管制手段来保护本国经济，使本国经济有一个发展和追赶的宽松的外部环境，不失为一种有效的措施；不少发达国家走过这条路，大多数发展中国家也是这样走过来的。但是，事实也同样证明，一国不能长期依赖于外汇管制，否则会制约一国经济的发展。于是就提出了一个问题：在什么情况下要实行外汇管制，在什么情况下则要放弃外汇管制？

一般来说，一国要放弃外汇管制并成功地实行货币自由兑换，应具备以下几项基本条件：

（一）适当的汇率

所谓适当的汇率，是指有助于保持国际收支大致均衡的汇率水平。高估的本币汇率不利于本国商品和劳务的对外竞争，会造成国际收支困难；过分低估的本币汇率又会使国民经济需要的进口品过于昂贵，造成生产、投资的困难。而汇率水平是否适当，又取决于该国的汇率制度是否适当。汇率制度的选择应与各国的国情相适应。一般来说，资本流动越自由，汇率应该越具有灵活性。

（二）充足的国际清偿手段

国际清偿手段主要指一国的外汇储备和筹措外资的能力，它是任何实行货币自由兑换的国家保持宏观经济稳定的前提条件。没有充足的国际清偿手段，就难以应付国际收支周期性的短缺，特别是外部突发性事件对贸易和支付的冲击。充足的国际清偿手段体现一国的经济实力，可以防止因信心动摇而发生的货币投机风潮。然而，一国充足的国际清偿手段源于该国国际收支的长期平衡的可维持性，这种可维持性取决于该国的产业结构、消费结构和产品服务的国际竞争力，最终取决于技术水平和劳动生产率水平。

（三）健康的宏观经济状况和合理的宏观经济政策

宏观经济状况反映一国经济的长期发展趋势，反映经济体系对各种外来冲击的调整能力。一国宏观经济情况是否健康，取决于三方面因素：第一，宏观经济形势是否稳定，即物价的稳定、就业状况、财政收支状况和金融体系的状况。第二，市场调节机制是否有效。在商品市场上，价格能否充分反映真实供求状况，能否对市场上各种因素的变动做出灵敏的、及时的反映，能否与国际市场上的价格状况保持一致。第三，宏观调控能力是否强。政府必须能娴熟地运用各种宏观经济政策工具对经济进行调控，以应对各种复杂的局面。合理的宏观经济政策是维持国际收支平衡的重要保证，这里最重要的是强有力的财政政策和货币政策，它们是一国防止通货膨胀、保持汇率稳定和保持国际收支平衡的重要手段。

（四）健全的微观经济主体

一国的微观经济主体主要是企业，要求企业是真正的自负盈亏、自我约束的利益主体，能够对价格变动做出及时反映。要求企业具有较高的劳动生产率，其产品和服务能够在国际范围内具有一定的竞争能力。

三、货币自由兑换后经济所面临的主要风险

一国实行货币完全自由兑换后，国际资本流动会加强，并对该国经济产生重要影响。这种影响是广泛而复杂的，其主要风险是造成货币替代、资本外逃和易受国际游资的攻击，并由此引起汇率、外汇储备和利率的剧烈波动，引起资产市场价格的剧烈波动，最终导致金融机构倒闭、通货膨胀上升和经济衰退。

（一）货币替代

货币替代是微观经济主体在一定的利率、汇率、税率等差异的情况下追求资本安全和收益最大化而采用的以外币替代本币的行为。在发达国家，货币替代的发生主要是投资者为规避外汇风险，实行投资多元化以及降低交易成本的结果。在发展中国家和转轨经济中，由于金融市场的深度和效率低下，经济和政治不稳定，货币替代表现为国内经济主体躲避本币，外国货币不仅作为保值手段，而且作为计价手段和支付手段，大面积排挤处于弱势的国内货币。由于美元在现阶段国际货币体系中的强势地位，货币替代在多数国家又往往表现为国内经济的"美元化"趋势。

货币替代与劣币驱逐良币的格雷欣法则（Greshem's Law）不同，货币替代描述的是一种良币驱逐劣币的现象。货币替代与资本流出尤其是资本外逃的含义不同。一国发生了货币替代，但是只要发生货币替代的外币资产没有转移到境外而是存放在境内，就没有形成资金的流出。本国居民由于贸易、非贸易和投资的需要所产生的正常的外汇需求也不能称为货币替代，只有当一国居民对外币的需求远远超过正常国际经济交易的需要时，货币替代才会发生。

货币替代这种产生于货币可自由兑换条件下的金融现象，对有关国家的宏观经济决策构成极大的压力，使本币国家货币政策的自主性、独立性和稳定性面临严重的挑战。

（二）资本外逃

资本外逃是指资本为了寻求安全的地方，以保存自身的价值而在国际进行短期流动的现象，主要表现为国内资本向国外的异常流动。资本外逃的特点是时间集中、数量大，以保障资本安全、避免资本的货币性危险为目的。因此，资本外逃与正常的资本流出不同。

资本外逃是资本所有者对其资产组合进行配置时发生的，因此，境内外资产的收益与风险的差异是形成资本外逃的主要原因；本国政局不稳、新的管制政策的出台或政策多变、法制不健全等都可能导致本国资产风险增大，引起资本外逃；实现货币自由兑换后，国内的非法收入更容易通过正常的资本流出渠道转移到国外。

资本外逃对经济的发展非常不利，它会引起一国的外汇储备急剧下降，本币汇率急剧下跌，造成国内经济金融的混乱与动荡；资本外逃会减少一国用于国内投资的资金，制约其经济的发展；资本外逃还会增加本国的外债负担，引发债务危机。

（三）易受国际游资的攻击

20世纪90年代，实现资本项目自由兑换的国家还存在本国货币受国际游资攻击的风险。国际游资是那些指为追逐高额的利润而经常在各种金融市场之间移动的短期资产，包括现金、活期和短期存款、短期政府债券、商业票据、衍生金融产品、各种基金以及其他流动性很强的资产。国际游资是全球经济金融自由化、国际化的产物。根据国际货币基金组织的估计，20世纪90年代末，活跃在全球金融市场上的国际游资达7.2万亿美元以上，相当于全球国民生产总值的20%，每天有1.2万亿美元以上的游资在全球外汇市场上寻求获利机会。国际游资最易对那些资本可以自由出入且金融体制和金融政策存在缺陷的国家进行攻击。墨西哥、泰国和韩国金融危机的产生就是典型的例证。

第六节　我国的外汇管制与人民币自由兑换的演进

1949年新中国成立以后，由于经济实力薄弱和特殊的国际政治经济环境，中国在一个较长的时期一直实行严格的外汇管制。1979年以后，随着经济体制改革的不断深化，外汇管制由严向松逐渐演进。其演进过程大致经历了以下几个阶段：

一、国民经济恢复时期的外汇管制（1949—1952年）

新中国成立后，人民政府指定中国人民银行为国家外汇管理机关。当时，国内通货膨胀严重，国际收支长期严重逆差，货币对外连连贬值，外币在市场上自由流通，金融秩序混乱。为了尽快恢复和发展国民经济，政府采取了严厉的外汇管制措施，其任务是：①取缔帝国主义国家在华的经济、金融特权，禁止外币流通；②建立独立自主的外汇管理制度和汇价制度；③建立外汇指定银行管理制度，在全国范围内共核准了53家银行经营外汇业务（其中华商35家，侨商3家，外商15家），对外商指定银行加强管理，取消他们在华的一切特权，对停业清理的外商银行则监督其清理负债；④建立人民币、外汇、金银进出国境制度，严格禁止私自携带或邮寄人民币、外币、金银出境；⑤建立供汇与结汇制度，规定出口货物售得的外汇、劳务所得的外汇以及华侨汇款必须卖给或存入国家银行，进口所需外汇和其他非贸易用途所需的外汇，可按规定向外汇管理机关申请，经批准后由国家银行卖给外汇，集中外汇收入和合理使用外汇，促进国民经济的恢复与发展。

二、全面计划经济时期的外汇管制（1953—1978年）

1953年以后，中国开始进入全面计划经济时期。1956年以后，对外经济贸易由对外经济贸易部所属的国营进出口公司统一经营，外汇业务由中国银行统一经营。外汇政策和外汇立法以外贸、外汇的国家垄断为基础，实行"集中管理、统一经营"的方针，对外汇实行全面的计划管理。国家的外汇收支由国家计划委员会全权负责，以收定支；中国人民银行同外贸部签订代理收付外汇合同，监督外汇的收付；企业和个人所有的外汇收入必须交售给国家，需用外汇时由国家按计划分配或批给。

三、改革开放初期的外汇管制（1979—1993年）

1979年以后，我国实行了改革开放政策，国家对外汇管理体制也进行了一系列改革。

（一）设立专门管理外汇的国家机关

长期以来，我国外汇管理的职能分别由国家计划委员会、财政部、对外贸易部、中国人民银行承担，为了适应对外开放的需要，1979年3月，国务院批准设立国家外汇管理总局，统一负责我国的外汇管理。1982年，国家外汇管理总局改称国家外汇管理局，划归中国人民银行领导。1988年6月，国务院决定国家外汇管理局成为中国人民银行代管的国家局。

（二）公布外汇管理暂行条例和各项实施细则

1980年以前，我国没有一部全国性的公开的外汇管理法规。1980年12月，国务院公布了《中华人民共和国外汇管理暂行条例》，1981年3月1日起实行；随后又陆续公布了23个外汇管理实施细则和其他管理办法，初步走上了依法管理外汇的轨道。

(三) 改革外汇分配制度，实行外汇留成办法

1979年8月，国务院颁发了《关于大力发展对外贸易增加外汇收入若干问题的规定》，提出外汇由国家集中管理、统一平衡、保证重点的同时，实行贸易和非贸易外汇留成。外汇留成采用外汇额度留成而非外汇现汇留成办法，根据不同的地区、不同的部门和不同的行业确定不同的留成比例。

(四) 建立外汇调剂市场，对外汇进行市场调节

1979年实行外汇留成办法后，有的企业有留成外汇，但没有实际用汇需要；有的企业进口技术、设备需要外汇，在国家计划内又无法安排，因而产生了调剂外汇余缺的需要。1980年国家外汇管理总局和中国银行同时制定了《调剂外汇暂行办法》；1981年发布了《关于外汇额度调剂工作暂行规定》；1986年国家外汇管理局颁布了《办理留成外汇的几项规定》，允许有留成外汇的国营和集体企业，通过中国银行按照外汇调剂价格，把多余的外汇卖给需要外汇的国营和集体企业。1986年，国家允许外资企业之间相互调剂外汇；1988年，国家外汇管理局颁布了《关于外汇调剂的规定》，在各省、自治区、直辖市、计划单列城市和经济特区及沿海的一些经济较发达的城市设立了外汇调剂中心，办理地方、部门、国营和集体企业、外商投资企业的留成外汇和自有外汇的调剂业务。调剂外汇的价格，开始时由国家决定，后发展到由买卖双方根据市场供求状况公开竞价成交。

(五) 建立外债管理体制和外债统计监测系统

实行改革开放政策以后，我国开始大规模利用外资，其中的外债部分也逐年增加。外债是到期需要偿还的，因此借债规模必须控制在所能承受的能力范围内，借来的资金应用在国家急需的项目上，并能产生好的经济效益。为了加强外债管理，我国建立了对外借款的计划管理、向外借款的窗口管理、借款的审批制度和外债的监测登记制度和外债担保制度。

(六) 放宽对国内居民的外汇管制

1979年我国开始实行对个人外汇比例留存办法。1981年12月，由国家外汇管理总局发布的《对个人的外汇管理实施细则》明确规定了留存比例，但个人留存外汇必须存入中国银行。从1985年起，我国银行开办国内居民外币存款业务，个人外汇允许存入银行，在规定的数额和用途内允许提取外汇汇往或携带出境使用。从1988年起，部分经济发达地区和侨乡开办了个人外汇调剂业务，允许个人按调剂价格买卖外汇。

（七）建立多种金融机构并存的外汇经营体制

1979 年以前，我国的外汇业务一直由中国银行统一经营。为了适应改革开放的需要，1979 年 10 月成立了中国国际信托投资公司，在成立之日起就拥有经营外汇业务的权力。随后，国家陆续批准成立了一些有外汇经营权的信托投资公司、财务公司、租赁公司等。1982 年南洋商业银行获准在深圳经济特区设立分行并办理外汇业务。1985 年 4 月，国务院公布了《经济特区外资银行、中外合资银行管理条例》，随后国务院在经济特区批准设立了一些经营外汇业务的外资银行和合资银行。1984 年 4 月，中国工商银行深圳分行首先获得外汇业务的经营权，此后又陆续批准各专业银行总行及分行、交通银行、广东发展银行、福建兴业银行、深圳招商银行、中信实业银行等经营外汇业务。截至 1989 年底，全国已约有 348 家银行和非银行金融机构办理外汇业务，基本形成了一个以中国银行为主、多种金融机构并存的外汇经营体系。

四、1994 年以后的外汇管理体制

1994 年，我国外汇管理体制进行了重大改革，初步建立了以市场经济要求为基础的外汇管理体制。其主要内容包括：

（1）从 1994 年 1 月 1 日起实现汇率并轨，实行以市场供求为基础的、单一的、有管理的浮动汇率制度。

（2）实行银行结汇、售汇制，取消外汇的无偿上缴和外汇留成制度，实现人民币在经常项目下有条件可兑换。

（3）取消外汇收支的指令性计划，国家主要运用经济、法律手段实现对外汇的宏观调控。

（4）停止发行外汇券。已发行流通的外汇券，可以继续使用，逐步兑回；同时禁止境内任何形式的外币计价结算和流通，重新确立人民币在中国境内唯一合法的金融主体货币的地位。

（5）建立统一的银行间外汇市场，为各外汇指定银行之间相互买卖外汇余缺和清算提供服务，并生成人民币汇率。

（6）外商投资企业外汇管理政策不变，外商投资企业可以全额保留外汇，可以开立外汇账户，并继续保留外汇调剂市场为外商投资企业买卖外汇服务。

1996 年 1 月 29 日，国务院颁布了《中华人民共和国外汇管理条例》，于 1996 年 4 月 1 日起实施。1996 年 7 月 1 日，我国再次对外汇管理体制进行重大改革，以消除经常项目下尚存的汇兑限制。其内容包括：

（1）在全国范围内将外商投资企业的外汇买卖纳入银行结售汇体系，取消对其经常项目下用汇的限制。

（2）修订并发布《结汇、售汇及付汇管理规定》，取消 1994 年外汇体制改革后尚

存的经常项目下的汇兑限制。

1996年11月27日，中国人民银行行长正式致函国际货币基金组织，宣布中国不再适用《国际货币基金组织协定》第十四条款的过渡性安排，自1996年12月1日起，接受《国际货币基金组织协定》第八条二、三、四款的义务，实现人民币经常项目下的可兑换。这标志着人民币向自由兑换迈出了关键性的一步。

(3) 1997年，为推进经常项目可兑换进程，国家外汇管理局允许部分符合条件的中资企业开立外汇账户，保留年进出口额15%的经常项目外汇收入。2001年，我国又放松了中资企业外汇结算账户开立标准，并将中资企业外汇收入保留限额提高至25%；2002年，我国开始统一中外资企业经常项目外汇账户开户条件，境内机构经常项目外汇账户限额原则上为该境内机构上年度经常项目外汇收入的20%；2004年，境内机构经常项目外汇账户可保留现汇的比例从20%调高至30%或50%，第二年这一比例继续调高至50%或80%；2006年，我国实行结售汇综合头寸管理。直到2007年，从1994年开始实行的强制结售汇制度宣告终结，企业可以根据需要自行保留外汇收入，这是我国资本账户开放进程的飞跃。

本章小结

1. 汇率制度是指一国货币当局对本国汇率水平的确定和汇率变动方式所做的一系列安排或规定。汇率制度主要有固定汇率制度和浮动汇率制度两大类型。

2. 固定汇率制度是指现实汇率受平价的制约，只能围绕平价在很小的范围内上下波动的汇率制度。浮动汇率制度是指一个国家不规定本国货币对外国货币的固定比价和上下波动幅度，其中央银行或货币当局也不承担维持汇率波动界限的义务，听任汇率根据外汇市场供求关系自由浮动或由货币当局自主调节汇率变动幅度的一种汇率制度。

3. 外汇市场干预，是指一国货币当局基于国家政策或策略的考虑，为控制汇率变动而对外汇市场施加直接或间接的影响。外汇市场干预是一国汇率政策的一部分，是实现短期汇率政策目标的有力的汇率政策工具。

4. 外汇管制是指一国政府为维持国际收支平衡、汇率稳定和保障本国经济的发展，运用各种手段，包括法律的、行政的、经济的措施，对在其境内和管辖范围内的本国和外国机关、企业、团体、个人的外汇买卖、外汇收支、外汇借贷、国际结算、外汇汇率和外汇市场等实行的控制。

5. 货币自由兑换也叫货币可兑换，是指在外汇市场上能自由地用本国货币兑换某种外国货币，或用某种外国货币兑换本国货币。按引起货币兑换需求的国际经济交易的性质来划分，货币自由兑换可以分为经常项目下的货币自由兑换和资本项目下的货币自由兑换。

思考题:
1. 分析固定汇率制度的利弊。
2. 分析浮动汇率制度的利弊。
3. 试述"中间汇率制度消失论"。
4. 探讨在人民币汇率制度改革过程中的"退出战略"。
5. 举例说明主要大国对外汇市场的干预,分析其干预的效应。
6. 分析人民币实现完全自由兑换的前提条件。
7. 探讨如何进一步推动人民币的自由兑换。

 关注人民币汇率

2003年下半年,人民币汇率又成为国内外关注的焦点。日本和美国的众多经济学家参与对人民币汇率的讨论。有的认为人民币汇率长期被低估,要求人民币大幅升值;有的认为人民币长期应该升值,短期应该保持稳定。日本和美国政府在本国相关利益集团的压力下,也通过各种外交途径向中国政府施压,要求人民币升值。国内众多的经济学者也参与了这一讨论,但大多数认为人民币汇率应该保持稳定。

这次对人民币汇率的大讨论始于2002年。进入21世纪,西方发达国家纷纷出现经济衰退,经济增长速度放慢、进出口贸易下降、物价下降,而此时的中国经济却走出了1998年亚洲金融危机带来的低速增长期,出口迅速增加、利用外资增加、经济增长速度加快。2002年,美国摩根斯丹利银行的首席经济师史蒂芬·罗奇多次提出中国通过人民币低估向世界输出通货紧缩。同时,日本的学者和金融界人士也提出,中国在向世界输出通货紧缩。日本政府在2003年的西方八国财政部长会议上还提出议案,要求就中国的汇率问题达成决议。美国政府也派财政部长专程到中国就人民币汇率问题与中国政府进行磋商;美国国会参众两院的16名议员联名写信给布什总统,敦促布什政府动用所有可以使用的手段,迫使中国停止通过操纵人民币汇率来推动出口。在2003年的亚太经济合作组织首脑会议期间,美国总统布什也向中国国家主席胡锦涛提出人民币汇率问题。但在中国政府的坚持汇率基本稳定的决心下,要求人民币汇率升值的呼声和压力才逐渐缓解。

日、美两国的指责包括两个方面:一是人民币定值过低,二是人民币的汇率形成机制不合理。他们认为,判断一种货币是否被低估有两个指标:第一个指标是外汇储备的急剧增长,第二个指标是一国的基本余额(经常账户余额和长期资本的资金流入,如外国直接投资)。他们认为,中国的汇率政策完全不符合自由公正的贸易原则,而是被政府操纵,对美、日不公平。人民币汇率从1994年开始实行有管理的浮动汇率制度,但从1998年以后实际上是实行钉住美元的固定汇率制。

美国国际经济研究所研究员、基本均衡汇率理论的创始人约翰·威廉姆森(John

Williamson）认为，一种货币的理想汇率水平是在中期内使宏观经济政策同时达到内部和外部两方面的平衡。所谓内部平衡，是指通货膨胀下的充分就业；外部平衡，是指国际收支维持在可持续的理想状态。如果汇率被高估，经济就会出现通货紧缩或者不可持续的国际收支逆差，或者两种情况都有；相反，如果汇率被低估，则意味着经济会出现通货膨胀或国际收支顺差的情况，或者两种情况都会出现。基本均衡汇率就是避免这两种不好的结果出现的汇率水平，它有利于宏观经济在中期内良好地运行。威廉姆森认为，无论从外部还是从内部因素考虑，人民币都处在被低估的水平，人民币不仅应该升值，而且可以从升值中得到好处。他认为，人民币升值既可以缓解中国国内经济的紧张状态，同时也可以减少对外盈余和外汇储备。

中国大多数经济学家认为：第一，从中国经济的长期发展趋势来看，人民币是一个升值的趋势；第二，当前，人民币应该保持稳定；第三，人民币升值应该与我国的汇率制度改革结合起来，即人民币汇率水平的调整应该与人民币汇率的形成机制的改革结合起来。

第五章 外汇市场与外汇交易

随着经济全球化的进一步深化，跨国界的货物和服务交易、金融资产交易和国际投资日益频繁，交易规模巨大，促进了国际金融市场的高速发展。作为国际金融市场规模最大的组成部分——外汇市场，其扩容速度更是惊人。据国际清算银行（BIS）2007年发布3年一度的研究报告显示，全球即期和远期外汇日平均交易额达到3.21万亿美元，较2004年上升了65%，是同期世界贸易日平均交易额的70倍，也远远超过黄金、股票等其他金融市场的交易。外汇交易是伴随着国际贸易而产生的，外汇是国际结算债权债务关系的工具，但是最近10多年，外汇交易不仅在数量上成倍增长，而且在实质上也发生了重大的变化。外汇不仅仅是一种国际结算工具，而且已经成为国际金融市场上重要的金融资产。因此，活跃的对冲基金、资产管理公司等被认为是外汇交易迅速增长的最重要的推动力。外汇市场的发展不但表现为交易规模的增长，还表现为交易工具创新的层出不穷，外币掉期、外币期货和期权、货币互换等越来越复杂的外汇衍生产品已经成为重要的投资、投机和防范风险的外汇交易工具。

本章首先介绍外汇市场的功能和结构，接着讨论各种外汇交易工具的基础知识。由于外汇市场与国际经济活动的联系越来越密切，外汇市场与各类金融市场的相互依赖程度越来越高，各国外汇市场的联动效应越来越明显，所以，国际经济与金融活动的各类参与者都需要深刻理解外汇市场的运作和外汇交易的方式，才能在国际市场竞争中游刃有余。

第一节 外汇市场

国际经济交易一般需要通过不同国家的货币兑换来实现，即进行外汇交易，从而使一国货币在本国的购买力转换为在外币所在国的购买力。专门进行外汇交易的场所称为外汇市场（Foreign Exchange Market）。外汇市场的概念有狭义和广义之分，狭义的外汇市场专指银行与银行之间的外汇交易市场，广义的外汇市场包括所有银行、非银行金融机构及其他非金融类企业和个人外汇需求者的外汇交易。外汇市场是国际金融市场一个最活跃、最敏感、最变幻莫测的部分，由于它的存在，国际债权债务得以清偿，跨国资金融通得以实现，货币资本在不同国家间的调拨转移得以进行。本章讨论的内容以银行

间外汇市场为主。

一、外汇市场的功能

在国际经济一体化的发展过程中,外汇市场作为国际金融活动的中枢,发挥着越来越重要的作用。外汇市场的主要功能有以下方面:

(一) 实现国际购买力转移

国际经济交易是居民与非居民的交易,会导致对外货币收付问题。由于货币通常只在发行国境内具有购买力,所以,在结清债权债务的过程中,交易的一方或双方会产生转移购买力的需要,或者是进口商需要把国内的购买力转变为国外的购买力,或者是出口商需要把国外的购买力转变为国内的购买力。外汇市场通过提供不同国家货币相互交易兑换的机制,使购买力的国际转移得以实现,从而使国际经济交易十分方便。可见,转移购买力是外汇市场最基本的功能,也是其存在的根本理由。

(二) 发挥联结各国货币市场及资本市场的作用

国际金融市场汇集了巨额的资金,但由于各国经济发展水平和速度的差距,资金在各国货币市场和资本市场的配置存在巨大差异。由于外汇市场的存在,投资者可以在一个国家的资本市场筹集资金,而到另一个国家投资或放贷;资本短缺的国家可以利用外资扩大生产规模;当一国出现国际收支不平衡时,逆差国家可以利用国际金融市场的贷款弥补逆差,顺差国家则可以把盈余资金投放到收益高的国家和市场。可见,外汇市场发挥着联结各国的货币市场及资本市场的作用,使国际资金融通、资源的优化配置成为可能。

(三) 提供防范外汇风险的手段

外汇市场的供求变动使汇率发生波动,给国际贸易和国际投资带来外汇风险,但与此同时,外汇市场的远期外汇业务、掉期业务、外币期货期权业务等为进出口商和投资者提供了进行套期保值操作的机会,使外汇风险损失得以减少,有利于国际贸易、国际投资和融资顺利开展。

(四) 成为全球金融活动的枢纽

随着欧洲货币市场和离岸金融业务的发展,资本国际化趋势不断加强,外汇市场与国际借贷市场、黄金市场、证券市场和保险市场的联系更加密切。实际上,外汇市场已成为广义国际金融市场的枢纽,有力地促进了资本在各个国家、各类市场之间的转移,而且灵敏地反映着国际政治和经济的变化趋势。

总之,外汇市场是随着国际经济交易的需要而产生的,在经济全球化、金融全球化的过程中发挥着越来越重要的作用。

二、外汇市场的特点

外汇市场既具有一般商品市场的共同特征，又具有自身的特点。同时，随着外汇市场的发展，其特点也会发生变化。当前世界主要外汇市场的特点可归纳为以下几点：

（一）外汇市场是无形市场

现代的外汇市场不像股票市场、期货市场，它没有有形的、固定的交易场所供交易双方聚集在一起进行外汇买卖，而是由专线电话、计算机终端和电子处理系统组成的交易网络，将分布全球的银行、外汇经纪商、外汇投资者等连结在一起，形成的一个无形的市场。伦敦、纽约、东京和香港等全球主要的外汇市场，以及分处世界各大洲的外汇市场间的外汇交易都是在这样一个无形市场中进行的。所以，把外汇市场理解为专门进行外汇买卖的电子交易系统会比"交易场所"更合适。

英国路透社的交易系统（Reuters Dealing System）是银行同业市场于1982年首先启用的屏幕交易系统，其后，该公司又推出了语音交易平台和匿名的撮合成交平台等，进一步提高了外汇电子交易系统的效率。银行外汇交易员可以在电脑屏幕上看到实时的外汇市场报价，各种经济、金融信息以及趋势分析报告，利用路透交易机（Dealing Machine），交易员可以与系统内任何一家银行进行询价、报价，并直接达成外汇交易。目前，路透社交易系统仍然在银行同业市场占主导地位，每日80%以上的外汇交易额都是在该系统达成的。但是，随着互联网的快速发展，路透社交易系统也面临着挑战，如德意志银行的EBS公司（Electronic Broking Services）在1993年开始推出电子经纪服务平台，目前很多大银行都拥有了EBS的电子经纪服务平台，路透社在银行间外汇交易的垄断地位被打破。近10来年，Hotspot FXi、e-Speed等明智地避开了在银行同业市场与巨头的激烈竞争，进军非银行交易市场，开发直接面对基金经理、财务公司、资产管理公司和个人投资者等不同服务对象的外汇交易平台。由于外汇交易对手和报价多元化的发展，越来越多的银行不只使用一种外汇交易平台，而是同时利用多个外汇交易平台，争取最佳的交易机会。目前，中国大多数商业银行，如中国银行、中国外汇交易中心等使用的外汇交易平台是路透社的dealing3000；也有银行使用EBS系统，如中信银行、交通银行等。无论是在银行间市场还是非银行间市场，竞争者的出现都有利于提高交易效率，降低交易成本，使外汇市场成为一个更活跃、更名符其实的无形市场。

当然，由于历史的原因，个别国家的外汇市场仍然保留着在规定的营业时间里集中在固定交易场所进行外汇买卖的习惯做法。如巴黎外汇市场就是有形和无形市场的结合。有形市场是指巴黎交易所进行的外汇交易，主要的品种是美元对英镑、欧元。有形市场的交易项目仅限于对客户的交易，执行公定汇率，业务量不大。实际的交易大部分还是在无形市场上进行的。

(二) 外汇市场是24小时连续交易的全球一体化市场

外汇交易网络是全球性的。由于各主要金融中心和外汇市场的地理位置不同,亚洲市场、欧洲市场、美洲市场存在时差关系,当一个时区的外汇市场收市时,处于另一时区的外汇市场又已经开盘营业了,如此循环运转,形成了一个全日24小时连续进行交易的国际外汇市场。同时,互联网和自动化电子通讯系统的存在,使地处任一时区的银行交易员不受时间的限制,全天候参与国际外汇市场交易成为可能。例如,一个外汇交易员上午在纽约市场上买进日元,若晚间日元上升,虽然纽约市场已收市,他可以利用电子交易网络,在亚洲已开始交易的外汇市场卖出获利。许多大的国际银行的外汇交易部门实行8小时轮班制度,以保证全天掌握外汇市场动态和参与外汇市场交易。因此,从某种意义说,外汇市场是一个全天候的、没有时间和空间限制的市场。如表5-1所示。

表5-1 全天候运行的全球一体化外汇市场

地 区	城 市	开市时间 (格林威治时间,GMT)	收市时间 (格林威治时间,GMT)
亚太地区	悉尼	23时	7时
	东京	0时	8时
	香港	1时	9时
欧洲	法兰克福	8时	16时
	巴黎	8时	16时
	伦敦	9时	17时
北美洲	纽约	13时	21时

支持外汇市场一天24小时循环运转的重要国际组织是环球银行金融电信协会(Society for Worldwide Interbank Financial Telecommunication,SWIFT),它是一个国际银行同业间非营利的国际合作组织,总部设在比利时的布鲁塞尔。SWIFT通过其独有的互联网络SWIFTNET,7×24全天候为会员银行提供安全、快捷、标准化、低成本的金融信息传输和处理服务。外汇交易、金融衍生产品交易、银行头寸调拨等标准化电文都可以通过该网络在银行间快速交换。随着CHIPS(全球银行间美元支付结算系统)、FED-WIRE(美联储资金转账系统)以及欧元和日元的清算系统先后与SWIFT格式兼容,SWIFT在全球银行中影响力日趋强大,应用更加广泛。目前,我国主要的商业银行都已成为SWIFT的会员银行。

（三）外汇市场的交易货币相对集中

在外汇市场上交易的对象是各国的货币，但并非所有国家的货币都可以进行交易，而且在可以交易的货币中，有许多货币的交易额也是微不足道的。目前，在国际外汇市场上，绝大部分交易集中于美元、英镑、欧元、日元、加拿大元和瑞士法郎等货币之间进行。这是因为，国际贸易和国际借贷活动大多采用上述货币进行。

从理论上讲，一笔外汇交易可以在上述任何两种货币之间或其他任何两种货币之间直接进行。但在外汇市场交易的货币非常集中，绝大多数外汇交易都是美元与主要货币之间的交易，如美元/欧元、美元/英镑、美元/日元等。据BIS于2007年公布的统计数字，涉及美元的交易占市场份额的86.3%，其中欧元兑美元的交易占全部交易的27%，日元兑美元为13%，英镑兑美元为12%。值得注意的一个有趣现象是，从2004年开始，新兴市场货币占全球外汇交易的比重显著增长，其中港币的成交量最大，印度卢比和中国人民币的交易份额增长最快，前者从0.3%升到0.7%，后者增长了4倍，达到0.5%。虽然在20世纪80年代后期，出现了一种新型的不以美元为中介的、非美元之间的外汇交易，如英镑/德国马克、加拿大元/日元。但是，在今后一段较长的时期里，国际外汇市场上以美元为主导的外汇交易结构不会改变，这是以美元为中心的国际货币体系在外汇市场上的反映。

（四）外汇市场的交易价格趋向单一化

外汇市场是最早实现电子化交易网络的市场，银行和客户之间、银行和银行之间、分处不同地区与时区的外汇市场之间，都通过互联网进行外汇交易。一方面，先进的信息网络系统使全球的外汇市场连成一个整体，加快了市场信息的传递，使全球各个角落的交易对手几乎可以同时获得即时市场行情和各种信息。如使用较多的是路透社提供的即时行情和信息服务系统，外汇交易者可以通过其提供的诸多版面，如反映外汇市场主要行情的ASAP版面、显示纽约外汇市场收市情况的NYFC版面、关于国际金融市场各种新闻提要的NEWS版面等，及时掌握有关市场信息、分析评论等，迅速做出交易决策。另一方面，交易指令的即时传输使交易能迅速达成，巨额资金在各外汇市场间快速调拨转移。因此，当不同市场上某两国货币汇率出现较大差异时，套汇交易迅速展开，不同市场上的供求状况及时得到调整，汇率差异很快被消除，交易价格趋向一致。

（五）政府干预较频繁的市场

尽管实行市场经济或混合经济的国家都强调由市场配置资源，但各国政府都不会放弃对外汇市场的干预，而且，无论是规模上还是频繁程度上都超过对其他市场的干预。其主要原因是：①外汇汇率是影响一国外部经济活动的最重要的因素之一；②20世纪70年代初固定汇率制度崩溃后，实行灵活的汇率安排已成为各国汇率制度的主流，在这种汇率制度下，外汇汇率主要由市场供求决定；③全球外汇市场、金融市场一体化及经济全球化的发展，一国外汇市场的汇率变化往往波及全球。而且，随着世界各国经济联系的日益紧密，中央银行有时会采取"联合干预"的形式对外汇市场进行干预。

三、外汇市场的构成

外汇市场由外汇经营机构和最终供求者等主要参与者组成。

（一）商业银行

随着金融管理自由化的发展，越来越多的国家不再指定或授权经营外汇业务的专门银行，于是大商业银行（Commercial Bank）以其品种齐全的金融外汇服务、分布在各国各地的分支机构、与公司企业的密切业务联系而成为外汇市场中最活跃的交易力量。如瑞士银行集团、德意志银行、花旗银行、汇丰银行和JP摩根等均是国际外汇市场最活跃的参与者，近年来它们占有的市场份额总是居于众多银行之前列。只有在一些实行外汇管理的国家还有外汇指定银行的限制，即由中央银行指定或授权专门经营外汇业务的银行，这些银行称为外汇银行，一般包括本国主要的商业银行、设在本国的外国银行分行和一些金融机构。

商业银行是外汇市场的主要参与者，它们接受客户的委托，办理进出口结汇、对外融投资、资金调拨等业务，起着外汇买卖中介的作用，为外汇的最终供需者服务。另外，外汇银行亦出于自身需要和回避外汇风险的目的，自行买卖外汇。在主要的外汇市场上，都有若干实力雄厚的外汇银行成为"造市者"（Market Maker），这些银行在市场上大规模进行各种货币的买卖，经常有意识地保持一些主要货币的"库存"头寸（Inventory Position），因此它们随时可以成为外汇卖方的买方或买方的卖方，从而以自己的介入方便交易达成，"创造"出外汇市场的交易行情，保证了外汇市场运行的连续性。

商业银行通常参与两个不同层次的外汇交易活动：一是在零售层次，与公司或个人进行外汇买卖；二是在批发层次，与其他银行同业或外汇经纪人买卖外汇，调整外汇头寸。商业银行需要不断调整外汇头寸的主要原因是，它在零售交易中买卖不平衡，出现了外汇"敞口"（Open Position）。若对某种外币卖出多于买进，则银行出现"空头"（Short Position）；若买进多于卖出，则出现"多头"（Long Position）。无论是处于"多头"还是"空头"状况，银行都面临汇率波动的风险。因此，外汇银行必须参与银行同业市场的交易，根据对汇率变动趋势的预测，及时进行抛补操作，平衡自身的外汇头寸，规避外汇风险。

（二）外汇经纪人

外汇经纪人（Foreign Exchange Brokers），是指专门从事介绍外汇交易，从中收取手续费的公司。外汇经纪人的主要作用是向买方和卖方提供最新的外汇交易价格和供求信息，促进交易达成，但他们自己并不持有外汇头寸。外汇市场上大部分交易在银行同业之间进行，但这并不意味着在交易的全过程中各银行直接发生联系。有的情况下银行同业之间的交易也需要外汇经纪做中间人安排成交。因为外汇经纪人有广泛的联系网络，并频繁与市场各参与者进行接触，他们能随时向询价银行报出各种货币的合适的交易价格，减少询价银行分别向多家银行询价的不便。而且，外汇经纪人犹如供求的"集中点"，掌握着众多客户的买卖委托，能迅速为买方或卖方寻找到交易对手。所以，银行透过经纪人安排交易，可以提高外汇交易的效率。另外，外汇经纪行业的行规要求经纪人在撮合外汇交易的过程中，不透露委托方的身份，通常在成交汇率决定后，才分别告知交易双方各自的对手是哪一家银行。这样可使得经济实力相差悬殊的银行在外汇买卖中处于平等的竞争地位，保证外汇市场上的公平交易。

近10年来，外汇市场的交易方式发生了很大的变化，银行同业间的大量交易都是通过路透社、EBS、FXall等电子交易平台完成，银行交易员借助外汇交易平台可以迅速取得实时报价。因此，外汇经纪人的作用在下降，当前只有少数外汇经纪人仍在运营。

（三）中央银行

中央银行是外汇市场的重要参与者，其交易目的主要是在汇率波动幅度过大的情况下，通过购入或抛出某种国际性货币，或称干预货币的方式对外汇市场实行干预，维持本国货币汇率的稳定，从而实现政府的经济政策目标。除了管理汇率的目的，中央银行有时也为调整外汇储备结构而参与外汇交易。

一般情况下，中央银行在外汇市场上的交易额并不很大，但其交易动向对其他交易者的心理预期有重要影响，因此，对一国货币汇率产生的影响，特别是短期效果必须予以重视。

（四）外汇交易者

外汇交易者是外汇市场上外汇的实际供求者，包括进出口商和公司企业，它们因为贸易、投资等目的，需要通过银行买卖外汇。有些非银行金融机构不能直接进入银行间同业市场进行外汇交易，如规模较小的证券交易商、共同基金、对冲基金等，它们买卖外汇也需要通过银行来实现。另一部分客户包括居民和非居民，他们因为私人的国外汇款、旅游、外汇投机等需要买卖外汇，交易量较小而且分散。

四、外汇市场的类型

不同层次的外汇市场，其交易惯例、交易方式都有一定的特点，我们可以从不同的角度对外汇市场进行分类。

（一）按外汇交易的主体划分

（1）顾客市场（Client Market）又称零售市场（Retail Market）。银行与一般客户之间进行的外汇买卖形成顾客市场。如银行与进出口商、厂商和旅游者等之间的外汇买卖。这类买卖通过银行柜台业务进行，银行在最终供给者与最终需求者之间起中介的作用。相对于银行间交易来说，此类交易金额较小，故称零售业务。据2007年BIS的统计数据，这一层次的交易约占外汇市场交易总额的17%。

（2）银行同业市场（Interbank Market）又称批发市场（Wholesale Market）。是银行之间进行外汇买卖的市场，可以在同一地域的市场或不同地域的市场的银行之间进行交易。通常每笔交易金额较大，使该市场的交易量占外汇市场总量的90%以上。因此，外汇汇率实际上在银行同业市场中形成，并成为零售业务汇率的基础。近10年来，银行同业市场的一个重要发展是，越来越多实力雄厚的非银行金融机构加入到银行同业市场中来，如投资银行、共同基金、养老基金、对冲基金、保险公司和证券公司等。根据成本与效益原则，它们的交易规模和频率使其值得建立自己的交易部门，直接进入银行同业市场进行交易。据统计，2007年非银行金融机构的交易量已约占银行同业市场交易量的40%。

（二）按交易场所的形式划分

（1）大陆型市场（Main-Land System）。是指在固定交易场所进行外汇买卖的外汇市场。交易场所一般设在证券交易所内，从事外汇交易业务的各方代表在营业日的规定时间内，集中到此进行外汇交易。目前，巴黎外汇市场、法兰克福外汇市场等一些欧洲大陆国家的外汇市场中仍保留有这样的交易形式。

（2）英美型市场（Angro-American System）即无形市场。是指外汇交易没有固定的、具体的交易场所，交易双方通过电子交易系统进行交易的外汇市场，如伦敦和纽约外汇市场。目前绝大多数国家的外汇市场都属于这种类型。

（三）按外汇交易资金交割时间划分

（1）即期外汇市场（Spot Market）。在这个市场上，交易双方在达成交易后的两个营业日内完成资金的交割。即期外汇交易是最基本的、传统的外汇交易方式，银行间的交易一直以此方式为主。然而，随着衍生外汇交易合约的交易日益频繁，即期外汇市场的份额在缩小，据统计，2007年即期外汇交易占外汇交易总量的35%。

（2）远期外汇市场（Forward Market）。在远期外汇市场上，交易双方通过签订远期交易合约达成交易，实际的资金交割在合约指定的将来时间进行。远期外汇市场的主要参加者是套期保值者和投机者。套期保值者（Hedgers）通过买卖远期外汇，对冲其在进出口、对外投资等经济交易中形成的外汇敞口。投机者（Speculators）不是根据实际交易的需要，而是根据对将来汇率波动的预期在远期外汇市场中进行买卖，有意保持某种外汇的多头或空头，并从汇率变动中获取差价利润。

（四）按外汇交易受管制的程度划分

（1）官方市场，（Official Market）。在实行外汇管制的情况下，按照政府的外汇管制法令和条例运作，管理较严的外汇市场是官方市场。

（2）自由市场（Free Market）。在实行外汇管制的国家，除官方市场外，往往还存在"自由市场"，也就是所谓的黑市。一些实行外汇管制的国家无法取消黑市交易，有时只好默认"自由市场"的存在。在不实行外汇管制的国家，一般只有一种外汇市场，即自由市场。

五、外汇市场的清算系统

外汇市场上达成的外汇交易，最终都要通过银行间的资金转移和清算完成，因此，快捷方便、安全可靠的清算系统（Clearing System）是外汇市场正常运转的保障。第二次世界大战以后，随着美元成为世界性的储备和清算货币，在国际贸易与国际借贷当中美元成为主要的计价货币；在外汇市场上，绝大部分交易也都是以美元为基础的交易，所以涉及美元的清算金额巨大，美元资金清算系统成为全球外汇市场的重要组成部分。

目前世界上 95% 以上国际银行间的美元资金的清算和划拨都是通过纽约"银行间清算系统"（Clearing House Interbank Payments System，CHIPS）进行的。CHIPS 是纽约清算所（New York Clearing House）开设的计算机网络自动清算系统（Automated Clearing System），通过与美国联邦储备银行电子支付系统（Fedwire）合作，利用在联邦储备银行的特别账户，向成员银行提供即时结算业务（Immediate Settlement），主要是支持银行间跨国美元资金结算及欧洲美元支付。该系统现有 54 家参加银行（又称成员行），均为坐落在纽约的美国或国际银行，参加银行又分为会员银行和非会员银行，前者是在联邦储备银行有储备账户且具有最终清算能力的银行，后者是需要会员银行协助才能完成最终清算的银行。CHIPS 平均每日处理 20 多万笔美元清算业务，实现上万亿美元的资金划拨。CHIPS 在提供清算的时候按照业务量收取相关费用，并根据不同的付款指令以及指令是否符合 CHIPS 的标准来收取不同的服务费用。

关于 CHIPS 的清算过程，可简单举例如下：美国摩根大通银行（JP Morgan New York）要为客户购买一笔欧元，以支付其从法国进口的货物。法国出口商的开户行是法国的 ABC 银行，ABC 银行在美国的代理行是花旗银行（Citibank）。由于摩根大通和花旗银行都是 CHIPS 的会员银行，因此摩根大通银行可以在本行的 CHIPS 终端机上输入这笔交易的内容，如币种、金额、对方银行等，随后 CHIPS 的中央服务器向花旗银行的终端机发送信息，并通过 Fedwire 分别借记（Debit）摩根大通银行的联邦储备银行账户，贷记（Credit）花旗银行的联邦储备银行账户，即把美元资金划拨到花旗银行的账户上,实现美元的终结清算(Finality Settlement)。CHIPS 在结束当天营业前向上述两银行发送结算报告书。其后花旗银行将在法国 ABC 银行的通汇账户贷记一笔美元,并同时要求 ABC 银行即向出口商客户支付欧元货款。

六、世界主要外汇市场

根据地域划分,全球外汇市场可分为三大部分:欧洲外汇市场、北美洲外汇市场和亚洲外汇市场。伦敦、纽约和东京外汇市场分别是这三大部分的代表,三者稳居世界外汇交易中心前三名。

(一)欧洲外汇市场

欧洲外汇市场是全球金融机构最集中、交易量最大、交易最活跃的市场,主要包括伦敦、法兰克福、苏黎世、巴黎、布鲁塞尔、阿姆斯特丹等交易中心。

(1)伦敦外汇市场。伦敦是历史上最悠久的国际金融中心,其外汇市场的形成和发展也是全世界最早的。特别是 1979 年 10 月,英国政府宣布完全解除外汇管制,伦敦外汇市场基本上成为完全自由的市场,外汇交易量不断增长,并以交易效率高、货币种类多、交易设施先进和拥有一批训练有素的专门人才而闻名,多年来其交易量一直执世界外汇市场之牛耳。据国际清算银行研究报告的数据,截至 2007 年 4 月,英国在全球外汇交易市场所占比重由 2004 年 4 月的 31% 上升到 34%,日平均交易额约 1 万亿美元。外汇交易业务的快速增长对伦敦保持全球金融中心地位非常重要。同期,世界其他金融中心在全球外汇交易市场所占比重都有不同程度下降,美国由 19.2% 降到 16.6%,日本由 8.3% 降到 6%,德国由 4.9% 降到 2.5%。除交易量居世界首位以外,伦敦外汇市场交易货币和交易工具之多样化也是其他外汇市场所不及的,其经常交易的货币种类就达 30 多种,交易规模最大的当属英镑兑美元的交易,伦敦外汇市场交易的美元总额甚至是美国本土交易的美元总额的 2 倍,其次是英镑兑欧元、瑞士法郎和日元等,其中交易的欧元总额则超过在所有欧元区国家交易的欧元总额的 2 倍。

伦敦外汇市场的另一个重要特点,是伦敦所处的时区使其交易时间与亚洲和北美洲外汇市场的交易时间相衔接。当伦敦市场开市时,亚洲的东京、香港和新加坡市场还在营业;而当伦敦市场接近收市时,纽约市场已开始交易,在这一黄金时段世界各国银行交易通常最为活跃,大宗交易最多,市场波动也最为频繁。因此,伦敦外汇市场对全球外汇价格的走势有着重要的影响。

(2)法兰克福外汇市场。法兰克福是德国重要的经济金融中心,也是世界上较大的外汇交易中心之一。法兰克福外汇市场的交易量在欧洲各国常常仅次于伦敦。欧元问世后,美元和欧元成为该市场的主要交易货币,此外还有英镑和其他欧洲货币。随着欧洲一体化的进程,法兰克福成为欧洲中央银行的所在地,其国际金融中心地位得到加强。欧洲中央银行体系由欧洲中央银行和欧元区成员国中央银行组成,被誉为当今世界上具有最高独立性的中央银行。它还被认为较好地秉承了德国中央银行的传统,倾向于执行谨慎的货币政策,其干预政策对美元/欧元的汇率具有较大影响力。由于法兰克福外汇市场在美元/欧元汇率形成中的这一特殊地位,它将继续是全球外汇交易商关注的焦点之一。

(二) 北美洲外汇市场

北美洲的外汇市场主要包括美国的纽约、芝加哥外汇市场及加拿大的多伦多外汇市场等。在此主要介绍纽约外汇市场。

第二次世界大战以后,随着美元成为世界性的储备和清算货币,纽约成为世界最重要的国际金融中心。纽约外汇市场也迅速发展成为一个完全开放的市场,其交易量曾一度列世界之首。20世纪70年代后,纽约让位于伦敦外汇市场,长期居世界第二位。虽然近年来纽约在全球外汇交易所占比重有所下降,从2004年的19.2%降到2007年的16.6%,但其具有的美元清算和划拨功能,仍使它在全球外汇市场中保持着特殊的、无法被替代的地位。因为世界各地的美元买卖,包括欧洲美元、亚洲美元的交易,都必须在美国(主要是在纽约)商业银行账户上收付、划拨,美国国内其他外汇市场的外汇买卖也要通过纽约外汇市场划转。所以,纽约外汇市场成为美元交易的清算中心。

另外,纽约外汇市场对世界主要货币汇率走势的影响力甚至在伦敦之上。其原因主要有三个方面:首先,美国经济对全球经济形势起着举足轻重的影响,美国经济数据及美联储干预政策不但直接影响着纽约外汇市场的汇率走势,还通过纽约外汇市场的扩散作用影响世界各外汇市场。其次,美元是国际货币体系中的关键货币,大部分国家的货币当局都把本国货币与美元的汇率作为中心汇率,因此全球外汇交易商都十分关注纽约市场上美元汇率的变动。最后,纽约是重要的国际金融中心,各类金融市场都很发达,吸引了世界各国的大量资金流入,借贷市场、股票市场、债券市场与外汇市场密切联系、相互作用。而且,以对冲基金为主的投机交易非常活跃,常常对美元和其他主要货币造成冲击。

(三) 亚洲外汇市场

亚洲外汇市场主要包括东京、新加坡、香港以及中东地区的外汇市场。

(1) 东京外汇市场。东京外汇市场是亚洲地区最大的外汇市场。据国际清算银行2007年研究报告的数据显示,全球日平均外汇交易量为3.2万亿美元,其中约6%发生在东京外汇市场。东京外汇市场目前排在伦敦和纽约之后,是全球第三大外汇市场。相对于伦敦和纽约外汇市场,东京外汇市场起步较晚。在20世纪60年代以前日本实行严格的金融管制,1964年日本加入国际货币基金组织,日元才被允许部分自由兑换,东京外汇市场开始逐步形成。80年代以后,随着日本经济的加速发展,日本在国际贸易中的地位逐步上升,日本政府修订了外汇和外贸管制法,1986年建立东京离岸金融市

场,东京外汇市场也日渐壮大。东京外汇市场的交易品种较为单一,因为日本的进出口贸易多以美元结算,所以东京外汇市场90%以上是美元对日元的买卖,其次是日元兑欧元。日本是贸易大国,进出口商们的贸易需求对东京外汇市场汇率的波动影响较大,因此日本中央银行对美元兑日元汇率的波动极为关注,这是东京外汇市场的一个重要特点。但90年代以来,受日本泡沫经济破灭、经济回升乏力的影响,东京外汇市场的交易量在萎缩,占全球外汇交易量的比重也在下降,其亚洲最大外汇交易中心的地位受到了挑战。

(2) 新加坡外汇市场。新加坡外汇市场是随着亚洲美元市场的发展而发展起来的。新加坡在亚洲的地理位置特殊,每日交易的前市与悉尼、东京、香港重叠,后市与欧洲市场衔接,三地外汇市场的相互影响增强了新加坡外汇市场的影响力。新加坡通常被认为是全球第四大外汇市场,但近年来,该市场的外汇日平均交易额不仅超过香港,而且据国际清算银行2007年的报告,其交易额占全球外汇交易额的比重已与东京市场持平,均为6%。新加坡外汇市场的一个特点是外汇经纪人仍起着重要作用,银行间的交易都通过经纪人进行。但外汇经纪人只获准作为银行的代理进行外汇交易,不能以本身的账户直接与非银行客户进行交易。新加坡的银行与境外银行的外汇交易一般可以直接进行。

(3) 香港外汇市场。香港外汇市场也是亚洲外汇市场最重要的组成部分之一。1972年底香港撤销了外汇管制后,其外汇市场开始迅速发展。20世纪80年代前,香港外汇市场的交易额一直位居亚洲第一,但80年代后,东京和新加坡都先后超越了香港,目前香港外汇市场的交易额列全球第五位,日平均交易额超1000亿美元,占全球交易额的4%。主要交易货币是美元、日元和欧元。香港外汇市场具有如下特点:①港元兑外币的市场。港元对美元的交易占绝大部分,如需以港币购买其他外币,则需先以港币兑美元,再以美元兑所需货币的套购方式取得。这是香港传统的外汇交易。②美元兑其他外币的市场,亦称海外美元外汇市场。这是近年来作为港元与其他外币交易的中介而产生和发展起来的。该市场填补了纽约与伦敦外汇市场营业间隙,成为外汇投机的中继市场。

第二节 外汇交易

外汇交易(Foreign Exchange Transaction),是指在外汇市场上以银行为中心,交易双方按一定比率、以一国货币兑换另一国货币的买卖活动。外汇交易的基本程序包括询价、报价、成交、证实和结算。

一、外汇交易的报价和交割

外汇交易通常从询价或报价开始,因此解读外汇市场行情表,理解外汇银行外汇报价方式(Quotation)是学习外汇交易的重要基础。路透社交易系统、EBS(Electronic Broking Services)、美联社资讯系统(Associated Press)德励财经系统(Telerate)以及各主要报刊的财经版等都是获取外汇市场行情的重要手段。其中路透社的交易和资讯服务系统是当今世界金融机构应用最为广泛的外汇交易系统,该系统的外汇报价方式是国际上银行习惯使用的标准报价方法。以下我们将介绍世界外汇市场外汇报价的若干规则和习惯做法。

第三章介绍了两种外汇标价方法,即直接标价法和间接标价法。随着金融市场全球化,某国银行的一项报价中所涉及的两种货币有可能都不是本币。如某英国银行报出的美元对欧元的交易价格,既不能使用直接标价法概念解释,也不能使用间接标价法概念解释。可见传统的直接标价法和间接标价法已很难适应外汇市场全球化的发展。在实际交易中,国际外汇市场逐步形成了两种实用的标价方法:欧式标价法和美式标价法。银行同业市场上大部分货币都采用欧式标价法(European Terms),即美元是基准货币,以其他国家货币表示一单位美元的价格。在国际外汇市场上,美元、加拿大元、日元、瑞士法郎等绝大多数国家的货币都使用此报价方法。但传统上,有些国家的货币常常用美元表示其价格,即非美元货币成为了基准货币,而美元成为报价货币。这种报价方法称为美式报价(American Terms),英镑、欧元、澳大利亚元、新西兰元等少数几国货币习惯使用此报价法。

国际银行同业市场的外汇报价采取所谓的"双向报价"方式,即同时报出买价(Bid Price)和卖价(Offer Price),表示报价银行愿意按此价格与询价行或其他银行进行交易。据资料显示,那些交易频繁的货币,如美元、欧元、日元等,买卖差价在0.05%~0.08%之间,交易不太频繁的货币,买卖差价会大一些。标准的外汇报价,如路透社汇率版面提供的行情,总是有5位有效数字,从右往左数的第一位数字是报价的最小单位,称为基本点,1基本点是标价货币的最小价值单位的1‰。若英镑对美元的报价为1.5610/1.5620,即它们的买卖差价(Spread)为10个基本点。美元的最小价值单位是美分,在英镑对美元的报价中1个基本点就是0.0001美元,10个基本点就是0.001美元。有研究认为,银行之间、交易商之间的竞争是决定即期外汇市场买卖差价的重要因素,买卖差价会随着竞争的加剧而缩小,但会随着外汇汇率波动程度的上升而扩大。

外汇市场行情瞬息万变,在外汇交易的实际操作中,为提高报价的速度,银行之间相互报价习惯只报最后两位数字,而且汇率频繁变动的只是最后两位数字,只有当市场发生剧烈动荡,才会发生上百个基本点的大幅度变动。例如,上述英镑对美元的报价,银行只报10/20,其他数字均省略。由于银行交易员谙熟外汇行市,并有路透社提供的行情表做参考，故简略报价不会被误解。

银行同业间提供的报价只适用于约定的最低交易限额，例如，《华尔街日报》上的报价就标明只适用于银行间100万美元或以上金额的交易。100万美元以下的"小金额"交易，一般要另议价格，其买卖差价通常会比较大。另外，路透社报价系统的报价是参考报价，不是实价，实际交易价是经纪或银行的报价。各银行的报价与参考价可以存在差异。例如欧元对美元的参考报价是20/30，而某银行的报价是16/28。该银行报的欧元卖出价低于参考价，其意图很可能是吸引客户向其买进英镑。银行的报价可以从一个侧面反映该行持有外汇头寸的情况或交易意图。

报价行提出报价后，若询价行认为合适，就可以达成交易。随后，交易双方进入交割环节，他们要在约定的时间和地点，按一定方式进行货币收付。在外汇市场上，交易双方遵循所谓"对应起息原则"（Compensated Value Principle），即在同一时间交割，如即期外汇的交割在交易后第二个营业日办理。各种货币的交割通常是在交易货币的发行国进行，如美元在纽约、日元在东京等，由交易双方在交割地的分行或代理行通过银行间清算系统完成。若以甲银行与乙银行达成以美元买入英镑的交易为例，则甲银行将指示其在纽约的代理行把应付美元，通过纽约银行间清算系统付至乙银行指定的代理行的乙方账户上，并同时指示其在伦敦的代理行收进乙银行拨入的英镑存款；而乙银行的收付款方向刚好相反。

二、即期外汇交易

（一）即期外汇交易的基本概念

即期外汇交易（Spot Transaction），是指交易双方达成交易后，原则上在两个工作日内完成货币交割的外汇交易。例如，在1月5日达成的外汇交易，7日就是双方办理交割的日子。双方应保证能使对方开户银行（或代理行）在7日收妥交易的货币并开始计息。所以，交割日亦称起息日（Value Date）。当然，如果1月7日不是工作日，则按惯例顺延至下一工作日办理。由于即期外汇交易大多按上述原则确定交割日，所以，外汇成交后的第二个工作日称为标准交割日。外汇交割时间滞后于成交时间，是因为交易双方可能处于不同的时区，需要有一定的调整时间。另外，外汇交易涉及两种或以上货币，不同货币的清算中心一般都在其发行国，因此银行间的清算过户也需要一定时间。但有的外汇市场对有的货币交易不使用标准交割日，而是采用当日交割（Value Today）或次日交割（Value Tomorrow）的特别惯例。两个营业日内完成交割的制度是银行间外汇交易约定俗成的惯例，尽管现在外汇市场通过计算机网络构成的清算系统，主要货币都可以实现当天清算，但是该惯例仍沿袭下来。

客户与银行进行即期外汇交易，通常是为了汇出或汇入款项及出口收汇或进口付汇的需要。目前，有两种基本的汇款方式，即电汇和信汇。若客户要求采用电汇方式，则银行用电报或电传向国外汇入行传递付款指令（Payment Order），指示其向指定的收款人支付外币。银行办理电汇业务时，在国内收进汇款人交付的本币，随后在国外付出外币，其间的时间差距较短，一般1~2天，银行不能利用客户资金，因此电汇汇率相对较高，并成为即期外汇交易的基本汇率。而在信汇方式中，银行主要使用航邮寄送付款指令，汇款在途时间较长，实际上是银行利用了客户的资金，所以其汇率略低于电汇汇率，差额大致相当于邮程期间的利息。目前信汇方式已很少使用了。

（二）即期外汇交易的基本程序

通过路透社交易系统或专线电话进行即期外汇交易十分快捷，一般包括五个步骤：①询价（Asking Price）。询价方需要向对方说明要求的交易类型、交易币种和金额；如果所询的汇率是使用美元标价法，则要报出拟买卖的美元金额，如果所询的汇率是使用非美元标价法，则要报出拟买卖的非美元货币的金额。②报价（Quotation）报价方接到询价后，一般会尽快报出实价。③成交或放弃。询价方接到报价后，应迅速做出成交或放弃的决定，否则会给报价方带来汇率风险。④证实（Confirmation）由于询价、报价和成交都是在极短的时间内完成的，使用了大量的缩写，或口头成交，因此在成交后，双方必须立刻就交易内容进行完整地重复确认，同时把各自的银行账户告知对方，以方便进行外汇交割。⑤结算（Settlement）。双方交易员将确认后的交易记录交给各自的后台，由后台工作人员指示其分行或代理行将卖出的货币划入对方指定的银行账户，货币的交割最终体现为银行存款的增减。

实例：
BANK A：SP GBP 5
A银行：即期交易，英镑兑美元，500万镑。
BANK B：02/04
B银行：02/04
BANK A：I SELL GBP
A银行：我方卖出英镑。
BANK B：5MIO AGREED TO CONFIRM AT 1.5302 I BUY 5MIO GBP VALUE 10 JULY 2010 MY GBP TO B BANK LDN FOR OUR ACCOUNT THANKS AND BYE
B银行：500万英镑成交，证实我方以每英镑1.5302美元买入500万英镑，起息日为2010年7月10日。英镑请付我行伦敦分行账户。谢谢，再见。
BANK A：OK AGREED MY USD TO A BANK NY THANKS AND BYE
A银行：同意，美元请付我行纽约分行账户。

谢谢，再见。

即期外汇交易是一种最基本的外汇交易，银行间的外汇交易以此方式为主。在国际贸易中，进出口商可利用即期外汇交易减少汇率波动的影响。

三、远期外汇交易

远期外汇交易（Forward Transaction）是一种预约买卖外汇的方式，指外汇交易双方预先签订合同，规定交易的币种、金额及汇率，于将来约定的时间进行交割的外汇交易。与即期外汇交易比较，远期外汇交易一个重要的特点就是交易双方需要在合同上确定将来的交割日期和交割汇率。

（一）远期外汇交易的交割日期

远期外汇交易是在标准交割日后才进行实际交割的，市场上习惯以"月"为计算单位，如1个月期的远期交易、3个月期的远期交易等。在实际交易中，1~3个月的远期交易最为常见，交割期限一般不超过1年。所以，银行通常以到期期限为1个月、3个月、6个月、9个月或12个月的合约进行报价。要注意的是，交割日期的起算日不是交易日，而是标准交割日后，即在成交后的第二个营业日起算。银行除了做整"月"期限的远期交易外，有时也根据客户的特殊需要，做一些非整"月"的（Broken Date）远期交易。远期外汇交易中规定交割日期的方法主要有两种：

（1）根据交易双方是否有确定外汇交割的具体日期，远期外汇买卖可分为固定交割期和选择交割期。

1）固定交割期。指在合约中规定具体的交割日期，买卖双方在到期日进行货币交割，不得单方面随意更改。这是常用的方法，尤其在银行间交易中使用得更普遍。固定交割期的远期交易较易操作，远期汇率也较易确定。但是，对于企业和投资者来说固定交割缺乏灵活性。如有的情况下，进出口商不能确知具体的收付款日期，或临时需要更改，则按期履行远期交易合约会有困难。

2）选择交割期，又称择期交易（Optional Forward）。指交割时间不固定于某一日期的交易，属于远期外汇交易的一种特殊方式。具体做法是，交易双方不在合同上规定具体的交割日，而是规定一个可进行交割的时间段，由买方或卖方（报价银行的客户）在规定时段内选择任何一个工作日进行交割。例如，10月1日达成一项3个月期限的择期远期外汇交易，规定选择期限在第三个月，则客户有权在12月的任何一个工作日要求与银行进行外汇交割。择期交易给了进出口商及其他客户更大的灵活性，但并不是规定越长的选择期限越好，因为随着择期时段的增长，银行会报出一个对客户比较不利的远期汇价。所以，进出口商应当根据实际情况尽可能缩短约定的选择期限，以获得较有利的远期价格。

(2) 根据交割日的不同,即期外汇买卖又可分为规则交割日和不规则交割日。规则交割日是指远期外汇交割的期限为 1 个月或 1 个月的整倍数,如远期 1 个月、远期 2 个月;不规则交割日是指远期交割期限不是 1 个月的整倍数,如合约规定交割期限为 16 天、53 天。

(二) 远期外汇交易的报价

远期汇率以即期汇率为基础,但远期外汇的报价方法有其特点,且报价方法也有较多类型。

(1) 直接远期报价法 (Outright Forward Quotation)。这是一种直接报出远期外汇的完整汇价的报价方法。由于其直观和简单,易于被一般交易者接受,在银行的零售业务中多使用这种报价方法。例如,外汇市场上交易最频繁的欧元对美元的远期业务报价:

EUR/USD
即期汇率　　1.3420/1.3428
1 个月远期　　1.3423/1.3448
3 个月远期　　1.3440/1.3468
6 个月远期　　1.3455/1.3485
12 个月远期　 1.3510/1.3548

又如 2010 年 4 月某日中国银行远期外汇牌价(开盘价)中的欧元远期汇价:

EUR/CNY
即期汇率　　901.32/908.56
1 个月远期　　898.16/906.83
3 个月远期　　896.33/904.96
6 个月远期　　890.81/899.46
12 个月远期　 883.78/891.40

(2) 点数报价法 (Points Quotation) 又称掉期率报价 (Swap Quotation)。远期汇率和即期汇率之间往往有一个差价,以上述报价为例,可以看出,随着交割期限的延长,1 欧元可兑换的美元在增多,也就是说,远期欧元相对于美元升值。在远期外汇报价中,若一种外汇的远期汇率高于即期汇率,称为远期升水 (Forward Premium);若一种外汇的远期汇率低于即期汇率,称为远期贴水 (Forward Discount);若两者相等,称为平价 (At Par)。为了提高报价的效率,银行间市场在远期外汇交易的报价中通常不报出远期外汇的完整价格,而只用升水、贴水或平价的形式,报出远期汇率与即期汇率之间的差额。交易者要知道实际的远期汇率,就需要将远期报价中的即期汇率加上或减去升、贴水数字而求得。需要特别注意的是,在不同标价法下计算的方法是不同的,在直接标价法下，实际的远期汇率等于即期汇率加上升水数或减去贴水数；在间接标价法下，实际的远期汇率等于即期汇率减去升水数或加上贴水数。用公式表示即：

直接报价法：远期汇率 = 即期汇率 + 升水
　　　　　　远期汇率 = 即期汇率 – 贴水
间接标价法：远期汇率 = 即期汇率 – 升水
　　　　　　远期汇率 = 即期汇率 + 贴水

　　根据市场习惯，远期外汇交易中通常使用点数报价法，简称报点法。报点法是用"点数"（Points）或称"掉期率"（Swap Rate）来表示远期汇率与即期汇率的差额。银行的外汇报价通常由五位有效数字组成，右起第一个数位的一个单位称为一个（基本）点，代表某种货币单位的 0.0001，所以，若美元对加元的即期汇率为 1.1210，1 个月远期汇率为 1.1240，则称 1 个月远期美元汇率升水 30 点。在远期外汇报价表上，表示远期汇率升、贴水的点数有两栏数字（或用中竖号分为左右两项数字），分别代表买入价和卖出价的升、贴水点数。在银行间的报价中，还习惯把"升水"或"贴水"二字省去。有经验的交易员可以从买、卖价两栏点数的大小判断是升水还是贴水，其规律是：在直接标价法下，如远期汇率两栏点数中前一点数小于后一点数，则远期汇率为升水；前一点数大于后一点数，则为贴水。而在间接标价法下，情况则相反。综合两种标价法也可简化为："前小后大往上加，前大后小往下减"。

　　掌握上述原则，我们就可以根据外汇市场的报价计算远期外汇交易的实际汇率。例如：

	EUR/USD
即期汇率	1.3420/1.3428
1 个月远期	3/20
3 个月远期	20/40
6 个月远期	35/57
12 个月远期	90/120

即远期欧元的实际汇率分别是：

即期汇率	1.3420/1.3428
1 个月远期	1.3423/1.3448
3 个月远期	1.3440/1.3468
6 个月远期	1.3455/1.3485
12 个月远期	1.3510/1.3548

　　当然，远期汇率和即期汇率之间的差额也可以不用点数来表示，而直接报出升水多少港元或贴水多少加元，其原理与点数形式是一致的，但在外汇市场上较少使用。

（3）掉期年率报价法（Swap Quotation in Percentage Terms）。为了方便把一种货币对另一种货币的升、贴水数值与这两种货币的利差进行比较，或不同期限的升、贴水情况进行比较，银行有时将远期汇率的升、贴水折算为年率，并以升、贴水年率的形式表示远期汇率与即期汇率的差距。这种报价方法称为掉期年率法。把升、贴水数值折算成年率的计算方法是：

升（贴）水年率 = 升（贴）水数 ÷ 即期汇率 × 12/n

= （远期汇率 − 即期汇率）÷ 即期汇率 × 12/n

式中：n 为远期外汇交割期限的月数。

例如：在纽约市场，英镑对美元的即期汇率为 1.4520，6 个月的远期升水 1.25 美分，则英镑对美元的升水年率为：

$$(0.0125/1.4520) \times (12/6) = 1.72\%$$

（三）影响远期汇率的因素与远期汇率的确定

两种货币的远期汇率究竟是升水还是贴水，银行主要考虑的因素是该两种货币之间利率差异的影响。因为，银行在与客户进行远期外汇交易时，不可避免会出现敞口头寸，银行为减少自身承受的外汇风险，必须及时进行抵补交易，平衡头寸。而在平衡头寸的交易中，银行有可能因为两种货币的利率差异而蒙受利息上的损失。

例如，假设英镑 3 个月存款的年利率为 10%，美元 3 个月的存款利率为 6%，英镑利率比美元利率高 4%。当时，伦敦外汇市场上美元即期汇率为 1 英镑等于 1.5400 美元。若伦敦一银行向客户卖出了一笔 3 个月的远期美元，为减少外汇汇率波动的影响，该行可按即期汇率用英镑购入美元，存放 3 个月，以备远期合约到期时进行实际交割。很明显，由于英镑的利率高于美元的利率，银行的上述做法将导致利息损失。为此，银行要对美元的远期汇率进行调整，以补偿自己在交易中的损失。这部分的补偿应该是多少才合理呢？计算这部分损失要考虑哪些因素呢？我们可以推论，如果英镑的利率越高，它与美元利率的差距越大，该伦敦银行的损失就越大；期限越长，该银行的损失也会越大。因此远期汇率水平应决定于即期汇率水平、两种货币的利率差异及远期外汇合约的期限长短这三方面因素。

继续上例的条件，并假定伦敦银行卖出的 3 个月远期美元金额为 154000 美元，则该银行以英镑购入美元存放 3 个月而导致的利息损失是 1000 英镑。因为 10 万英镑存放银行 3 个月，可获利息 2500 英镑［100000 × (10% × 3/12)］；154000 美元存放银行 3 个月，可获利息 2310 美元，即 1500 英镑，两项短期存款相比，后者要损失 1000 英镑。

银行为补偿利息上的损失，需要提高 3 个月远期美元的价格，所以美元在远期交易中呈升水，也就是远期英镑汇价是贴水。3 个月远期美元的汇率应该是：

$$154000 \div 101000 = 1.5248 \text{（美元）}$$

也就是说，远期外汇购买者买入 154000 美元，不是按即期汇率支付 10 万英镑，而是按

1 英镑等于 1.5248 美元的 3 个月远期汇率，支付 101000 英镑。可见，远期美元的购买者补偿了银行的损失。

根据上例可知，远期汇率的升、贴水数值是以成交时外汇市场上两相关货币的即期汇率为基础，参照两国货币的利差幅度和远期外汇合约的期限计算出来的。如不考虑外汇买入价和卖出价的区别，也不考虑货币拆入价和拆出价的区别，则简化的计算公式是：

$$升水（贴水）数值 = 即期汇率 \times 两国利差 \times (月数/12)$$

（四）利率平价理论与远期汇率

系统描述远期汇率与利率之间关系的理论是利率平价理论（Interest Rate Parity）。该理论具有很高的应用价值，在外汇市场上，很多大银行基本上是根据两种货币的利率差异来决定它们的远期汇率的升、贴水。利率平价理论包含两个要点：

（1）在正常的外汇抛补条件下，两国的利率差异决定了远期汇率和即期汇率之间的差异，且两种差异保持大致相等，从而使金融市场处于均衡状态。

（2）其他条件不变，利率较低的货币，其远期汇率表现为升水；利率较高的货币，其远期汇率表现为贴水。

利率平价理论成立的条件是存在正常的外汇抛补，即短期资金可以在国家之间自由流动，不存在交易限制和成本，于是两国间利率的变化才会导致市场的外汇供求及远期汇率做出相应的调整。以下让我们看看该理论是如何描述远期汇率与利率的关系，并得出上述两点结论的。

首先，假设 A 国（视为本国）金融市场上 1 年期存款利率为 I_a，B 国金融市场上 1 年期存款利率为 I_b，即期汇率为 E（直接标价法）。

如果 A 国投资者在本国金融市场作 1 年期投资，则每一单位本国货币到期的本利和为：

$$1 + (1 \times I_a) = 1 + I_a \tag{1}$$

如果 A 国投资者转而投资于 B 国金融市场，他要按即期汇率 E 将一单位本国货币可兑换为 $1/E$ 的 B 国货币，并将这些货币以利率 I_B 进行 1 年期投资，到期可得本利和：

$$1/E + 1/E \times I_b = 1/E\ (1 + I_b) \tag{2}$$

1 年后投资期满，若当时的即期汇率为 E_f，则该笔外币（B 国货币）款项可兑换成的本国货币数为：

$$1/E\ (1 + I_b) \times E_f = E_f/E\ (1 + I_b) \tag{3}$$

由于 1 年后的即期汇率 E_f 不确定，这项投资面临汇率波动风险。为了消除风险，投资者可在开始投资时签订卖出 B 国货币的远期合约，设远期汇率为 F，则投资到期时选择这种投资方式的每单位本国货币可按远期汇率 F 兑换本国货币，而不是不确定的即期汇率 E_f：

$$F/E\ (1+I_b) \tag{4}$$

显然，投资者选择投资于 A 国市场还是 B 国市场取决于收益率的高低。如果 $1+I_a > F/E\ (1+I_b)$，投资于 A 国金融市场有利；如果 $1+I_a < F/E\ (1+I_b)$，则投资于 B 国金融市场有利；如果 $1+I_a = F/E\ (1+I_b)$，投资于两国金融市场的利益相等。由于市场上众多理智的投资者面临同样的选择，因此，如果 $1+I_a < F/E\ (1+I_b)$，则众多的投资者都会选择将资金投入 B 国金融市场，导致外汇市场上买入即期 B 国货币和卖出远期 B 国货币的交易大量增加，从而使本币即期汇价下降，远期汇价上升，即投资于 B 国金融市场的收益率下降。只有当上述两种投资方式的收益率相等，市场处于均衡状态，资金从 A 国流入 B 国的情况才会停止。也就是说，市场最终使利率与汇率间形成以下关系：

$$1+I_a = F/E\ (1+I_b)$$

整理得：

$$F/E = (1+I_a)/(1+I_b) \tag{5}$$

设远期汇率的升贴水年率为 P，并根据上述升贴水年率计算公式，有：

$$P = (F-E)/E \tag{6}$$

将（5）式与（6）式结合，得：

$$P = (F-E)/E = [1+I_a - (1+I_b)]/(1+I_b) = (I_a - I_b)/(1+I_b)$$

整理得：

$$P + PI_b = I_a - I_b \tag{7}$$

由于 P 和 I_b 的数值都很小，所以它们的求积 PI_b 可忽略，即公式简化为：

$$P \approx I_a - I_b \tag{8}$$

式（8）即含抵补交易的利率平价理论（Covered Interest Parity）的一般形式，是该理论的数学描述。其经济含义是：远期汇率的升、贴水率等于两国货币利率之差。

以下我们设定具体数字，对利率平价理论的成立给予进一步说明。继续上例的条件，当英镑 3 个月存款利率为 10%，美元 3 个月存款利率为 6%，英镑对美元的即期汇率为 1 英镑兑 1.5400 美元，3 个月远期汇率为 1 英镑兑 1.5248 美元。这时，英国（或美国）投资者，无论以英镑还是美元投资相同期限，其收益是基本一致的。

设投资者有 10 万英镑，存入银行存款 3 个月，到期得本利和：

$$100000 \times (1 + 10\% \times 3/12) = 102500\ (英镑)$$

若投资者首先将英镑资金转换为美元，然后存入银行 3 个月，并同时卖出 3 个月远期美元进行保值，到期可得本利和：

$$100000 \times 1.5400 \times (1 + 6\% \times 3/12) \div 1.5248 \approx 102500\ (英镑)$$

可见，在给定的市场汇率和利率条件下，不管以美元还是英镑进行 3 个月的短期投资，其收益是一样的。从理论上说，此时市场处于均衡状态，不会发生套利活动。

现假设美元利率调高至 7.5%，利率平价被打破，此时投资者将英镑资金转换为美

元,存入银行3个月,同时卖出3个月远期美元,到期可得本利和:

$$100000 \times 1.5400 \times (1 + 7.5\% \times 3/12) \div 1.5248 = 102890（英镑）$$

可见,在新的利率条件下,同样是3个月期限,以美元投资比以英镑投资可多获利390英镑。但是,在自由市场上,上述情况只能存在很短暂的时间。因为,只要这种无汇率风险的套利市场条件一出现,英镑与美元之间的抵补套利交易(Covered Interest Arbitrage)就会大量发生,市场上对即期美元的需求和对远期美元的供应会增加,使英镑的远期升水调低,当升水年率调整到2.5%时,套利利润消失,市场重新实现利率平价状态,套利活动停止。

利率平价理论合理地解释了远期汇率的形成机制。但是,在外汇市场上,由于交易成本、市场条件、投资者心理预期和投机活动等因素的影响,实际的远期汇率与根据利率平价理论计算的远期汇率可能发生偏离。

(五) 择期交易中的远期汇率

在远期外汇的择期交易中,交易的一方给予另一方一项权利,让其在约定的期限内选择任何一个工作日进行交割。择期交易通常由银行向其客户提供,由客户选择具体的交割时间。择期交易对进出口商或投资者有较大的灵活性。但是,银行因此要应付客户在约定的时段内随时提出交割要求而面临汇率风险。为维护自身的汇益,银行在择期交易中使用的是对顾客较不利的汇率。所谓不利的汇率,是银行将选择规定的时间段内对自己有利而对顾客最不利的汇率作为择期交易的汇率,作为银行承担风险的补偿。

择期交易的定价原则通常是首先计算出约定期限内第一个工作日交割的远期汇率和最后一个工作日交割的远期汇率,然后根据客户的交易方向从中选取对银行最有利的报价。

例如,某银行美元对加拿大元的报价如下:

即期	USD1 = CAD1.1300/10
1月期	USD1 = CAD1.1263/82
2月期	USD1 = CAD1.1253/73
3月期	USD1 = CAD1.1245/66

由于美元远期汇率表现为贴水,所以,如果交易合约规定择期时限为第一个月至第三个月,银行将对向其卖出美元的客户报价 USD1 = CAD1.1245,而对向其买进美元的客户报价 USD1 = CAD1.1282。也就是说,不管客户实际选择第一或第二或第三个月的某日进行交割,银行都是以3月期的最低汇价买进美元,而以1月期的最高汇价卖出美元。如果择期时限为第二个月至第三个月,银行将对向其卖出美元的客户报价 USD1 = CAD1.1245,而对向其买进美元的客户报价 USD1 = CAD1.1273。可见,客户要取得择期的权利,需要付出一定的代价。因此,企业在利用择期交易时应控制择期的期限,以降低交易成本。

四、掉期交易

从广义角度说,只要买卖方向相反的两笔外汇交易同时进行,交易的对象是同一种货币且金额相当,但买和卖的交割期限不同,都可视之为掉期交易。所以,掉期交易(Swap Transaction)可简单定义为是一种同时买进和卖出期限不同的某种外币的交易。在外汇市场上,金融机构和跨国公司经常进行掉期交易,以减缓外汇交易的风险,而只买进或只卖出远期外汇的所谓单零远期交易(Outright Forward Transaction)并不多。掉期交易是银行同业间一种重要的外汇交易业务,其交易额约占同业交易额的50%,仅次于即期外汇交易。

(一)掉期交易的类型

1. 按交易方式的不同划分

1)"纯"掉期交易(Pure Swap)。是指向同一交易对手买进和卖出不同交割日期的外币的交易。换言之,在这类交易中,交易双方只签订一份合约,是一笔交易包含了买和卖两项不可分割的内容。这是严格意义上的掉期交易。

2)操作型掉期交易(Engineered Swap)。是指买入和卖出外币为两次交易行为,且交易对手可能不相同的掉期交易。例如,甲银行从乙银行按即期汇率买入一笔欧元,而同时又与丙银行发生一笔卖出相同金额欧元的远期外汇交易。可见,操作型掉期交易实际上是交易者在外汇市场上灵活操作,将两笔交割期限不同的外币交易组合成掉期交易。但是,操作型掉期交易手续上比较麻烦,而且两笔交易就有两次买卖差价上的损失,增加了交易成本。

2. 按交割期限的不同划分

1)即期对远期的外汇掉期交易(Spot Against Forward)。是一笔即期外汇交易与一笔远期外汇交易组合在一起的掉期交易。这是掉期交易中最常见的一种形式。它既可以是买进即期外汇的同时卖出远期外汇,也可以是买进远期外汇的同时卖出即期外汇。例如,某跨国公司以 USD1 = SF1.1165 的即期汇价买进 500 万美元,同时以 USD1 = SF1.1145 的远期汇价卖出 3 个月的远期美元 500 万。银行同业市场中较常见的掉期交易还有即期对次日的掉期交易(Spot/Next),前一交割日是即期,后一交割日是标准交割日后的第一个工作日;即期对一周的掉期交易(Spot/Week),前一交割日是即期,后一交割日是标准交割日后的一周内。

2)远期对远期的掉期交易(Forward Against Forward),又称近远期对远远期的掉期交易(Short Against Long Forward)。是由两笔不同交割期限的远期外汇交易组成的掉期。例如,买进或卖出 1 个月后交割的远期英镑,同时卖出或买进 2 个月后交割的远期英镑。

3)即期对即期的掉期交易(Spot Against Spot),又称为一日掉期(One Day

Swap)。具体形式有：隔夜交易（Over Night Swap）。在此交易中，前一交割日是交易当天，后一交割日是交易日后的第一个工作日。隔日交易（Tomorrow/Next Swap）。在此项交易中，前一个交割日是交易日后的第一个工作日，后一交割日是交易日后的第二个工作日。总的来说，即期对即期交易的特点是，前后两个交割日均不超出即期外汇交易的标准交割日。

（二）掉期汇率的表示方法与应用

掉期汇率的表示方法与远期汇率的表示方法有相似之处，如，以升、贴水形式表示掉期率，升、贴水反映了两项约定交易（如即期交易与远期交易）的汇率水平间的差额。掉期交易的报价也分为买入价和卖出价，但必须注意的是，在掉期汇率中，买入价表示报价方愿意即期卖出基准货币（通常是外币）的同时远期买入该种货币；卖出价表示报价方愿意即期买入基准货币（通常是外币）的同时远期卖出该种货币。另外，与远期外汇交易比较，其远期交易实际汇率的计算方法有所不同。如前文所述，远期外汇交易的实际汇率是从即期汇率的买、卖价分别加上或减去相应的远期升、贴水数字，即买价加上买价的升水，卖价加上卖价的升水。而掉期外汇交易远期交易部分的汇率则是从同时成交的即期部分的汇率加上或减去远期升、贴水数字。下面以最基本和最常用的即期对远期掉期汇率为例，说明以上区别：

设美元对欧元的报价：USD/EUR

即期汇率：0.7820/30

3个月远期：65/54

根据银行的报价，很容易计算出3个月美元兑欧元的远期外汇交易的买入价是0.7755欧元（0.7820 - 0.0065），卖出价是0.7776欧元（0.7830 - 0.0054）。如果客户当天买进一笔即期美元，其后又卖出3个月的远期美元，两笔交易的买、卖差价是0.0075欧元（0.7830 - 0.7755）。如果客户把这两笔交易结合起来要求与银行做一笔即期对远期的掉期交易，即买进即期美元的同时卖出3个月的远期美元，则其成交价格分别是：即期买入价为0.7830欧元，远期卖出价为0.7765欧元（0.7830 - 0.0065），买卖差价为0.0065欧元（0.7830 - 0.7765）。显然，做掉期交易对客户是有利的。那么为什么银行愿意以较低的买卖差价与客户达成掉期交易呢？因为掉期交易按一笔交易处理，同时不会对银行外汇总头寸平衡产生影响。所以，远期的买价或卖价是在即期交易汇率的基础上加上（升水）或减去（贴水）掉期率。

（三）掉期外汇交易与短期资金拆放的关系

掉期外汇交易与短期资金拆放存在内在联系，因为一笔掉期外汇交易可以由两笔资金拆放交易组成。例如，甲银行与乙银行之间一笔即期买入美元卖出加拿大元，3个月远期卖出美元买入加拿大元的掉期交易，也可以通过货币市场的同业拆放交易组合而成。相对应的资金拆放交易做法是：甲银行按市场利率向乙银行拆入等额美元，期限为3个月；同时向乙银行拆出相应的加元，期限也是3个月。从图5-1可以看出，在即期起息日（交割日），拆放交易的资金流动情况与掉期外汇交易完全相同；在远期起息日，拆放交易的资金流动情况与掉期外汇交易也相同（忽略利率因素）。

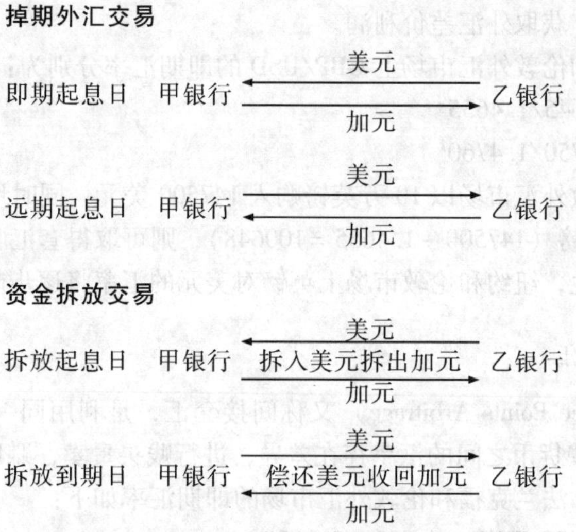

掉期外汇交易

即期起息日　甲银行 ←—— 美元 ——→ 乙银行
　　　　　　　　　　 ——— 加元 ———→

远期起息日　甲银行 ←—— 美元 ——— 乙银行
　　　　　　　　　　 ——— 加元 ———→

资金拆放交易

拆放起息日　甲银行 ←—— 美元 ——— 乙银行（拆入美元拆出加元）
　　　　　　　　　　 ——— 加元 ———→

拆放到期日　甲银行 ←—— 美元 ——— 乙银行（偿还美元收回加元）
　　　　　　　　　　 ——— 加元 ———→

图 5-1　掉期外汇交易与资金拆放交易的关系

从图5-1可知，掉期外汇交易实际上是两笔方向相反的资金拆放交易的组合，它的作用在于轧平各种货币在不同时点的资金缺口，是银行短期资金调度的重要工具之一。另外还说明，外汇市场与货币市场、外汇掉期率与不同货币的利息差存在密切关系，因此在交易信息传递迅速的市场上，掉期与赚取利差收益是不能兼而有之的，正常情况下，掉期交易必然会使货币的利差收益被汇率的买卖差价所抵消。

五、套汇交易

套汇交易（Arbitrage）是利用不同市场上某些货币在汇率或利率上出现差异进行外汇买卖，套取差额利润的交易活动。在一般情况下，发达的现代电子信息系统和交易系统使各外汇市场的汇率在同一时间里非常接近。但是，有时候不同市场上外汇供求状况不一致，于是汇率在短期内也可能出现较大差异，使投资者有了套汇的机会。同时，市场间大量的套汇交易又使外汇供求得到调节，使原来较低的汇率上涨，较高的汇率下跌，不同外汇市场上的汇率又逐渐趋于一致。随着世界各主要外汇市场的联系日益紧密，套汇机会存在的时间极为短暂，外汇投资者通过套汇交易获取利差收益的可能性也越来越少。

套汇交易主要有以下三种方式。

(一)两角套汇

两角套汇(Two Points Arbitrage)又称直接套汇(Direct Arbitrage),是套汇者利用两个外汇市场上某两种货币之间的汇率出现差异,于是在汇率较低市场买入,同时在汇率较高市场上抛出,获取外汇差价利润。

例如,设纽约和伦敦外汇市场上 GBP/USD 的即期汇率分别为:

纽约市场:1.4645/1.4655

伦敦市场:1.4750/1.4760

若套汇者在伦敦外汇市场以 10 万英镑购入 147500 美元,同时用所得美元在纽约市场上买入 100648 英镑(147500÷1.4655=100648),则可取得套汇收益 648 英镑。这一套汇活动若大量发生,纽约和伦敦市场上英镑对美元的汇率将逐步趋于一致。

(二)三角套汇

三角套汇(Three Points Arbitrage)又称间接套汇,是利用同一时间内 3 个(或以上)外汇市场上某些货币之间的汇率存在差异,进行贱买贵卖,赚取汇率差额利润。

例如,设纽约、法兰克福和伦敦外汇市场的即期汇率如下:

纽约市场:　　 USD/EUR　0.8020/0.8030

法兰克福市场:GBP/EUR　1.3240/1.3250

伦敦市场:　　 GBP/USD　1.7860/1.7870

套汇路径如图 5-2 所示。

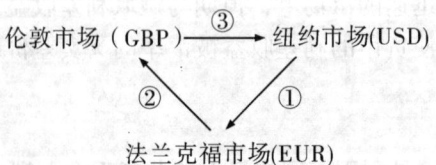

图 5-2　三角套汇路径示意

若有套汇者投入 100 万美元,并按图 5-2 的路径进行三角套汇操作,可获套汇利润 81011 美元。具体套汇程序是:第一步,在纽约市场按 0.8020 汇率以美元兑换欧元;第二步,在法兰克福市场按 1.3250 汇率以欧元兑换英镑;第三步,在伦敦市场按 1.7860 汇率以英镑兑换美元。三角套汇的结果是:

$$1000000 \times 0.8020 \times (1/1.3250) \times 1.7860 = USD1082383.38$$

进行三角套汇,首先要判断 3 个市场是否存在套汇条件,简单的判别方法是看三地汇率的连乘积是否等于1。若等于1，表示不存在套汇条件，套汇无利可图；若不等于1，表示存在套汇条件。如上例三种货币，若 USD 汇率表示为 USD/EUR，EUR 表示为 EUR/GBP，GBP 表示为 GBP/USD，则三种货币的汇率的连乘积为：0.8020 × (1/1.3250) × 1.7860 = 1.0810，不等于1，显示套汇条件存在，套汇有利可图。

三角套汇条件存在的实质是，3 个外汇市场的汇率不一致，交叉汇率与市场的实际汇率不符。如上例，根据纽约和法兰克福市场的汇率，若简单地按平均汇率算，美元兑欧元和英镑兑欧元的汇率，隐含着 1 英镑 = 1.6505 美元交叉汇率，而伦敦市场的平均汇率是 1 英镑 = 1.7865 美元，可见隐含的交叉汇率与伦敦市场的实际汇率有较大差异，因此存在套汇条件。

（三）套利交易

金融市场上有两套反映货币价值的基本价格，即汇率和利率，两者的变化都会影响资金的流动。套利交易（Interest Arbitrage）就是利用两国金融市场（两国货币）的短期利率有差异，把资金从利率低的市场转向利率高的市场投放，以赚取利差收益。在套利交易中，汇率的波动直接影响投资者的实际收入。所以，投资者在考虑利差因素的同时也必须考虑汇率因素。对汇率波动因素采取不同态度，或对汇率变动持不同预期，使投资者可能采取不同的套利方式。

（1）未抵补套利（Uncovered Interest Arbitrage）。当预测汇率在未来一段时间内比较稳定时，套利者会把低息货币转换为高息货币投放，以获取较高的利息收入。由于预期汇率风险很小，他们不会同时在远期外汇市场上对未来的本金和利息收入作反方向的抵补交易。例如，美元存款利率为 3%，瑞士法郎利率为 6%，套利者可把美元存款转换为瑞士法郎存款，赚取较高利息收入。但是，套利者要承受美元对瑞士法郎汇率下跌的风险。

（2）抵补套利（Covered Interest Arbitrage）。为了防止在套利交易中较高的利息收益可能被汇率变动导致的损失所抵消，投资者常常采用抵补套利交易方式。即投资者在把低息货币转换为高息货币投放的同时，在外汇市场签订卖出该种货币的远期合约，交割期限与投资期吻合。这实际上是利用远期外汇交易对未来的本金和利息收入进行套期保值，以消除外汇风险。

投资者进行抵补套利，会产生套期成本问题，故必须综合考虑利率和汇率因素，才能确定套利交易是否有利可图。如果在某一时点，市场上某两种货币的利差大于这两种货币即期汇率与远期汇率的差距，则存在套利获利条件。具体而言，如即期汇率与远期汇率的差距以贴水年率表示，两种货币的利差大于高利率货币的贴水年率，则把低利货币转换为高利货币作短期投资，并同时作套期保值，其结果是有利可图的，而且是没有汇率风险的。

假设伦敦和纽约金融市场的利率和汇率结构如下：

英镑存款利率：8%（年利率）

美元存款利率：3%

英镑/美元即期汇率：1.8300

12个月远期汇率：1.7568

在上述市场条件下是否存在抵补套利机会，首先要检验利率平价在当前市场条件下是否成立，如果成立，则不存在套利机会。根据设定的条件，因为英镑存款利率高于美元存款利率5%，而英镑12个月远期汇率的贴水年率只有4%，利率平价不成立，所以，投资者把美元转换为英镑作抵补套利交易有利可图。另外，如果利差小于贴水年率，还是可以获利的，只不过套利的操作方向与上述情况相反，读者可以尝试计算。关于利率平价理论在前面已有介绍，在此不再重复。当然，随着各国金融市场相继放松管制和全球金融市场日益一体化，各国货币的利率与汇率相互影响，趋于均衡状态，因此，满足上述套利条件的机会越来越少了。

（四）外汇投机交易

根据对将来汇率变化的预期进行外汇买卖，以赚取汇率涨跌的差价利润，即为外汇投机交易（Speculation）。外汇投机交易不是因为正常的国际贸易或国际借贷而产生，一般没有实质性交易为基础，所以其目的与套期保值是相反的。投机交易可能使投机者在短期内取得巨大收益，但是亦有很大的风险，当实际发生的汇率变动与预期相背离时，投机者可能损失惨重。例如，美元对加拿大元的汇率，即期汇率为1.1400，3个月远期汇率为1.1300。

若投机者预测在3个月后加元汇率可上涨到1美元等于1.1150加元，则他有两种基本的投机方式：①在即期外汇市场投机。投机者以美元买入加元，待加元对美元上浮后，抛出加元换回美元。如开始时投入1万美元，则可获投机利润224美元。②在远期外汇市场投机。投机者签订以美元买入3个月远期加元的合约，合约到期后，即把收入的加元在即期市场上售出，换回美元。如3个月后的即期汇率如预期变化，则投入1万美元可获利135美元。但是，如果3个月后的即期汇率偏离预期，如，1美元等于1.1500加元，则不管是在即期市场还是在远期市场交易，投机者都要蒙受损失。

第三节　外币期货与期权

20世纪70年代固定汇率制度的崩溃，是刺激金融衍生产品（Financial Derivatives）产生和发展的直接动因。金融衍生产品的相继开发和推广，在金融领域掀起了一股金融创新的浪潮。金融创新包括创造新的金融产品、新的交易技术、新的交易市场与组织机构等，而其中金融产品的创新是最为核心的，可以说是层出不穷的金融衍生产品带动了交易技术和交易市场的创新。金融衍生产品是在市场上原有的金融产品的基础上创造出来的，其主要特征是：金融衍生产品的价格是从其基础资产，或称为原生产品（Underlying Asset）的价格派生出来的，如利率、股票和股票指数、货币汇率等。金融衍生产品已在国际金融市场上占有十分重要的地位，其交易额是其他任何金融产品都不可比拟的。然而，金融衍生产品就像一把"双刃剑"，它一方面为金融市场提供了避险手段，另一方面，金融衍生产品的泛滥，又使其成为金融市场的一个"风险源"，由美国"次贷危机"导致的 2008 年全球性金融危机，反映了在金融监管缺失的情况下，金融衍生产品对市场的价格波动产生的推波助澜的影响。金融危机使国际金融组织和各国政府对金融监管制度的改革以及对金融衍生产品交易的节制倍加重视。

目前，被广泛交易的金融衍生产品包括远期合约、互换合约、期货和期权合约。本节将主要讨论货币期货合约与货币期权合约。

一、外币期货

目前，世界各主要金融中心都设有期货交易所，在期货交易所进行交易的期货合约可以作不同的分类，若以交易的标的划分，可以分为商品期货和金融期货两大类。商品期货已有很长的历史，而金融资产和金融工具加入期货行列还仅仅是 20 世纪 70 年代的事情。但是，金融期货交易发展迅速，在许多国家和期货交易所，其交易规模早已远远超过商品期货。而且，除了交易规模的扩大、期货种类的增加外，专业性和综合性金融期货市场的数量也在增加。目前在各期货市场进行交易的金融期货主要包括外币期货（Foreign Currency Futures）、利率期货（Interest Rate Futures）、指数期货（Index Futures）和黄金期货（Gold Futures）。本节我们主要介绍与外币和汇率风险密切相关的外币期货。

外币期货，又称货币期货（Currency Futures），是指在交易所达成的、标准化的、规定在将来指定时间和地点交收规定金额的某种货币的合约。简单地说，外币期货交易就是在期货交易所进行的、买卖标准化远期外汇合约的一种交易活动。期货合约的标准化特征主要体现在合约规模交割日期、交割地点和价格波动等方面。由于合约上已规定了交易的金额，而非根据客户的需要而设定，所以，若为了一项金额巨大的套期保值交易，就需要同时购买（或卖出）多份合约。

外币期货交易是 20 世纪 70 年代初发展起来的一种期货交易品种。最早开始于美国芝加哥商品交易所（CME）的国际货币市场分部（International Monetary Market, IMM），该市场自 1972 年 5 月率先推出外币期货合约，随后货币期货交易迅速发展。1978 年，合约交易量只有 200 万份，到了 2007 年，合约交易量已超过 1.39 亿份。目前，CME 已经把货币期货交易引入 GLOBEX 电子交易系统上进行，建成了所谓的无交易员平台，在交易所的正常交易时间结束后，该电子交易平台可以提供几乎是 24 小时连续不断的服务。根据对各交易所期货期权交易量的统计资料，目前开展外币期货交易的交易所主要有：费城交易所（PBOT），伦敦国际金融期货与期权交易所（London International Financial Futures and Options Exchange，LIFFE），日本的东京国际金融期货交易所（TIFFE），荷兰的欧洲期权交易所（EOE），巴西的BM&F交易所和韩国的期货交易所。但它们的交易品种比较少，交易规模也无法与IMM相比。芝加哥商品交易所是全球最重要的金融期货市场。因此，要参与外币期货交易的投资者，应该了解芝加哥国际货币市场及其标准化的期货合约（IMM contracts）。

（一）期货市场的构成

外币期货交易是在期货市场中实现的，期货市场主要由以下机构构成：

1. 期货交易所

期货交易所一般是以股份公司形式由会员联合组成的非营利性组织，为期货交易提供固定场所、设施和相关服务，制定交易规则和维护公开公平交易。期货交易所实行会员制，只有会员才有资格进入交易所从事交易活动，其他非会员要进行交易，只有委托会员代理进行。期货交易所本身不参加交易，也不拥有任何交易标的。会员大会是期货交易所的最高决策机构，理事会是常设权力机构，一般还设有会员资格审查委员会、交易行为管理委员会、仲裁委员会等。

2. 结算所

期货结算所又称为清算所或票据结算所，主要负责期货合约交易的结算，包括向会员征收交易所必需的结算保证金，期货合约到期的交割，未到期合约的平仓，以及每天收市后按照当天的结算价格对每个会员的全部交易做现金清算，计算盈亏。结算所的设立对于保证期货合同的履行和交易双方的利益至关重要。

3. 期货经纪公司

期货经纪公司一般是在交易所注册登记的会员公司。由于期货交易所明确规定，只有会员才能进入交易所进行期货交易，因此产生了专门接受委托、代客做期货交易并收取一定佣金的期货经纪公司。期货经纪公司的基本职能是协助客户进行期货交易，主要工作包括：代客办理买卖期货的手续，收取交易保证金并替客户管理保证金，执行客户订单，报告合约盈亏和执行情况，提供必要的市场信息，等等。期货市场上也存在非交易所会员的经纪公司，这些公司也为客户提供类似服务。但是，非会员经纪公司最终还是要通过会员公司在交易所进行交易和清算。

4. 期货交易者

就交易目的而言，期货交易者可分为套期保值者（Hedger）和投机者（Speculator）。保值者买卖外币期货主要是为了对现有的外汇资产或将来到期的外币债权债务进行保值。投机者买卖外币期货是希望从汇率波动中获利。

（二）外币期货交易与远期外汇交易的比较

外币期货与远期外汇交易在本质上有相同之处，但它们在具体的合约与交易规则方面也存在很多区别。因此，把两者进行比较是认识和理解外币期货交易基本特点和过程的有效方法。在此，我们仅选择其中比较重要的问题进行比较分析。

1. 外币期货与远期外汇的联系

（1）外币期货是远期外汇交易的进一步发展，它们最主要的相同点是外币期货合约与远期外汇合约都是在将来一定的期限里，按照一定的价格和交易条件交收约定金额的外汇资产，而不是立即进行交割。

（2）外币期货市场虽然是自我清偿的市场，但由于其交易的标的物与远期外汇市场相同，所以两个市场保持密切联系，资金经常在两市场间转移流动，使两个市场的行市基本保持一致。另外，影响外币期货市场与远期外汇市场供求关系的因素是基本相同的，例如宏观经济政策、国际收支差额、利率、通货膨胀和心理预期因素等。

（3）外币期货交易与远期交易的参与者均有两类，即保值者和投机者。保值者通过买卖远期外汇合约或外币期货合约，使其将来收付的外汇及以外币表示的资产和负债免受汇率波动的影响。也就是说，他们原来已持有外币债权债务，其交易目的是避免外汇风险。投机者通过买卖上述两种合约，赢取汇率波动带来的利润。投机者只有在汇率发生预期变动才能实现获利，否则他们要承受损失。

2. 外币期货交易与远期外汇交易的区别

（1）交易场所。外币期货交易在固定的、有组织的期货交易所里进行，有严格的交易规则和程序，每一项期货交易都是在交易所内通过竞价方式达成的；远期外汇交易一般没有指定的交易场所，日常交易分散在各银行柜台进行，银行间的交易通过电话或网络交易系统进行。

（2）交易方式。前者由场内经纪或交易商在指定的交易圈内，通过公开喊价的竞价方式，按"价格优先，时间优先"的原则进行交易。在期货交易所，只有交易所会员才有资格进场进行交易，所以非会员客户必须请有会员资格的经纪商做代理，才能参与交易；后者是交易双方通过电话电传的询价和报价方式进行交易，无资格限制，客户可直接与银行进行交易。

（3）报价特点。前者买方只报买入价，卖方只报卖出价，买卖双方的报价一致，即可撮合成交。银行的远期外汇报价是双向性的，需要同时报出买价和卖价。前者的报价以其他货币为基准货币，美元为报价货币；后者的报价通常以美元为基准货币，以其他货币为报价货币。另外，期货交易所对每一币种的期货合约的报价均规定最小变动幅度（Minimum Price Movement），即后一报价比前一报价必须提高或降低的最少幅度。例如，芝加哥国际外币期货市场对英镑期货报价规定的最小变动价位是 USD0.0002/GBP。因为每份英镑期货合约的金额为 62500 英镑，所以，每份英镑期货合约报价的最小变动幅度是 12.50 美元。远期外汇交易中对汇价的变动幅度没有任何限制。

（4）买卖方的关系。前者交易一旦达成，买方或卖方只与期货交易所或独立的结算公司（Clearing House）具有合同责任关系，而买卖双方无直接合同关系；后者是直

接在有关当事人之间进行，交易双方签有远期合约，故双方具有合同责任关系。

（5）合约形式。采用标准化合约（Standardized Contract）是外币期货交易的最基本特征。在外币期货合约中，有多项内容是标准化的，如合约金额（Contract Size）、到期月份（Expiration Months）、交割日期（Delivery Dates）和交割地点。例如，芝加哥国际货币市场统一规定：英镑期货合约的标准金额是 GBP62500，欧元期货合约金额是 EUR125000，中国人民币期货合约金额是 CNY1000000；各种外币期货合约的标准化交割月份为 3，6，9，12 月，具体交割日是交割月份第三个星期的星期三，交割地点为票据交换所指定的货币发行国银行。另外，质量标准、涨跌停板（Daily Price Limits）、最小价格变动幅度、交易日和时间等都采用标准条款。远期外汇交易不采用标准化合约，各项内容均由买卖双方具体议定，所以在成交金额、交割期限等方面都十分灵活。

（6）保证金制度（Margin）。前者是在保证金的基础上进行交易，客户须向经纪公司交付保证金，经纪公司也要直接地或通过结算会员向结算所交付保证金，客户只有在保证金账户中存入足够的原始保证金（Initial Margin），才能开始进行期货交易。保证金额一般为合约金额的 1%～5%。交易所还会规定一个交易者必须在账户里保持的最低保证金额度，称为维持保证金（Maintenance Margin），一般为原始保证金的 75%，一旦保证金账户中的余额低于维持保证金额度，交易者将被要求追加保证金。

（7）每日结算制度（Daily Settlement）。前者有每日结算制，即清算机构在每天交易结束后，根据市场决定的结算价对每个交易者的未平仓合约进行盈亏计算，并调整其保证金账户，如有盈利，客户可以提取，如有亏损，客户就可能要补充保证金。也就是说，每单位标的货币的结算价格的变化差额乘以合约规模，即等于保证金账户每日增加（减少）的金额。因此，期货交易者的账户每天都可能发生现金流入或流出，这种清算制度也称为盯市制度（Marking-to-Market）。后者一般要到交割日才会发生现金流动，在没有到期前无需结算盈亏。

（8）交易费用（Transaction Costs）。每成交一标准期货合约，清算机构向买方和卖方收取手续费，一般投资者通过经纪人进行交易，需要支付经纪费。进行远期外汇业务的成本体现为买、卖汇率的差价（Bid-ask Spread），一般没有手续费和经纪费问题。

（9）实际交割率（Frequency of Delivery）。前者很少在交割日进行实际的外币交割，而是在到期交割前做对冲交易（Offsetting Trade）平仓，即通过卖出相同合约对冲原来买进的合约，或通过买进相同合约对冲原来卖出的合约，从而结束一项期货交易。后者一般都在合约到期日通过实际交割结束交易。

（10）信用风险（Credit Risk）。由于期货交易达成后，期货交易所或清算所成为每一交易方的对方，即使交易双方有一方违约，另一方也不会受到影响，因为清算所的信用保证了合约的履行，从而最大限度地降低了信用风险。而在远期外汇交易中，交易双方直接承担履约责任，一旦一方无力或不愿履行合约，另一方就要蒙受损失，因此双方都面临着信用风险。

(三) 外币期货行情表解读

投资者在阅读期货行情表时，除了要注意上面提到的外币期货报价特点外，还要了解行情表上其他项目的含义。一份典型的外币期货行情表包括以下主要项目：

（1）开盘价（Open）、最高价（High）和最低价（Low）。它们分别表示各种期货合约在当天开始交易时的价格，以及在当天达到的最高价与最低价。

（2）结算价（Settle）。它是交易所在当天交易临近结束时的一段很短时间内（通常为最后30秒或60秒）该种合约各次成交价格的平均数。如果在此段时间里只有一个成交价格，则该成交价格就是结算价。在期货交易中，结算价格有重要作用，它用于计算某一账户一天交易的盈亏，从而决定是否需要追加保证金，同时又是决定下一交易日合约价格涨跌范围的依据。

（3）涨跌幅度（Change）。它表示与前一交易日的结算价相比，该合约当天的结算价上升（＋）或下降（－）了多少。

（4）交易量（Volume）。有的行情表会列出当天每一种外币不同到期月份合约的成交总量，有的甚至还会列出当日估计成交总量（Est Vol）及前一交易日的实际成交总量。

（5）交易期内的最高价与最低价（Lifetime High/Low）。有的行情表会分别表示不同到期月份的外币期货合约在其开始被交易至当天为止曾经达到的最高价与最低价。它们与前面提到的当天的最高价与最低价不同。

（6）未平仓合约（Open Interest）。该项数字表示所有客户在成交后还未作对冲交易或实物交收的期货合约的总数。结算所在统计时只需统计买方或卖方的未平仓合约，因为对结算所而言，卖方的未平仓合约数与买方未平仓合约数总是相等的。

（四）外币期货报价和交易实例

以下是芝加哥商业交易所（CME）国际货币市场（IMM）的欧元期货合约的报价表（见表5-2）。

表5-2 CME 欧元期货合约报价
EUR/USD Futures—EUR125,000

Month	Last	Change	Prior Settle	Open	High	Low	Volume
Jun 2010	1.1965	-0.0213	1.2178	1.2161	1.2218	1.1955	7 160
Sep 2010	1.1979	-0.0210	1.2189	1.2170	1.2225 b	1.1969 a	302
Dec 2010	—	—	0.0000	—	—	—	0

我们以 2010 年 6 月的一份欧元合约为例，从上表可看出合约的开盘价格为 1.2161 美元，当天交易的最高价为 1.2218 美元，最低价为 1.1955 美元，收盘价（结算价）为 1.1965 美元，比前一天的结算价下跌了 0.0213 美元。由于期货市场实行每日结算制度，合约的买方和卖方的保证金账户都将随着结算价的变化而变化，即多头方的保证金账户比前一天减少了 2662.5 美元（0.0213×125000），而空头方账户增加了 2662.5 美元。需要注意的是，如果多头方的保证金账户被扣除 2662.5 美元后，余额低于合约规定的维持保证金的额度，则该投资者需要追加保证金，使保证金账户金额恢复到合约规定的原始保证金水平。

我们假定一个投机交易者在 2010 年 6 月 4 日开立头寸，以 USD1.1979/EUR 的价格买进一份 9 月份到期的欧元合约，并一直持有到最后交易日，若到时欧元的价格一下跌到为 USD1.1735/EUR，由于价格趋同，这将是最后结算价，该交易者可以按此结算价对冲原来的多头合约，得到 146687.5 美元。那么从 6 月 4 日到 9 月 15 日该投机者将累计损失 3050 美元（(1.1979－1.1735)×125000））。而实际上，这些亏损已经在每日清算过程中从其保证金账户中扣除了。如果该交易者要求进行实际交割，那么他将要为得到 125000 欧元而付出 146687.5 美元（当时欧元的现汇价格也是 USD1.1735）。由于在这段时间里，他的保证金账户已被扣除了 3050 美元，所以他买入 125000 欧元的实际成本是 149737.5 美元。可见，该投机交易者由于对汇率走势预期错误，导致投机交易出现亏损。

二、外币期权

金融期权是在 20 世纪 70 年代以来国际金融创新中发展起来的一种新的金融产品。1973 年 4 月，世界上第一个期权交易所——芝加哥期权交易所（Chicago Board of Option Exchange, CBOE）在芝加哥期货交易所设立，主要从事股票期权交易。由于外币期权的复杂性，直到 1983 年才由费城股票交易所（Philadelphia Stock Exchange, PHLX）推出第一份货币期权合约（Currency Option），又称外币期权。目前，该交易所和芝加哥商品交易所成为全球最有影响力的外币期权市场，但两者各有特色，前者主要是进行现汇期权交易（Options on Spot Exchange），后者主要是外币期货期权（Options on Currency Futures）。目前，外币期权合约的标的币种主要是美元、欧元、英镑、加拿大元、日元和瑞士法郎。在交易所期权交易的带动下，外币期权交易发展迅速，成为全球外汇交易量中增长最快的一部分。

（一）外币期权的定义和重要的专门术语

期权（Option）的英文原意有"选择"的意思，所以期权交易是一种选择权利的交易。交易成功后，期权合约给予其持有者（也称买方）的是一种选择的权利（Right）而不是必须履行合约的义务（Obligation），持有者可以在合约的有效期内根据市场的价格变动情况，决定履行或放弃履行该合约。外币期权具有期权的一般特征，它使合约持有人有权在规定期限内按约定价格买进或卖出一定数量的某种货币。特别值得注意的是，期权合约是一种权利不对称的合约，或者说是一种单向合约，因为合约在给予买方权利的同时给予卖方的是义务。卖方（Writer）在买方要求履行合约时，有必须履行合约的责任，但是在买方放弃合约时，他却没有要求买方履行合约的权利。

要进一步理解外币期权交易，必须首先认识以下专门术语：

（1）协定价格（Strike Price）。又称为履约价格或执行价格（Exercise Price），它是指期权合约持有者在执行合约时实际用于买进或卖出期权合约标的物的价格。具体在外币期权交易中，协定价格是合约确定的其持有者执行合约时买进或卖出一定数量外币所依据的汇价。协定价格类似外币期货合约中的期货价格（Futures Price），在期权有效期内，无论该种货币在外汇市场上的价格发生什么变化，只要合约持有者要求执行合约，期权出售方都必须以此协定价格进行外币交割。例如，一份瑞士法郎卖权合约的协定价格是 SFr1 = US $0.7250，则在期权合约有效期内，即使瑞士法郎的市场汇率已下跌到 SFr1 = US $0.7200，该合约的持有者仍可按 US $0.7250 的汇价出售一定数量的瑞士法郎，而合约的出售方也必须履行其义务，以较高的协定价格买进指定数量的瑞士法郎。

（2）期权费（Option Premium）。也有翻译为期权溢价或保险费。期权交易是一种权利的交易，必然会涉及权利的买方向卖方支付一定代价的问题，这一代价就是期权合约的价格（Option Price）。所谓期权费，是指期权购买者为获取期权合约赋予的权利而向期权出售者支付的费用。可见期权费与协定价格是完全不同的两个概念，前者是期权合约的价格，后者是期权合约标的物的价格。期权费一经支付，则不管合约是否执行都不能要求退回。

（3）期权的内在价值（Intrinsic Value）。如果期权合约持有者通过立即执行合约可获得收益，则该期权被认为具有内在价值。因此，期权的内在价值（V）是由合约执行时标的资产的市场价格（M）与协定价格（E）的差额所决定。即：$V = M - E$。

期权合约标的资产的市场价格与协定价格的差额有三种不同的情况。对于买权合约而言，若市场价格高于协定价格（$M > E$），则其内在价值为正，合约持有者立刻执行合约可获利，该期权称为有利价期权（In-the-Money Option）；若市场价格低于协定价格（$M < E$），则其内在价值为负，立刻执行合约会有亏损，该期权称为无利价期权（Out-Of-The-Money Option）；若市场价格等于协定价格（$M = E$），则其内在价值为零，立刻执行合约不亏也不盈，该期权称为平价期权（At-The-Money Option）。对于卖权合约而言，其有利和无利的情况刚好相反。例如，一份9月份到期的加拿大元买权合约的协定价格为 0.6230 美元，而8月1日加拿大元的外汇市场汇率为 0.6430 美元。由于市场价格高于协定价格，该项外币期权的内在价值为正，持有者立即要求执行金额为10万加元的合约可获利 2000 美元（$0.02 \times 100000 = 2000$ 美元）。若其他条件相同，而合约为卖权合约，此时要求执行合约显然会有 2000 美元的差价损失，对合约持有者不利。

(二) 外币期权的类型

根据期权合约的特点,可以将外币期权划分为以下主要类型:

(1) 按合约持有人(买方)的选择权分类,有买入选择权(Call Option)和卖出选择权(Put Option)两类,简称买权或卖权。前者赋予持有人在合约到期日或期满前按约定条件买入指定外币的权利,而同时买权的卖方有义务应买方要求依约交付外币。简单地说,买权合约的买方是购进一项买入指定货币的权利,买权的卖方是出售一项卖出指定货币的权利。卖权合约刚好相反,它赋予持有人在合约到期日或期满前,按约定条件出售指定外币的权利,而卖权的卖方则有义务应买方要求依约买入该指定外币。

(2) 按合约执行期限分类,有欧式期权(European Option)和美式期权(American Option)。前者的持有人只能在到期日要求执行合约,后者的持有人则可以在合约有效期内的任何一个工作日要求执行合约。在交易所内进行交易的期权多为美式期权,而在场外交易的期权多为欧式期权。这两种期权没有本质上的区别,但由于买进美式期权较欧式期权更为灵活,其他条件一致的情况下,美式期权的价格可能高于欧式期权。

(3) 按合约交易场所分类,有场内期权(Exchange-traded Options or Listed Options)和场外期权(Over-the-counter Option)。场内期权是指在有组织的交易场所内进行交易的标准化期权合约,合约的主要内容,如交易数量、协定价格、合约期限(1、3、6、9、12月)和履约时间(3、6、9、12月)等均由交易所统一规定。所以,场内期权与场外期权的区别类似于外币期货合约与远期外汇合约的区别。美国的费城交易所、芝加哥商业交易所、伦敦国际金融期货与期权交易所(LIFFE)等都是进行场内期权交易的重要交易所。场外期权亦称"柜台交易"(OTC),是指在非集中性的交易场所进行交易的非标准化期权合约,合约的主要内容均由交易双方协商决定。场外期权交易主要集中在纽约和伦敦两个国际金融中心进行,交易双方以大的商业银行和投资银行为主。在国际金融中心的外国银行分行,通常愿意出售以其本国货币为标的的期权。如澳大利亚银行在伦敦的分行愿意出售澳元期权。场外交易的市场由两部分组成:一是零售市场(Retail Market),即非银行顾客向银行购买期权的市场。该市场的顾客大部分为跨国公司或持有多国货币资产的金融公司,他们希望在场外市场买到符合他们特殊需要的期权合约。二是批发市场(Wholesale Market),即商业银行、投资银行和专门的期货期权交易商之间的交易市场。他们利用批发市场为与非银行顾客交易中形成的风险头寸进行保值或为自身目的进行投机交易。与外币期货不同的是,外币期权的场外交易额要比场内交易额大得多,根据国际结算银行统计,2007年平均每天的OTC外币期权交易额为2120亿美元,在交易所的交易额约为25亿美元。

值得注意的是,近年来期权交易有新的发展,一些交易所也开始进行非标准化期权合约交易,如美国芝加哥期权交易所(CBOE)推出了为大客户度身定制的非标准化期权合约,称为灵活交易期权(Flexible Exchange Options, FLEX Options),该种期权合约的条款、执行价格、交割日期等都可根据客户要求双方洽商确定。

(4) 按合约标的资产的性质分类,有外币现货期权(Options on Physicals)和外币期货期权(Options on Futures)。前者使合约持有者有权以协定价格买入或卖出某种外币现货;后者使合约持有者有权以协定价格买入或卖出某种外币期货合约,即不是以外币本身作为期权合约的买卖标的,而以各种外币期货合约作为期权的买卖标的。期货期权与现货期权在基本原理、交易双方的责任和义务等方面很相似,但在具体的交易规则、交易策略和定价原理等方面又有区别。

以外币期货期权的买权为例,若合约持有者执行合约,结果是他将获得指定的外币期货合约及卖方支付的差价现金。差价金额相当于执行合约时期货合约的结算价(Futures Settlement Price,F)减去期权合约的协定价格(E)。具体计算方法如下:

假定某投资者在8月1日买入一份加拿大元9月份期货的买权合约,协定价格为 Can \$1 = US \$0.6100,作为期权合约标的资产的加拿大元期货合同金额为 Can \$100000。若合约持有者在8月15日要求执行买权合约,当时的期货结算价为 Can \$1 = US \$0.6800,于是,他除了得到一份9月的加拿大元期货合约外,还得到合约卖方支付的现金 7000 美元:

$$100000 \times (F - E) = 100000 \times (0.68 - 0.61) = US\$7000$$

投资者持有该外币期货合约后可有两个选择,他既可以继续持有期货合约,也可以进行对冲交易,卖出加拿大元期货合约。如果投资者决定立刻对冲其加元期货多头,而当时期货市场上的价格是 Can \$1 = US \$0.69,则他可获得现金收入:

$$100000 \times (0.69 - 0.68) = US\$1000$$

对于一位期货期权卖权合约的持有者,如果他执行合约,则情况与上述不同。他将出现期货合约的空头,同时获得期权卖方支付的现金,金额为:期货合同金额 × ($E - F$)。

(三) 外币期权的价格

1. 外币期权的报价

外币期权的投资者可以从交易所的网站上看到期权市场的实时报价,或从一些商业报刊上读到外币期权的行市表。下面是摘自2010年6月某日美国费城股票交易所网站上以美元结算的英镑期权合约的报价。见表5-3。

表5-3 英镑期权报价

PHLX US dollar-settled British pound currency options (cents per unit)

Strike	Calls			Puts		
	Bid	Ask	Open	Bid	Ask	Open
131 Sep	14.83	15.18	0	0.64	0.82	120

续表 5-3

	Calls			Puts		
132 Sep	13.92	14.27	0	0.72	0.90	130
133 Jul	12.32	12.56	0	0.13	0.20	0
133 Aug	12.72	12.92	0	0.49	0.61	0
133 Sep	13.03	13.37	0	0.82	1.01	100
133.5 Jul	9.95	10.18	0	0.24	0.34	0
133.5 Aug	12.26	12.47	0	0.53	0.64	0
133.5 Sep	12.58	12.93	0	0.87	1.06	190

费城交易所的英镑期权合约金额为 1 万英镑，标价单位是 1 英镑等于若干美分，属于欧式期权。表 5-3 中有 7 栏，第一栏目是协定价格（Strike Price），即合约中确定交易双方在未来行使期权时所依据的折算汇率，例如上表列出的"131"表示 9 月到期的期权合约的协定价格为每英镑 131 美分，即 1.31 美元。第二、三栏目为买权合约的期权费，分别是买权合约的买入价（Bid）和卖出价（Ask）。期权费是购买合约的一方支付给对方以取得履约选择权的费用。如"14.83"表示 1 英镑的期权费为 14.83 美分。报价表中对同一协定价格分列有多个到期月份，如 7 月、8 月、9 月等，表明一般情况下，协定价格相同，但到期月份不同的合约，期权费是不一样的。第四栏是买权合约的未平仓合约数。第五、六栏列出的是卖权合约的期权费，含义如第二、三栏。第七栏为卖权合约的未平仓合约数。例如，投资者在 6 月份购买一份协定价格为 US\$1.32/GBP，9 月份到期的英镑买权合约，总共需要付出期权费 1427 美元（US\$0.1427×10000）。

从以上期权行市表中我们可以发现，在正常情况下期权合约价格有两个重要特点：一是在到期月份一样的情况下，协定价格越低的买权合约，其价格（期权费）越高，而卖权合约则相反，协定价格越低，其价格也越低；二是在协定价格相同的情况下，到期日越远的买权或卖权合约，其价格也越高。为什么期权价格存在这样的关系，在对期权价格构成的分析中将有较详细的解释。

2. 外币期权价格的构成与决定因素

从理论上说，期权的价格由两部分构成，即内在价值和时间价值。关于期权的内在价值在专门术语部分已作解释。简单地说，对于外币买权合约，其内在价值是期权标的货币的市场汇率高于协定汇率的差价；对于外币卖权合约，其内在价值是协定汇率高于期权标的货币的市场汇率的差价。由于期权持有者在不能获利的情况下可以放弃执行合约，所以期权的内在价值不可能少于零。外币期权合约是否具有内在价值，是由市场决定的，随着市场汇率的变动，一项期权合约的内在价值可以从大于零变为等于零，也可以从等于零变为大于零。

外币期权的时间价值（Time Value），是指由于在期权有效期内存在着外汇市场汇率向有利于期权买方变动的可能性而使一项期权合约具有的价值。从数量上说，它是一项期权合约的价格高于其内在价值的差额部分。期权时间价值的高低取决于合约有效期的长短，期限越长，时间价值越高。因为在一段较长的时间里，汇率变动的可能性越大，期权内在价值发生有利变动的可能性也越大。正是这种获利的可能性赋予期权时间价值，使期权投资者愿意付出一定的代价换取"静观其变"的权利。相反，当一项期权合约即将到期时，其时间价值下降为零。

分析外币期权的价格构成，可以将决定期权价格的因素归纳为两方面：合约因素和市场因素。合约因素，是指某些条款的内容直接影响着期权的价格。这些条款包括：①合约的有效期。有效期越长，汇率波动的可能性越大，期权买方获利的可能性越大，期权费也越高。②协定价格。协定价格的高低将影响到期日的执行价格与市场汇率的价差，从而影响交易双方的获利或损失。所以一般情况下，到期日相同的买权合约，协定价格越低，期权费越高，因为市场汇率超过协定价格的可能性越大。卖权合约的协定价格与期权费的关系反之。③执行合约的灵活程度。如上文介绍，美式期权可在到期日前的任一工作日要求执行，灵活程度很高，因此美式期权的时间价值通常大于零；也就是说，美式期权通常以高于其内在价值的价格进行交易。而对于欧式期权，执行合约的时间没有灵活性，即使合约的有效期限比较长，在此期间可能出现多次有利价（In-the-Money）的机会，但合约持有者不能利用这些盈利机会，他们只能在到期日才能要求执行合约。因此，欧式期权的时间价值相对不确定，在其他条件相同的情况下，期权费较美式期权低。

决定外币期权价格的市场因素主要包括：

（1）货币汇率的波动性（Volatility）。期权合约所涉及的货币的市场汇率波动越频繁，在相同的期限内期权内在价值上升的可能性越大，期权买方获利的机会增加；相反，卖方则要承担更大的风险，从而要求较高的补偿。所以，在外币期权交易中，无论是买权还是卖权，其时间价值，即期权价格将随着相关货币汇率的波动性增大而提高，汇率波动性缩小而降低，"没有波动性，则期权便是多余的了"。

（2）货币的市场利率。市场利率对金融期权定价的影响是非常复杂的，既有影响途径的不同，又有影响方向和程度的不同，因此最终影响结果没有其他因素那么确定。关于利率对外币期权价格的影响，一般通过本币利率与外币利率的相对变动对远期外汇汇率的影响进行分析。从本章第二节关于远期外汇升、贴水的分析可知，远期外汇的升贴水值主要取决于本币与外币的利率差异，在正常的套利条件下，利率较低的货币，其远期汇率为升水；利率较高的货币，其远期汇率为贴水。因此，一般情况下，若本币利率上调，或外币利率下调，则买权合约的价格会上升，卖权合约的价格会下降。

（3）市场供求关系及市场预期。外币的供求状况，影响外币期权合约的供求关系，从而影响期权的价格，这是供求规律发生作用的结果。另外，市场对汇率走势的预期，也会通过供求关系影响外币期权的价格。

根据对上述期权价格决定因素的深入研究，美国芝加哥大学教授费希尔·布莱克（Fischer Black）与迈伦·斯科尔斯（Myron Scholes）于1973年提出了期权交易产生以来第一个期权定价模型，这就是著名的布莱克－斯科尔斯模型。其后，各种期权定价模型也不断被提出。

（四）外币期权与外币期货的比较

外币期权与外币期货都属于金融衍生产品，比较它们之间的联系和区别，不但有助于加深对两者的理解，同时也有助于进一步理解金融期权与金融期货的不同特点及交易策略，以便在实际应用中做出正确的决策。

交易所的场内交易期权（Exchange Traded Option）与期货交易有许多共同点。例如，两者都有固定的交易场所；采用标准化合约，以公开竞价方式进行交易；由清算机构保证合约的履行；等等。但是，外币期权与外币期货也有重要的区别，可简单归纳如下：

（1）在外币期权交易中，交易双方的权利与义务存在明显的不对称性：对期权的买方而言，他只有权利而没有义务；对期权的卖方而言，他却只有义务而没有权利。在外币期货交易中，交易双方的权利与义务是对称的，其中任何一方都有要求对方履约的权利，同时又有对对方履约的义务。可见，金融期权交易者与金融期货交易者的权利与义务的对称性是不相同的。

（2）在金融期权交易中，只有期权出售者须开立保证金账户，并按规定缴纳保证金，以约束他们在不利的价格条件下也履行期权合约。由于外汇市场汇率波动影响期权合约的价值，期权卖方还可能会被要求追加保证金。至于期权购买者，则由于期权合约只赋予他们权利，而未规定他们必须履约的义务，期权购买者既可以要求履约，也可以放弃合约，所以，他们无需缴纳任何保证金。在金融期货交易中，交易双方均承担必须履行合约的义务，都须开立保证金账户，并按交易所之规定缴纳履约保证金。

（3）在金融期权交易中，期权购买方与出售方在交易中的盈利和亏损具有不对称性。从理论上说，期权购买方在期权交易中的潜在亏损是有限的，不会超过其支付的期权费，而他可能获得的盈利是无限的；相反，期权出售方在期权交易中可能获得的盈利是有限的，不会超过其收取的期权费，而他可能遭受的损失却是无限的。当然，在现实的期权交易中，期权出售者未必总是处于不利的地位，因为在期权交易中所成交的期权合约很少被实际执行。换言之，大部分期权购买者自愿放弃其权利。这样，期权出售者是在未履行任何义务的情况下赚取了一笔期权费。相反，在金融期货交易中，无论是买方还是卖方，都无权违约，而只能在到期前进行对冲交易或到期进行交割。价格的变动必使其中一方盈利而另一方承受损失，谁盈谁亏取决于市场价格变动方向，盈亏多少决定于价格变动的幅度。因此从理论上说，在金融期货交易中，交易双方的潜在盈利和亏损都是无限的。

（4）外币期权与外币期货都是常用于回避外汇风险的套期保值工具，但两者的效果不尽相同。在利用外币期权进行套期保值时，若汇率发生不利于保值者的变动，他可通过要求执行期权来避免这种意外损失；而若汇率发生有利的变动，他又可以通过放弃期权来获得额外利益；而当交易者利用外币期货进行套期保值时，实际上是通过期货交易的盈亏来冲抵现货交易中出现的亏盈。因此，保值者运用外币期货交易可避免汇率不利变动而带来的损失，但也失去了汇率发生有利变动可能带来的额外利益。

（五）期权交易的损益与现金流分析

就欧式期权而言，交易的损益取决于合约到期时的市场价格与执行价格的关系。当市场价格高于执行价格时，买权的持有方会选择执行合约，收益为市场价格高于执行价格的那部分差额；反之，当市场价格低于执行价格时，买权持有方不会执行这项期权。以下举两例说明：

例一：一美国进口商要在60天后支付给瑞士出口商62500瑞士法郎，则该美国进口商可以购买60天后到期的62500瑞士法郎的买权合约，以防范瑞士法郎汇率上升的风险。若执行价格为每瑞士法郎0.64美元，期权费为每瑞士法郎0.02美元。如果在到期日瑞士法郎的价格低于0.64美元，美国进口商必定选择不执行期权。在这种情况下，他损失了全部的期权费1250美元（$0.02×62500）。如果在到期日瑞士法郎的价格高于0.64美元，该进口商将执行期权。假定到期日瑞士法郎价格为0.70美元，通过执行该期权，进口商以0.64美元的价格购买62500瑞士法郎。如果他立即将这笔瑞士法郎卖出，且不考虑交易费用，则每瑞士法郎的盈利为0.06美元，总盈利为3750美元〔(0.70－0.64)×62500〕。若考虑该期权的交易成本，美国进口商的净盈利为2500美元（3750－1250）。

瑞士法郎买权购买者的收益随瑞士法郎汇率变动而变动的情况及现金流动情况，可用曲线图表示。如图5－3所示。

设：交易者购买62500瑞士法郎的买权合约：

合约期限为60天；

执行价格每瑞士法郎0.64美元；

期权费为每瑞士法郎0.02美元。

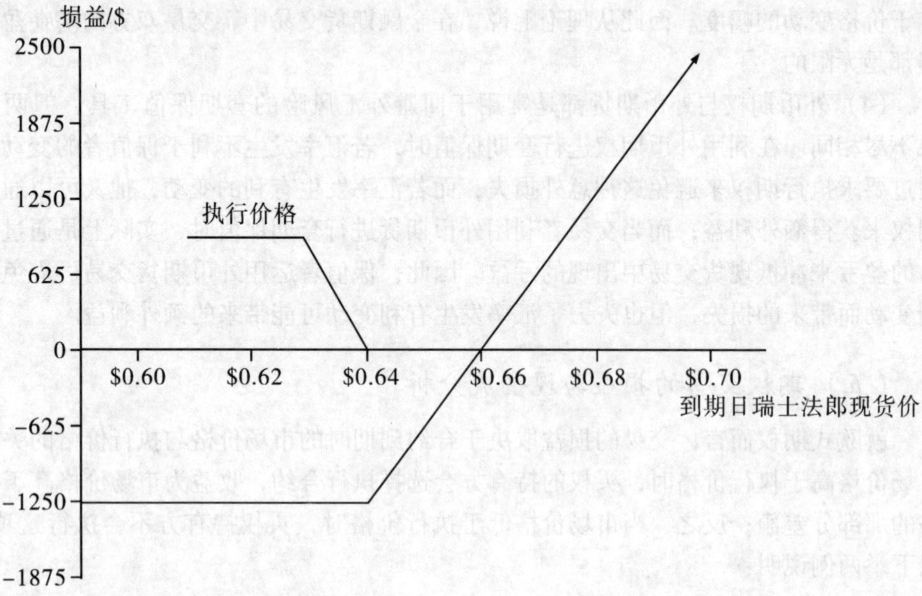

	$0.60	$0.62	$0.64	$0.66	$0.68	$0.70
现金流入						
现价卖瑞士法郎	—	—	—	41250	42500	43750
现金流出						
期权费	-1250	-1250	-1250	-1250	-1250	-1250
执行期权	—	—	—	40000	40000	40000
损益	1250	1250	1250	0	1250	2500

图5-3 买权合约持有者的损益与现金流分析

例二：一美国出口商在60日后将收到一瑞士进口商62500瑞士法郎的付款。该美国出口商可以购买有效期为60天的62500瑞士法郎卖权合约，执行价格为每瑞士法郎0.64美元，期权费为每瑞士法郎0.02美元。初始成本是1250美元（$0.02×62500）。在瑞士法郎市场汇率低于0.64美元时合约持有者将执行该期权。假定在到期日瑞士法郎市场汇率为0.58美元，他可以按0.58美元的价格购买62500瑞士法郎，而以期权约定的每瑞士法郎0.64美元的价格卖出，实现每瑞士法郎0.06美元（$0.64-0.58）的盈利，即总盈利为3750美元（$0.06×62500）。若考虑购买期权的初始支出（交易成本）是1250美元，净盈利为2500美元（$3750-1250）。当然，并不能保证一定盈利。如果到期日瑞士法郎的价格高于0.64美元，卖权的价值为零，持有者将放弃执行该期权，其总损失为1250美元。

瑞士法郎卖权购买者的收益随瑞士法郎汇率变动而变动的情况及现金流动情况，可用曲线图表示。如图 5-4 所示。

设：交易者购买 62500 瑞士法郎的卖权合约：

合约期限为 60 天；

执行价格每瑞士法郎 0.64 美元；

期权费为每瑞士法郎 0.02 美元。

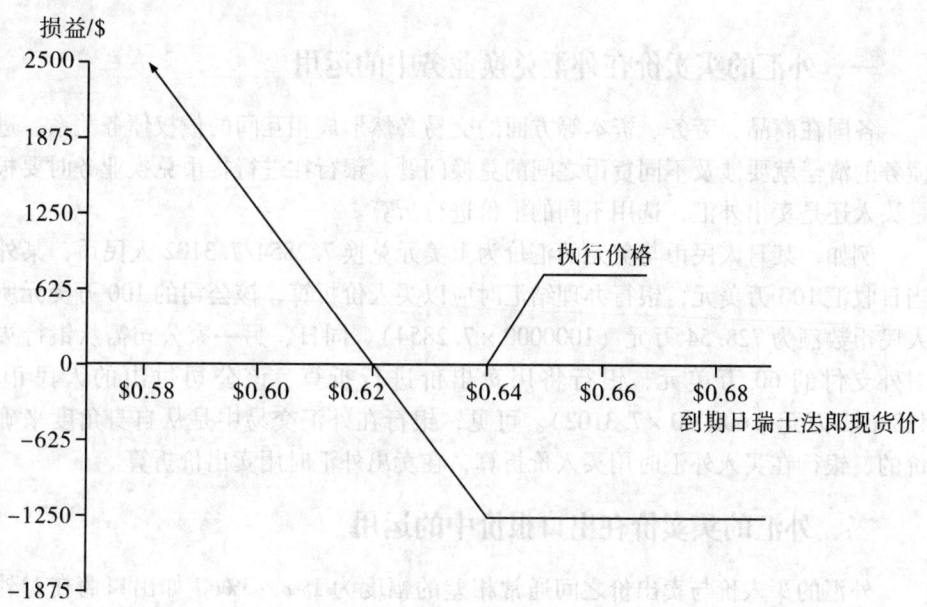

	$0.58	$0.60	$0.62	$0.64	$0.66	$0.68
现金流入						
执行期权	40000	40000	40000	—	—	—
现金流出						
期权费	-1250	-1250	-1250	-1250	-1250	-1250
现价卖瑞士法郎	-36250	-37500	-38750			
损益	2500	1250	0	-1250	-1250	-1250

图 5-4 卖权合约持有者的损益与现金流分析

每一货币期权合约的交易都涉及两方：一方是持有货币期权多头头寸的交易者（即购买货币期权合约的一方），另一方是持有货币期权空头头寸的交易者（即出售货币期权合约的一方）。期权的出售方事先收取现金，但之后具有潜在的负债，他的损益状况与期权购买方损益状况正好相反。读者可根据上例有关数据,尝试描绘相应图表并计算其损益情况。

第四节 买入汇率、卖出汇率在外汇交易与进出口报价中的运用

一、外汇的买卖价在外汇兑换业务中的运用

各国在商品、劳务、资本等方面的交易必然形成相互间的债权债务关系,进行债权债务的清偿就要涉及不同货币之间的兑换问题,银行在进行货币兑换业务时要根据本行是买入还是卖出外汇,选用不同的汇价进行折算。

例如,某日人民币与美元的汇价为1美元兑换7.2854/7.3102人民币,某外贸公司当日收汇100万美元,银行办理结汇时应以买入价折算,该公司的100万美元所兑取的人民币数额为728.54万元(1000000×7.2854)。同日,另一家公司需从银行买进用于对外支付的60万美元,银行将用卖出价进行折算,该公司付出的人民币数额为438.612万元(600000×7.3102)。可见,银行在外汇交易中是从自身角度来确定买卖价的,银行在买入外汇时用买入价折算,在卖出外汇时用卖出价折算。

二、外汇的买卖价在出口报价中的运用

外汇的买入价与卖出价之间通常相差的幅度为1‰~3‰,如出口商在对外报价中运用得当,则可避免或减少损失。

(一)将本币报价改为外币报价,应选用买入价折算

例如,某进出口公司出口某种油料的人民币底价为每公斤250元,客户要求以美元报价,将人民币折算成美元对外报价时应以买入价折算。假设,当日外汇市场汇率为1美元兑换7.2854/7.3102人民币,则该公司对油料的美元报价应是34.32美元(250÷7.2854)。进出口公司用买入价折算的理由是,出口商将本币价改为外币报价后,其收取的外币结售给银行时,银行是按买入价来折算的,所以出口商在将本币价改为外币报价时应以买入价来折算,才不会减少出口所得的本币收入。

(二)将外币报价改为本币报价,应用卖出价折算

如果出口商的商品原来以外币报价,但客户要求改用出口国的本币报价,则应以外汇卖出价来折算。例如,某公司出口的运动鞋,原报价为每双50美元,现客户要求改以人民币报价,假设当日汇率为1美元兑换8.2854/8.3102人民币,该公司运动鞋的人

民币报价应为每双 415.5 元（50×8.3102）。将原外币报价折算为本币对外报价使用卖出价折算的理由是，出口商以本币向银行买进外币时，银行是用卖出价折算的，所以只有用外汇卖出价折算原报价才能保证出口商改报的本币报价，可兑换回与原报价金额相同的外汇。

（三）将一种外币报价改为另一种外币报价，可依据国际外汇市场汇价折算

例如，某进出口公司的涂料原报价是每公斤 30 美元，但加拿大进口商要求以加拿大元报价，设当日加拿大外汇市场上加元对美元的汇率为 1 美元兑换 1.5120/1.5130 加拿大元，则该公司原来每公斤 30 美元的涂料改成加元报价应是 45.39 加元（30×1.5130）。此处选用了卖出价折算。若当日纽约外汇市场美元对加拿大元的汇率为 1 美元兑换 1.5120/1.5130 加拿大元，而该公司改报的价格也是 45.39 加元，但此处用以折算的则是买入价。这是因为，无论是用直接标价法的汇价还是用间接标价法的汇价，在将一种外币报价改为另一种外币报价时，首先应将两种外币中的一种视为本币，通常将外汇市场所在国货币视为本币。上例中，如使用的是加拿大外汇市场的汇率，则视加拿大元作为本币，美元是外币，将外币价格折成本币应选用卖出价折算；如使用的是纽约外汇市场的汇率，则加拿大元作为外币，美元视为本币，因而选用买入价折算。在不同的标价方法下，汇率的买入价与卖出价的位置不同，直接标价法是买入价在前，卖出价在后；间接报价法则相反。

三、远期汇率在出口报价中的运用

出口商在对外报价中，有时可用远期汇率进行折算，以减少汇率波动对出口收益的影响。由于在进出口业务中，进口商往往要求出口商给予延期付款的优惠，为了交易的达成，在资金允许的情况下，出口商通常会同意进口商延期付款的要求，可是出口商却因此而承担了汇率波动的风险，若计价货币对本币汇率下跌，出口商延期收取的外币货款兑换的本币数额就会减少，为了避免或减少延期收汇可能带来的损失，出口商会将延期收取的外币货款预先在远期外汇市场卖出。若计价外币对本币的远期贴水，则出口商卖出远期外币所收取的本币数额就少于用即期汇率折算的数额，因此，出口商应根据该计价货币的贴水幅度来调整对外报价，以减少由此而造成的损失。

例如，某公司出口的机床为每台 22000 元人民币，进口商要求以美元报价，并延期 3 个月付款。假设，当日外汇市场美元兑换人民币的汇率为 1 美元兑换 8.2854/8.3102 人民币，3 个月远期汇率为 1 美元兑换 8.2231/8.2481 人民币，3 个月远期美元贴水 623/621 点，这样，该公司应选用远期汇率中的买入价进行折算，改报的美元价应是每台 2675.39 美元（22000÷8.2231）。若美元对人民币远期是升水，则应以即期汇率的买入价来折算。

另外，远期外汇的贴水年率也可作为延期收款的报价标准。具体做法与上例相似，

在此不详叙述。

上述关于在出口报价中选用买入汇率、卖出汇率或远期汇率的原理，具有理论上和实践上的合理性，但在复杂的、竞争激烈的国际贸易中，出口商在对外报价的具体操作上往往还需要根据成本、利润、销售条件等不同的情况灵活掌握。

本章小结

1. 外汇市场是国际金融市场一个最活跃、最敏感、最变幻莫测的部分，狭义的外汇市场专指银行与银行之间的外汇交易市场，广义的外汇市场包括所有银行、非银行金融机构及其他非金融类企业和个人外汇需求者的外汇交易。

2. 外汇市场由商业银行、外汇经纪人、中央银行和外汇交易者组成。商业银行与一般客户之间的外汇交易形成了零售市场，银行之间的交易形成了银行同业市场，但越来越多的非金融机构，如投资基金、保险公司等直接参与到银行同业市场的交易中。

3. 安全可靠的清算系统是外汇市场正常运转的保障。CHIPS（纽约清算所银行同业支付系统）、Fedwire（美联储资金转账系统）以及欧元和日元的清算系统等是全球外汇市场顺利运行的重要保障。

4. 即期外汇交易和远期外汇交易是两种最基本的外汇交易方式，与即期外汇交易比较，远期外汇交易一个重要的特点是交易双方需要在合同上确定将来的交割日期和交割汇率。远期外汇的汇率通常用升水、贴水或平价的形式表示，反映了远期汇率与即期汇率之间的差价。利率平价理论是系统描述远期汇率与利率之间关系的理论，解释了利率差异对远期汇率升、贴水的影响。该理论指出，若其他条件不变，利率较低的货币，其远期汇率表现为升水；利率较高的货币，其远期汇率表现为贴水。

5. 外汇市场上交易工具的创新层出不穷，外币期货和外币期权是外汇市场上最重要的金融衍生工具。外币期货是指在交易所达成的、标准化的、规定在将来指定时间和地点交收规定金额的某种货币的合约。外币期权赋予合约持有者的是一种权利而不是义务，在合约规定的期限内，持有者有权选择按约定价格买进或卖出一定数量的某种货币还是放弃执行合约。

6. 投资者在外币期货交易中要特别关注期货价格和保证余额的变化，因为期货交易所执行当日结算制度，清算部门在每天交易结束后，根据市场决定的结算价对每个交易者的未平仓合约进行盈亏计算，交易者的保证金账户每天都可能发生现金流入或流出。投资者在期权交易中要特别关注的是期权费和期权合约的履约汇率与现汇汇率的差额，因为期权费决定了买或卖一份期权合约的价格，而履约汇率与现汇汇率的差额直接影响投资者要求何时执行合约或是否执行合约的决定。

思考题：

1. 试析外汇市场各类参与者的特点和作用。

2. 根据利率平价理论，试析汇率与利率之间存在的关系。
3. 试举例说明外汇交易者如何进行抵补套利。
4. 试述远期外汇交易与外币期货交易的联系与区别。
5. 什么是外币期权交易？外币期权与外币期货有何区别？
6. 试分析影响外币期权价格的主要因素。
7. 在出口贸易中如何将一种外币报价折算为另一种外币报价？
8. 试将你所了解的最新的外汇交易方式与最基本的外汇交易方式（即期或远期外汇交易）进行比较，说出它们之间的联系与区别。

相关链接　无本金交割远期外汇交易

一、远期外汇合约的定义

远期合约目前被许多企业广泛采用，作为规避外汇风险的一种有效途径。远期合约是指客户和银行双方协定，在未来一定日期，以协定外汇价格进行该外汇的交易，可作为投资人或进出口商对汇率走势预测、投资及规避汇率风险的金融工具。

二、无本金交割远期外汇交易

无本金交割远期外汇交易（Non-deliverable Forward，NDF）与传统的远期外汇交易大致相同。主要是由银行充当中介机构，由于交易双方基于对汇率的不同看法，签订非交割远期交易合约，确定远期汇率、期限和金额，合约到期只需看远期汇率与实际汇率的差额进行交割清算，与本金金额、实际收支毫无关系。结算的货币是自由兑换的货币，如美元。无本金交割远期外汇交易一般用于实行外汇管制国家的货币。NDF 为面对汇率风险的企业和投资者提供了一个对冲及投资的渠道。

无本金交割远期外汇交易与远期外汇交易的差别在于，不用备有本金的收付，只要就到期日的市场汇率价格与合约协定价格的差价进行交割清算，本金实际上只是用于汇差的计算，无需实际收支，对未来现金流量不会造成影响。而远期外汇交易到期后须现汇交割。

三、利用 NDF 进行避险、投机套利

虽然人民币已经由与美元挂钩改为与一篮子货币挂钩，但由于其每日波动幅度受限制，企业及投资者可以通过人民币无本金交割远期合约进行对冲避险和投机套利。

作为远期合约的一种延伸，NDF 最本质的一种做法就是提前锁定购汇或结汇的成本，来达到避险的目的，它的做法基本与远期合约类似，唯一不同的是无本金的收付，仅就差价进行清算。例如，某国内企业向国外客户销售一批货物，双方约定 3 个月后结清货款，共计 100 万美元，目前外汇市场的汇率是 7.67。国内企业担心 3 个月后人民币走强，因此其将面临汇率风险。在这种情况下，企业就可以和银行签订协议，约定汇率 7.47。3 个月后，如果市场汇率为 7.41，那么企业可以按市场汇率收到 741（100 ×

7.41）万元人民币，另外银行向企业支付6万元人民币的差价。这样，就可以帮助企业在一定程度上规避由于汇率变动而产生的损失。

通过NDF方式，还可以演变出很多种套利的方法。基本的套利方法就是利用即期结售汇水平与NDF远期汇率水平之间的差异进行套利。如银行公布的即期结售汇水平在7.58左右，而NDF的报价已在7.25左右的水平，这就存在明显的套利空间，大概在3000点。投资者就可以选择在向国内银行远期卖出美元的同时，通过NDF买入远期美元，以达到获利的目的。需要注意的是，NDF是非本金转移的套利，该套利过程结束是净卖出美元，还须在国内再进行一笔购汇业务，因此最好与实际的业务结合进行。

有外资企业利用NDF贴水程度超过美元贷款利率幅度进行美元贷款进行牟利。如果1年期美元贷款利率为5%，而人民币升值幅度达到6%，那么市场投资者就可以先贷入美元，然后以贸易业务为借口进行结汇，然后将结汇出来的人民币再存入银行赚取3.33%的利息，然后通过NDF远期交易买入美元，锁定成本赚取差价。于是，企业贷款既无需付出相关的成本，还可以获得额外的收入，实现无本金套利。

四、与DNF相关的政策法规

国家外汇管理局发布通告规定，未经国家外汇管理局批准，境内机构和个人不得以任何形式参与境外人民币对外币的衍生工具交易。外管局明确规定，远期结售汇履约应以约定远期交易价格的合约本金全额交割，不得进行差额交割。外管局认为，我国人民币对外币的衍生工具交易市场正处于发展初期，现阶段外汇交易应以风险防范为主，不鼓励利用衍生工具从事投机性交易。NDF交易并不涉及人民币和外汇的跨境流动，企业交给银行的外汇担保，无需汇到境外，只是作为这些银行通知其境外分行进行NDF交易的一种凭证。赚取的利润也只需存到境外银行的账户即可。因此，中国国家外汇管理局在执行监控过程中的难度较大。实际上，DNF受到的管制较小，因此仍然有不少企业利用了DNF进行套利。

资料来源：中国资金管理网 www.treasurer.org.cn。

相关链接 现代信息技术下外汇交易形式的变革

一、外汇交易的基本形式

外汇交易是现代经济社会中重要的经济活动，政府、企业和个人为了各自不同的目的参与外汇交易。外汇交易者在进行各种各样的外汇交易活动时，通过两种基本形式买卖外汇，即OTC（Over-the-Counter）交易和集中撮合交易。

（一）OTC交易

OTC交易是指外汇交易双方通过谈判、协商来达成一定的协议，从而确定交易货币、交易金额、交易量、交易时间等，最终完成外汇交易。因此，OTC形式也可称为

"双边"协议式。在 OTC 交易过程中，双方通过面谈或者电话、电信等手段对外汇交易的种类、汇率、数量等问题进行磋商，不必到某一固定场所进行外汇交易，由此形成的外汇交易市场称为 OTC 市场。OTC 市场是最主要的外汇交易市场，绝大部分外汇交易都是在 OTC 市场中完成的。根据国际清算银行的统计，2002 年末平仓的 OTC 外汇衍生品合约面值为 184690 亿美元。

在通过 OTC 形式进行外汇交易时，外汇交易的核心问题——外汇交易汇率是由外汇交易双方通过磋商确定的。若买方觉得卖方所报的汇率过高，就可以要求卖方降低汇率报价，卖方这时会根据实际情况调整报价或者说服买方其所报汇率的合理性并要求按原报价成交；若卖方觉得买方所报的汇率过低，也可以要求对方提高汇率报价，买方会根据自己的情况提高报价或说服卖方其所报汇率的合理性。这样，在双方多次的讨价还价过程中，汇率最终被确定。此时所确定的汇率理论上是外汇交易双方都满意的汇率。但是，在实践中，具有交易垄断地位的一方往往对汇率起决定作用。例如，在平衡外汇头寸的外汇交易中，如果买方拥有大量资金，可以购买卖方平衡外汇头寸的外汇，那么买方就具有了买方垄断地位，他可以利用这种垄断地位对卖方施压，从而获得对自己更有利的汇率。同样，当卖方垄断时，也可以利用其垄断地位获得对自己更有利的汇率。

（二）集中撮合交易

集中撮合交易，是指外汇交易双方在某一固定场所同时竞争喊价，通过拍卖手段最终完成外汇交易。按照集中撮合进行的外汇交易，交易双方集中在固定的交易场所内，按照价格优先、时间优先等原则买卖外汇。因此，这种交易形式也被称为场内交易。然而，受到交易所内交易席位的限制，更多的外汇交易者不能直接进入交易所参与竞价，而是通过委托场内有资格的交易商进行外汇买卖。由此形成的外汇交易市场被称为场内市场。在外汇交易比较发达、交易品种较多的西方发达国家，场内市场比较成熟。例如在芝加哥交易所、纽约交易所主要进行货币期货和货币期权交易。

按照集中撮合进行的外汇交易，其汇率由外汇交易双方通过竞争报价确定。为数众多的外汇交易指令聚集在交易所里，交易双方的代表在拍卖形式的喊价中寻找合适的汇率。当买方提出购买一定外汇的意愿时，卖方就会报上自己愿意卖出的汇率，买方就可以从众多的汇率报价中选择最低的报价，这样，交易双方就按照此汇率完成外汇交易。同样，当卖方提出卖出一定外汇的意愿时，买方就会报上自己愿意购买的汇率，卖方就可以从众多的汇率报价中选择最高的报价。如果连续的外汇交易中，买方和卖方不断地提出买进和卖出意愿，同时，卖方和买方不断地竞争报价，通过这种交错的连续竞价过程就确定了汇率，此时的汇率就是竞争所产生的均衡汇率。但是，这种均衡汇率的产生也有不足之处，因为竞争产中的汇率可能是非理性的；另外，这种汇率的产生缺乏讨价还价的余地。

（三）OTC 交易与集中撮合交易的区别

OTC 交易和集中撮合交易的区别主要体现在以下三个方面：其一，有无固定的交易场所。OTC方式没有固定的交易场所，交易双方通过面谈、通讯等手段协商完成交易；集中撮合交易有固定的交易场所，所有交易指令必须汇集到交易所的交易大厅内，从而完成交易。其二，外汇交易对象。集中撮合交易主要针对标准化高、流动性强的外汇产品，如外汇期货和货币期权。OTC交易对象比较广泛，流动性较差的大宗外汇交易利用OTC形式较多。其三，外汇交易汇率形成的方式。OTC交易的汇率通过交易双方协议形成，成交汇率是交易双方讨价还价的结果；集中撮合的汇率是交易双方竞价平衡的结果。

OTC交易和集中撮合交易是最基本的外汇交易形式，其他各种交易形式都是这两种形式的延伸和发展，不管它们在交易方式或者技巧上有什么变化，最后都会按照这两种形式完成外汇交易，特别是依照这两种形式最终确定交易价格。随着新技术的不断运用和人们对交易技巧的不断更新，这两种外汇交易形式有了更新发展。

二、现代信息技术条件下的外汇交易形式

20世纪70年代以来，信息技术被广泛应用于外汇交易市场，外汇交易得到长足的发展。利用计算机系统高速处理数据，突破了人工处理交易信息在速度上的瓶颈，大大提高了外汇交易的频率；同时，网络的普及扩大了外汇交易的范围，外汇交易面貌焕然一新。信息技术与外汇交易形式的结合，使得外汇交易形式有了创新性的发展。

（一）OTC交易的发展

卫星通讯技术和互联网技术的运用加强了外汇交易的通讯手段，降低了通讯成本，方便了外汇交易者进行外汇交易商谈。新技术在两个方面扩大了外汇交易群体：一是更多的外汇交易者通过互联网技术可以跨地区参与外汇交易。二是更多的较少资金量的交易者有机会参与OTC外汇交易。因为协商成本的降低使得交易量较小的交易者也能通过OTC方式获得收益。外汇交易报价的方式也由于计算机的普及和应用得到提高，从而出现了造市商的交易形式。

造市商也是外汇交易的交易者，但是他们通常具有很强的经济实力，手中拥有大量外汇，他们在外汇交易市场中既是外汇买家也是外汇卖家。造市商通过网络系统向外汇交易市场报出其所拥有货币的汇率，资金量小的外汇交易者可以通过OTC方式与造市商进行交易。在外汇市场中，一个造市商通常会对多种货币进行交易，而每种货币也都有多家造市商。

信息技术条件下的OTC交易一般是这样进行的：外汇交易者通过外汇交易系统向外汇造市商询价，同时，外汇造市商会向市场报出一个内在报价，即最高买方报价和最低卖方报价，表示该造市商所愿意购买外汇的最高支付价格和卖出外汇的最低收入价格。如果外汇交易者的报价与造市商的报价相吻合，则外汇交易通过电脑自动执行系统（Advanced Computerized Execution System，ACES）自动完成交易，无需电话联系。如果外汇交易的金额比较小，则小额委托自动执行系统（Small Order Execution System，SOES）会自动将委托与登记的造市商们的最佳内在报价成交，如果暂时不能成交，该系统就会储存委托，直到与造市商的报价吻合为止。成交后，电脑系统会自动结算、交割。如果外汇交易的金额较大，外汇交易者将会与多家造市商进行电话磋商，最后完成交易。

总之，信息技术的运用特别是电脑自动化交易缩短了OTC外汇交易的磋商时间，同时也扩大了外汇交易者的选择。

（二）集中撮合交易的发展

计算机数据处理技术和网络技术应用于集中撮合交易中，改变了人工喊价竞争撮合形式，这种经改进的撮合形式称为电子交易系统自动撮合形式。代客买卖的交易商不用再聚集到交易所面对面地公开喊价，所有拍卖的竞价过程通过计算机系统运行事先设计好的模拟人工竞价的程序自动进行。另外，外汇交易者的交易指令通过计算机终端系统直接委托，从而缩短了委托交易和拍卖竞价过程的时间，加速了外汇交易的进程。模拟人工竞价的外汇交易系统能更为准确地完成竞价过程，从而完善了拍卖交易形式。

通过自动交易系统，集中撮合竞价的形式也有了新的发展。在没有运用电子交易系统的时候，外汇交易的集中撮合是在某一时点上按照拍卖原则撮合交易，每次交易前都需要有一段时间累积一定笔数的委托，成交价格由最大的一笔成交量决定。而引入电子交易系统之后，集中撮合的竞价可以采用逐笔连续竞价方式。例如，有一笔买方市价委托进入系统，外汇买方需要买3个单位量的某种货币，系统自动与此时最低的卖方报价相撮合，如果该卖方只能提供1个单位量的货币，那么系统会自动完成这1个单位量的货币交易，同时与次低的外汇卖方相撮合，直到委托的交易量全部成交。最终，买家所买的是不同价位的外汇。电子交易系统的运用，使得简单的集中撮合成为连续的集中撮合，撮合式的拍卖竞价原则得到更全面地发挥，更符合交易的实际情况。

三、OTC交易与集中撮合交易的趋同

电子自动交易系统的使用使得传统的OTC交易和集中撮合交易的特点得到充分发挥，同时又将两者的优势结合起来。OTC交易和集中撮合交易的区别越来越小。

（一）网络技术的广泛运用，使OTC交易的无形市场与集中撮合交易的有形市场之间的界限越来越模糊

自动交易处理系统将传统的人工喊价制度转变为自动竞价制度，而无需外汇交易委托人进场喊价交易，这样，外汇交易竞价的固定场所也没有什么存在的意义，因此，许多交易所的交易从"有场化"交易向"无场化"交易转变。另外，OTC交易中的交易双方询价信息通过外汇交易系统汇集在一起，使得OTC交易的零散性向交易的集中性转变。交易双方报价的集中性，提高了OTC交易的竞争性。两种交易形式产生了一定的共性，各自的交易市场都得到了扩大，许多外汇交易产品既可以在OTC市场中交易，也可以到交易所里交易。例如，原来在美国外汇交易所里进行的货币期权交易现在也可以通过OTC市场交易。

（二）电子自动交易系统自动撮合交易信息使得OTC交易向竞价模式发展

传统的OTC交易的竞价是有限的外汇交易双方协商定价，这个协商过程是一个围绕交易价格讨价还价的过程，外汇交易双方的经济实力对价格的最终确定具有较大的影响力。而在引入电子交易系统之后，该系统自动将所有交易信息集中撮合处理，报价相同的交易自动完成，报价不同的交易也能寻找到最佳的协商交易者，不合理的垄断优势能得到一定控制。

（三）运用电子自动交易系统的OTC交易和集中撮合交易所产生的汇率具有趋同性

信息技术条件下的OTC交易的汇率是由交易双方报价确定，即使是交易者必须接受的内在报价，也是由造市商随着市场交易者报价和市场交易情况的不断变化而改变的。由于交易双方在报价过程中也是一个买方寻找最低卖价和卖方寻找最高买价的过程，计算机自动处理交易的能力加速了外汇交易的过程，缩短了交易双方协商议价的时间。因此，在外汇交易者不断地报价和交易中，系统也进行了一种类似竞价拍卖的过程。电脑自动化产生的交易频繁性使得此时的汇率具有一定的稳定性。众多的交易者通过电子自动交易系统参与交易，能在某一时点达成外汇供给方与外汇需求方的交易均衡。所以，此时市场所产生的汇率是能反映外汇市场情况的均衡汇率。集中撮合交易的电子自动化处理，完善了汇率由拍卖竞价确定的过程。竞价方式由简单的集中竞价转变为连续竞价模式，计算机自动处理系统自动以最快的时间处理委托交易信息，充分满足交易的即时性。如果交易十分频繁，那么，此时交易所形成的汇率也是外汇市场中外汇的供给方和外汇的需求方相互竞争的结果，即是反映外汇市场情况的均衡汇率。因此，OTC交易所确定的汇率与集中撮合交易所产生的汇率应该会趋于一致。

四、外汇交易形式的发展趋势

随着计算机信息处理技术和互联网技术的提高，外汇交易将会向着电子化交易发展，所有交易都可能会通过外汇自动交易系统来完成。未来的外汇交易形式将会有以下两个特点：

（一）外汇交易的自动化程度越来越高

电子自动交易系统将会更为逼真地模拟人类的交易行为，各种交易形式都会通过电子自动交易系统来完成。电子自动交易系统不仅能自动完成委托、询价、撮合、交割等行为，能根据事先设计好的定价模型程序独立发现价格，还可以监督交易行为。如果发现外汇交易者的委托不符合一个正常的、理性人的选择，交易系统就会自动取消错误委托指令；如果发现外汇交易者在进行违规交易，交易系统也会取消交易活动。外汇交易系统的智能化设计使得外汇交易者的各种交易需求都能得到满足。对于大宗外汇交易的行为，外汇交易系统将会自动采用议价协商功能，并通过实时清算系统（Real Time Gross Settlement System）保证大宗交易的真实交割。

（二）OTC交易与集中撮合交易的结合将更为紧密

计算机数据处理系统和互联网技术的发展，将传统OTC交易的广泛性与传统集中撮合交易的集中性竞价相结合，形成了新的电子自动交易系统，使两种交易形式的优点得到了充分发挥，提高了交易效率，完善了交易形式。在运用电子化交易后，OTC 交易和集中撮合之间的界限也越来越模糊。也许在不久的将来，综合型电子自动交易系统将取代 OTC 交易与集中撮合交易，再没有 OTC 市场和场内市场的区分，所有交易品种都通过统一电子自动交易系统交易，所谓的交易形式也就是电子式。

资料来源：引自《中国货币市场》，2003.10。

第六章 外汇风险管理

在浮动汇率制度下,汇率主要受外汇市场的供求因素影响,波动十分频繁,从而加深了国际经济贸易活动中的外汇风险。外汇风险的影响范围十分广泛,不仅直接影响使用或持有外汇的企业的现金流、成本和收益,而且还会通过对一国国际收支状况和经济环境的影响,波及那些不进行对外交易、不使用外汇的企业。简而言之,从汇率波动效应及风险结果的承受对象来看,外汇风险直接或间接地影响到所有经济部门和经济活动。因此,科学地进行外汇风险管理,受到跨国公司、跨国银行、对外经贸公司及各类型企业的高度重视。

本章主要从跨国经营企业和对外贸易企业的角度,讨论外汇风险的类型、外汇风险的构成因素及外汇风险管理的方法等问题,但其基本原理与操作技巧也同样适用于其他类型的企业或金融机构。

第一节 外汇风险概述

一、外汇风险的概念

外汇风险(Foreign Exchange Risk),亦称汇率风险(Exchange Rate Risk),是指一个经济实体或个人以外币计值的交易合约、资产或负债,因汇率波动而引起其以基准货币(通常为本币)衡量的价值上涨或下降的可能性。外汇风险描述的是一种不确定的状态,是汇率的随机波动而不是事件发生后的结果。外汇风险一旦发生,其结果可能为正,也可能为负。也就是说,若经济实体实施一项对外投资,其收益结果是不能预先确知的,它既有可能获得额外的收益,也有可能承受意外的损失。因此,外汇风险被认为是一种双向风险。

在现代投资学和理财学中,经常运用概率统计方法衡量投资风险,例如,用收益均值的方差或标准差衡量一项投资的实际收益(Actual Returns)对期望收益(Expected Returns)产生偏离的可能性大小和幅度范围。在外汇风险管理的决策过程中,我们同样可以运用概率统计方法对外汇风险进行定量分析,并以概率统计的语言描述外汇风险:由于汇率波动,使经济实体以本币衡量的实际收益对期望收益发生偏离的可能性就是外汇风险。

在外汇风险的讨论中经常要涉及一个重要的专门术语：外汇敞口或外汇暴露（Foreign Exchange Exposure），这一术语容易与外汇风险的概念混淆使用。但严格地说，外汇敞口与外汇风险不是同一个概念，外汇敞口是指交易者在外汇交易或以外币计值的各种经济交易中形成的各种外币资产或负债。例如，中国企业出口产品而产生的100万美元应收款、中国某银行买入6个月到期的美国政府债券等，都使上述出口企业和银行产生了美元债权，这些美元债权就是外汇敞口。也就是说，考虑外汇敞口是要衡量哪些债权债务正暴露在汇率波动风险之下，所以又被解释为外汇暴露、外汇风险头寸、受险部分等。当外汇汇率发生变动时，这部分暴露的外币资产或负债以本币表示的价值将受影响，可能上升也可能下降。外汇交易者最终是获利还是亏损，获利或亏损多少，除了受汇率变动方向和幅度的影响外，还取决于交易者是持有净外汇资产还是净外汇负债，及其持有的额度。如外汇汇率上升，则有净外汇资产者获利，有净外汇负债者承受损失；而且，持有净外汇资产额越高者，获利越多，持有净外汇负债额越高者，亏损也越多。如汇率下跌，则情况相反。因此，净外汇敞口可作为衡量企业未来收益、现金流量净值和市场价值随汇率变动而变动的敏感程度指标。

外汇敞口与外汇风险的形成条件不完全一样，外汇敞口在企业对外经济交易中形成。而外汇风险的产生需要有两个条件：一是企业存在外汇敞口，二是外汇汇率发生了不可预料的变动。如果说外汇敞口是内因，汇率变动是外因，那么，只有内因和外因同时具备，外汇交易才会出现额外收益或损失的结果。因此，持有净外汇敞口的企业并不一定要遭受外汇风险损失（或获利）。另外，计量外汇敞口的方法也不同于计量外汇风险的方法，在以下的讨论中我们将对此作较详细的讨论。

二、外汇敞口与外汇风险的种类

对于从事对外交易或跨国经营的企业来说，外汇风险主要伴随着以外国货币进行国际贸易、国际投资、国际借贷和国际经营而产生。不同原因导致的外汇风险有不同特点，对企业经营活动和财务状况也有不同的影响。为了能够更全面地衡量和分析企业面临的外汇风险，并在此基础上制定有效的管理措施，人们通常依据外汇敞口的生成机制把其分为三类，即交易敞口（Transaction Exposure）、折算敞口（Translation Exposure）和经营敞口（Operation Exposure）。在汇率发生变动的前提下，由不同类型外汇敞口引起的风险又相应地称为交易风险、折算风险和经营风险。

（一）交易风险

交易风险（Transaction Risk）是指以外币计价的经济交易在到期结算时，由于汇率波动而导致该交易以本币衡量的价值发生变动的可能性。这里说的经济交易包括了商品交易和金融交易，具体包含以下内容：①在信用基础上达成的商品或服务进出口交易，如对商品出口的延期付款；②企业的外币借款或贷款业务及对外投资业务；③单零的远期外汇交易；④形成外币资产或负债的其他交易活动。

如果企业在汇率变动前签订了上述以固定外币计价的商品或金融资产的交易合同，而其债权或债务的结算或清偿发生在汇率变动之后，则企业收回外币债权所能兑换的本国货币，或为换取外币偿付外币债务所支付的本国货币，都会与原来（签订合约时）的估算有差异，导致企业出现交易风险损失（或收益）。

为了制定合适的外汇风险管理措施，尽可能减少外汇风险损失，企业需要不断监测所面临的交易风险，对一旦汇率发生变动可能带来的经济后果进行预测。虽然外汇风险的大小一方面取决于净敞口头寸的金额，另一方面取决于汇率的波动幅度，但由于汇率波动的随机性以及对汇率的预测往往带有一定的主观性，所以跨国经营企业一般通过计算各种外币的交易敞口来衡量汇率发生变动可能对企业造成的经济影响。表6-1是美国ABC公司编制的交易敞口头寸。

表6-1 ABC公司交易敞口头寸报表（单位：万美元）

项目 \ 货币	欧元	英镑	加拿大元
应收账款	100	60	120
应付账款	-150	-20	-100
银行贷款（短期）	30	25	50
长期债务	-50	-15	-70
远期外汇合约	20	-5	3
未交货的顾客订单	70	50	45
未收货的购买承诺	-75	-35	-40
其他风险头寸	-10	2	-3
净风险头寸	-65	62	5

对上述交易敞口报表，有几点需要加以说明：①交易风险只存在于以外币计值的交易中，所以任何以本币（或功能货币）进行的交易不计算在敞口头寸内。如表6-1中美国ABC公司不存在美元的敞口头寸。②交易敞口头寸的统计不但包含已经进入资产负债表的应收款和应付款，还包含已签订合约但还没有入账或还没有开始履约的交易。③报告中的各种外币头寸通常以等值本币表示，目的是方便计算一定幅度的汇率波动将对企业产生的实际经济后果。如表6-1中ABC公司有62万美元的英镑净债权风险头寸，若英镑对美元的汇率下浮10%，则该公司将要蒙受6.2万美元的损失。

交易风险是对外交易企业面临的实质性外汇风险，它将直接影响企业未来的现金流量,因而是本章讨论的重点。

(二) 折算风险

折算风险 (Translation Risk) 亦称为会计风险 (Accounting Risk),它是指由于汇率变动而导致企业资产负债表上以外币计值的项目折算成本币计值时可能发生价值变动的风险。折算风险产生于跨国公司定期编制合并财务报表的过程中,因为,母公司需要将国外附属公司用当地货币(外币)表示的资产和负债项目统一折算为本国货币(或指定的货币)表示的资产和负债,而两种货币间的汇率变动使不同时期的折算结果发生相应变动,从而导致合并财务报表出现折算后的收益或损失。这种损益出现的可能性就是折算风险。跨国公司在编制合并财务报表的过程中要涉及两种货币,一种货币是其国外子公司和分支机构在编制财务报表时使用的记账货币,它通常是子公司所在的东道国货币,因为子公司日常经营产生的现金流主要是所在国的货币。在这种情况下,国外子公司的记账货币又是该公司的职能货币 (Functional Currency)。另一种货币是跨国公司母公司编制合并财务报表使用的货币,它通常是母国货币,称为申报货币 (Reporting Currency)。

折算风险问题与跨国公司母国政府或会计协会所规定的会计准则有直接关系,一般来说,折算方法不同,折算损益金额也不同。目前,世界各国采用的折算方法主要有三种:第一种是区分流动与非流动项目法 (Current/Noncurrent Method)。使用这种方法,首先要将国外子公司资产负债表中的项目划分为流动性项目和非流动性项目,对流动性项目的折算采用编制报表日的现行汇率 (Current Rate) 折算,对非流动性项目的折算采用历史汇率 (Historical Rate) 折算。第二种是区分货币性与非货币性项目法 (Monetary/Nonmonetary Method),使用这种方法折算,首先要将子公司资产负债表中的项目划分为货币性项目和非货币性项目,对货币性项目采用现行汇率折算,对非货币性项目采用历史汇率折算。第三种是现行汇率法 (Current Rate Method),即在折算时对子公司财务报表中所有资产和负债项目均采用现行汇率折算,只有股东权益中的实收资本采用历史汇率。

会计制度中规定按历史汇率折算的会计项目,实际上是始终使用同一汇率进行折算,不会产生折算差额,所以这些项目不存在折算风险。而规定必须按编制合并报表时的现行汇率折算的会计项目,由于市场汇率不断变动,不同时间采用不同汇率折算,折算结果也就不一样,从而导致了折算损益。所以,被规定要按现行汇率折算的资产和负债项目称为敞口资产 (Exposed Assets) 和敞口负债 (Exposed Liabilities)。敞口资产与敞口负债的折算损益是可以相互抵消的,于是企业的总体折算风险取决于两者之间的净差额。如果企业存在净的敞口资产,则外币贬值使该跨国经营企业的合并财务报表出现折算损失,外币升值使企业出现折算收益;如果企业存在的是净的敞口负债,则情况相反。

使用不同的折算方法，对母公司编制的合并财务报表产生不同的影响，折算敞口和风险也是不同的。目前较多国家推荐现行汇率法为可选的公认会计准则，例如美国财务会计准则委员会的第 52 号会计公告规定：当国外子公司的职能货币与母公司货币不一致时，需用现行汇率将以职能货币计量的会计项目转换成以申报货币表示。

例如，美国某跨国公司在加拿大的子公司在银行有 100 万加元的活期存款，如在年中编制合并财务报表时美元对加元的汇率为 US＄1＝Can＄1.30，在母公司合并财务报表的资产类项目上，这笔现金（活期存款）需要折算为报告货币表示，即记为 Can＄769230.77。如在当年年终需再次编制合并财务报表时，美元对加元的汇率上升为 US＄1＝Can＄1.35，则在合并财务报表上，这笔现金将记为 US＄740740.74，出现了 US＄28490.03 的折算损失。

在此需要注意的是，折算风险与交易风险不但在形成原因上不同，两者在性质上也是不同的。折算风险不直接影响企业的现金流量，所谓折算损益只是账面上的，而不是企业收入的实质性损益。但是账面变化反映企业的财务状况，不良的财务状况会影响投资者对公司价值的判断。因此，当前跨国公司对折算风险普遍存在消极的或积极的对策，采取消极对策的企业对折算风险不进行保值操作；采取积极对策的企业运用各种保值方法减少折算损益的出现，如运用资产负债表保值法，调整敞口资产或敞口负债，使两者相抵后的净差额变小。

（三）经营风险

经营风险（Operating Risk）是指由于意外的汇率变动导致企业未来现金流量产生变化的可能性。任何企业，不管它是跨国经营企业还是单纯的国内企业，只要它的未来收入或成本会受到外汇汇率变动的影响，该企业就要承受经营风险。

跨国公司在经营中要承受经营风险，是因为汇率的变动可能改变其在国外的经营环境，使企业经营的成本、产品价格、销售数量、某些产品的相对优势和在国际市场上的竞争能力等方面受到影响，进而导致企业未来的现金流量与原来的预期不一致。假定跨国公司的国外子公司是持续经营的，汇率变动对其未来现金流量的影响将持续相当长的时期。因此，较之于交易风险和折算风险，经营风险对跨国公司长期利益的影响要广泛和深远得多，而且在此基础上形成的外汇损益是实质性的价值变化。

经营风险不是在会计过程中产生的，衡量经营风险的程度需要对跨国公司全部投资和经营的未来现金流量变化进行预测。所以，对经营风险的衡量实际上是要求企业决策层分析汇率变动对企业生产成本、费用开支、销售量和销售价格等变量产生影响的程度，而这一程度的高低又与企业的销售市场分布、产品需求的价格弹性和收入弹性、生产成本结构、各生产要素之间的替代弹性、企业的融资策略等诸多因素存在紧密的联系。

经营风险管理战略是跨国公司长期战略的一个重要组成部分。理论研究认为，要降低经营风险的关键不在于要求决策管理层对经营风险出现的时间做出更准确的预测，而是要求企业随时处于最佳的应变状态，即要求企业的整体结构，包括产品结构、市场结构、财务结构等是一种适合于迅速对风险做出调整的结构。根据投资组合理论（Portfolio Theory），构建这种结构的方法之一是跨国公司在全球范围内推行有效的多元化战略，如市场多元化、投资多元化和融资多元化的战略。因为各国货币汇率互有升降，所以汇率的变动可能使企业在某国外市场或生产基地受到风险冲击，而在另外一些市场，则可能因为子公司竞争力的提高而增加盈利。也就是说，多元化经营使得经营风险相互抵消从而降低母公司未来现金流量现值的变异程度。另外，选择低成本生产基地、加大研发投入提高公司在国际市场的竞争力、发展差异化产品以降低需求对价格的敏感性等也是跨国公司管理经营风险的有效策略。

经营风险与交易风险都影响企业的未来现金流量，因此，两者又统称为经济风险（Economic Risk）。经济风险常常被定义为：由于汇率变动，使企业未来现金流量受到影响，并最终导致以未来现金流的现值计量的公司价值发生变化。

以上我们从形成原因的角度对外汇风险进行分类和讨论，为加深理解，我们还可以从时间角度对三种外汇风险进行比较。若以汇率发生变动的时点为原点，折算风险是汇率变动对发生在此时点以前的会计项目的价值的影响；交易风险是汇率变动对在此之前成交而在此之后才收付结算的对外经济交易的实际收益或成本的影响；经营风险是汇率变动以后，企业的未来现金流量可能受到的长期影响。

三、外汇风险的构成和外汇风险管理的基本原理

分析交易风险、折算风险和经营风险的形成过程，可发现凡外汇风险均有一共同的特点，即其基本构成因素有两个：货币因素和时间因素。与此相对应，任何外汇风险均包含货币性风险和时间性风险两部分。

如果企业在各种经济交易中采用了外币计值，而衡量交易结果时则使用本币或另一种基准货币，又或者跨国公司子公司在东道国经营所使用的功能货币（或称记账货币）与母公司编制合并财务报表所使用的统一的申报货币不一致，就会产生两种货币的折算问题，这就是构成外汇风险的货币因素。两种相互进行折算的货币之间的汇率是否稳定、汇率变动的方向如何，都将直接影响企业所承受的外汇风险。

一笔经济交易从达成到外币款项的最后收付结算，一项外币借贷资金的拨付到偿还，又或者是子公司会计项目的登记入账到折算为合并财务报表上的项目，通常都有一段时间距离，这段时间距离构成了外汇风险的时间因素。一笔外币应收款或应付款距离到期日的时间越长，在此期间汇率发生变动的可能性越大，外汇风险相对也较大；而时间较短，汇率发生变动的可能性较小，外汇风险也相对较小。

通过对外汇风险构成因素的分析，可以进一步归纳出外汇风险管理的基本原理如下：

(1) 消除构成外汇风险的货币因素或时间因素，即消除了外汇风险存在的必要条件，因而可以消除外汇风险。例如，企业在一笔对外交易中使用本币计价结算，这笔交易的支付就不涉及货币兑换问题，不会产生外汇敞口，因而消除了货币因素，外汇风险也就不存在。另外，即使企业在交易中使用了外币计价，但如果不涉及赊销问题，支付方式为即期现金支付，这就消除了时间因素，该笔交易也没有外汇风险。

(2) 合理调整货币因素或时间因素的结构，虽然不能完全消除外汇风险，但可以减轻外汇风险。例如，提前收取一笔外币债权或偿付外币债务，改变了外汇风险的时间结构，汇率变动的可能性减少，从而减轻了外汇风险。

(3) 套期保值操作（Hedging），即针对存在的外汇敞口或未来的现金流，进行反向交易，构成一项方向相反的货币流动，可以全部或部分抵消外汇风险对企业的影响。实际上，前面两点都可归结为外汇敞口的调整，通常情况下，企业不可能通过这些调整使外汇敞口为零，因此需要针对仍然存在的外汇敞口进行套期保值操作。例如，具有一笔外币应付款的企业，可以在期货市场上买进与应付款的币种、金额和期限均相同的外币期货合约，即建立反向货币流动。当外币应付款到期偿付时，若外币对本币上浮，企业将蒙受损失。但是，由于外币价格上升，企业在期货市场上售出其持有的外币期货可以获利，从而弥补了偿付外币应付款过程中的外汇风险损失。

严格地说，企业进行套期保值操作并没有改变原来存在的货币因素和时间因素的结构，而只是希望利用反向交易的损益抵消实际交易中出现的损益，减轻原交易可能出现的风险损失。套期保值操作能有效地防范外汇风险，但进出口企业是否需要对所有的外汇敞口都进行套期保值呢？回答是"不一定"。在实践中，公司通常会根据具体情况选择：①对所有敞口都进行套期保值；②完全不进行套期保值；③部分进行套期保值。如对 1/3 的交易敞口进行套期保值，1/3 不进行套期保值，余下的 1/3 视当时对汇率波动的预期而决定是否进行套期保值。由于金融市场波动越来越频繁，许多跨国公司建立起复杂的计算机监控系统，以随时掌握本公司外汇敞口的现状及套期保值的情况，提高外汇风险管理的效率。

第二节　外汇风险管理方法

风险管理是指人们对各种偶然事件的认识、预测、控制和处理，其目的是通过减少风险因素、风险事件而最终减少风险损失。外汇风险管理的目的也一样。但是，由于外汇风险是一种双向风险，涉及的因素很复杂，而且汇率波动既是整个经济系统中许多经济变量变化的原因，又是它们变化的结果。所以，外汇风险在管理方法及其运用上都有其特殊性和复杂性。各种常用的外汇风险管理方法可以分为两大类，即内部管理措施和外部管理措施。

内部管理措施是企业财务管理的一个有机组成部分，其主要任务是减少企业出现净外汇敞口或调整敞口结构。内部管理措施主要包括：计价货币优选法、调整价格法、提前或拖延收付法、配对法、组对法、多种货币组合法、冲销法和调整结算方式，等等。

外部管理措施是企业通过对外签订某种合约的方式，对内部措施未能消除的外汇敞口实行保值，设法弥补或降低潜在的外汇风险损失程度。外部管理措施主要包括：远期市场保值法、外币期货或期权保值法、货币市场保值法、掉期合同法、外汇保值条款法、贴现法、利用保理业务、利用"福费廷"业务、投保汇率险等等。

以下将分别讨论主要的内部管理措施和外部管理措施，及它们在防范交易风险方面的应用。

一、外汇风险管理的内部措施

（一）计价货币优选法

选择合适的计价货币是签订对外交易合同的一项重要的准备工作，它将直接关系到企业将要承受的外汇风险。一般的优选原则和方法是：

（1）选用本国货币作为计价货币，避免外汇风险头寸的形成，因而消除了交易的外汇风险。

（2）企业在出口贸易中应选择硬币或具有上浮趋势的货币作为计价货币；在进口贸易中应选择软币或具有下浮趋势的货币作为计价货币，以减少汇率波动可能带来的外汇风险损失。

（3）如不能采用上述方法，也可在交易合同中采用两种或两种以上升降各异的货币计价。由于在一定时期内，不同外币对本币的汇率升降不一致，损益有可能部分抵消。另外，选用综合货币单位计价，如SDR同样可以起到上述效果。

然而，从整个交易来看，计价货币优选法（Choice of Invoicing Currency）只是一项零和游戏，因为在一项进出口交易中，如果选用了硬货币计价，对出口方有利，对进口方则不利；如果选用了软货币计价，对进口方有利，对出口方则不利。从这一角度来说，计价货币优选法的效果只是转移了风险（Risk Shifting）。

（二）调整价格法

调整进出口商品的价格，可以抵消汇率变动时对外汇收付的不利影响。例如，当出口商预期合同的计价货币的汇率将要下跌时，可争取适当调高出口货价，以弥补可能蒙受的风险损失。在跨国公司内部的母子公司之间、子公司与子公司之间，通常被用来逃税的"转移价格"又可以当做转移外汇风险的手段加以利用。

实际上调整价格并没有消除外汇风险因素，只是试图减轻交易一方的风险损失。本方法有时会结合计价货币优选法一起使用，有利于交易双方在选择计价货币中达成一致。

（三）提前或拖延收付法（Leads & Lags）

根据汇率的变动情况，调整非本国货币款项的收付日期，"提前"或"延缓"收回或支付外汇资金，改变资金转移的时间，以减少外汇风险损失。这种方法称为提前或拖延收付法。

提前或拖延收付是跨国公司和从事国际贸易的企业减少外汇风险的重要措施，其一般做法是：①对于拥有外币应付款的进口商，若该种外币对本币呈上浮趋势，则进口商可提前付款；若该种外币呈下浮趋势，则相反。②对于拥有外币应收款的出口商，若该种外币对本币呈上浮趋势，则出口商可拖延收取货款；若该种外币呈下浮趋势，则相反。

企业在运用提前或拖延收付法时有几个问题必须注意：首先，企业提前或拖延收付外汇，会影响有关国家的国际收支，所以在实行外汇管制的国家可能禁止或限制这种方法的使用。其次，提前或拖延收付，对一方有利对另一方可能不利，实施起来有难度。例如，出口商希望提前收款时，债务方可能不同意，这时出口商应依照国际贸易习惯做法，需向对方提供有吸引力的折扣优惠，促使进口商同意提前支付。最后，无论是提前还是拖延收付，都有改变风险时间结构的作用，但提前收付的效果是缩短了敞口头寸存在的时间，而拖延收付则相反。后者实际上属于外汇投机性质的做法，意在获取额外的收益，如果实际汇率的变动情况与预期的相反，企业将要承受更大的损失。所以，企业在应用时必须特别谨慎，认真做好汇率预测分析。

（四）配对法

配对法（Matching）是指针对企业将来发生的外币流入或流出，通过有意识的对应交易，形成货币、金额和期限相同但方向相反的货币流动。例如，某香港公司在3个月后有10万英镑的应付款，该公司可设法在另一笔出口交易中使用英镑成交，且合同金额和收款期与原应付款相同。届时该公司以收入的10万英镑支付应付款，无需进行汇兑业务，从而避免了汇率波动的影响。

配对管理方法的运用，减少了企业的净风险头寸，也减少了在外汇市场买卖外汇的数量，在节约汇率差价费用的同时又避免了汇兑损失。

（五）组对法

组对法（Paring）的原理与配对法很相似，故又称为平行配对（Parallel Matching）。两种方法的区别在于配对货币不同，组对法中组成一对的外币流入和流出不是同种货币，而是以另一种外币的反向流动与原来存在的某种外币流入或流出组对。需要注意的是，并非任何两种货币的组对都可以很有效地减少外汇风险，其有效发挥作用的前提是：作为组对的两种货币之间的汇率应该是相对固定的，或存在稳定的正相关关系。例如，一家中国跨国企业在美国开设有子公司，该子公司有一笔欧元应付款，同时又有一笔瑞士法郎应收款，金额相当，期限相近。由于欧元和瑞士法郎对美元的汇率变动几乎是同步的，公司可以等到这两笔应收和应付款到期后，以瑞士法郎购买欧元支付货款。也就是说，当公司持有多种外币头寸，与其分别对每种外币暴露进行套期保值，不如先进行组对操作，然后才对余下的净外汇暴露进行套期保值。

组对法与配对法比较，前者比后者灵活性大，有更多的组对机会，但操作时也应更加谨慎，才能达到组对管理的目的。因为如果组对的货币不合理，或两种货币的汇率偏离了原来的正常相关关系，变动方向相反，则企业可能要承受双重的外汇风险损失。

（六）多种货币组合法

多种货币组合法（Portfolio of Currencies）在广义上而言包括两种做法：一是在一项对外交易合同中同时使用两种或两种以上货币计价；二是在不同交易中选用不同的计价货币，企业实现交易货币多样化。但通常是指后一种做法，企业在对外交易中，部分合同使用美元计价，部分合同使用日元或其他货币成交。多种货币组合法实际上并没有消除交易中的货币因素，而只是改变了货币因素的结构，使企业的外币债权和债务不过分地偏重于某一种货币，从而分散了外汇风险。这是"勿把全部鸡蛋放在同一个篮子里"的组合效应原理在外汇风险管理中的应用。

（七）冲销法

冲销法（Netting）又称净额结算，是指跨国公司子公司之间经常采用的对其内部贸易所产生的应收款和应付款进行相互抵消，仅定期清偿抵消后的净额部分，从而减少了净敞口头寸的存在。冲销法主要是跨国公司子公司之间的一种结算安排。例如，一美国跨国公司在英国和德国均设有一间子公司。由于相互间的交易，英国子公司欠德国子公司相当于500万美元的欧元债务，而德国子公司也欠英国子公司200万美元的英镑债务。若两者采用净额结算安排，根据冲销后的账目，英国子公司只需在指定清算日期向德国子公司支付相当于300万美元的欧元，就可结清双方之间的债权债务。由于采用了冲销法，两者还可节约相当于400万美元的资金流动所产生的汇兑费用。

冲销法并不局限于在两个子公司之间进行，还可以通过母公司财务部门的协调安排，在多个子公司之间进行账目冲销，即实行所谓多边冲销（Multilateral Netting）。目前，为了更好地发挥冲销法的作用，很多大型跨国公司设立了集中处理外汇敞口的再开票中心，子公司之间发生的内部交易的发票都送到开票中心，经集中冲销后子公司之间只需进行净差额的结算，或只需针对净外汇敞口选择合适的套期保值方法。

二、外汇风险管理的外部措施

(一) 远期市场保值法 (Forward Market Hedge)

利用远期外汇市场的业务进行套期保值操作是一种传统的、最广泛运用的外汇风险管理方法之一。其做法是：具有未到期外币债权或债务的企业，通过签订远期外汇合同，预先卖出或买进与债权或债务的币种、金额和期限均相同的外币。于是，在债权或债务的结算日，企业可按约定的汇率将外币收入兑换为本币，或以本币购买外币偿付债务。因此，不管日后汇率如何波动，都不会对企业的收入或支出造成意外的影响。

例如，一美国出口商向加拿大出口一批货物，90天后将收到200万加元的货款。美国出口商的外汇敞口情况与远期保值操作程序如表6-2所示。

表6-2 外汇敞口与远期保值操作程序

进出口交易背景	
出口合约签约日期：	2010.9.1
赊销期限：	90天
付款日期：	2010.12.1
合约金额：	Can $2000000
外汇汇率	
即期汇率：	US $1 = Can $1.1350/1.1360
90远期汇率：	US $1 = Can $1.1450/1.1465
保值操作	
2010.9.1：卖出90天远期外汇 Can $2000000，远期汇率为 US $1：Can1.1465	
2010.12.1：美国出口商收到货款 Can $2000000，并按远期合约规定的汇率交割，得到 US $1744439.60 (2000000 ÷ 1.1465)	

通过在远期外汇市场上的套期保值操作，在出口合约达成后，美国出口商即把将来的交割汇率确定下来，消除了外汇风险的时间因素，因而回避了风险发生的可能。在上述例子中，整笔交易敞口都不会受到汇率波动的影响，因此我们说这一套期保值操作起到了完全抵补 (Perfect Covered) 的效果。但并非所有的套期保值操作都能对外汇敞口实现完全抵补，因为进出口商有时不能针对"已有的"交易建立一项在币种、金额或期限上完全相同的反向远期资金流，如有些货币还没有远期交易业务、或期限不吻合、或交易对方临时变更了支付时间等，那么，这种抵补将是不完全的。有的时候，贸易商不能确知将来的收付日期，这时他需要签订带选择权的远期外汇合约，以适应外汇实际

收付时间的变化。

(二) 外币期货保值法

外币期货合约由于其高度的流动性，经常被当做套期保值工具使用。企业在达成进出口交易后，可针对已产生的外币债权或债务在期货市场上卖出或买入相同货币的期货合约，然后在债权或债务到期结算时，通过在期货市场上作一反向交易，对冲原先持有的期货合约，以外币期货交易实现的盈亏，弥补实际交易中出现的损益，因而减少了汇率波动对交易收益的影响。以下举例说明在期货市场的套期保值操作。

假设某年5月1日，一美国进口商与一加拿大出口商签订进口原木合同，总金额为30万加元，付款日期为3个月后的8月2日。按当时汇率计算，该进口商将获利，但如果3个月后加元对美元有较大幅度的上浮，则该进口商需要多付出美元，增加了以美元计算的进口成本。为避免外汇风险，美国进口商决定在期货市场上作套期保值，具体操作如表6-3所示。

表6-3 外币期货套期保值操作

现货市场	期货市场
5月1日 签订进口加拿大原木合约 合约金额：Can $300000 即期汇率：Can $1 = US $0.8350 折合美元：US $250500	5月1日 买进3份9月的加元期货合约 1份合约金额：Can $100000 汇率：Can $1 = US $0.8340 总值：US $250200
8月2日 货物合约到期支付货款 买入 Can $300000 即期汇率：Can $1 = US $0.8380 折合美元：US $251400	8月2日 对冲持有的加元期货合约 卖出3份9月的加元期货合约 汇率：Can $1 = US $0.8370 总值：US $251100
损失：US $900	获利：US $900

在上述例子中，由于加元汇率上升，美国进口商需要比原来多付出900美元，但他在期货市场的套期保值交易中获利900美元，抵消了在现货市场上的损失。可见，套期保值使美国进口商把最初的进口成本基本上固定下来，免受汇率不利变动导致的损失。

值得注意的是，外币期货合约是标准化合约，买卖的金额只能是一份合约规定的价值或其整倍数，所以，套期保值的金额很难与现货合约的交易金额完全吻合。另外，外

币的现汇价格与期货价格之间的基差（Basic）也可能变动，使在两个市场上的买卖盈亏不能刚好相抵。这就是说，运用期货合约套期保值很难实现完全抵补，总的结果可能仍是损失，不过损失较少而已。

（三）外币期权保值法

外币期权交易作为外汇风险管理的一种新的保值工具，是远期外汇市场与外币期货套期保值的延伸，它们在避险原理上是基本一致的，只是在具体做法和保值效果上各有特点。通常情况下，如有一笔外币应收款，相应的套期保值是买入卖权；如有一笔外币应付款，相应的套期保值是买入买权。利用外币期权进行套期保值，保值者在操作上有更大的选择余地，期权买方可根据市场汇价的变化对己是否有利，决定履行合约还是放弃合约。因此，保值者从一开始就能预知可能出现的最大损失，而当汇率向有利方向变动时他又可以放弃期权，在相当程度上获得有利变动而带来的利益。如果说运用外汇远期合约或期货合约进行套期保值，保值者的风险损失与获利机会被同时转移的话，那么，运用外币期权实现保值，保值者在支付一定费用后，既可以规避损失的风险，也可保留获利的机会。

仍以上例假定为基本条件，若美国进口商不以外币期货而是以外币期权作为套期保值手段，则该进口商需要购买 6 份 9 月到期的加拿大元买权合约总值为 30 万加元（Can \$50000 ×6）。假设合约的协定价格为 Can \$1 = US \$0.8350，每份合约的保险费为 400 美元，当时外汇市场上即期汇率是 Can \$1 = US \$0.8350。3 个月后支付货款时，无论出现下述哪一种情况，美进口商均可减少外汇风险损失。

（1）加元对美元由原来的 Can \$1 = US \$0.8350 上升为 Can \$1 = US \$0.8700。如没有进行保值交易，该进口商需付出 US \$261000 （300000 ×0.8700）购买加元支付货款，比原来多付出 US \$10500 （261000 – 250500）。在做了套期保值的情况下，进口商要求履行期权合约，可按协定价格购买加拿大元支付进口，而不是按当时的即期汇率购买。因此，在扣除了 2400 美元期权费后，美国进口商仍可减少 8100 美元的损失。

（2）加元对美元由原来的 Can \$1 = US \$0.8350 下跌为 Can \$1 = US \$0.8000。在此情况下，该进口商可放弃期权，在外汇市场上按当时的即期汇率购买加元付款，只需要 US \$240000 （300000 ×0.8000），若加上期权费 US \$2400，也比履行期权合约少付 US \$8100 （250500 – 240000 – 2400）。即进口商可获得美元上浮所带来的好处。

（3）汇率维持在原 Can \$1 = US \$0.8350 的水平上。进口商可以行使期权，也可放弃期权，其结果都是进口成本基本不变，仅损失 2400 美元的期权费。

（四）掉期合同法

掉期交易作为一种外汇风险管理方法，多在对外短期投资和短期借贷中应用。例如，日本一跨国公司需要调拨 1000 万美元供其在美国的子公司短期运用，期限为 3 个月。为防止 3 个月后日元对美元升值，使收回的 1000 万美元不能兑换原来数额的日元而遭受损失，该日本跨国公司可与银行签订掉期合同，为此项短期资金借贷保值。该项掉期业务的基本安排是：日本跨国公司现在以日元购买 1000 万美元，并同时确定 3 个月后将 1000 万美元卖回给银行换取日元。由于签订的掉期合约上明确规定了买卖汇率，日本公司将汇率波动的风险转让给银行。

（五）货币市场保值法

货币市场套期保值（Money Market Hedge）又称融资性套期保值（Financial Hedge），是指通过在货币市场上进行短期借贷，建立对冲性质的债权债务，以达到防止外汇风险的一种保值方法。货币市场保值法与在远期市场套期保值一样，需要涉及对外部订立合同的问题，只不过在此操作中保值者要订立的是一个贷款协议。下面我们用两个例子分别说明如何对应收外币账款和应付外币账款进行套期保值。

例 1：某美国公司 90 天后有一笔出口收入 50 万瑞士法郎，并决定利用货币市场套期保值防止外汇风险。该公司达成出口交易后，可在货币市场上借入相同金额的瑞士法郎，期限也是 90 天。借得瑞士法郎资金后，公司立刻在即期外汇市场上将其兑换为美元，设当时的即期汇率是 US $1 = SF1.4250，则 SF500000 可兑换得 US $350877，并将这笔美元资金在货币市场上进行投资。90 天后，美国公司以 50 万瑞士法郎的出口收入偿还到期的贷款，同时收回美元短期投资。在这段时间里，即使汇率发生变动，出口收入的美元等值也不会受到影响。

上述套期保值中暂未考虑利息因素，如果要把此因素考虑在内，则瑞士法郎借款与美元投资之间的净利息支出可视为采取防险措施的成本费用。

例 2：某美国公司 90 天后要支付一笔进口货款，金额为 50 万瑞士法郎。该公司可以在货币市场上借入相当于 50 万瑞士法郎的等值美元（本币），若当时的即期汇率 US $1 = SF1.4250，即借入 US $350877（500000 ÷ 1.4250），期限是 90 天，并以借入的美元在即期外汇市场买入 50 万瑞士法郎，随后可将瑞士法郎投放于货币市场，投资期限也是 90 天。90 天后，该公司收回这笔短期投资，偿付到期的 50 万瑞士法郎货款，剩下来要偿还的只是一笔本币贷款，无需考虑汇率变化问题，因此规避了这笔外币应付款的损失风险。

从上述两例中可知，利用货币市场进行套期保值，常常需要综合运用借款、即期外汇交易和短期投资三种基本业务，才能改变外汇敞口的时间结构，消除外汇风险的影响。所以，在外汇风险管理中，亦有将此法称为 BSI 法（Borrow-Spot-Investment）。但要注意的是，上述两例的操作程序是可以视实际情况而灵活运用的。在例1的情况下，如果公司的内部收益率高于货币市场的利率水平，则该美国公司可将借入的外币资金用于内部经营活动，而不用于货币市场投资。在例2的情况下，如果公司的自有流动资金较充裕，也可以动用本身的流动资金购入瑞士法郎，而无需从银行筹借。不过，即使是如上述灵活操作，企业仍然要承担机会成本。

（六）签订保值条款法

由于传统的商业习惯或其他原因，在出口贸易合同中有可能要使用具有下跌趋势的外币成交，这时出口商可以要求在贸易合同中订入外汇保值条款，即出口贸易合同以比较稳定的货币或综合货币单位计值，支付时则按支付货币对计值货币的现行汇率调整实际支付的外币金额。如果支付货币对计值货币下跌了，实际支付的金额应增加；如果支付货币对计值货币上升了，则相反。总之，由于签订了外汇保值条款，保证债权人以计值货币衡量的外币收入不受汇率波动的影响，从而减少了损失。

（七）贴现法

当企业的出口应收款是以远期汇票形式支付时，出口商可以将其贴现（Discount），提早取得外币货款并将其及时兑换为本国货币，在具体操中有时还结合短期投资一起进行，以抵消部分贴现成本。

> 例如，某英国出口商向法国出口货物，金额为100万欧元，同意对方以90天远期汇票付款。为减少外汇风险，英国出口商在取得欧元远期汇票后可立即将其贴现。假定当时的即期汇率是 £1 = €1.2015，欧元汇票的贴现率为8%。该英国出口商贴现汇票后得到98万欧元，按当时的汇率可兑换815647.12英镑。随后，该出口商可将此英镑作3个月的短期投资，若英镑的短期利率为6%，则3个月的利息为12234.7英镑，投资结束后该出口商稳得本利和827881.8英镑。

贴现法与提前收付的原理一样，因其改变了已存在的外汇敞口的时间结构，从而减轻了外汇风险。但此法不适用于防止应付外币账款的外汇风险。

（八）利用保理业务和"福费廷"业务

在国际贸易中，如果出口商以赊销方式出售商品，他们也可以将代表外币应收款的单据（如发票等）卖断给保理机构，提前收回本币资金。出口商利用保理业务（Factoring）不但可以转移汇率波动风险，同时还可以避免商业信用风险。

所谓"福费廷"(Forfaiting)就是在延期付款的大型设备贸易中,出口商把经进口商承兑的中、长期偿付票据(如汇票或期票),以无追索权的方式售予所在地银行或承办此业务的金融机构,提早取得现款的一种资金融通方式。如果出口商将所得外币现款立即在外汇市场上兑换成本币,那么"福费廷"作为一种融资安排的同时,又能有效地减少外汇风险。

第三节 套期保值方法的选择

在外汇风险管理中,决策者需要对多种套期保值方案进行评价,进而选择最优的管理方法。成本-收益分析是跨国公司常用的一种评价方法,决策者通过成本-收益分析,寻找能实现管理目标而代价较小或花费既定成本取得较大收益的方法。外汇风险管理方法的成本主要表现为交易费用、利息费用、保险费用、调研费用等,其收益则是风险损失可以减少多少。以期权为例,保值者在购入期权后,就等于取得对将来按既定汇率买入或卖出外币应收、应付款的保障,期权费用的高低与这种收益的高低直接相关。期权费用的理论价值体现的就是期权交易双方成本-收益均衡的结果。以下主要讨论两种常用的套期保值方法的成本分析。

一、远期市场保值的成本分析

假如美国公司出口一批货物,180 天后要收到 200 万瑞士法郎,为防范外汇风险,该公司决定卖出 180 天的远期瑞士法郎 200 万,远期汇率为 SF1 = US $0.3828,当时的瑞士法郎即期汇率为 SF1 = US $0.4000。按照传统的评价观点,远期汇率的升、贴水就是远期合约的成本,即此例的成本是 4.3%。具体计算如下:

(远期汇率 – 即期汇率)/即期汇率
= (0.3828 – 0.4000)/0.4000
= –4.3%

另外一种新的评价观点则认为应该以机会成本(Opportunity Cost)衡量远期市场保值的成本。也就是说,把做了套期保值后每单位外币换取的本币数与不做套期保值每单位外币在到期日实际能换取的本币数进行比较。因此,远期保值的实际成本取决于远期合约到期日的即期汇率,即将来的即期汇率。假设结算日的即期汇率为 SF1 = US $0.3600,则套期保值有 5.7% 的收益,或称之为负成本(Negative Cost)。计算方法如下:

(远期汇率 – 将来的即期汇率)/现行即期汇率
= (0.3828 – 0.3600)/0.4000
= 5.7%

以机会成本衡量的套期保值成本是随着将来的即期汇率变化而变化的,在签订买卖远期外汇合约时是不确定的,管理者只能依据预测的变动范围做出估算,在决策阶段这只能说是一个预期成本。

二、远期外汇市场保值与货币市场保值的成本比较分析

在实际操作中,货币市场的套期保值方法既要在货币市场进行短期借贷,还要利用远期外汇合约对借贷进行保值。因此,市场借贷利率和远期汇率都影响套期保值的成本。下面我们将举例说明在同一交易背景下,如何比较远期市场套期保值和货币市场套期保值的成本与收益,并做出合理的选择。为简化条件,突出原理性问题,此例中暂不考虑汇率的买卖差价和借贷利差等因素。

例1:一美国跨国公司从瑞典进口电器设备,1年后需向瑞典供应商支付5000万瑞典克朗。若当时的市场汇率和利率情况如下:

即期汇率:SEK1 = USD0.1480

一年期远期汇率:SEK1 = USD0.1436

美元利率(年率):7%

瑞典克朗(年率):10.5%

试比较远期市场套期保值和货币市场套期保值的成本,说明该美国公司应选用哪一种套期保值方法。

1. 该美国公司可利用远期外汇市场把这笔外币应付款的成本固定在USD7180000(50000000×0.1436)。

2. 该美国公司也可以运用货币市场保值法把这笔外币应付款的成本固定在7165611美元。具体做法如下:

1)美国公司借入一年期6696833美元,在即期外汇市场兑换成SEK45248871(6696833÷0.1480),并作一年期的投资(或存款)。

2)1年后收回投资,合本利和SEK50000002(45248871×1.105),正好用于支付进口货款。

3)偿还美元借款,合本利和7165611美元。

通过上述计算可知,利用货币市场的套期保值法成本较低,可以比远期市场保值法少支出14389美元。所以,该美国公司应该选择货币市场保值法防范瑞典克朗应付货款的外汇风险。

例2:一香港公司90天后将收到加拿大客户支付的货款110万加元,当时的市场汇率和利率如下:

即期汇率：HKD1 = CAD0.1494

90 天远期汇率：HKD1 = CAD0.1482

90 天加元利率（年率）：4.9%

90 天港元利率（年率）：6.15%

为防范汇率波动对这笔外币应收款的影响，该香港公司应选择远期市场保值法还是货币市场保值法？

1. 远期市场保值：香港公司可在远期外汇市场预先卖出这笔加拿大元应收款，把出口收入固定在 7422402 港元（1100000÷0.1482）。

2. 货币市场保法：香港公司可以通过借贷的方法，把出口收入固定在 7385550 港元。具体做法如下：

（1）香港公司借入 1086688 加元（1100000÷0.1225），期限为 90 天，利率 4.9%。

（2）在即期外汇市场将借入的加拿大元兑换为 7273681 港元（1086688÷0.1494）。

（3）将港元存放 90 天，存款利率为 6.15%。

（4）香港公司 90 天后取回存款 7385550 港元（7273681×1.01538）。

（5）香港公司 90 天后以收到的 110 万加元货款偿还借款，该笔借款合计本利和也是 110 万加元（1086688×1.01225）。

比较上述两种保值方法的结果可知，远期市场保值法可以把加元应收款的港元等值固定在较高的金额上，前者比后者要高 36852 港元。因为如运用货币市场保值法，相当于要使用一个对香港公司不利的远期汇率：HKD1 = CAD0.1489（1100000÷7385550）。所以，香港公司应选择远期市场保值法。

本章小结

1. 外汇风险是指因外币资产或负债，因汇率随机波动而引起其以基准货币（通常为本币）衡量的价值上涨或下降的可能性。外汇风险描述的是一种不确定的状态。外汇敞口或称风险头寸是指正暴露在汇率波动风险之下的那部分债权债务。外汇汇率发生变动时，这部分暴露的外币资产或负债以本币表示的价值将受影响。不同类型的外汇敞口导致企业面临不同性质的外汇风险，包括交易风险、折算风险和经营风险。

2. 货币因素和时间因素是构成外汇风险的基本因素，因此就原理而言，有效的外汇风险管理是要设法消除货币因素或时间因素，或合理调整两因素的结构，或运用反向交易抵消风险因素的影响。

3. 交易风险管理方法可分为内部管理措施和外部管理措施。内部管理措施是企业财务管理的一个有机组成部分，其主要任务是减少企业出现净外汇敞口或调整敞口结构，如计价货币优选法、提前或拖延收付法、配对法等。外部管理措施是企业通过对外签订合约的方式，对内部措施未能消除的外汇敞口实行保值，如远期市场保值法、外币期货或期权保值法、货币市场保值法等。

4. 折算风险管理的通常做法是实行资产和负债的匹配，使两者的净差额趋向零。防范经营风险的目的是要减少非预期的汇率变动对企业未来现金流的影响。跨国公司通常实行的对策是经营多元化和融资多元化，从而使企业的产品结构、市场结构、财务结构能对汇率波动迅速做出调整。

思考题：
1. 试分别说明交易风险、折算风险和经营风险的形成原因。
2. 试述企业消除或减缓外汇风险的基本原理。
3. 举例说明如何利用远期外汇交易防止进出口中的外汇风险。
4. 外币期权合约的持有者在什么情况下会要求执行合约？在什么情况下会放弃执行合约？
5. 一国出口商如何利用融资性套期保值法防范进出口交易中的外汇风险？
6. 举例说明如何利用期货交易进行套期保值。

相关链接 外汇风险案例：百富勤投资集团公司的破产

百富勤投资集团有限公司（Peregrine Investments Holdings Limited）成立于1988年底，由集团主席杜辉廉和董事兼总经理梁伯韬在香港创办。在短短几年间，其业务已遍及亚太各地，拥有庞大的办事处网络，建立了广泛的亚洲业务伙伴及商业联系，以及公认的环境配售力。在其业务重点的亚洲市场，该集团主要为客户提供各类型的综合投资银行及证券经纪服务。客户既可在亚洲各个经贸中心获得精辟独到的企业融资顾问、证券买卖及包销服务，同时亦可通过集团的全球服务网络在香港及国际资本市场筹集资金。百富勤不但精于协调本域跨国性的合并与收购计划，而且在证券投资、直接投资、委托管理、项目融资、分销等业务中功力不凡。凭借它精到的企业融资顾问服务和非凡的业务拓展能力，百富勤曾经受到亚欧及北美投资者的青睐。

然而，就在百富勤正不断拓展国际资本市场之时，1998年1月12日下午5时，传来令人震惊的消息：百富勤投资集团公司发出公告："百富勤已委托罗兵逊会计师事务所作为清盘人，进入法律程序进行清盘。"这意味着亚洲（除日本外）最大的独立上市投资银行——百富勤宣告破产。

震惊之余，人们自会将目光投向源于1997年下半年的一场涤荡全球的金融风暴，这是一场在泰国爆发并迅速波及东南亚乃至全球的金融危机。1997年7月2日，泰国中央银行宣布放弃实施了14年的钉住美元的汇率制度安排，改成有管理的浮动汇率制，从而宣告在与货币投机者持续两个多月的短兵相接的较量中，泰国中央银行失利，同时这也宣告一场货币危机在泰国全面爆发。泰铢在外汇市场上当天大泻17%，危机迅速波及东南亚及整个亚洲地区，七八月间，菲律宾比索、马来西亚林吉特、印尼盾和新加坡元兑美元的汇率屡创历史新低。与此同时，这些国家的股市发生大幅波动，雅加达、马尼拉、新加坡股市分别下跌了6.9%、9.3%和6%。东南亚金融危机进一步向全球其他新兴市场和发达国家扩散，而且还从外汇市场波及其他市场如股票市场，由一国货币危机发展成为影响更为广泛的全球性金融动荡。

此次风暴亦使东南亚投资银行界受到相当大的冲击和损失。由于百富勤大量投资于东南亚市场，此番东南亚货币及股市狂泻给它造成了无法弥补的损失。1997年7月，东南亚国家货币接二连三贬值时，7月2日泰国宣布放弃捍卫泰铢，当日泰铢贬值20%；7月11日菲律宾让比索自由浮动；3天后马来西亚放弃保卫林吉特；8月14日印度尼西亚让印尼盾自由浮动，印尼盾狂泻不止。这一天泰国390亿美元外汇储备只剩下11亿美元，被迫向IMF求救。由于百富勤是区内最大的亚洲货币债券商，货币突然贬值，使一些由百富勤安排发行债券的东南亚公司可能无法履行如期还款责任，百富勤因此在8月及10月共拨出6000万美元做呆账准备。另外，欠百富勤庞大款项的印尼计程车公司SS本计划以配股筹集资金，偿还百富勤的巨额债务，但由于印尼盾连创新低，汇率从1美元兑换2400印尼盾跌至3900印尼盾。于是SS决定再度延迟配股计划，这一决定使百富勤能否收回SS公司债项成为悬念。尽管百富勤一直未曾透露其与SS之间的债务关系，但实际上百富勤手上持有一笔多达2.65亿美元的SS短期票据，而此笔票据将在1998年2月4日到期，以当时印度尼西亚在金融危机中的局势，不仅遭受巨大的汇率风险损失（至1998年1月百富勤宣布破产，印尼盾已跌破6000），而且连这笔贷款是否能够顺利收回都成为问题，机会甚为渺茫。同时，百富勤在东南亚其他国家的业务也在这场危机中遭受不同程度的损失，特别是在泰国的业务受损最为严重。

1998年10月初，东南亚金融市场又刮起一股轮跌风，金融风暴祸水东移。以10月22日晚伦敦外汇市场上一笔30亿港元的沽盘为标志，国际炒家全线出击，对香港开始了新一轮的阻击战。由于投机者大举沽空港股和港汇，共抛售1000亿港元，致使长线投资者对香港的联系汇率制的信心产生动摇。为了避免损失，他们也加入了抛售港股和港汇的行列，承盘银行也被迫卖出港元进行对冲。由于投机者、承盘银行和长线投资者都在抛售港元，港币汇率在即期和远期市场受到强大压力。港币汇率直逼7.75港元兑换1美元的底线，1年期远期汇率则下跌到8.02港元兑换1美元的水平。

国际炒家还运用了声东击西的方法，一手抛港币，一手攻股市，香港金融管理局所采取的紧缩银根措施使香港银行间拆借市场利率急剧上升，招致香港股市的暴跌。10月20日（周一）恒生指数开市13600点，一路下挫。1998年10月23日对于香港股民来说是一个不幸的日子，恒生指数由11700点暴跌至10426点，跌幅达到10.4%。若以点数计超过了1987年10月26日"黑色星期一"1120点的跌幅。从10月20日到28日，恒生指数在短短的几天里跌去4541点，跌幅达33.4%。若以香港股市1998年7月3日的3000亿美元的市值计算，到10月28日已损失约1400多亿美元。

香港股票持续暴跌亦使百富勤内伤加剧，百富勤持有20多支上市的认股权证，所需作对冲的认股数目估计在30亿港元以上，恒生指数暴跌令持股量较多的百富勤损失惨重。百富勤在1997年7月至10月的股票损失至少在数亿港元以上（估计近10亿港币）。在遭到外汇风险、股市下跌的双重打击下，百富勤决定以裁员方式"止血"，宣布全球裁员275名，占百富勤当时总员工数目的一成半，其中香港雇员47人，但节省回来的成本与百富勤在金融风暴中的损失相比，可谓"杯水车薪"，无济于事。

由于业务和财务上发生严重困难，百富勤开始准备引入新股东以自救。相关机构也与百富勤洽谈对其收购一事，但由于市场形势不断恶化，终未有进展。百富勤集团的两大主要往来银行汇丰银行和中银集团明确表示不会收购百富勤；虽然当时市场一直寄希望于中银集团会出于政治因素出手挽救百富勤，但中银集团明确声称"既无此计划，也无此必要"。另外，香港长江实业主席李嘉诚和中信泰富主席荣智健作为百富勤的股东，也表示不会对其伸出援手。就在这般重重压力下，又传来原协议认购股份的瑞士苏黎世集团打退堂鼓和又有一笔6000万美元贷款到期的不幸消息。这时，百富勤内部流动资金早已枯竭，至此，百富勤再无任何回转余地，终于被迫申请破产清盘。

受百富勤事件的影响，香港恒生指数1998年1月12日一度跌破8000点大关，市场极为恐慌。香港特别行政区行政长官董建华呼吁市民"面对股市的上落要作冷静和明智的决定"，"百富勤集团不是银行，而是一家主要经营证券业务的投资公司，其问题对香港银行体系不会有大的影响"，同时表示"最重要的是百富勤要保证通过百富勤投资的投资者的资金能够得到保障"，他认为百富勤能做到这点。的确，百富勤也强调，客户与公司的账户是相互独立的，客户可通过电话或传真热线取回账户上的股票及现金，百富勤免费办理过户手续，由此可见百富勤日常管理还是比较完善和规范的，并没有因为本身投资失败、财政困难而出现账目混乱。

十年创业，扶摇直上；一朝受挫，雏鹰折翼。百富勤的领袖凭借他们在财经界的关系、经验及财产，迅速成长起来，百富勤由最初3亿港元的资本发展成为拥有240亿港元总资产的跨国投资银行，在东南亚及欧美共设有28家分行，业务遍及证券、期货经纪、基金管理、投资融资、包销上市等。在中国内地国企改革之中，百富勤把握先机，成为多个国企及红筹公司上市的主要财务顾问。但显赫一时的金融巨子，却被这次金融风暴所淹没。在感慨国际资本市场风云突变之时，百富勤的兴与衰更值得全世界的投资银行界人士深思——外汇风险须时刻提防，不能有丝毫懈怠。

资料来源：www.ev123.com

> **相关链接**　中国企业投资非洲的汇率风险管理案例分析

全球金融危机发生后出现商品价格暴跌，许多矿产商陷入困境，中国企业利用西方竞争者很难获得的现金来低价收购资产，正在对非洲矿业和相关项目进行第二波的大规模投资，以满足经济增长的需要。汇率风险是投资非洲不可不正视的重要风险。中国企业在非洲面临的汇率风险主要有两种：一种是在进出口贸易中，结算货币汇率变化带来的风险；另一种是在国际市场融资中，在借款期间汇率变化的风险。中国在非洲投资的企业由于风险防范意识和能力不够强，所以投资收益遭受汇率风险的影响比较大。

南非是中国在非洲最大的贸易伙伴，南非拥有大量的矿产资源。2002年，中国酒泉钢铁公司启动的铬矿和铬铁生产项目投资额就达3400万美元（约合人民币2.72亿元）。2005年10月，在伦敦股票市场，该项目以国际铁合金公司的名义成功上市，并获得了8000万英镑（约合人民币11.76亿元）的投资，还从南非的银行取得了项目融资贷款，使得这一资源性投资项目的总投资达到3.3亿美元（约合人民币26.4亿元）。投资如此大的项目，钢厂的投资回收周期也较长，其中的汇率风险是需要倍加关注和防范的。以下我们以酒泉钢铁公司在南非的投资项目为例，结合南非兰特的汇率走势进行案例分析，探讨应该采取哪些措施来规避汇率风险。如图1所示。

图1　1999—2008年人民币对南非兰特汇率走势

从图1中我们可以看到从2002年到2005年短短3年间，人民币汇率波动剧烈，从1.5跌到0.7，跌幅达到了54%。当然，人民币相对南非兰特下跌，是每个中国海外投资人都乐意看到的。在这个过程中，用人民币计价的海外投资都是不断上升的，反映在企业盈利报表上可以很好看。在此过程中，不用任何对冲便是中国在南非投资企业最好的外汇管理策略。2005年则是一个重要的分水岭，南非兰特相对人民币开始贬值，中国在南非的投资企业就需要采取积极的汇率避险策略。

外汇风险管理方法多种多样，这些企业可以提前结算，减少因人民币升值带来的账面价值的减少，还可以用人民币远期和美元兑南非兰特远期来做一个人民币对南非兰特的对冲交易。以中国酒泉钢铁公司为例，2002年投资的两个项目到2005年开始产生了收益，这个收益每年要不断返还给中国母公司。如果这个收益返还是一年一次，那么酒钢就应该提前对2005年返还的利润做一下对冲。如果这两个项目预计2005年将产生3000万南非兰特的净利润，管理层决定返还利润的50%给中国本部，那么需要对冲的部位就是1500万南非兰特。如果此时预计人民币兑南非兰特1年后会上升，我们可以这样做来回避人民币上涨而带来的换汇损失：首先在外汇市场上卖出1500万南非兰特一年期远期合约，换回一年期的美元，然后在中国国内银行卖出换回额度相同的一年期美元，就可以锁定人民币的投资收益，所付的费用就是两次外汇远期合约的费用。当然，一些习惯做人民币 NDF 交易的企业，可以用美元买入金额相等的人民币 NDF 一年期合约。他们不选择国内银行的外汇远期合约，是因为 NDF 无本金要求和资质审查，但是，NDF 所得的收益是美元或者港元，如果要兑换成人民币，则会再次面临汇率风险，不能算完全的对冲，但是存在的风险头寸已经很小了。

我们再来看一下酒钢在2005年8000万英镑的融资中的汇率风险。因为这个项目最后融资在英国上市，那么就意味着在伦敦上市的公司应该提供一个以英镑为计价单位的企业报表和以英镑为支付货币的股息。我们需要结合英镑兑南非兰特的汇率走势进行分析。见图2。

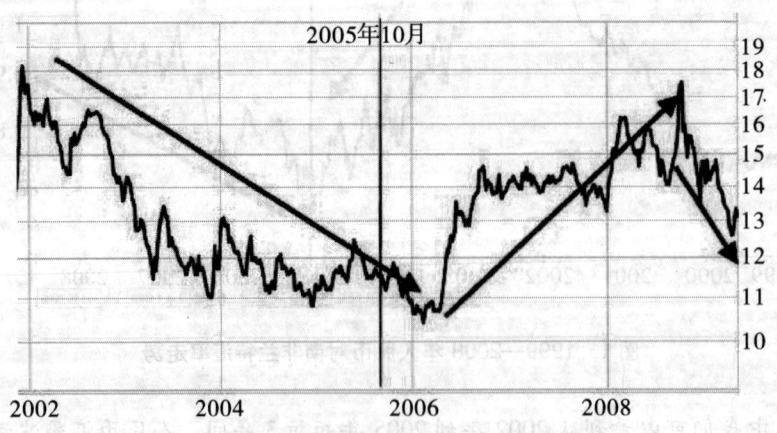

图2　2002—2008年英镑对南非兰特的汇率走势

总的趋势是从2006年年初开始英镑逐步走强，也就意味着对偿还南非银行的项目融资贷款（南非兰特计价）有利，从伦敦上市换来的8000万英镑融资资金开始升值，从融资方面来看此时的汇率走势对国际铁合金公司是有利的，没有必要做对冲措施，先使用从南非银行以南非兰特标价的贷款，后用英镑的融资资金便是一个好的组合。但是，英镑的不断上升对固定额度的英国股息支付将越来越给公司造成压力，还有对以英镑计价的企业资产也构成了威胁，英镑的升值会减少该公司的资产价格。这些都应该得到合适的对冲。对冲方法基本和贸易结算的方式差不多，股息的对冲比较简单是因为股息之前已经固定；而资产的对冲很难，因为企业很难准确算出当前资产的市场价格，但是还是需要做一下估计，这个就需要参考市场价格来推算资产价格，算出具体的对冲金额。

当然，上面只是简单地分析了中国企业投资非洲的汇率风险和对外会暴露的管理方法。每个企业有不同的特点，也需要有不同的对冲策略，这里需要结合企业运作特点和融资方式来设计合适的汇率风险规避策略。

（资料来源：www.forex.com.cn 外汇通网站）

第七章 国际金融市场

国际金融市场是从事国际金融活动的场所,在国际间的资金转移、借贷和投资中起着极为重要的作用。本章主要介绍国际货币市场、国际资本市场、欧洲货币市场和衍生金融市场。

第一节 国际金融市场的形成与发展

一、国际金融市场的概念

金融市场是进行金融工具交易的场所或机制(Mechanism)。金融工具是指对未来货币收入的要求权的凭证,如存款单、债券、股票、票据、保险单等。在金融市场中,通过金融工具的交易,资金融通得以实现,即资金从盈余部门转移到赤字部门,从而调剂了资金的余缺,优化了经济资源的配置。如果金融工具仅限于用本币定值,金融活动仅限于一国境内,市场参与者仅限于本国的居民,这样的金融市场称为国内金融市场。如果金融工具使用不同的货币来定值,交易活动不受国界限制,市场的参与者涉及多国居民,这样的金融市场称为国际金融市场。因此,国际金融市场是指金融工具进行跨国交易的场所或机制;或者说,国际金融市场是指国际资金融通的领域及其活动。国际金融市场是国内金融市场的延伸和扩展。

国际金融市场的概念有狭义和广义之分,狭义的国际金融市场是指不同主体之间进行国际资金借贷和资本交易的场所;广义的国际金融市场是指从事各种国际金融业务活动的场所,既包括传统的短期资金市场(货币市场)、长期资金市场(资本市场),也包括外汇市场、黄金市场和衍生金融市场。

当今的国际金融市场是由众多经营国际金融业务的机构组成的,它们通过电话、电传和互联网等现代化通讯工具进行交易,不需要有集中的、固定的交易场所,所以国际金融市场主要是一个无形市场。当然,也有部分市场是有形市场,如股票交易所和期货交易所。

二、国际金融市场的形成

国际金融市场是随着国际贸易的发展、世界经济市场的形成以及国际借贷关系的扩大而逐渐形成的。

随着生产技术和劳动分工的发展,商品生产和交换得到发展,进一步促进了国际贸易的发展。随着各国对外贸易的不断发展,国际间的债权债务、国际汇兑和清偿业务必然随之增长。为适应国际清算的需要,16世纪末,在当时的世界商业中心阿姆斯特丹形成了国际清算中心。阿姆斯特丹国际清算中心的出现有力地推动了国际贸易的发展。但由于当时的国际经济关系仅仅是贸易关系,还不存在国际经济合作与技术合作,资本积累和资本的国际移动还处在发展的初期,还不具备产生国际金融市场的客观条件。

18世纪,以英国为中心的产业革命促进了世界制造业的迅速发展,国际贸易也以英国为中心在欧洲得到迅速发展,并扩大到北美、非洲及远东的印度和中国,国际贸易额急剧增长,国际清算业务迅速发展。在国际贸易结算和支付中,英国大量地使用英镑作为支付手段,英镑成为国际结算的主要货币。英国的商业和金融中心伦敦也成为世界的商业和金融中心。从事国际结算业务的英格兰银行也获得巨大发展,并在世界各地建立了广泛的业务代理网。由于英国当时在国际贸易中的重要地位,英镑作为国际结算的主要支付手段,以及伦敦发达的国际贸易和国际金融业务的中心地位。因此,伴随着资本国际借贷的发展,世界上最早的国际金融市场于19世纪初期首先在伦敦产生,伦敦成为最早的国际金融中心。

第一次世界大战以后,生产的国际化和资本的国际化进一步发展,资本的国际借贷已成为国际金融业务的重要组成部分。纽约、巴黎、苏黎世等著名的国际商业中心城市也发展成为重要的国际金融市场。

早期的国际金融市场的形成是以国内发达的金融市场和雄厚的经济实力为基础的。其形成的主要条件是:

(1) 社会和政治的稳定。这是国际金融市场所必须具备的首要条件。一国社会和政局的稳定,保证了各项经济和金融法规的稳定,使金融交易能正常开展,融资者和投资者的权益能得到保障,才能有利于国际资本的流入和流出。

(2) 较强的国际经济活力。一国有较高的对外开放度,对外经济交往活跃,有利于吸引国外金融机构的进入,形成国际资金集散地。

(3) 完善的金融立法和宽松的金融政策。保证金融交易的规范化、公平和公正,保障国际资金进出自由和方便。

(4) 完善的金融市场结构。该国应有发达的国内金融市场,种类齐全的金融机构,健全的金融制度,并拥有专门的国际金融人才和先进的国际通讯设施,从而能提供高质高效的金融服务。

三、国际金融市场的发展

国际金融市场的真正发展开始于第二次世界大战以后，其发展大致经历了以下几个阶段：

（一）战后初期阶段国际金融市场的发展

自第一次世界大战爆发到第二次世界大战结束，英国的经济实力相对下降，美国成为世界经济的霸主。第二次世界大战后，布雷顿森林体系建立，美元成为主要国际储备货币和结算货币，纽约国际金融市场崛起，超过伦敦成为世界最大的国际金融市场。战后新的国际经济金融秩序的确立，极大地促进了世界经济和国际贸易的发展，大规模的国际资本流动，使国际金融业务不断增加，新的国际金融市场不断出现，一些经济和国际贸易发达的中心城市，如法兰克福、阿姆斯特丹、东京等，也突破了国际金融业务的范围，成为新兴的国际金融市场。

（二）20世纪60年代欧洲货币市场的形成

欧洲货币市场的兴起是国际金融市场的重大发展，它突破了传统的国际金融市场所受到的所在地政府法令的约束，也不局限于国际贸易和国际清算业务汇集地的条件限制，而使许多原来并不重要的地区发展成为重要的国际金融中心，如卢森堡、拿骚、巴拿马、巴林和开曼群岛等。20世纪60年代末期，亚洲美元市场的形成，使欧洲货币市场的业务范围从欧洲、北美扩大到亚洲，如新加坡和中国的香港。由于欧洲货币市场具有无国界性，是真正意义上的国际金融市场，目前已经成为国际金融市场的核心和最主要的部分。

（三）20世纪80年代以来国际金融市场发展的新趋势

1. 全球一体化趋势

电子计算机技术和通讯技术的发展和广泛运用，促使遍布全球的金融中心和金融机构正在形成一个全时区、全方位的一体化国际金融市场。表现为：①各国际金融中心实现信息、交易和清算的电脑联网，各中心的外汇市场、货币市场、证券市场、期货市场相互沟通，高度结合，实行昼夜24小时连续交易。②欧元的产生使欧洲统一金融市场成为现实。③各种套利套汇活动既发生在各种欧洲货币之间，也发生在欧洲货币与各国货币之间，这既促进了离岸金融市场的一体化，又促进了离岸金融市场与各国的国内金融市场的一体化。④在证券市场，美国的全国证券交易商协会自动报价表（NASDAQ纳斯达克）实现了全国证券交易的一体化，并把联网延伸到伦敦、新加坡等市场；伦敦证券交易所设立的自动报价系统（SEAQ）每天将900多家国际性公司的股票价格通过卫星传到纽约、东京等各地；许多国家的交易商通过路透社网络可以即时收到纽约和芝加哥的证券行情并进行交易。⑤全球各主要金融中心的证券价格同步波动。⑥各种货币之间的利率差异在缩小，且利率波动同步。⑦居民与非居民的金融交易占全部金融交易的比重在逐年上升。

2. 融资方式的证券化趋势

通过商业银行进行间接融资的传统融资方式，正在逐渐让位给通过金融市场运用证券进行直接融资的方式。表现为：①商业银行国际贷款占筹资的比重在下降，国际债券，尤其是国际债券的发行额在逐年增加。②国际商业银行本身积极参与国际证券市场业务，成为证券市场的主要发行者和投资者，同时也是新发行证券的安排者和管理者。这可以从商业银行的资产负债表中反映出来。在资产中，证券类的资产比重在逐渐增加；在负债中，证券类的负债比重也在逐渐增加。③发展中国家的国际银行借款债券化和股权化。20世纪80年代的国际债务危机使国际银行业受到很大的打击，在国际组织和各国政府的参与下，危机得到基本解决，其主要措施就是进行贷款债券化和股权化。④银行为了提高其资产的流动性，也采用信贷资产证券化措施，如住房贷款证券化等。银行不良贷款的解决途径之一也采用资产证券化。

3. 金融创新的趋势

引起国际金融创新的主要原因是技术的进步、政府管制的逆效应和反高通货膨胀率。国际金融创新主要表现为金融市场的创新、金融工具的创新、金融交易技术的创新和金融机构的创新。

金融市场的创新包括欧洲货币市场的产生和衍生金融市场的兴起。金融工具的创新包括：存款工具的创新，如大额可转让定期存单、货币市场互助基金、货币市场存款账户、超级可转让支付命令账户；支付工具的创新，如信用卡、自动提款卡等；金融衍生工具，如远期合约、期货合约、期权合约、货币互换合约、利率互换合约等。金融交易技术的创新如电子计算机技术的应用，使金融服务发生了革命性的变化，产生了终端服务、销售点系统、家庭银行业务与自动清算等。金融机构的创新，如银行控股公司等。

四、国际金融市场的类型

国际金融市场是一个复杂的统一体，用一种简单办法来进行分类总是不全面的，只有从不同的角度来进行分类才能对国际金融市场有一个较全面的概括。

（一）按国际金融市场的交易对象来划分

（1）资金市场。是指资金的借贷市场，包括短期借贷市场和中长期借贷市场。

（2）外汇市场。是一种货币兑换市场。

（3）证券市场。是指证券的发行和交易市场，包括短期证券和长期证券、债务证券和股权证券。

（4）黄金市场。是集中进行黄金买卖的交易场所。

（二）按期限来划分，可以分为国际货币市场和国际资本市场

（1）国际货币市场。是指资金期限在 1 年以内的短期金融工具交易的场所，该市场根据不同的借贷或交易方式和业务，又可以分为银行短期信贷市场、短期证券市场和贴现市场。

（2）国际资本市场。是指期限在 1 年以上的资金借贷和证券交易的场所，它又可以分为银行中长期信贷市场、中长期债券市场和股票市场。

（三）按照金融工具的基本差别来划分

（1）现货金融市场。是以原形金融资产（包括货币、外汇和有价证券）为交易对象的市场。

（2）衍生金融市场。是与相对应的现货市场为基础、以各种合约为直接交易对象的市场。例如，股票价格指数的期货交易与期权交易是以股票市场为基础，利率期货与利率期权交易是以债券市场为基础。

（四）按照中介机构的作用不同来划分

（1）国际银行信贷市场。是指一国银行向非居民提供短期和中长期信贷的市场。

（2）国际证券市场。是指进行国际证券交易的市场，包括国际股票市场和国际债券市场。

（五）按照借贷货币的不同来划分

（1）传统的国际金融市场。也称在岸金融市场，是从事市场所在国货币的国际借贷，并受市场所在国政府政策和法令管辖的金融市场。金融交易主要涉及国内贷款人与国外借款人之间的交易。这类市场经历了由地方性金融市场发展到全国性金融市场，最后发展成为世界性金融市场的历史过程。

（2）境外金融市场。也称离岸金融市场，即指 20 世纪五六十年代形成的欧洲货币市场。境外金融市场是从事非居民与非居民之间金融交易的市场，是目前最主要的国际金融市场，代表了国际金融市场发展的主流。

五、国际金融市场的作用

随着国际金融市场的发展，它对世界经济活动起着举足轻重的作用。主要表现在以下几个方面：

（1）促进资本在世界范围内的优化配置，促进世界经济的发展。国际金融市场提供的各种业务，便利了借贷资本在国际的流动和运用，使世界不同区域的资本供求状况得到调节，使不同类型的国家能比较顺利地通过国际金融市场进行筹资和投资，从而加速了世界经济的发展。

（2）有助于各国调节国际收支。有国际收支逆差的国家越来越多地在国际金融市场筹集资金以弥补短期国际收支逆差，国际收支顺差国家也将其盈余资金投放到国际金融市场。在经济一体化程度越来越高的国际社会中，国际收支失衡问题的缓解，将有利于国际贸易与投资保持稳定增长。

（3）促进生产国际化和经济一体化。"二战"后，跨国公司的发展推动了跨国银行与国际金融业务的发展，而国际金融市场的发展，又使跨国公司筹集资金、调拨资金和投放资金更为方便迅速，从而促进了跨国公司在更大范围内实现生产国际化。

（4）有利于筹资者和投资者分散风险。国际金融市场提供了各种各样的金融工具，使政府的有关当局、金融机构和企业等能够在广泛的范围内进行债务组合和投资组合，以便有效地分散风险，稳定收益。

当然，国际金融市场的作用是两方面的：一方面，它促进了国际经济金融的发展；另一方面，由于在某些方面的过度发展，以及管理和监控手段的不完善，也会对世界经济产生一些消极影响：①巨额资本在国际间迅速转移，可能对一些国家造成冲击，并影响其货币政策的效果；②助长了投机交易；③造成外汇市场不稳定和国际储备的自发增长；④加剧世界性通货膨胀；等等。

第二节 国际货币市场

国际金融市场的构成可以根据不同的标准进行划分。本章根据金融工具的有效期限，将其划分为国际货币市场和国际资本市场两部分。

国际货币市场（International Money Market）是经营期限在1年以内的资金借贷业务的市场。一般来说，该市场的中介机构包括商业银行、票据承兑行、贴现行、证券公司和证券经纪人。该市场主要提供如下融资业务。

一、银行短期信贷

银行的短期信贷业务包括两种：银行同业间的拆放和银行对非银行客户的信贷。在整个短期信贷业务中，银行同业拆放处于主导地位。同业拆放业务一方面暂时弥补了银行流动资金或法定存款准备金的不足，另一方面也使银行能够转移利率风险。银行同业拆放业务比较简便，借款人无需提供抵押，凭信誉通过电讯联系达成交易。拆放的起点金额较高，但期限都比较短，最短的期限可以是隔夜拆放，另外还有7天、1个月、3个月、6个月和12个月等。银行同业拆放款按照银行同业拆放款利率计息。其中，伦敦银行同业拆放利率（London Inter-Bank Offered Rate，简称LIBOR）是国际贷款最重要的基础利率。这个利率是在伦敦的一些指定银行的指定利率基础上形成的，具体程序是将指定银行的指定利率从低到高排序,去掉最低和最高利率,然后求出剩余利率的平均利率,将得到的平均利率四舍五入,精确到 1/16% 后所得到的利率就是 LIBOR 利率。

银行对非银行客户的短期信贷,主要是解决借款人临时性及日常的周转资金需要,不限定用途,可灵活使用,但这种业务在银行短期信贷中不占主要地位。

二、贴现业务

贴现业务是指银行买入未到付款期的票据,扣取自贴现日至到期日之间的利息,把余款支付给贴现人的业务。这是银行向票据持有人融通资金,所以贴现也是一种信贷形式。在贴现业务中,贴现的票据种类有银行票据、银行承兑票据和短期政府债券等。

票据贴现和发放短期贷款都是为客户融通资金,但这两种业务各有特点,其主要的区别是:

(1)业务发生的基础不同。票据贴现是以其所代表的合法的、有效的债权关系的转让为前提,而后者则不以此为前提。

(2)关系人不同。贴现业务的关系人比较复杂,出票人、付款人、承兑人、背书人等都可能与贴现发生关系,而贷款业务一般只有借款人与贷款银行发生关系。

(3)资金的流动性不同。由于票据的流通性,办理贴现业务的银行在需要资金时,可要求中央银行再贴现;而贷款则要到期才能收回。另外,两者在法律关系、期限、利率收取等方面也有区别。

三、国库券业务

国库券(Treasury Bills)是国家为筹集短期资金而发行的政府债券,期限由 3 个月到 1 年,通常采取按票面金额折扣出售的方式发行,并以投标发售方式确定折扣率,投资者以低于面值的价格购买,到期后按面值兑现,购买价与面值之差就是投资者持有国库券的收益。国库券是货币市场上一种重要的投资工具,其比较突出的特点是安全性最高、流动性最强、投资所得可享受免税待遇。

美国国库券是由美国财政部发行、由美国政府提供信用担保的短期融资工具。通常按固定期发行 91 天和 182 天期限的国库券,按月发行 1 年期限的国库券。美国国库券可以免除州及地方政府的税赋,只缴纳联邦税。美国国库券的投资者主要是个人、商业银行、外国投资商、美国中央银行和其他国家的中央银行。近年来,美国国库券是各国中央银行管理其外汇储备时选择的重要的金融工具。

四、大额可转让存单

大额可转让存单(Large-denomination Negotiable Certificate of Deposit),简称大额存单,是银行或储蓄机构发行的一种证明文件,它表明有一个特定数额的货币已经存在发行存单的机构中,存单在到期日之前可以在货币市场上交易。大额存单最早于 1961 年出现在美国。在竞争的压力下，美国商业银行为了规避美国法律对商业银行定期存款利率上限的规定，创造了这种新的金融工具。大额存单是一种存款，但又不同于普通的定期存款，它是银行通过发行本票来吸收存款，是银行主动创造的一种债务形式；大额存单又是可转让的存单，可在二级市场上流通，从而使它比普通定期存款具有高得多的流动性。

在美国，大额存单在初级市场发行的最小面额为 10 万美元，二级流通市场所接受的最小面值则达 100 万美元。大多数存单为 10 万美元、50 万美元和 100 万美元，也有 1000 万美元或更多的。银行发行的大额存单由联邦储备保险公司提供保险，但最大保额只有 10 万美元。大额存单的到期日没有上限，最低不能少于 7 天，平均期限为 3 个月。大额存单的计息是以 360 天为 1 年计算的，利率的高低取决于：①发行银行的信用等级；②大额存单的到期日；③对大额存单的供求情况。在美国，按发行者不同，大额存单可以分为四类：第一类是最重要、历史最久、由美国银行在国内发行的大额存单，第二类是银行在美国国土以外发行的以美元计值的大额存单，第三类是由外国银行驻美分行在美国市场上发售的大额存单，第四类是以储蓄与贷款协会为代表的非银行储蓄机构发行的大额存单。

五、商业票据和银行承兑汇票

（一）商业票据

商业票据（Commercial Paper）是一些资金雄厚、财政健全、信誉卓著的著名公司发行的无抵押的短期信用工具。它不以商业交易为基础而签发，是工商企业进行直接融资的一种重要手段。发行商业票据的最初目的是筹集短期资金以满足企业季节性的资金需要；但随着商业票据市场的发展，在公司重组、企业并购时，也利用商业票据融资，此时商业票据发挥的是桥梁融资（Bridge Financing）作用。商业票据的期限较短，也比较灵活，一般以 30~60 天为多，发行的总金额相对公司债券来说较少，发行程序也较简单。商业票据的利率取决于市场的供求状况、面值、期限、发行人信誉和银行借贷成本等，一般比银行优惠利率低而高于国库券。近几十年来，货币市场上商业票据的增长速度相当快，其在融资方面的优点是：①成本较低。一般来说，利用商业票据融资的成本低于银行的短期借贷成本。②具有灵活性。根据发行机构与经销商的协议，在约定的一段时间内，发行机构可以在约定的限额内不限次数及不定期地发行商业票据，以配合本身对短期资金的需要。③提高发行公司的信誉。由于发行商业票据的公司都需要经过穆迪、标准普尔等著名的信用评级机构进行信用评级，有资格发行商业票据的机构通常被认为是实力雄厚、信誉优良的机构，因此，企业发行商业票据的行为本身也是对企业信用和形象的一种免费宣传。

（二）银行承兑汇票

银行承兑汇票（Bank Acceptance Bills）是由商人签发的、经银行承兑保证到期付款的远期汇票。国际货币市场上流通的银行承兑汇票大多都是在进出口业务中的远期信用证项下开立的汇票。出口商可持有经银行承兑的汇票到期向承兑者收款。由于银行信用优于商业信用，银行承兑汇票可以比较容易地进行贴现，或在二级市场上买卖。所以，银行承兑汇票是对外贸易商可利用的一种融资工具，投资者也乐于购进这种风险低、流动性强的金融工具。

第三节 国际资本市场

国际资本市场包括国际信贷市场和国际证券市场，它是融通中长期资金的场所。

一、国际信贷市场

国际信贷市场是国际资金借贷活动的场所或机制。国际信贷的主要形式有国际金融机构贷款、政府贷款和国际银行贷款。国际信贷市场的主要借款人是各国政府、国际组织和机构、各国的企业和国际银行业。

（一）国际金融机构贷款

国际金融机构贷款是国际金融机构向成员国提供的一种资金融通，主要是中长期的建设和开发贷款。国际金融组织主要指国际货币基金组织（IMF）、世界银行集团、国际清算银行以及亚洲开发银行等。国际货币基金组织的贷款主要满足成员国因弥补国际收支逆差而产生的资金需要；世界银行集团和亚洲开发银行主要向成员国提供中长期的建设和开发贷款，帮助成员国开发资源和发展经济。这部分内容将在本书"国际金融机构"一章详细阐述。

（二）政府贷款

政府贷款是政府或官方金融机构之间利用国家财政资金提供的优惠双边贷款。这种贷款主要由发达国家和一些资金充裕的石油输出国家向发展中国家提供，联合国曾经在20世纪70年代提出发达国家向发展中国家每年援助的资金占国民生产总值的比例。

政府贷款的一般特征是：①期限长。一般为10～20年，长的可达30年。②利率低，政府贷款分低息和无息两种，低息贷款利率一般为年率1%～3%；无息贷款则只收取一定的手续费。③有一定附加条件。一国提供政府贷款往往是为其政治、经济、外交服务的。附加的经济条件包括贷款限于购买债权国或"合格货源国"货物以及连带使用一定比例的出口信贷等。

(三) 国际银行贷款

国际银行贷款是指一国借款人在国际金融市场上按照商业性条件向外国商业银行借取的该国货币面额的中长期贷款。借贷期限 1~5 年的一般称为中期信贷，5 年以上的称为长期信贷。银行中长期信贷具有以下特点：①需要签订详细的书面协议，规定借贷双方的权利与义务，主要包括贷款货币的选择、利息和费用、贷款期限与偿还方法、保证条款、违约条款和纠纷解决方法等。②一般采用浮动利率，依据选定的利率基础，如 LIBOR、HIBOR 等，每 3 个月或半年调整一次。③需借款方国家政府或其指定机构提供担保。④信贷资金的使用比较自由，一般不受贷款银行的限制，而政府贷款、出口信贷等其他形式的国际信贷通常附带贷款用途的限制。

国际银行提供的中长期贷款主要有两种形式：

(1) 双边贷款（Bilateral Loan）。这是指一家银行对国外借款人提供的贷款。贷款程序比较简单，但贷款金额较少，期限也较短。因为银行对单个借款人的贷款额度受其自有资本的约束。

(2) 辛迪加贷款（Syndicate Loan），或称银团贷款（Consortium Loan）。这是指由一家或数家银行牵头，组成多家银行参加的银团，在同样的贷款条件下共同提供资金的一种贷款方式。通过组成银团提供贷款，对于商业银行来说可以分散贷款风险，可以回避本国中央银行管制条例的约束，提高单笔贷款的金额，同时也减缓了贷款银行同业间的竞争。

虽然当前的债券市场和票据市场十分活跃，但辛迪加贷款市场仍然是国际资本市场上最具灵活性的筹措中长期资金的市场，它比证券市场有更多的借款人。辛迪加贷款的灵活性主要体现在以下方面：①由于银行机构分布广泛且业务方式多样化，因而能够更好地分析借款人的需求，并提供条件适合的贷款。②贷款的支用计划可灵活安排，一般可满足借款人的各种要求。③贷款的偿还可以根据借款人的资金流动状况而定。④可以选择任何一种贷款货币，也可以使用多种货币贷款。

二、国际证券市场

(一) 证券市场的结构

证券市场是指债券、股票等有价证券的发行和转让买卖的市场。证券的发行和买卖活动使国际资本移动得以实现。从市场的职能来看，可以把证券市场分成两部分：

(1) 一级市场，或称发行市场。一级市场是专门从事新证券发行业务的市场，包括制定新证券发行条件和方法，组织包销集团和承购推销等业务过程。一级市场的主要作用是为资金需求者创造出筹资工具，并完成筹资任务。

（2）二级市场，或称为交易市场。二级市场是已公开发行在外的证券的买卖交易场所，包括交易所市场和场外交易市场两种形式。前者进行上市证券的买卖，后者进行不上市证券的买卖。证券交易所是证券交易市场最大最主要的组成部分，它是一个有组织的、有固定交易地点和交易时间的、集中进行证券买卖的交易中心。其主要功能是在公平、公正、公开的原则下，保证证券顺利流通，从而维持了资本的流动性。一级市场和二级市场的关系是既有区别又相辅相成。

股票市场是证券市场的最重要组成部分，世界上最重要的股票市场位于纽约、伦敦、东京、法兰克福、巴黎和悉尼等地。2007年，美国、英国、日本、德国等4个国家的股票市值占GDP的比重分别为145%、139%、102%、64%。其中，美国的股票市场在国际股票市场中具有举足轻重的地位。

（二）证券的种类

有价证券是表示财产所有权、收益请求权或债权的凭证，它是一种金融资产。在国际资本市场上交易的证券种类主要有：

1. 政府债券

政府债券是政府为适应财政开支需要而发行的债务凭证。从期限看，有中期债券（Treasury Notes），期限在1~10年之间；长期公债（Treasury Bonds），一般期限在10年以上。政府债券信用高，是希望获得稳定收益的国外投资者的理想投资工具。

2. 公司债券

公司债券是公司为筹集长期资金而向公众发行的，承诺在将来一定期限内还本付息的凭证。目前，在国际资本市场上交易的公司债券种类很多，被国际金融机构（如IMF）重视并定期进行统计的主要有：

（1）直接债券（Straight Bonds），或称为普通债券。这是在发行时就把利率和归还期限固定下来的传统债券。但此种债券仍然是最广泛使用的筹资工具。

（2）浮息债券（Floating Rate Bonds）。它是在发行时只固定支付利息的时间而不预先固定利率的债券，通常按3~6个月的LIBOR利率每期调整。

（3）可转换债券（Convertible Bonds）。是指持有人有权领取固定利息，并有权按约定条件将债券转换成公司普通股份的一种凭证。是一种使投资者有更多选择权的债券，但在国际资本市场上使用较少。

（4）附认股权证债券（Bonds with Warrants Attached）。这是一种附有认股权证书的债券。投资者可按规定价格行使股票购买权，又可将认股权证书在二级市场单独交易。这种债券是从可转换债券发展出来的，但更受投资者的欢迎，近年来在国际资本市场上的发行量均超过前者。

3. 公司股票

股票是股份公司发给股东的、证明其所持股份并有权分享公司利润的凭证。当一家大公司或跨国公司的股票在国外一个或多个市场上发行和上市交易，这家公司的股票就成为国际股票。股票可以分为普通股和优先股，在国际资本市场上发行的股票以普通股为主。目前，发行国际股票筹集资金的规模远不如发行国际债券的规模。

（三）国际债券市场

由于国际债务危机的影响，自20世纪80年代初起，国际资本市场出现了一股证券化趋势（Securitization），即国际融资方式从以辛迪加贷款为主转向以发行证券为主。1983年国际资本市场上的证券融资比重为54.5%，而辛迪加贷款的比重为34.4%，前者第一次超过后者，且此种状况有继续发展的趋势。虽然20世纪80年代后期，辛迪加贷款有所回升，但进入90年代后，各种证券的发行额又以更快的速度增长，使辛迪加贷款在国际融资中所占比重逐年下降，证券化趋势再度明显。根据国际货币基金组织公布的资料显示：1993年的证券发行总额达6763亿美元，远高于1990年的3171亿美元。该项总额在当年国际融资所占比重为83.9%，也高于1990年的71.8%。值得注意的是，在各种证券融资方式中，又以国际债券的发行增长最快，从1990年到1993年，国际债券的年度发行额从2299亿美元增加到4810亿美元，在国际融资中所占的比重亦从52%增加到59.7%。国际债券发行额2000年达到17776亿美元，2009年国际债券的发行额与2008年基本持平，达到22930亿美元。可见，国际债券市场已经成为国际资本市场中规模最大的市场，国际债券是最主要的国际融资工具。

国际债券一般是指一国筹资者在国外金融市场上发行以外国货币为面值的债券。国际债券的发行人可以是一国的政府、金融机构、工商企业。另外，国际金融组织也是国际债券的重要发行人。目前，国际债券可以分为以下类型：

1. 外国债券

外国债券（Foreign Bonds）是指一国筹资者在某外国金融市场上发行的、以市场所在国货币为面值的债券。如我国某金融机构在美国纽约金融市场发行的以美元为面值的债券就是一种外国债券。

外国债券通常由发行市场所在国的投资银行或辛迪加集团负责筹划发行和承销，并在该国范围内推销，投资者也主要是该国的居民。外国债券的发行须在发行市场所在国注册登记，手续较为复杂，并受该国有关法规的管理。另外，外国债券投资者的收益要受该国税制的约束。

目前，美国、瑞士、日本及欧洲一些国家都是国际上主要的外国债券市场。而美国扬基债券是其中流动性最强、投资级债券的发行额增长最快的市场。所谓扬基债券（Yankee Bonds）是指国外筹资者在美国发行的以美元为面值的债券，其发行额从1989年的113亿美元增长到1993年的276亿美元。扬基债券的发行者主要是外国的政府及国际金融机构，但近年来出现一些变化，级别较高的公司债券开始成为扬基债券的重要组成部分。扬基债券的投资者主要是美国的机构投资者，如人寿保险公司、互助基金、养老基金等。扬基债券市场的融资工具及发售方式都很齐备,对外国债券发行者颇有吸引力。

2. 欧洲债券

欧洲债券(Eurobonds)是指一国筹资者在外国金融市场上发行的、以市场所在国以外任何其他货币为面值的债券。如中国银行在伦敦金融市场上发行的以美元为面值的债券就是欧洲债券。关于欧洲债券的详细内容将在下一节介绍。

3. 全球债券

全球债券(Global Bonds)是在国际金融市场一体化进程中出现的一种新型的国际债券,它可以定义为在全球主要资本市场同时发行,并可以在这些市场内部和市场之间自由交易的一种国际债券。

全球债券于1989年5月由世界银行首次发行,当年的发行额只有15亿美元,而在4年后的1993年,发行额已经猛增到344亿美元,约占当年全部国际债券的7.2%。由于全球债券业务发展较快,并且有其特殊性,因此已成为一些权威统计机构的独立统计项目。2009年6月末,全球债券市场未清偿余额为87.89万亿美元。

全球债券的计息方式目前主要采用固定利率,只有少量的浮息债券和零息债券。借贷期限通常为5年或10年,面值货币主要有美元、加元、日元和澳元。全球债券的发行虽然还没有符合其严格的定义,即还没有完全"全球化",但它毕竟有别于外国债券和欧洲债券的特点:首先,全球债券的发行范围更广泛,强调在全球发行,一般是在一个以上的、分处不同洲的主要资本市场上发行,如1993年加拿大安大略省的全球债券在卢森堡、新加坡和中国的香港同时发行。其次,可在世界范围一天24小时进行交易,有高度的流动性。全球债券通过欧洲清算系统、美国联邦电报系统(Fedwire)等先进的电脑网络系统进行债券的保管和清算业务,使全世界各国的投资者都可以按统一的市场价格参与全球债券的交易,大大地提高了它的流动性。最后,筹资者的信用级别很高。根据穆迪公司的信用评级,大多数全球债券的发行者都具备最高的AAA级别。目前世界银行和各国政府仍然是全球债券市场的主要筹资者,中国政府也于1994年首次发行了1亿美元的全球债券。自1992年起,一些大型跨国公司也开始进入全球债券市场。

(四)国际股票市场

在国际资本市场上,虽然国际股票市场(International Equity Market)的规模远远比不上国际债券市场和国际辛迪加市场,但是近年来,该市场有比较快的发展,主要原因是亚洲和欧洲一些国家新兴股票市场的迅速发展,经济转型国家进行企业私有化或股份化改革,以及新兴市场的投资报酬率比较高,等等。所以,当今国际资本市场上对股权资本的需求和供给都越来越大。在1993年,境外发行的股票(Cross Border Equity Issues)达到370亿美元,比1990年的140亿美元有了大幅度增长,在该年度的各种证券融资方式中也占有5.4%的比重；2009年国际股票的发行增加到7348亿美元。1993年国际股票的净交易额达1592亿美元，而20世纪80年代最高年份的1989年仅是866亿美元。2009年末全球主要证券交易所股票成交金额80.45万亿美元。1992年以来，许多中国公司也在国际股票市场上成功地筹集到资本，如华晨公司在纽约股票交易所上市，广州造船厂在香港联交所上市，上海石化在香港和纽约同时上市等。截至2009年底，共有159家境内公司到境外上市，筹资总额1277.80亿美元。

1. 国际股票

当一国的股份公司在国外金融市场上发行以外币为面值的股票，该公司就是发行了国际股票（International Equity Offerings）。这部分股票进入国际股票市场，为该公司在国际资本市场上筹集到资本金。

发行国际股票比发行国内股票要复杂得多，但有基本相同的程序：①准备发行国际股票的公司应在投资银行协助下做好公开上市的筹划，并申请获准在某外国证券交易所挂牌发行和买卖公司的股票。②选择良好的主承销银行，组织国际承销集团，达成承销协定。③进行股票的推介，如发行数额较大，一般会安排在欧洲、亚洲和美国的主要市场进行，吸引更广泛的投资者。④确定股票的发行价格。主要有两种定价方法，即固定价格发行和公开定价发行。前者习惯在欧洲和中国的香港采用，后者习惯在美国市场采用。⑤股票发行后，承销集团购进全部或大部分，然后调到各市场发售。

2. 证券存托凭证

在国际股票市场全球化的发展进程中，有两个问题影响着国际股票发展：一是尚有许多投资者不愿意或无法直接介入外国的股票市场，二是也有许多筹资者无法直接进入外国的股票发行市场。因此，专门投资国外股票市场，特别是新兴市场的共同基金吸引了大量投资者。另外，存托凭证业务（Depositary Receipts）也蓬勃发展，1993年存托凭证的发行量达到95亿美元，是1990年17亿美元的5.6倍。

所谓存托凭证是由本国银行（存托银行）开出的外国公司股份保管凭证。投资者通过购买存托凭证，拥有不在本国发行股票的外国公司的股权。在美国发行和出售的存托凭证称为美国存托凭证（ADRs），在美国以外发行和出售的存托凭证称为全球存托凭证（GDRs）。以美国为例，存托凭证的设立和发行过程大致是：在公司股票的发行地市场购得股票，存放在保管银行（一般为存托银行附属机构），该保管银行为在美国的存托银行持有股票账户，存托银行便可以在美国发行存托凭证。美国银行发行的存托凭证是美国的证券，其交易方式与国内证券相同，并以美元清算和派发股息。美国存托凭证作为一种筹资工具，一方面为非美国公司的股票进入美国市场并有效地进行交易提供了便利，另一方面为美国居民投资非美国公司股份提供了便利，极大地减少了美国投资者持有国际股票的复杂性。

在外国资本市场上发行的存托凭证，实际上是代表其所依附的股票进入了国际股票市场。所以，存托凭证已经被认为是国际股票的一个组成部分，并成为权威国际金融机

构统计国际股票发行情况的一项内容。由于存托凭证所独有的好处，它正得到越来越广泛的利用。中国公司发行美国存托凭证的方式进入美国这个重要的国际资本市场，已有10多年的历史，其中有中国电信、中国人寿和中国联通等。

第四节 欧洲货币市场

一、欧洲货币市场的形成与发展

欧洲货币市场是第二次世界大战以后形成和发展起来的，现在已经构成国际金融市场的核心组成部分。欧洲货币市场是在欧洲美元市场的基础上发展起来的，欧洲美元市场是指经营欧洲美元业务的市场。所谓欧洲美元（Euro-dollars），是指存放在美国境外银行（包括美国银行海外分行）的美元存款。当这些境外美元被利用进行贷放，就形成了一个新型的国际借贷市场，即欧洲美元市场。

最早的欧洲美元存款出现在20世纪50年代初，当时东西方关系紧张，苏联政府鉴于美国在侵朝战争中冻结了中国在美国的资产，就指示其中央银行把持有的美元资金转存到美国以外的银行，主要存放在苏联设在伦敦的莫斯科纳罗尼银行，还有部分存放在欧洲一些国家的商业银行。这些银行利用美元存款对外贷款，从而出现了欧洲美元的借贷业务。但是，当时欧洲美元存款数额有限，交易数额不大，还没有形成自成体系的市场。促使在美国境外以美元进行借贷的活动迅速发展，并形成欧洲美元市场的主要原因是：

（1）1957年，英、法联合入侵埃及，英国国际收支恶化，以致发生英镑危机，迫使英国政府对英镑的使用加以限制，禁止英国的银行向非英镑区提供英镑贷款。为了解决进出口商对资金的需要，伦敦的银行开始重视吸收美元存款，再直接向海外贷放，以回避政府的管制。这样，欧洲美元的存贷业务就在伦敦金融市场发展起来。

（2）20世纪60年代初，美国政府的一系列金融政策促使资金外流，增加了欧洲美元的供给。这些金融政策主要有：①1963年美国政府实行Q项条例，规定银行对储蓄存款和定期存款支付利息的最高限额，而这项措施不适用于境外银行。②1963年美国政府实行利息平衡税，规定美国居民购买外国证券，一律要征收利息平衡税。③1965年美国政府又颁布了"自愿限制对外贷款指导方针"，其后又颁布了"国外直接投资规则"。美国政府采取的一系列政策的主要目的是限制资金外流，但实际效果不大；相反，还促使美国金融机构和工商企业不愿把利润汇回有诸多限制的本国，并到欧洲市场筹集资金。

（3）西欧国家放松外汇管制，实行了货币自由兑换，使欧洲美元的存款人和借款人都可以更方便地调拨和运用资金，为欧洲货币市场的扩展提供了必要条件。

(4) 20 世纪 60 年代起，伦敦银行业中逐渐分离出一批专门经营欧洲美元和其他欧洲货币业务的银行，称为欧洲银行（Eurobank）。这类银行不受英国金融当局法令的限制，无需缴纳存款准备金。这就促使伦敦和欧洲其他金融中心经营此类业务的银行包括美国银行在欧洲的分支机构迅速发展。

自 20 世纪 60 年代初开始，美元出现危机，即国际金融市场上出现抛售美元、抢购黄金和其他硬货币的风潮。于是，各国中央银行为了避免外汇风险，由过去持有单一美元改为持有多种储备货币；德国和瑞士等硬货币的国家，为了抑制通货膨胀，曾对非居民持有本币采取不付息或倒扣利息等措施加以限制，而对非居民的外币存款则给予鼓励。这样一来，硬通货资金被转存在其发行国以外的地区，形成了欧洲马克、欧洲瑞士法郎、欧洲英镑、欧洲法国法郎、欧洲日元等欧洲货币，并使欧洲美元市场扩大而演变成欧洲货币市场。

20 世纪 60 年代后期，由于世界经济进一步发展，推动了生产和资本的国际化，跨国经营和跨国投资日益扩展，客观上需要有一个资金充裕和更不受约束的资本市场为其服务，这是欧洲货币市场迅速发展的根本原因。欧洲货币市场的进一步发展体现在以下方面：

（一）地理范围的扩大

欧洲货币市场起源于伦敦金融市场，随后扩展到欧洲一些国家，如苏黎世、巴黎和海峡群岛。20 世纪 60 年代末开始扩展到欧洲以外的国家，首先是亚洲的新加坡和中国的香港金融市场，然后向加勒比海和中美洲扩展，众多离岸金融中心在一些小型岛国形成，如开曼群岛和巴哈马。80 年代具有重大意义的新发展是原来的境外货币业务可以在货币发行国内进行，如美国的"国际银行业务便利"（International Banking Facilities—IBFs）和日本的离岸金融市场（JOM）。国际清算银行对欧洲货币的统计从 1964 年开始，当时只有 8 个国家，1977 年 12 月以后增加到 14 个国家和美国银行设在 5 个主要离岸金融中心的分行资料。

"国际银行业务便利"是于 1981 年 12 月 3 日得到美国联邦储备局批准，开始在美国建立。获准设立"国际银行业务便利"的美国银行和在美国的外国银行可以经营欧洲美元和其他欧洲货币业务，即吸收非居民的美元存款或其他境外货币存款，并贷放给非居民。IBFs 并不是一个独立的法人实体，而是总行下一个相对独立的业务部门，设有独立的账户体系（Accounting Entity），其资产和负债与总行完全分离。美国货币当局是通过一系列立法，把 IBFs 的业务与总行业务隔离开来，从而把在岸业务与离岸业务分开。如规定 IBFs 不能吸收美国居民的存款；吸收非居民存款无需缴纳存款准备金；不受最高存款利率的限制；只能向非居民或另一 IBFs 提供贷款，而且这些贷款不能用于其在美国境内经营的业务；IBFs 不能发行可转让的债务证券，以避免这些证券最终转移到美国居民手中。

美国"国际银行业务便利"的设立，使欧洲美元业务可以在美国境内进行，扩展了美国银行的业务范围。这一发展使欧洲美元的"境外"特征弱化了。因此，有观点认为，欧洲美元是不受美国国内金融法规管制的美元存款。

（二）市场规模的扩大

欧洲货币市场的发展也反映在20世纪70年代起其规模的急剧扩展上。1960年，外国银行在伦敦分支机构有77家，而到1989年初则增加到512家。根据摩根保证信托公司的统计：欧洲货币市场的规模在1957年约为10亿美元，1960年约为20亿美元，1970年增至1100亿美元，1980年为15240亿美元，1989年为52735亿美元，1995年增加到85330亿美元。

（三）借贷货币种类的多样化

欧洲货币市场起源于境外美元的借贷活动，20世纪60年代中期，陆续出现欧洲马克、欧洲瑞士法郎、欧洲英镑和欧洲荷兰盾。70年代初后期，又分别出现了欧洲法国法郎和欧洲日元，以及其他欧洲货币。在伦敦银行同业往来市场中可进行约15种欧洲货币存款的交易。但是总的来说，欧洲货币市场的存款中，欧洲美元始终居首位，20世纪60年代一般占80%左右，70年代占70%左右，80年代后期才降至65%左右。

（四）业务品种增多

欧洲货币市场的短期资金借贷市场形成最早，从20世纪60年代到70年代初，该市场主要为进出口商提供短期信贷，期限一般是半年或1年。1972年西方经济出现高涨，开展大项目建设增加了对长期资金的需求，发展中国家也开始利用这一市场的资金来实现国内经济发展计划。因此，银行中长期信贷特别是辛迪加贷款迅速发展，同时，方便筹资者直接融资的欧洲债券和欧洲票据业务也急剧增加。目前，欧洲货币市场已经发展成为具有短、中、长期交易工具，业务期限结构比较齐全的市场。

二、欧洲货币市场的特点

欧洲货币市场是一个完全国际化和自由化的国际金融市场，它与传统的国际金融市场相比，具有以下特点：

（1）在欧洲货币市场上，银行所经营的货币是一个国家的，而它所适用的银行管理条例和竞争效率却是另一个国家的。货币发行国无权施加管制，市场所在地的政府为了吸引更多的货币资金，采取种种优惠措施。

（2）欧洲货币市场范围广、币种多、规模大、资金实力雄厚。

（3）建立了独特的利率体系，表现在存款利率略高于同种货币的国内金融市场，而贷款利率则略低于同种货币的国内金融市场。

（4）市场上的借贷关系完全由非居民构成。这种外国投资者与外国筹资者之间的交易又称为离岸交易。凡有可能把国际间投资商和借款人吸引过来的地方，都有可能成为一个国际离岸金融中心。

（5）市场上经营欧洲货币借贷业务的银行和其他金融机构均称为欧洲银行，欧洲货币市场主要是银行间的市场，具有广泛的银行网络，其业务活动是通过电话、电报、电传和计算机网络在银行之间和银行与客户之间进行。欧洲货币市场仍然具有信贷创造机制。

（6）欧洲银行的业务活动具有"短借长贷"的特点，即主要通过发售短期融资工具获取资金，而资金投向则短、中、长期兼而有之。

三、欧洲货币市场的构成

欧洲货币市场按借贷方式、借贷期限和业务性质，可以分为欧洲银行信贷市场和欧洲债券市场。

（一）欧洲银行信贷市场

欧洲银行信贷简称欧洲信贷（Eurocredits），是指商业银行向其他银行、工商企业、国家政府和国际金融机构提供的，不以银行所在国货币计值的贷款。经营欧洲信贷业务的银行通称欧洲银行。典型的欧洲银行的资金来源主要有通知款项、定期存款、浮动利率票据和大额可转让定期存单（CDs）。欧洲银行主要的资金运用于对银行的贷款、对非银行企业的贷款和对政府的贷款。欧洲银行信贷市场又分为短期信贷市场和中长期信贷市场。

1. 欧洲短期信贷市场

欧洲短期信贷市场形成最早、规模最大。接受短期存款并提供1年期以内的贷款是欧洲短期信贷市场的主要功能。虽然，欧洲银行的存贷款对象包括企业、政府和银行，但银行同业之间的存贷是欧洲短期信贷市场的主要业务活动。1989年末，在欧洲银行的负债总额中，银行机构的存款占85%；在资产总额中，对银行机构的贷款占76%。

每家欧洲银行之所以既接受其他欧洲银行的存款，又在其他欧洲银行存款，主要是由欧洲银行经营活动的特点所决定的。短借长贷造成的银行资产与负债在期限结构上的不对称，迫使欧洲银行之间必须经常相互拆借，以维持业务的正常进行。另外，缺乏众多的个人存款、资金来源与资金运用在时间上不一致等，也是银行间拆放业务活跃的原因。

由于银行同业拆借业务的主导作用，使欧洲短期信贷市场具有以下特点：①期限短。如欧洲美元的存款，除1~3天的通知存款外，大多数为1~3个月的定期存款。②借贷起点金额高。一般以100万美元或以上为一个成交单位。③存贷利差小。存贷利率一般按伦敦银行同业拆借利率为标准商定，该利率有两个价，即存款利率（Bid Rate）

和贷款利率（Offered Rate），两者差距一般只有0.25%~0.5%，通常略少于货币发行国国内市场的存贷利差。

2. 欧洲中长期信贷市场

欧洲中长期信贷市场的贷款形式有双边贷款和辛迪加贷款（Syndicated Eurocredits）两种形式，尤其以辛迪加贷款最为典型和普遍采用，而且欧洲货币市场和传统国际金融市场的辛迪加贷款在做法上基本一致。

（1）银行辛迪加的组成。辛迪加贷款是两个或以上的贷款者以辛迪加的形式组织起来，在同样的合约条款下共同参与的贷款业务。因此，组织银行辛迪加，简称银团，是贷款的首要步骤。典型的银团是由以下几类成员组成：①牵头银行（Lead Manager）。牵头银行通常为一家，也可以是多于一家，主要负责组织银团、与借款人谈判确定贷款条件、分配贷款份额和准备贷款文件等。②代理银行（Agent Banks）。其主要职责是监督贷款按进度执行，如通知与组织提款，收取和分配借款及偿付的本金、利息和费用。③参加行（Participating Banks）。承担贷款份额，按进度提供资金。④经理行（Managing Banks）。在大额贷款业务中，有一部分参加行被称为经理行，他们承担了较高的贷款份额，有时可能要协助牵头行完成部分职责。

（2）辛迪加贷款的种类。现在，欧洲辛迪加贷款已经发展成为一个拥有一系列金融工具的市场，可以满足多种情况下借贷双方的要求。其中，定期贷款与循环贷款是两种最常用的贷款形式。①定期贷款（Time Loan）是有确定贷款期限和数额的贷款。在有效期内，借款人可以一次支用全部或分期分批支用。每笔贷款不一定只是一种货币，也可以是多种货币组成。②循环贷款（Revolving Credit）也是有确定贷款期限的一笔特定数额的贷款。但与定期贷款不同的是，借款人可灵活支用、偿还及再支用全部或部分贷款。这种在规定额度内可反复支用的循环特性一般贯穿整个贷款安排。另外，备用贷款（Standby Arrangement）是循环贷款的变异形式，它们的区别在于，备用贷款从一开始就不是让借款人支用，而是让其作为备用，即借款人通常是靠发行其他票据获得融资，备用贷款起支持的作用。

（3）辛迪加贷款协议的主要内容：

1）利息与费用。①辛迪加贷款的利息是根据参考利率或称基础利率（Reference Rate）和附加利率（Margin）计算出来的。欧洲辛迪加贷款一般选择LIBOR作为参考利率，但也有选择香港银行同业拆借利率（HKIBOR）、美国优惠利率（US Prime Rate）等情况。附加利率是根据贷款期限长短与借款人资信状况，由借贷双方商定，一般在0.25%~1.15%的幅度。辛迪加贷款一般采用浮动利率，所以要确定参考利率的调整周期，最常用的周期是1个月、2个月、3个月或6个月。②承担费（Commitment Fees）。为促使借款人如期提用贷款，贷款协议通常规定有一定时间的承担期，在承担期内，借款人对未提用的贷款余额所支付的费用称为承担费。借款人对已提用的贷款则开始支付利息。承担费按未提用贷款余额的一定百分比计算，一般为0.25%~0.75%。承担费的起算日期通常有两种做法：一种是在协议生效后即开始计收，另一种是协议生效后若干时间才开始计收。③代理费（Agent Fees）。借款人在贷款期限内须定期向代理行支付代理费，作为代理行提供各项服务的补偿。代理费一般按商定的固定金额定期支付。④管理费（Management Fees）或称手续费。由于牵头银行和经理行在组织和管理贷款中负有重要责任，因此要收取一定的管理费。该费用一般按贷款总额的一定百分比一次性支付。管理费主要在牵头行和经理行中分配，牵头行所占比重较大。另外一小部分在其他参加行中按提供贷款的多少分配。⑤杂费。指在辛迪加贷款协议签订前发生的各种联系费用和业务开支，如交通费、办公费、律师费等。

2）贷款的期限和偿还方法。中长期银行贷款的期限由宽限期和偿还期两部分组成。宽限期是指借款人只需支付利息，无需偿还本金的期限；偿还期是指借款人开始偿还本金的期限。在有的贷款协议中，宽限期以贷款协议生效日算起，到还款期开始为止。有的贷款协议还规定一个用款期，该期限结束后才开始计算宽限期。

3）偿还期内偿还本金的方法通常有两种，即到期一次偿还和在偿还期内分次偿还。在分次偿还本金的方法中，借款人又可以选择按本金等额偿还，或按本金和利息等额偿还。由于不同的偿还期限和不同的还本方法，一笔贷款的实际贷款期和名义贷款期可能不相等。若借款不是到期一次还清，则实际贷款期可按下列公式计算：

$$实际贷款期 = 宽限期 + （偿还期 \div 2）$$

4）约定事项条款。此类条款的内容是贷款人要求借款人承诺必须做的和不能做的事项，其目的是减少贷款风险，保护贷款人的利益。在多项约定的事项中，比较重要的有：①消极保证条款。即要求借款人在还清贷款前，不得在其资产或收入上设定任何担保物权；②平等地位条款。即要求借款人不得给予其他无担保物权的债权人以法律上的优先权；③财务约定条款。即一般规定借款人必须向贷款人定期报告其财务状况。

5）违约事件及救济方法。贷款协议中都会通过一些条款列举各种可能发生的违约事件。违约事件可以分为实际违约和预期违约。借款人不能按期还本付息，违反了保证条款或约定事项的规定，即属于实际违约。预期违约事件指表明借款人将可能违约的一些预警性事件。当出现借款人违约事件时，贷款人可以采用的救济方法有内部救济法和外部救济法：内部救济法有停止贷款、宣布加速到期等，外部救济法有解除贷款协议、追索到期的本息等法律允许的救济措施。

除上述主要内容外，欧洲辛迪加贷款协议的条款还有贷款的使用条件、转让条款、欧洲货币供应条款、货币选择条款、提前偿还条款、适用法律条款和担保条款等。

（二）欧洲债券市场

欧洲债券是指一国筹资者在外国金融市场上发行的、以市场所在国以外任何其他货币为面值的债券。进行欧洲债券交易的场所即为欧洲债券市场（Euro-bond Market）。欧洲债券首次发行于 1963 年，为意大利建设高速公路发行了 6 万张债券，每张面值 250

美元，筹资 1500 万美元。进入 20 世纪 80 年代，由于欧洲各国放松了对国内市场的管制，允许国外筹资者进入筹集更大数额的资金，欧洲债券市场得以迅速发展，其融资规模大大超过外国债券市场和辛迪加贷款市场。

1. 欧洲债券的特点

欧洲债券传统上是固定利率债券，但 20 世纪 80 年代后发行人为达到不同的目的，不断创新出更加复杂的证券，如浮动利率债券、双重货币债券等。欧洲债券市场的主要特点是：①管制较松，基本不受任何一国政府金融法规的管制。如发行债券无需官方批准，对发行公司公开内部资料的要求较宽松。②债券持有人的利息无需扣除收入税。③主要发行的是不记名债券，所有权转移手续简单。④债券由国际辛迪加承销，可同时在若干个国家的资本市场上发行和推销。

2. 欧洲债券的发行程序

欧洲债券的发行者首先需要选择一家（或数家）银行作为牵头经理行，负责组织和安排债券发行的全过程。牵头银行将组织数家或数十家银行参加的国际承销银团（Underwriting Group），以及有更多家银行参加的推销集团（Selling Group）。债券开始发行时首先由承销银团中各经理行购进全部或绝大部分，然后由推销团向各国投资者推销新发行的债券。近年来，为缓和银行间的激烈竞争，只有真正具备发行安排能力的银行才有资格加入承销团。而且各经理行都要同意在特定期限内以固定价格销售债券。当牵头银行认为大部分债券已售出，就解散承销团和推销团，债券即进入二级市场自由交易。大部分欧洲债券会在伦敦或卢森堡证券交易所上市交易。

欧洲债券市场是相对独立于任何国家政府管制的市场，但并非完全没有规则。欧洲债券市场有两个非官方的管理机构：国际初级市场协会（IPMA），负责管理与初级市场有关的债券发行事务；国际二级市场协会（ISMA），负责管理二级市场的交易。

3. 欧洲债券的信用评级

所谓信用评级，即按既定标准对债务人如期还本付息的可能性大小进行分级，目的是使投资者了解其承担的风险程度。欧洲债券投资者并不要求发行人必须公开评级，但是，获得信用评级对发行人有利，可吸引更广泛的投资者，特别是机构投资者。

美国的标准普尔公司和穆迪投资服务公司是世界最权威的评级机构，也是欧洲债券市场承认的评级机构。

4. 欧洲债券的创新

欧洲债券传统上是固定利率债券，但 20 世纪 80 年代后发行人为达到不同的目的，不断创新出更加复杂的证券，如浮动利率债券、永久性浮动利率债券、双重货币债券、分期支付债券。特别值得一提的是欧洲中期债券（Euro-medium-term Notes），该种证券在 1986 年才首次发行，1990 年的发行量为 160 亿美元，1993 年增加到 1250 亿美元，发展速度特别快。欧洲中期债券是一种无担保的期票，即由债务人向债权人承诺，在确定日期内无条件支付一定金额的可转让票据。欧洲中期债券的期限相对较短，每笔债券的发行额较小，所以一般不采用辛迪加承销方式，而由交易商代理销售。欧洲中期债券的灵活性更大，允许借款人发行不同期限、不同形式的一系列票据筹集资金。

四、欧洲货币市场的作用和影响

（一）积极作用

（1）促进了世界经济的发展。无论是工业国家还是发展中国家都在利用欧洲货币市场筹集巨额资金，扩大投资，发展本国经济。发展中国家更是踊跃进入国际资本市场，发行债券筹集资金。

（2）促进了金融市场的国际化。传统的各国金融市场是被各国的货币、国界和金融立法相隔离，国际资本在国与国之间流动受到多方面的约束。欧洲货币的出现和欧洲货币市场的形成，使传统的阻隔被打破，离岸业务急剧扩展，各国金融市场通过国际化而联成一体。

（3）有助于部分国家解决国际收支平衡问题。在欧洲货币市场的筹资者当中，各国政府是重要的组成部分，融通到的资金成为他们弥补国际收支逆差的补充手段。另外，国际金融组织也利用其特殊的地位和良好的信誉在欧洲货币市场上筹集巨额资金，转而用于帮助成员国克服国际收支逆差问题。

（4）有利于跨国公司开展跨国经营和跨国投资，促进了国际贸易的发展。

（二）消极影响

但是，欧洲货币市场的存在也给世界经济和国际金融市场带来了以下的消极影响。

（1）欧洲货币市场的存在使外汇投机增加，成为国际金融市场不稳定的一个因素。欧洲货币市场的存款绝大部分是短期资金，对各国货币的汇率变动反应灵敏，经常调入调出，并与套汇交易和套利交易结合进行，大量资金在几种主要货币之间频繁移动，刺激了投机活动。

（2）干扰了一些国家国内金融政策的推行或影响了国内金融政策的效果。欧洲货币市场是相对独立于各国政府管制的市场。当有关业务活动在国内市场受到限制时，银行或企业就会转移到欧洲货币市场去进行。如一些国家为降低通货膨胀率而采取紧缩银根政策，国内的筹资者就会转向利率较低的欧洲货币市场借入资金；相反，当一些国家放松银根以刺激经济增长时，大量国内资金为追求高利率又可能流向欧洲货币市场，从而影响了政策的效果。

（3）欧洲货币市场的信用扩张，有加剧世界性通货膨胀的倾向。进入欧洲货币市场的原始存款，经过银行之间的辗转存放而使信用被扩大，银行贷放给工商企业的贷款，若被存回欧洲货币市场，则构成派生的资金来源，用其再贷款出去则形成欧洲货币市场的信用创造，导致欧洲货币市场的信用倍数扩张。

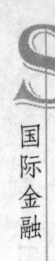

五、欧洲货币市场的发展前景

自 20 世纪 90 年代开始,欧洲货币市场的发展速度在放慢,其业务的增长率呈递减的趋势。上世纪六七十年代,欧洲货币市场的资产和负债年均增长率达到 40%,但 90 年代的年均增长率降到了 10% 左右,其重要性有削弱的趋势。因为,欧洲货币市场的发展是资本追求金融自由化的产物,它以全球大多数发达国家实行严格金融管制为前提。当各个国家纷纷放弃国内金融管制,从而使各国的国内金融市场与欧洲货币市场的运作法则和经营条件逐渐接近或趋于一致时,欧洲货币市场的作用就会受到削弱。20 世纪 80 年代末期以来,主要发达国家对存款准备金的要求普遍降低,从而使得刺激欧洲货币市场发展的一大主要因素消失。与此同时,主要发达国家通过财政改革大大降低了公司所得税率,从 70 年代中期的 50% 左右下降到 90 年代中期的 30% 左右,其他如管理制度、优惠政策和法律环境等原先导致资本向欧洲货币市场流动的经济制度因素,也因金融自由化进程的深入而逐渐消失。

第五节 衍生金融市场

衍生金融市场是从事金融衍生工具交易的市场。金融衍生工具是衍生工具之一,其价值依赖于基本标的金融资产,它是以将来购买或出售某种标的资产的权利为基础,而不是买卖该标的资产本身的交易。之所以称其为衍生工具,是因为它们的价格是从另一种资产派生出来的;而决定金融衍生工具价格变动的"另一种资产",则被称为原生产品或标的资产。

一、衍生金融市场的产生和发展

衍生工具是在极不稳定的市场上发展起来的。这是因为有的人希望降低变化多端的市场带给自己的风险(即进行套期保值),而另一些人则愿意通过承担风险来获利(即进行投机),衍生工具正好提供了一种把风险从前者(风险规避者)转移到后者(风险偏好者)的有效途径。

(一)商品期货交易的产生和发展

衍生工具在商品市场的存在已有几个世纪的历史。中世纪时,欧洲出现了按照既定时间和场地范围进行现货交易的集中交易形式。中世纪末期,随着交易的不断专业化,出现了一种叫"交易券"的单据。它是一种初级形式的远期合约,在许多方面和现代商品期货合约相似。

严格意义的期货交易最早出现在美国,其标志是芝加哥期货交易所(Chicago Board

of Trade，CBOT）正式成立。该交易所当时的交易方式主要是先签订远期合约再到期交割，主要交易品种是谷物等农产品。19世纪初期，美国农产品供求矛盾尖锐，市场秩序混乱，主要表现是农产品价格大起大落。在农作物丰收季节，其供应量远远大于磨坊主和批发商等需求者的有效需求，导致谷物等农产品价格压至最低水平，不少农产品即便降价也找不到买主，以致在仓库中霉烂甚至被倾倒；而当遇到歉收的年份，又会出现农产品供给严重不足，价格飞涨的现象，以至于部分以农产品为原料的企业濒临倒闭，城市居民缺乏食物。在这种情况下，农场主和商人开始采用远期交货合约的形式进行商品交易，以缓解供需矛盾。随着市场远期的发展，1848年，82位商人共同发起组建CBOT，目的是为促进芝加哥市的商业活动，并为买卖方提供相互见面、交换商品的地点。

起初，CBOT的主要业务是提供买卖现货远期合约，合约是非标准化的，即每张合约没有统一的商品质量和数量。合约的履行仅以买卖双方的信用为担保，所以违约现象经常发生，交易纠纷不断。1865年，标准化期货合约推出，即期货合约是交易所事先对商品数量、质量、交货地点、交货时间等方面都做了统一规定的标准化合约。这是现代意义上的期货交易产生和发展过程中的第一个阶段。随后又推出了履约保证金制度，即交易者在CBOT内进行交易时，必须首先在交易所及其代理机构存入一定数额的履约保证金，为其买卖的合约提供履约担保。这一制度的实施，使期货交易的违约现象大为降低，是期货交易的规范化和发展过程中的第二个阶段。1883年，CBOT成立了结算协会，即由结算协会专门对协会会员在交易所内进行的交易进行结算，这标志着现代意义上的期货交易最终形成，被称为发展的第三阶段。

第二次世界大战后，期货商品范围进一步拓展，不仅有十几种农产品、林产品等初级产品，还出现了大量贵金属、原油、汽油、橡胶及其他一些工业制成品。

20世纪60年代底以前，期货交易的发展有以下几个特点：第一，期货商品都是传统的实物商品；第二，大部分期货交易到期时还要进行实物交割，仍然主要是一种商品买卖行为；第三，期货交易主要在国内期货市场上进行。

（二）金融衍生交易的产生和发展

20世纪70年代初期，以固定汇率制度为核心的布雷顿森林体系开始崩溃，各国货币纷纷放弃与美元的固定关系，转而实行浮动汇率制。浮动汇率导致的风险，要求市场提供有效的防范、转移风险的金融工具，因此金融期货应运而生。1972年，芝加哥商业交易所（Chicago Mercantile Exchange，CME）最先推出金融期货，他们根据外汇汇率急剧波动的形势，决定在其分部——国际货币市场（International Monetary Market，IMM）推出外汇期货合约，作为防范汇率风险的重要工具。随后，1973年4月推出股票期货合约，1975年又推出长短期国库券期货合约，1977年推出外汇期权合约，1979年推出商业票据期货。1973年4月，芝加哥期权交易所（Chicago Board Options Exchange，CBOE）作为第一家期权交易所开始运作。由于20世纪70年代高通货膨胀率以及普遍实行的浮动汇率制度，使规避通货膨胀风险、利率风险和汇率风险成为金融交易的一项重要需求。同时，各国政府逐渐放松金融管制以及金融业的竞争日益加剧，使得衍生工具更多地从金融产品或资产中衍生出来，并得以迅速地繁衍和发展。

第二次世界大战后，随着国际经济贸易联系的日益加强，期货交易的国际化也逐渐发展起来。特别是20世纪70年代后，巨额的欧洲货币、石油美元等国际资本在国际上流动，从事套期交易、投机与套利活动，极大地促进了金融期货的国际化进程。现代科学技术的发展使通讯设备日益先进，进一步推进了期货交易的国际化。期货交易的国际化主要表现为：

（1）交易行为的国际化。期货交易市场目前已基本形成北美、西欧和亚洲这三个时区的交易所群。某个时区的交易所收市则是另一个时区的开市，这样就形成24小时不间断的全球交易。这种交易不但在时间上具有连续性，而且价格上也相互影响和连续变化。交易者要关注整个世界市场的瞬息变化，从而指导自己的交易行为，并进行各种套利和保值活动。

（2）期货交易参与者的国际化。通过先进的通讯设施，投资者既可以了解当天和瞬间世界政治、经济风云变化，也可以看到交易所内价格行情变化，可以通过遍布世界各地的期货经纪公司和经纪人，随时用电话把买卖指令传递给交易所场地的交易员。这使得许多交易所都有来自世界各地的投资者。

（3）期货交易的投资者构成发生重大变化。期货交易最初的投资者主要是商品生产者、消费者和贸易商。他们利用期货交易转移价格风险，合约到期一般以实物交割为终了。现在，期货市场的交易有套期保值、套利与投机三大类。期货交易主要是投机者，投机者中又以各类投资基金等机构投资者为主。

（4）交易方式发生变化。1982年由CME、CBOT和路透社（Reuters）共同开发的全球全日交易系统（GLOBEX交易系统）投入使用后，增加了原有交易时间以外的交易处理，加强了交易的现代化管理。这个系统使得世界各地的用户在任何时间均可以在其终端上输入订单指令，进行期货和期权交易。而因特网的发展，更为交易方式的变化提供了充分的技术支持。

二、衍生金融市场的功能

（一）衍生金融市场的价格发现功能

价格是市场经济体系中最重要的经济信号，它反映了供给与需求的对比关系，调节了有关各方的经济利益，促进了资源的配置。衍生金融市场的主要作用之一是快速形成市场价格，促进经济效率。一方面，衍生金融工具的价格综合反映了市场对标的资产价格变动的预期；另一方面理性的经济主体能够根据金融衍生工具价格的变化，及时调整经营,从而提高了经济运行效率。

(二) 衍生金融市场的风险转移功能

衍生金融市场提供了一种有效的风险转移机制。在金融市场中,不同投资者的风险偏好各不相同,大多数投资者是风险厌恶型的,其他投资者则是风险中型或风险偏好型的。金融市场上风险与收益存在一定程度的正相关:高风险对应高收益,低风险对应低收益。风险厌恶型的投资者愿意将较高的风险转移给他人,而风险偏好型的投资者则愿意承受风险以得到潜在的高收益。因此,如果风险能从风险厌恶型投资者转移到风险偏好型投资者身上,就能促进经济的运行与发展。衍生金融市场的出现,很好地促进了风险在不同风险偏好型的投资者之间的转移。

(三) 金融衍生工具有增强整个金融市场流动性的功能

流动性是指某种资产迅速转换为货币而不受损失的能力。金融市场的流动性,对于金融资产的合理定价以及金融市场充分发挥其资金融通功能,从而促进整个宏观经济的健康运行都起着至关重要的作用。而在没有金融衍生工具的情况下,投资者进行交易时往往很难进行做空交易(Short-Selling),也就是说,投资者缺乏很多行之有效的防范风险的办法。这样,许多投资者进行交易的积极性受到很大抑制,金融市场的流动性也就远远低于有了衍生金融市场时的金融市场。

三、衍生金融市场的风险

迅速发展的金融衍生工具使规避形形色色的金融风险有了灵活方便、极具针对性且交易成本日趋降低的手段,这对现代经济的发展起了有力的促进作用。但衍生工具的发展也促成了巨大的世界性投机活动。目前,世界性的投机资本运作的主要手段就是衍生工具。衍生工具的交易实施保证金制度,在这种交易中的保证金是承诺履约的资金,通常只需要不足交易额10%的比例,因而投机资本往往可以支配5~10倍于自身的资本进行投机操作。对于这样的过程,人们称之为"高杠杆化"。

衍生工具的投机,成功可以获得极高收益,失败则会造成严重后果。就一个微观行为主体来看,衍生工具好比一把双刃剑——它既有规避风险的作用,又有增强金融市场风险的一面。在金融市场上,投资者还面临着两种风险:一种是非系统风险,即由单个资产自身因素导致的价格不确定性。它可以通过多样化投资组合来进行转移和分散,最终降低风险。另一种是系统风险,这主要是指整个金融市场突然出现价格大幅波动。它无法通过多样化的投资组合来降低风险。

20世纪90年代,国际衍生金融市场得到迅速发展,但是也出现了震惊世界的金融风暴:一是英国巴林银行因其在新加坡的期货公司亏损10亿美元而导致破产;二是日本大和银行纽约分行雇员井口俊英瞒着银行从事美国国债期货交易亏损11亿美元;三是1998年9月,美国长期资本管理公司(LTCM)濒临倒闭,最后在美国联邦储备银行的帮助下才劫后余生。

本章小结

1. 国际金融市场是指金融工具进行跨国交易的场所或机制;或者说,国际金融市场是指国际资金融通的领域及其活动。国际金融市场的概念有狭义和广义之分,狭义的国际金融市场是指不同主体之间进行国际资金借贷和资本交易的场所;广义的国际金融市场指从事各种国际金融业务活动的场所,既包括传统的短期资金市场(货币市场)、长期资金市场(资本市场),也包括外汇市场、黄金市场和衍生金融市场。

2. 国际货币市场是经营期限在1年以内的资金借贷业务的市场。一般来说,该市场的中介机构包括商业银行、票据承兑行、贴现行、证券公司和证券经纪人。

3. 国际资本市场是指期限在1年以上的资金借贷和证券交易的场所,它又可以分为银行中长期信贷市场、中长期债券市场和股票市场。国际信贷的主要形式有国际金融机构贷款、政府贷款和国际银行贷款。国际证券市场主要有国际债券市场和国际股票市场。

4. 欧洲货币市场是在欧洲美元市场的基础上发展起来的,欧洲美元市场是指经营欧洲美元业务的市场。所谓欧洲美元是指存放在美国境外银行(包括美国银行海外分行)的美元存款。当这些境外美元被利用进行贷放,就形成了一个新型的国际借贷市场,即欧洲美元市场。欧洲货币市场按借贷方式、借贷期限和业务性质,可以分为欧洲银行信贷市场和欧洲债券市场。

5. 衍生金融市场是从事金融衍生工具交易的市场。金融衍生工具是衍生工具之一,其价值依赖于基本标的金融资产,它是以将来购买或出售某种标的资产的权利为基础,而不是买卖该标的资产本身的交易。

思考题:
1. 国际金融市场有哪些职能?
2. 比较外国债券与欧洲债券。
3. 试分析欧洲货币市场与传统的国际金融市场的区别。
4. 国际金融市场发展的主要原因是什么?
5. 试述国际衍生金融市场的特点及其发展的原因。

第八章 国际资本流动

20世纪80年代初以来，资本在国际间的流动越来越频繁，规模越来越大，对世界经济的影响也越来越大。它促进了世界经济的发展，特别是促进了新型的市场经济国家的发展，同时它也给不少国家带来了货币危机和债务危机。因此，国际资本流动越来越成为国际金融研究的重要内容。

第一节 国际资本流动的概念及其特征

一、国际资本流动的概念及类型

国际资本流动（International Capital Movements），是指资本从一个国家（或地区）转移到另一个国家（或地区）。从一个国家或地区的角度来看，国际资本流动可以分为资本流入和资本流出。资本流入包括外国个人和机构在本国投资建厂、本国政府和企业在外国发行证券筹集资金、本国企业收回在国外的资本金和本国机构收取外国偿还的债款本息等，资本流出包括本国个人和机构在国外投资建厂、购买外国发行的证券、外国企业抽回在本国的资本金和本国机构支付外债的本息等。

由于资本既可以表现为货币形态，也可以表现为实物形态，如生产设备、技术、劳动力等，因此，国际资本流动不仅表现为货币资金的国际移动，而且表现为生产资金（或生产要素、实物资本）的国际移动。所以，广义的国际资本流动是指一国的公司或银行通过证券投资或直接投资形式，将货币资金、生产设备或专有技术转移到其他国家从事国际贷放或跨国经营，以谋取高额利息或利润收益。这样，又可以把国际资本流动分为两类：一类是与实际生产和交换发生直接联系的资本流动，包括与国际直接投资相联系的生产性资本流动和与国际贸易相联系的贸易性资本流动；另一类是与生产和贸易没有直接联系的金融性资本流动，包括与国际贸易支付无关的银行存款和贷款、国际证券交易市场的证券买卖、与其他交易无关的外汇买卖、国际衍生金融工具的交易，等等。

国际资本流动还可以分为长期资本流动和短期资本流动。长期资本流动包括直接投资、证券投资和国际贷款等形式；短期资本流动按照其动机的不同，可以分为贸易性资本流动、套利性资本流动、避险性资本流动和投机性资本流动。

一国的国际资本流动反映在该国的国际收支平衡表中，其主要内容包括：资本的流动方向——资本流入和流出，资本流动的规模——资本流动的总额和资本流动的净额，资本流动的种类——长期资本流动和短期资本流动，资本流动的性质——官方资本流动和私人资本流动，资本流动的方式——直接投资、证券投资和其他投资。

二、国际资本流动的发展及其特征

国际资本流动的发展是迅速的。国际资本流动产生于19世纪，资本流动的形式主要是国际借贷和证券投资，英国、德国、法国是主要的债权国，资本流动的方向是欧洲、南美、北美等区域的国家。国际资本流动在20世纪初获得了较大的发展，从1890年到1914年，各国的国际投资总额增长了2倍多，英、法、德三国的国外投资总额已经达到440亿～480亿美元。随着资本输出的增加，以卡特尔形式为主的跨国公司得到了迅速发展，这种发展反过来又进一步促进了国际资本流动的扩大。

两次世界大战期间，国际资本流动的增长速度比较缓慢，这一时期的特点是美国的经济金融地位明显上升，纽约逐渐取代伦敦成为世界上最主要的国际金融中心，美国成为最大的债权国。国际资本流动的特点是，流动方式仍然是国际借贷和证券投资，资本主要流向亚洲、非洲和拉丁美洲等经济不发达地区。

第二次世界大战以后，国际资本流动发生了巨大变化，发展速度逐渐加快，并且表现出明显的阶段性特征。"二战"结束后的初期，国际资本流动的主要形式是官方的国际援助，资本流动的方向是由美国流向欧洲和日本。战后，为了重建被战争破坏了的欧洲经济，美国政府实施了"马歇尔计划"和杜鲁门的第四援助计划，导致大量的美元资金流入欧洲。从1945年7月1日到1955年6月30日，在"马歇尔计划"下，美国向联邦德国提供贷款38.7亿美元，1945年12月，美国与英国签署财政协定，美国向英国提供37.5亿美元的低息贷款。在美国主导的官方资本流动的同时，私人资本流动也得到发展。1951年国际债券的发行总额为9.954亿美元，其中在美国市场的发行额就达到9.226亿美元；整个50年代，美国为国际债券发行提供了71.601亿美元的资金来源，占当时国际融资的78.21%。

20世纪60年代，由于欧洲货币市场的发展，国际资本首先流向欧洲。50年代末和60年代初，美国国际收支逆差逐渐扩大，资金外流加剧。70年代的石油危机，使石油输出国家积聚了大量的石油美元收入，这些石油美元大部分采取欧洲美元存款形式，并且通过欧洲货币市场和美国金融市场又回流到石油进口国。石油美元投向欧洲或美国金融市场，传统形式是在商业银行存款，到1980年底共计达到1600亿美元，约占石油输出国各种投资总额的48.4%。其次流向国际债券市场。1980年，用于购买英、美、西德、日本公债券的石油美元约400亿，用于购买这些国家的其他有价证券、进行直接投资和其他投资的共690亿美元，借款给国际货币基金组织和世界银行150亿美元，直接贷给发展中国家的贷款为460亿美元。

20世纪80年代的债务危机,对国际资本流动产生了重要影响。1982年由巴西和墨西哥无法偿付欠外国银行已到期的300亿美元本息而引发的国际债务危机,迅速蔓延到世界50多个国家,时间长达10年之久。80年代初期,资本跨国流动的总量由年融资额近2000亿美元下降到1500亿美元,1984年以后国际资本市场融资总额又出现大幅度上升,3年间累计升幅超过70%,资本流动规模表现出极不稳定性。发达国家之间的资本流动受影响的程度较小,1984年以后就得到快速发展。发展中国家的资本流入进入长期收缩期,到了90年代初期,资本流入才超过1981年的水平。

90年代的国际资本流动进入了一个前所未有的发展时期。1988年,国际资本市场的融资总额为3694亿美元,到1995年增加到8322亿美元,1998年增加到12247亿美元。其特征表现为:在资本来源中,私人资本的数量急剧增加;在资本流动的方式中,国际贷款的比重下降,国际证券融资的比重上升,国际直接投资占据主要地位;从资本流动的方向来看,发达国家作为一个整体,在1994年以前为资本净流入,1995年以后为净流出,美国长期以来是资本净流入,欧盟、日本和亚洲新兴工业国家和地区是资本净流出,广大的发展中国家一直是资本净流入。国际资本流动的一个引人注目的变化,就是跨国公司为了扩大市场、优化资源配置而进行的跨国并购异常活跃,跨国并购成为全球直接投资的主要形式。

三、国际资本流动的原因

国际资本流动作为一种金融现象反映了资本的国际余缺调剂,即资源的国际配置。因此,国际资本收益率的差异,或者说国际利率的差异是形成资本流动的根本原因。这种差异越大,资本流动的规模也就越大。在利润机制的驱动下,资本从利率低的国家或地区流向利率高的国家或地区,从风险大的国家或地区流向风险小的国家或地区。

20世纪90年代以来,国际资本流动迅速发展的主要原因有:

(1)经济金融全球化促进了国际资本流动的发展。现代科学技术的发展促进了商品生产和国际贸易的发展,国际贸易的发展促进了国际融资的发展。

(2)跨国公司的发展使得经济资源的配置直接跨越了国家和地区的界限,将原有的以民族国家为单位的国际分工内在化为跨国公司的内部分工,直接促进了跨国直接投资的发展。

(3)主要储备货币长期的通货膨胀,产油国家大幅度提高油价而形成的巨额石油美元,以及储备货币多元化,从而在国际金融市场积累了大量的金融资产。巨额的金融资产成为国际资本流动增长的源泉。

(4)跨国银行的全球战略为跨国公司的直接投资和巨额的国际金融资产开拓了国际资本流动的渠道。银行业的竞争机制使跨国银行竞相提供全面、快捷和优质的服务,从而成为国际资本流动的枢纽。

(5) 全球金融自由化构造了一种真正的金融活动的全球基础。正是由于各国金融活动的逐步自由化以及阻碍资本跨国流动的樊篱被不断拆除，国际资本流动的规模和流动的领域才会不断地扩大。特别是新兴的市场经济国家相继采用各种鼓励外资流入的政策和措施，促进了国际资本向这些国家和地区的大量流动。

(6) 欧洲货币市场的发展和融资技术的不断创新，为加速国际资本流动创造了条件。

四、国际资本流动的经济影响

国际资本流动的影响是广泛的，它对世界经济的发展和全球经济的一体化发挥着重要的影响，对国际金融市场的发展和成熟也具有促进作用；国际资本流动对资本流入国和资本流出国的经济产生了不同的影响；长期资本流动和短期资本流动亦产生不同的影响。归纳起来，国际资本流动具有以下几方面的影响：

(1) 国际资本流动可以合理而又有效地分配资源和利用资源，通过对一些尚未开发的资源进行开发，可以增加新的资源。可以利用先进的管理技术和先进工艺，促进生产要素从生产效率较低的地区和部门转移到生产效率较高的地区和部门。

(2) 国际资本流动可以促进国际贸易的扩大和世界经济的发展。对资本流入国来说，资本流入有利于扩大生产能力，提高产品的产量和质量；有利于增加产品品种、促进国内新兴产业的形成，促进产品结构和产业结构的升级换代；有利于国际收支的调节；有利于增加就业机会，促进国内生产总值的增长。对资本流出国来说，通过资本流出，可以在更广泛的范围内寻找投资机会，获得更高的投资收益；通过资本流出，可以改善其在投资国的政治、经济与贸易环境，有利于带动其商品出口，扩大贸易。

(3) 国际资本流动也会对资本流入国和资本流出国产生不利的影响。对资本流入国来说，有些产业甚至是支柱产业被外国资本控制，使国家的经济安全得不到保障；容易产生对外国资本的依赖性，一旦外国资本回流、减少甚至停止流入时，就会对本国的经济产生严重的后果；自然资源可能遭到掠夺性开发，可能输入环境污染；可能造成严重的债务负担。对资本流出国来说，资本流出后会存在一定的风险，除了业务经营风险外，还存在外汇管制等方面的政策风险，存在拒绝偿还债务、终止合作合同甚至没收投资资产的国家风险；减少国内的投资额，影响就业机会；技术革新和管理改进的外溢，会影响本国产品竞争能力的提高。

(4) 短期资本流动所发挥的作用是短暂的，主要用于贸易融资和调节国际收支，但会引起资本流出流入国的汇率和利率波动，这些波动会增加国际金融市场的风险，使有关国家的货币政策目标难以实现。

(5) 长期资本流动主要影响一国长期的资本积累、投资、生产能力、产业结构和经济增长率等方面。

第二节　国际长期资本流动

国际长期资本流动是指期限在 1 年以上的跨国资本流动。按照其流动方式的不同，可以划分为国际直接投资和国际间接投资。

一、国际直接投资

（一）国际直接投资的含义

国际直接投资，是指一国在国外对厂房、设备、土地等实质性生产要素的投资，投资者拥有对这些实质性资产的所有权。在资本形态上，国际直接投资包括货币资本的流动、设备和半成品等有形资产的转移、专利技术和商标使用权等无形资产的转移。从投资方式来看，有创办新企业、直接收购、购买另一企业股票达到一定比例、利润再投资等。

美国一些经济学家认为，如果本国投资者对外国企业拥有 10% 以上的股权，即被归入直接投资，否则即属于间接的证券投资。但是，美国商务部将 25% 的股权持有作为直接投资和间接投资的界限，日本也是将 25% 的出资比例作为直接投资和间接投资的界限。我国政府规定，中外合资企业外商投资最少应占总投资额的 25% 以上；外商购买一家企业的人民币特种股票（B 股）超过 25% 便从间接投资转为直接投资，成为国外合资股份有限公司。直接投资的核心在于投资者通过直接参与国外企业的经营以实现公司利润最大化。

（二）国际直接投资的理论

从本质上来说，国际直接投资和国内投资一样，其根本目的都是为了获得更高的收益。但从国际金融的角度来看，为什么不通过间接融资而是通过直接融资来进行投资呢？首先就得了解有关国际直接投资的理论。

1. 国际生产内部化理论

为什么企业不通过国际贸易这种灵活的市场交易形式进入别国市场，而是通过直接投资进入别国市场？国际生产内部化理论认为，企业进行对外直接投资的动因是为了获得内部化利益。所谓内部化，就是把市场建立在企业内部的过程，由内部市场取代外部市场，即建立由企业内部挑拨价格起作用的内部市场，使其像固定的外部市场那样有效地发挥作用。国外市场由于政府管制以及信息和技术的原因而造成市场不完全性，使得国际贸易不能顺利进行，于是跨国公司通过直接投资开辟内部化渠道的做法就成为了自由贸易的现实替代。企业的内部化超过国界范围就意味着对外直接投资，而对外直接投资的目的在于防止海外市场的不完全性对其管理效能产生的不利影响，实现资源的最优配置。

2. 国际生产综合理论

国际生产综合理论认为，一国对外进行直接投资主要是由所有权优势、内部化优势和区位优势这三种特殊优势综合决定的。所有权优势是指企业所拥有或能够获得的资产及其所有权方面的优势，包括技术、管理、营销、研究开发、产品多样化程度、商誉等。内部化优势是指企业将其拥有的所有权优势加以内部化使用而产生的优势，包括多国体系、组织结构和市场机制等。企业通过对外投资，将其拥有的所有权优势内部化，避开外部市场机制的不完全性，减少交易成本，获得最大收益。区位优势是指企业在投资区位上所拥有的选择优势。拥有所有权优势和内部化优势的企业在投资之前必须进行区位选择，即在国内还是在国外、在甲国还是在乙国投资生产，选择的标准是企业获利的程度。上述三种优势的不同组合形式决定了企业是采取直接投资方式、出口方式还是生产许可证方式进入国外市场。

3. 产品生命周期理论

产品生命周期理论认为，每一项改革或每一种产品的生产都要经过三个阶段，即新产品阶段、成熟产品阶段和标准化产品阶段。第一阶段，产品全部在国内生产并用于满足国内消费需要。这是因为国内需求弹性小，跨国公司可以通过工艺垄断和产品差异获取高额垄断利润。第二阶段，随着生产和竞争的发展，产品生产工艺和方法扩散到其他地区，跨国公司将产品生产技术转移给国外子公司，以抢占当地市场。这是一种防御性投资。第三阶段，激烈的竞争导致产品和生产完全标准化，跨国公司则利用直接投资的形式将标准化的工艺转移到工资低和成本小的国家和地区，来满足本国和世界市场的需要。当出现新工艺发明、成熟工艺不再有利可图时，跨国公司则通过许可证方式全部出售产品。

4. 垄断优势理论

垄断优势理论认为，决定对外直接投资的原因是利润差异，而获利的多少则取决于垄断优势的程度。企业对外直接投资的前提条件是：在国外投资的收益高于在本国投资的收益，在国外子公司的投资收益要高于当地企业的投资收益。

跨国投资企业的垄断优势包括：①横向一体化优势。企业通过跨国直接投资提高市场占有率，实现横向的垄断控制产品价格，再通过提高价格获得垄断利润。②纵向一体化优势。企业通过跨国直接投资形成对上下游产品生产和销售的控制，可以获得外部规模经济的优势，使外部利润转变成内部优势，从而使企业产生规模经济。③市场优势。包括产品类别、商标、特定的销售技巧、价格操纵等。④生产要素优势。如专利技术、专有技术、管理和组织技能，以优惠条件获得资金，等等。⑤政府管理行为带来的优势。政府的有关税收、关税、利率和汇率等政策也会造成市场的不完全，由于市场扭曲，给企业带来优势，从而促使企业对外直接投资以利用这种优势。

5. 比较优势理论

比较优势理论认为，国际直接投资的原因是存在比较优势。根据比较优势的不同，可以把国际直接投资分成以下类型：①企业向国外投资的目的在于克服本国资源的约束，将资金投向资源丰富的国家，从而形成制成品与初级产品生产之间的垂直专业分工。这一类被称为自然资源导向型。②企业向国外投资的目的是因为国内劳动力成本高从而将劳动密集型产业转移到劳动力成本较低的国家。这一类被称为劳动力导向型。③企业向国外投资的目的在于绕开贸易壁垒，扩大产品销售的市场份额。这一类被称为市场导向型。④企业向国外投资的目的在于跨国公司在国际水平一体化或垂直一体化。这一类被称为生产国际化型。

（三）国际直接投资的发展

第二次世界大战后，国际直接投资有一个逐渐发展的过程。从 1950 年到 1970 年间，直接投资年均增长率为 4.9%；20 世纪 70 年代末到 80 年代初，由于受世界经济危机的影响，直接投资的年均增长率只有 1.5% 左右。从 1986 年至 1990 年，国际直接投资流入和流出额的年均增长率分别达到了 24.8% 和 19.8%；同期，全球固定资产形成总额及世界生产总值的年均增长率仅为 10.6% 和 10.8%。1991 年至 1996 年，国际直接投资流入和流出额的年均增长速度为 17.1%，1998 年国际直接投资的流入流出增幅分别为 43.8% 和 45.6%，1999 年分别为 27.3% 和 16.4%。2007 年国际投资总额达到 19790 亿美元。国际直接投资是以发达国家为中心。美国是世界上最大的资本输出国，1980 年到 1990 年的 10 年间对外直接投资累计总额达到 5980 亿美元，占世界直接投资存量的比重达到 26%。西欧各国的对外投资总额累计达到 7620 亿美元，日本对外直接投资累计总额达到 2014 亿美元。同时，美国、欧盟和日本又是最主要的资本流入国。美国一直把欧盟作为对外投资的重点，其在欧盟的投资存量远远高于在世界其他地区的投资；欧盟各国也将其对外直接投资的重点放在美国。20 世纪 90 年代以前，日本直接投资的重点也是在美国和欧盟，90 年代开始，日本开始重视对亚洲发展中国家的直接投资。1982 年国际债务危机发生以前，拉美国家吸收了世界流入发展中国家的直接投资总额的 60% 以上；90 年代以来，亚洲的发展中国家吸收了世界流入发展中国家的直接投资总额的 50% 以上。1993 年以后，中国一直是国际直接投资的主要流入国，并且成为了仅次于美国的吸引全球直接投资的第二大国家；2002 年中国第一次超过美国成为吸引全球直接投资的第一大国家。

二、国际间接投资

（一）国际证券投资

国际证券投资通常是指投资者在国际金融市场上通过购买外国的公债、公司债券和

股票，并以此获取利息和红利的投资方式。从筹资方式来看，国际证券相对以银行为中介的贷款这种间接筹资方式来说，它是一种直接筹资方式；但从投资方式来看，相对于投入生产过程的直接投资，购买国际证券是一种间接投资。

国际证券投资具有以下特点：①国际证券涉及的是金融资本的国际转移，国际直接投资涉及的是实物资本的国际转移；②国际证券投资的目的是获取利息、股息和红利，对企业没有直接控制和管理权；③国际证券投资涉及的是债权债务关系；④国际证券投资必须有健全的国际证券市场，投资对象——有价证券可以过户转让或在证券市场自由买卖。⑤国际证券投资运用比较灵活，便于随时调用和转移，更换成其他资产，以减少因国际政治和经济形势变化而造成的风险。

在国际证券投资中的有价证券包括政府的和私人的，又可分为债券和股票两大类。债券可分为政府债券和公司债券。在国际资本流动中，国际债券占有重要的位置。国际债券分为外国债券和欧洲债券两类。

20 世纪 70 年代以来，国际证券投资发生了深刻的变化：一是国际债券市场的重要性持续增加，80 年代以前国际债券市场有较快发展，但市场主体是国际银团贷款，如 1980 年国际债券净发行额仅是国际银行净贷款的 17%。1982 年爆发的债务危机刺激了国际债券市场的发展，1984 年国际债券净发行额首次与国际银团贷款净额达到相当水平，1989 年国际债券净发行额达 2500 亿美元，为同期国际银团贷款的 2.58 倍，1995 年国际债券净发行额为 3115 亿美元，2009 年增加到 22930 亿美元。二是股票市场已经在国际融资方面发挥重大作用，在一些主要的国际金融中心经营的证券交易所中，外国股票的上市量明显增加，外国股票的交易量占交易额的比重也在逐渐上升。国际股票的发行额，1993 年为 407 亿美元，2009 年增加到 8561 亿美元。在世纪之交，世界各大证券交易所已拥有越来越多的外国上市公司。在纳斯达克上市的 4829 家公司中有 429 家外国公司，在纽约证券交易所上市的 2592 家公司中有 405 家外国公司，在伦敦交易所上市的外国公司占全部上市公司的 20%。外国公司的市值占全部上市公司市值的 66%。

（二）国际贷款

国际贷款作为一种国际长期资本流动方式，是指国际间以偿还为条件、以契约性债权债务关系为约束的借贷行为。国际贷款包括国际银行贷款、政府贷款、国际金融机构贷款和进出口信贷。

（1）国际银行贷款。是指一国的公司、银行或政府在国际金融市场上向国际银行借入中长期货币资金的商业贷款。向一国银行借款的称为双边贷款，向多家银行借款的称为银团贷款。国际银行贷款不限定用途，借款人可以自由运用资金，贷款资金的数额也不受限制，可以很大。

（2）政府贷款。是一国政府利用财政资金向另一国政府提供的优惠贷款。贷款国提供贷款的目的是为了促进本国商品劳务的出口、企业对外投资等。

（3）国际金融机构贷款。主要是世界银行集团和地区性的开发银行向其成员国政府提供的贷款，目前重点是向发展中国家的政府提供贷款。贷款的用途与特定的工程项目相联系，重点是资助发展中国家的能源、公共基础设施、农村水利和环境保护等的建设。

（4）进出口信贷。是指一国的进出口银行和商业银行对本国出口商或外国进口商及其银行提供的贷款，为了解决本国出口商的资金周转困难，或者满足外国进口商对本国出口商支付货款的需要。其特点是贷款金额大、贷款期限长、年利率低于商业银行的市场利率、风险由国家信贷保险机构担保。贷款国政府给予利息补贴和信贷担保，其目的是增强本国出口商品的国际竞争力。

（三）国际间接投资理论

1. 资本流量理论

资本流量理论认为，国际资本流动取决于国际利息差，即在其他条件相等的情况下，资本会从利息率低的国家流向利息率高的国家。发达国家之所以资本流出，是因为其经济增长相对发展中国家来说比较缓慢，投资收益率低，资金利率也低；发展中国家经济增长快，投资收益率高，资金利率也高，所以一般为资本流入。

2. 资产组合理论

资产组合理论认为：①投资者应该持有包括货币在内的不同形式的资产，以分散风险；②某种资产收益的增加会导致投资者对此资产持有量的增加，某种资产风险的增加会导致投资者对这种资产持有量的减少；③各种资产之间的风险相关度越小，持有这种资产组合的好处越大；④财富的增加将导致资产持有量的增加；⑤如果两种资产的组合优于第三种资产，投资者就不会持有第三种资产。该理论认为，在资本可以在国际上自由流动的情况下，投资者会根据以上原则进行跨国资本投资。

第三节　国际短期资本流动

国际短期资本流动是指发生在国际、期限在1年以下的资本流动。

一、国际短期资本流动的类型

国际短期资本流动按其性质可以分为以下五类：

（一）贸易性资本流动

贸易性资本流动是指与国际贸易有关的资本流动。国际进出口贸易往来中由商业信用和银行提供的短期资金融通和资金结算，必然会引起进出口国的资金流入和流出，导致短期资本的流动。这是国际短期资本流动中的最主要部分。一国出口贸易资金的结算，导致出口国或代收国的资本流入；而一国进口贸易资金的结算，则会导致进口国或代付国的资本流出。

（二）短期资本投放

跨国公司、政府机构和国际组织等在国外的备用资金、周转资金和闲置资金，通常以活期或定期存款形式存入银行，购买国库券、短期政府债券或银行大额可转让定期存单，其结果都会导致国际资本的流动。

（三）套期保值性的资本流动

在实现汇率和利率自由化的情况下，由于汇率和利率的频繁波动，致使从事国际贸易和国际金融活动的主体承担较大的经营风险，甚至遭受巨大的经济损失。为了转移或减轻风险，一般都采用套汇、掉期、期货、期权等防范措施，其结果也会导致资本的国际流动。

（四）安全性资本流动

这类短期资本流动也称为资本外逃，其国际流动的目的也是使资本保值。但引起风险的原因不同，它是由汇率和利率以外的其他因素所造成的。这些因素包括一国政局的动荡、宏观经济形势的恶化、外汇管制的加强及税收政策的改变等。

（五）投机性资本流动

投机性资本流动是指投资者利用国际市场上的汇率、利率、其他金融资产价格或商品价格的波动，从中谋取利润而引起的短期资本流动。

二、影响国际短期资本流动的主要因素

国际短期资本流动是由多种经济和政治因素引起的，其中最主要的因素是短期内的投资收益与风险。

（一）短期投资收益

资本的预期收益是资本追求的目标，是影响资本流动的最直接因素。资本总是从收益低的国家或地区流向收益高的国家或地区。影响短期投资收益高低的因素有货币利率的高低、货币汇率的变动和一国的货币金融政策。

一国国内名义利率低于外国名义利率，会促使资本从该国流向国际金融市场，谋求获得较高收益的外国资产。利率的差异也会使商业银行的套利业务和套利性的投机活动增加，将资本从利率低的国家调往高利率的国家，以赚取利差收益。市场货币汇率的变

动会引起投机性的资本大量流动。当投机者预期某国货币的汇率将要上升或下跌时，就预先买进或卖出该国货币，待汇率上升或下跌时再卖出或买进该种货币，以赚取利润。某些国家颁布实施的货币金融政策、法令、条例，有时也会造成国际资本的流动。

（二）短期投资风险

资本流动有时不光是为了追求利润，而是为了谋求资本的安全与避免损失。风险因素按其性质可以分为政治风险、经济风险和经营风险。

资本流动受政治因素的影响很大。一国政局动荡不安，会给投资者带来损失，因而会引起资本外流；一国政治稳定，法律制度健全，投资者的资产安全有保障，就能吸引更多资本流入。一国的宏观经济是否稳定对资本的流动也会产生重要的影响。

三、国际短期资本流动对经济的影响

国际短期资本流动对资本流入国和资本流出国经济的影响比较复杂，需要根据不同的流动原因和方式进行具体分析。一方面，由于短期资本的流动速度快，对利率、汇率等经济变量的变动非常敏感，一国可以根据实际情况灵活调整利率、汇率变量以引导资本流动，以满足本国在短期内对资金的需求变动；另一方面，国际短期资本流动对各国经济的稳定与发展的冲击也非常突出，投机性资本流动对一国汇率的冲击频繁发生，货币危机问题成为国际金融领域最引人注目的现象。

第四节 国际资本流动与国际债务危机

国际资本流动所产生的影响是广泛的，对资本流入国、资本流出国和国际经济金融产生不同程度的影响，对资本流入国产生的最重要的负面影响是债务危机。20世纪80年代的国际债务危机，不仅严重地影响了债务国，还影响了债权国，并对当时及以后的国际金融事务产生了重要影响。

一、国际债务危机的爆发

1982年8月，墨西哥财政部长向美国财政部长、联邦储备委员会主席和国际货币基金组织执行总裁通报：墨西哥几乎耗尽了全部外汇储备，再也无力偿还到期的债务本息。1982年9月，巴西宣布，它急需175亿美元的新贷款来解决清偿困难；12月，向国际货币基金组织等债权机构发出援助信号。同时，阿根廷也在1989年12月向债权国或债权机构提出重新安排债务的要求。由此引发了国际债务危机并迅速蔓延到世界50多个国家，延续时间长达10年之久。其中，撒哈拉以南非洲国家20多个，债务总额890亿美元；拉丁美洲国家12个，债务总额2880亿美元；亚洲国家6个，债务总额

1540亿美元。另外，东欧国家负债730亿美元，中东非产油国家负债560亿美元。5个最严重的负债国占世界债务总额的40%。其中，巴西负债890亿美元，偿债率85%；墨西哥负债830亿美元，偿债率100%；阿根廷负债390亿美元；韩国负债360亿美元。

二、国际债务危机产生的原因

20世纪80年代的国际债务危机产生的主要原因有三个方面：债务国的借款规模过大、外资利用不当和受到外部因素的冲击。

（一）债务国的借款规模过大，超过了其承受能力

根据IMF的统计，从1973年到1982年，非产油发展中国家的债务从1301亿美元增加到6124亿美元，负债率从115.4%增加到143.3%，偿债率从15.9%增加到23.9%。尤其严重的是，自1984年后，由于债务总额的积累和还本付息负担的不断加重，以及国际商业贷款资金的减少，国际资本流动已经形成由发展中国家向发达国家的净流出。

形成发展中国家的借款规模过大的原因有两方面：一方面，是20世纪70年代西方发达国家通货膨胀的加剧和经济增长速度的放慢，产生了大量寻找投资机会的国际游资；石油价格的不断上涨使得产油国形成了大量石油美元。另一方面，相对于当时的发达国家，一些发展中国家的经济增长速度较快，他们想利用国际金融市场低廉的资金发展本国经济，因此借进大量外债；还有一些国家，由于石油价格上涨造成国际收支逆差，他们需要从国际金融市场寻求大量资金来弥补国际收支逆差。在这一过程中，国际金融市场和国际金融机构成为资本流动的主要机制。

拉丁美洲国家长期推行扩张性的财政货币政策，放纵进口的自由化，以此来满足暂时经济增长的需要；有的国家通过大量借外债来加快本国的工业化进程，由于没有考虑本国外债的偿还能力，外债规模急剧膨胀，一旦进入外债的偿还期，便爆发了债务危机。例如，巴西为了发展民族经济，从1974年到1981年共投入520亿美元发展基础工业，导致国际收支中的经常项目于1980年和1981年连续出现128亿和117亿美元的逆差，到1982年外债总额急剧上升到890亿美元，偿债率高达85%。

（二）外债利用不当

陷入严重债务危机的国家，其外债资金的利用效率都极低，未能把外债资金全部有效地用于生产性和创汇盈利性的项目，不能保证外债资金投资项目的收益率高于偿债付息率。一些重债国用外债支持的往往是规模庞大而不切实际的长期建设项目，有的贷款项目根本没有形成任何生产能力；一些国家将借入的资金错误地用于扩大消费；有的国家将借入的资金投入到一些收益率低的项目，缺乏再生能力；还有的国家外债经营管理人员贪污腐化，将外债资金挪作私人不动产投资或外国证券投资。

许多国家借外债的目的是为了实现经济的高速增长，但实际结果并非如此，外债没有给这些国家带来生产能力的快速增长，只是带来外债余额的快速增长，当世界经济形势突然变化时，这些国家便无法如期偿还外债，最终导致债务危机。

（三）受到外部因素的冲击

20世纪70年代末和80年代初国际经济环境的变化也是国际债务危机产生的重要原因。

（1）石油价格因素。1973—1974年和1979—1980年的两次石油价格的上涨，即石油价格从1973年以前的每桶3美元提高到1980年每桶的32美元，这使欧佩克石油出口国以外的发展中国家的国际收支逆差急剧增加。非产油的发展中国家不得不靠借债度日，1973年到1982年，这些国家的债务从1300亿美元增加到6550亿美元，10年增加了4倍。

（2）20世纪70年代的石油危机导致西方国家80年代初的严重的经济衰退，经济衰退导致国际贸易增长率的下降，从而对发展中国家出口的需求大大减少。非产油发展中国家的出口收入增长率，1980年为23.8%，1981年为3.7%，1982年竟为 -5.2%。这些国家出口收入的下降，意味着他们偿债能力的下降，债务危机的产生就在所难免。

（3）国际金融市场上美元利率和汇率的大幅上升。20世纪70年代的石油价格上涨，加剧了美、英等西方国家的通货膨胀，导致美元和英镑汇率的下跌，资本外流。为了反通货膨胀，80年代初美、英政府采取紧缩的货币政策，其结果是市场利率迅速攀升。西方七国短期平均名义利率1979年为9.2%，1982年上升为12.9%；长期平均名义利率由1979年的9.3%上升到1982年的12.4%。美元利率的上升对债务国的影响非常大。因为，由于70年代国际金融市场石油美元充裕，国际美元贷款利率非常低，在这段时期，发展中国家受低利率的吸引举借了大量的浮动利率外债；80年代国际市场利率的上升，使发展中国家债务利息的负担迅速增长。据国际货币基金组织计算，国际金融市场上利率每提高1%，非石油出口的发展中国家大约要多付40亿美元的利息。由于利率的提高，1979年到1982年，非石油出口的发展中国家多付的利息就达150亿到200亿美元。

美国利率提高的结果，使国际金融市场的资金大量流入美国，也导致许多债务国的资金外流。据国际清算银行计算，仅拉丁美洲国家1979年到1983年资金外流就达500亿美元。因此，高利率形成高利息负担，加上资本外流，必然增加债务国偿债的负担。

三、国际债务危机的影响

（一）给债务国带来的影响

国内投资规模大幅度缩减，财政开支紧缩，经济增长放慢，失业率大量增加；同时，物价上涨，通货膨胀加剧；人民的生活水平降低，经济出现衰退。债务危机往往会带来货币危机和经济危机，严重的还会带来政治危机和社会动乱，造成债务国的经济严重倒退。

（二）给债权国带来的影响

1982年底，发展中国家欠私人商业银行的债务已经超过3500亿美元，占当时总债务额的56%。银行贷款与其资本比率已经远远超过风险线。美国17家最大的商业银行仅给墨西哥一国的贷款就占其资本的94%，日本4家最大商业银行对墨西哥贷款均超过10亿美元，贷款与资本的比率为80%。更为严重的是，西方主要银行向所有发展中国家的贷款已经相当于自有资本的2倍多。因此，如果发展中国家不能按期还本付息，银行必遭巨大损失；如果出现大规模的坏账，就有可能导致一大批银行破产。

（三）给国际金融体系和世界经济带来的影响

债务危机国的贷款大部分是银团贷款，具有参与银行多、牵涉面广的特点。例如，墨西哥的债务涉及1400多家商业银行，巴西的债务涉及1000多家商业银行。所以，债务危机不解决或解决得不好，都有可能带来国际性的金融危机和世界经济的动荡。

四、解决国际债务危机的措施

从国际债务危机爆发，到债务危机的基本解决，时间持续了10年之久。在此过程中，国际社会对国际债务危机的严重性的认识不断深入，对债务危机对国际金融体系和世界经济的破坏性逐渐重视。在债权银行及其政府、国际金融机构和债务国政府的共同努力下，国际社会采取了一系列措施，最终在20世纪90年代初，国际债务危机得到基本解决。

（一）债务危机初期采取的措施

国际债务危机爆发以后，重新安排债务成为缓解和解决债务危机的首选措施。

（1）官方债务的重新安排。官方债务的重新安排是在债权国的多边形式下，采用一套明确规定的程序进行的。第一阶段，对债务国当时偿债能力的有关资料进行全面考查，由国际货币基金组织、世界银行和国际清算银行协助进行；第二阶段，由债务国和债权国的多边机构进行谈判，达成一篮子协定，这一协定根据对所有债权人一视同仁的原则，规定双方协定的条件；第三阶段，由各债权国政府和债务国双方根据多边协定，签订双边协定。债务重新安排的数量及延长偿还期是统一的，利率则由双方商定。

（2）私人债务的重新安排。私人债务的重新安排是在由大银行的谈判代表组成的银行咨询委员会与债务国之间通过谈判进行。谈判首先审查债务国的偿债和经济状况，其次围绕重新安排债务的数量、期限、宽限期等进行协商，最后达成重新安排债务的协定。在私人债务重新安排过程中，债务国必须先签署和实施国际货币基金组织要求的稳定经济计划的协定，同时债务国必须如期支付所有的到期利息。

从1982年底到1983年，有33个债务国与债权银行签订了41项债务重组协定，重新安排即将到期的债务总额634亿美元。另外，国际商业银行提供新贷款140亿美元，国际金融机构提供新贷款184亿美元，政府提供新贷款70亿美元。

国际社会对国际债务危机最初的反应是迅速而有效的，避免了更大规模的违约拖欠和全球金融危机的发生。但是，该时期的债务危机的解决措施是建立在这样的认识基础上的：债务危机的爆发是由于世界经济衰退使主要的债务国出口下降，资金流入减少，造成暂时性的流动性不足，而并非完全没有清偿能力，因此要求债务国必须采取严格的经济调整和紧缩措施。

（二）债权国采取的新对策

但是，用紧缩的经济调整政策对付债务危机，给债务国带来了一系列的严重问题。经济衰退，通货膨胀严重，结果是偿债能力不仅没有提高，而且债务负担越来越重，重新安排债务的事件不断增加。这种情况显然不能持久，国际社会必须寻求新的债务缓解途径。

1. 贝克计划

1985年10月，美国财政部长贝克在国际货币基金组织和世界银行年会上提出使主要债务国经济持续增长的计划。主要内容包括：①主要债务国应采取宏观经济综合性和结构性调整政策，促进经济增长、平衡国际收支和减少通货膨胀。②国际货币基金组织继续发挥中心作用，从其信托基金中提出27亿美元贷给低收入债务国，帮助其进行市场导向型的经济调整和结构性改革，以促进贸易自由化、企业私有化和金融国际化。③世界银行与其他多边开发银行共同提供90亿美元，债权国银行提供200亿美元，联合贷给15个重债国。

2. 日本大藏省方案

1986年12月，日本大藏相宫泽提出了"黑字回流计划"，即通过提供贷款、援助或购买证券等形式，把日本大量的贸易顺差资金带回到那些贸易逆差和资金短缺的国家和地区。首期提出100亿美元的出资计划，向国际货币基金组织和国际开发协会各提供30亿美元，向世界银行提供20亿美元，设立日本特别基金。1987年6月又提出追加200亿美元的计划，其中：建立亚洲开发银行和美洲开发银行的日本特别基金80亿元，给日本输出入银行30亿美元，用于低息优惠贷款，90亿美元作为日本输出入银行、海外经济合作基金以及商业银行用于配合世界银行行动的协调资金。

3. 密特朗方案

法国总统密特朗于1988年6月在多伦多举行的七国首脑会议上以及同年9月在联合国大会上提出的一个债务解决方案。他呼吁债权国大量放宽对最贫穷国家的偿债条件；认为 IMF 应该分配一笔专门的特别提款权，以资助建立一笔担保基金，由 IMF 管理，保证对转换成债券的商业银行贷款支付利息，以解决中等收入国家的债务问题。这笔基金提供的担保会促进减债计划的谈判，也可以降低债务国支付利息的费用。

日本大藏省方案和密特朗方案都把解决债务危机的重点放在债务本金和利息的减免上，因此受到普遍的重视。

4. 布雷迪方案

布雷迪方案是由美国当时的财政部长 N. F. 布雷迪于 1989 年 3 月提出的一个减债方案，是建立在贝克计划的基础上、重点在减免债务上的方案，与日本大藏省方案和密特朗方案的原则是一致的。布雷迪方案承认国际债务危机问题是债务国偿付能力的危机，并非暂时的资金周转失灵。该方案建议将债务国欠国际商业银行的贷款换成票面金额较低的债券，或票面金额相等但利率较低的债券；由债权银行承担部分贷款本金或利息减少的损失。债权银行也可以将贷款换成债务国企业或公司的股票，把债权转换为股权。布雷迪方案还计划在 3 年内削减 39 个发展中国家的债务，本息总额为 900 亿美元，相当于所欠本金和应付利息的 20%。该方案还提出，国际货币基金组织和世界银行应提供资金支持。国际货币基金组织和世界银行拟分别提供 250 亿美元和 200 亿美元的资金，同时日本政府承诺对该方案提供 100 亿美元资金。

布雷迪方案首先在墨西哥、菲律宾、哥斯达黎加、委内瑞拉等国进行了实施，所有这些国家的国内经济调整都有显著的进展，取得了成功。

五、解决国际债务危机的启示

发展中国家利用国际资本发展本国经济是一条有效的途径，它不仅能解决发展中国家的资金积累不足和资金短缺的问题，而且能给发展中国家带来先进的科学技术和先进的管理模式，它能在短期内使利用外资的国家的产品更新换代，带来明显的经济效益和社会效益。但如果外资利用不当，也会给发展中国家带来灾难性的后果，债务危机就是其中之一。

既要获得利用外资的好处，又要避免债务危机，应该注意以下问题：①债务国应该根据本国的承受能力控制外债的总规模，保持适当的外债增长速度；②保持合理的外债结构，包括融资形式、期限结构、币种结构、利率结构、市场与国别结构；③注重外债的使用效益，增强产品出口创汇能力，保持外汇收支的平衡；④保持健康和稳定的宏观经济环境，执行稳健的财政货币政策；⑤加强对外债的宏观监控，建立敏感的预警系统。

一旦出现债务危机，应及时采取措施，把危机可能造成的损失降低到最低程度。解决国际债务危机的措施应该是多方面的，需要各方面的共同努力。包括：①债务国的政府和债务人；②债权银行和债权国政府；③国际金融机构。具体措施包括：①债务展期；②注入新贷款；③债务重组；④债务本金和利息的减免；⑤债务资本化。

六、主权债务问题

在国际债务危机中，最棘手的问题是主权债务问题。主权债务是指债务人是一国的政府或政府机构，债权人是各国私人机构；主权债务问题是指主权债务不能通过破产清偿的方式来进行解决。由于主权债务危机往往与金融危机同时出现，其后果轻者引起经济衰退，重者给一个国家带来毁灭性打击，甚至引起地区性的经济金融动荡。所以，国际社会在处理主权债务危机和金融危机时非常谨慎。过去的处理危机的基本策略是：以国际金融机构和发达国家的政府为主体，在危机爆发后组织救援。从20多年的实践来看，这种危机的处理方式虽然能暂时缓解危机，但不能有效地防范和解决危机，从某种意义上来说反而成为孕育危机的温床。

其主要问题有：第一，这种措施是"亡羊补牢"，即在危机发生后通过协商谈判、减免债务或者由IMF提供援助资金，这些援助资金大部分被受援国用于偿还债务，又流到发达国家私人债权人的口袋。第二，事后救援容易导致道德风险，即当债权人预料到债务国不能偿还债务时IMF会慷慨解囊，就会不适当地放贷；当债务人预料到他不能偿还债务时IMF会救援，就会不适当地借贷。道德风险不仅破坏了借贷双方的激励机制，而且也扭曲了资本配置，影响了资本市场的效率。第三，债务工具的多样化和私人债权人的急剧增加，一方面有利于分散风险，另一方面也会导致债务的重组变得更加困难。因为随着私人债权人的增加，债务重组的集体行动变得愈加困难甚至不可能。

目前，国际货币基金组织正在寻找解决主权债务重组的机制，其基本思路是将国内破产法的机制运用到主权债务的重组。

第五节 国际资本流动与货币危机

国际资本流动的负面影响不仅表现为债务危机，而且还表现为货币危机。20世纪90年代以来，货币危机频繁出现，如1992—1993年欧洲货币体系危机，1994—1995年墨西哥货币危机，1997年东亚货币危机，1998年俄罗斯货币危机，2001—2002年阿根廷货币危机，等等，并且有些危机因为处理不当，有的演变为金融危机和全面的经济危机，有的通过传播演变为区域性的货币危机和金融危机。

一、货币危机的概念

货币危机，是指在市场参与者对某国缺乏弹性的汇率制度失去信心时，通过外汇市场进行抛售等操作导致该国汇率制度崩溃、外汇市场持续动荡的带有危机性质的事件。货币危机与金融危机密不可分，货币危机发展的结果必然导致金融危机，金融危机也必然导致货币危机。所以，很多人把货币危机和金融危机不加区分，货币危机就是金融危机，金融危机就是货币危机。但如果仔细分析，两者是有区别的：货币危机主要发生在外汇市场，表现为汇率的剧烈波动，即危机货币的汇率快速下跌，跌幅巨大；金融危机发生在整个金融体系，表现为资产价格的剧烈波动，即证券价格和房地产价格暴跌，市场利率剧升，大量金融机构经营困难，导致亏损和破产。

二、货币危机的表现

（一）英镑危机

1979年3月13日，欧洲货币体系正式建立。欧洲货币体系实行稳定的汇率机制，它通过平价网体系（Grid Parity System）和篮子汇价体系（Basket Parity System）的双重机制稳定成员国之间的货币汇率。平价网体系又称格子体系，要求成员国货币之间彼此确定中心汇率，各成员国相互之间的汇率只能在中心汇率上下浮动；篮子汇价体系，又称为中心汇率体系（Central Rate System），规定成员国货币对欧洲货币单位（European Currency Unit，ECU）的中心汇率，然后计算每种货币对这一中心汇率所允许的最大偏离程度，当成员国货币与ECU的偏离达到一定程度时，就要进行干预。

英国于1990年加入欧洲货币体系，当时英镑与马克的双边中心汇率是1英镑等于2.95马克。1989年民主德国和联邦德国统一后，德国政府决定民主德国马克以1:1的比价兑换联邦德国马克，这使德国货币供应量增加了近30%。为了增加对原民主德国的财政支持，德国政府发行了大量的长期债券，使德国利率显著提高；另外，德国政府为减轻通货膨胀的压力也不得不提高利率。这意味着欧洲货币体系中的其他国家也必须提高其利率。而此时的英国却处在经济衰退之中，失业率居高不下，如果跟随德国实行紧缩的货币政策必将使经济状况进一步恶化。因此，世界普遍预测英镑将贬值。美国量子基金的掌门人乔治·索罗斯当时就卖空150亿英镑。在大量的投机者抛空英镑的情况下，英格兰银行为维持固定汇率，不得不在一天的时间内两次大幅度提高利率，第一次由10%提高到12%，第二次由12%提高到15%。英国经济无法承受如此高的利率，在投机者的进一步冲击下，英国政府不得不暂时退出欧洲货币体系，让英镑自由浮动。英镑危机后，意大利、瑞典等国家纷纷退出欧洲货币体系，造成了欧洲货币体系危机。

（二）墨西哥货币危机

1988年墨西哥开始实行爬行钉住汇率制，即把墨西哥货币比索钉住美元，在一个很小的幅度范围内波动。这项政策的初衷是通过稳定的汇率来促进墨西哥与美国之间的贸易，并借此来降低国内通货膨胀率。但是，这项政策也存在一个致命的弱点，即墨西哥的通货膨胀率必须与美国的通货膨胀率保持一致。如果墨西哥的通货膨胀率长期高于美国的通货膨胀率，则墨西哥比索会处在高估状态，并抑制出口，导致经常项目逆差。

从1990—1994年，墨西哥的经常项目逆差分别为74亿美元、146亿美元、244亿美元、234亿美元和297亿美元，5年累计逆差995亿美元。这些巨额逆差主要是通过国际私人资本的流入来弥补，从1990—1994年，5年间流入墨西哥的私人资本净额为897亿美元，其中一半以上是以证券投资的形式流入的。大规模的资本流入维持了墨西哥货币对美元的名义价值，使得其实际有效汇率自1990年起稳步上升，1993年底与1990年相比，上升了30%多。同时，金融管制的放松和私有化，促进了银行信贷的扩展。银行信贷的扩展导致国民储蓄率的下降，促使政府提高利率。利率的提高，没有阻止国内过度借贷墨西哥比索，反而促使企业多借美元，其结果是使事情变得更糟糕。资本流入量太大使得墨西哥货币当局越来越面临着政策协调的矛盾：既要防止比索升值，又要消除资本流入对国内货币的影响。

墨西哥货币危机的直接导因是墨西哥革命组织党的总统候选人遇刺，这一事件使人们对墨西哥政局的稳定性产生了怀疑。1994年3月起，资本开始大量流出墨西哥，外汇储备减少，汇率面临下降的压力。1994年的最后几个月，资本外逃加速。墨西哥新政府上台后，于1994年12月20日宣布比索贬值，以此来解决经常项目逆差问题，不料由此引发投资者信心危机，外国资金闻风而逃，势不可挡。墨西哥货币当局不得不让汇率自由浮动，货币贬值50%以上，股票价格暴跌一半多，外汇储备濒临枯竭，墨西哥的对外支付出现严重问题，不得不求助于美国和国际金融机构。

（三）东亚货币危机

1997年7月2日，在国际投机资本的压力下，泰国政府决定放弃实行了长达13年的与美元挂钩的固定汇率制，宣布转变外汇管理体制，实行泰铢浮动汇率制，并提高贴现率。当天泰铢兑美元贬值近20%，从此宣布了东亚货币危机的开始。随后，菲律宾政府也宣布放松对本国货币的控制，允许比索在更大范围内波动，结果菲律宾比索在政策宣布当天即贬值11.5%。1个月内，东南亚国家主要货币兑美元均有不同程度的贬值；其中，泰铢贬值达26%，菲律宾比索、印度尼西亚卢比贬值8%~9%，马来西亚林吉特贬值4.2%，新加坡元贬值2.2%。到1997年10月以后，货币危机开始蔓延到韩国，1998年影响日元汇率的剧烈波动。随着时间的推移，货币危机的范围越来越广，程度越来越深。到1998年3月底，东亚各国货币对美元的汇率跌幅在10%~70%，其中，泰铢为39%、韩元为36%、印尼卢比为72%、新加坡元为61%。国际资本大量外逃。据估计，印度尼西亚、马来西亚、韩国、泰国和菲律宾5国的国际资本流动，1996年私人资本净流入938亿美元，到1998年逆转为净流出246亿美元，国际资本流动逆转超过1000亿美元。1998年日元剧烈动荡，6月和8月日元对美元比价两度跌至1美元兑换146.75日元和1美元兑换147.25日元，成为近几年的最低点，造成国际外汇市场动荡。

三、货币危机发生的主要原因

（一）市场方面的原因

1. 固定汇率制度导致本币的被高估

一些开放型的经济小国往往实行固定汇率制度。固定汇率制度有利于本国国际贸易的稳定发展，从而有利于本国经济的稳定发展。但固定汇率制度也存在致命的脆弱性，即它要求实行固定汇率制度的国家之间经济发展平衡，财政货币政策一致，否则就会造成本币的被高估或低估。低估会造成大量资本流入，引起本国的通货膨胀和外债的大量的积累。通货膨胀积累的结果会使本币由低估变为高估。高估的货币极易受到国际游资的冲击。

2. 国际游资对被高估货币的冲击

如果一国的资本项目没有开放，资本不能自由流动，国际游资不能冲击其货币，货币危机不会发生；如果一国的资本项目是开放的，资本可以自由流动，国际游资就能对其货币进行攻击，迫使该国政府放弃固定汇率制度，导致本币迅速贬值，产生货币危机。

（二）基本经济因素的原因

一国基本经济因素的恶化是导致货币危机最基本的原因。引起基本经济因素恶化的原因有：

1. 政府过度扩张性的财政货币政策

固定汇率制度要求政府持有相当数量的外汇储备以维持汇率的稳定。但扩张的财政货币政策会导致该国的信贷扩张和国内需求过度，使得国际收支出现逆差，国际收支逆差的积累必然会导致国际储备的枯竭，因此货币受到冲击，出现货币危机就在所难免。

2. 产业结构和发展模式的不适应是货币危机的深层次的原因

一国的产业结构决定该国产品的进出口结构，即比较优势的产业和产品部门形成出口，比较劣势的产业和产品部门形成进口。然而，一国的产业和产品的比较优势是一个动态的概念，在国际环境发生变化以后，过去是优势的产业和产品可能会变为劣势。比如，新的科学技术的出现，国际市场需求结构的变化，他国竞争能力的改变以及外汇政策的改变，等等，都有可能改变一国的国际竞争优势，其结果是带来国际收支的逆差。如果产业结构能及时得到调整，则国际收支逆差会是暂时的；如果调整不及时则会积累逆差，最终导致国际收支危机。

（三）金融方面的原因

现代金融体系的信誉和稳定性是建立在货币资产可以转换为商品劳务的信念之上的，一旦这种信念动摇了，金融体系就会出现动摇，危机随之就会爆发。

1. 金融体系具有内在的脆弱性

金融体系的内在脆弱性表现在两个方面：一是金融机构的内在脆弱性。典型的金融机构是建立在信用关系基础之上的，从资金来源看，低资本金率，高负债率，资金来源主要建立在信用的基础上；从资金运用来看，主要是建立在信用基础的贷款和投资。由于信息的不对称和不完全性，逆向选择和道德风险必然存在，金融体系的信用链条极易被破坏，从而导致危机产生。二是金融资产价格的内在波动性。由于信息的不完全性，决定了金融资产价格的贴现率、资产未来收入流量等因素难以确定，金融资产的价格经常处于波动状态，加上金融机构间密切的债权债务网络、复杂的金融交易形式以及迅捷的通讯手段，使得金融资产价格的波动具有传染性，从而进一步扩大了波动的范围。

2. 现行金融制度的内在缺陷

有效的金融制度可以最大限度地减少金融体系的脆弱性。但是，现行的金融制度难以识别金融风险，难以控制过度的投机行为。这使得金融交易与实体经济的发展日益脱离，并且有加重的倾向，金融衍生工具层出不穷，投机逐利十分盛行，国际游资充斥在世界各地。

四、货币危机的传染

在资本跨国高速流动的今天，货币危机还有一个特性，就是它具有很强的传染性，即在金融市场国际一体化的情况下，一国发生货币危机极易传播到其他国家，使这些国家发生蔓延型货币危机。

最容易受到货币危机传染的国家有三种类型：第一种是与货币危机国有密切贸易联系的国家。如果某国的主要出口商品的目的国出现货币危机，必然会引起该国出口的急剧下降，导致国际收支状况恶化，破坏其宏观经济的稳定性，引起资本外逃，最终也产生货币危机。东亚货币危机中的韩国就属于这种类型。第二种是与货币危机国存在较为相近的经济结构、发展模式的国家。在资本可以自由地在国与国之间流动的情况下，心理预期对资本的流动产生重要影响。一国发生货币危机，投资者对经济结构和发展模式相似的国家也会出现货币危机产生心理预期，投机者也会趁机进行投机攻击，从而导致资本大量外流，出现货币危机。1999年初的巴西货币危机就是属于这一类型。第三种是过分依赖国外资本流入的国家。影响比较大的货币危机发生后，国际金融市场会弥漫谨慎的情绪，投资者会收缩其投资规模，投机者会调整其资产结构，资本会暂时寻找最安全的避风港。有些国家将不可避免地发生资本外流的现象，如果一国的国际收支状况比较脆弱，主要靠资本流入来达到平衡，那么资本流动的逆转必然会使该国发生货币危机。1998年的俄罗斯货币危机就是这种类型。

五、货币危机的影响

对发生国来说，货币危机对其经济金融会产生重要的影响。

（1）货币危机首先会导致以本币表示的外债额的迅速增加，使那些有巨额外债的企业和金融行业产生偿债困难，再加上资本流出加剧，外汇储备枯竭，从而导致全国性的外债危机。

（2）为了减轻货币危机的严重性，政府会提高利率，捍卫本国货币。利率的提高会直接导致证券价格的下跌。证券价格的下跌会打击证券投资者的信心，利率上升的长期化会引起社会投资的萎缩和消费需求的下降。

（3）外债危机会导致企业和金融机构的倒闭，投资和消费需求的下降会导致生产规模的收缩，从而引起失业率上升、经济衰退。

（4）外汇汇率急剧上升，会引起进口商品的价格急剧上升，如果本国对进口商品的依赖过重，无法通过减少进口量来进行调节，则会引起国内物价的普遍上涨，导致通货膨胀。

货币危机对发生国来说在某种意义上也存在积极的影响。如果货币危机是由于该国货币被高估造成的，则通过货币危机可以调整本币不合理的汇率水平，使汇率水平回到均衡状态，促进经济的内外均衡，有利于经济长期稳定的发展。国民经济是一个有机体，货币危机是机体的一种病状，小病是可以通过治疗和机体自有的免疫力来痊愈的。因此，保持国民经济的健康运行是防患货币危机最有效的手段。

六、货币危机理论

西方对货币危机研究的起步比较晚，直到20世纪70年代末才形成比较成熟的理论。货币危机理论主要解释一国货币为什么会受到冲击，其根本原因是什么，为什么货币危机是突然爆发而不是慢慢到来的。

（一）第一代货币危机理论

第一代货币危机理论是由克鲁格曼（Krugman）提出来的，因此又称为克鲁格曼模型。其基本观点是：①货币形成的原因是政府的宏观经济政策存在问题。在固定汇率制度下，国内信用的过度扩张会导致国际储备流失，这种流失是逐渐的，但却是持续的，最终会引发投机者对该国货币发起冲击，这种冲击很快就会耗尽该国储备，并迫使该国当局放弃原来的汇率制度。②投机冲击导致国际储备逐渐下降到最低限，这是货币危机发生的一般过程。危机的突然爆发是由于预期因素使货币危机发生的时间提前。③经济基本因素是否正常是关键。紧缩性的财政货币政策是防止货币危机爆发的有效手段。

（二）第二代货币危机理论

第二代货币危机理论又称为自我实现型模型。该理论认为，货币危机的发生不是由于经济基本因素的恶化，而是由于贬值预期的自我实现所导致的。贬值预期之所以能够自我实现，并最终导致危机发生，名义利率机制发挥了关键性作用。根据利率平价理论，政府总是可以通过提高利率来抵消市场对货币贬值的预期，政府被迫放弃原有的汇率制度，是因为政府在权衡提高利率的利弊与放弃原有汇率的利弊之后做出的选择。因此，货币危机的发生过程是政府与投机者之间的动态博弈过程。防范货币危机发生的主要政策措施是提高政府政策的可信度，也就是提高政府退出固定汇率制度的成本。

（三）货币危机理论的发展

货币危机理论的发展是在对20世纪90年代的金融危机，特别是对1997年和1998年的亚洲金融危机的研究成果基础上提出来的。因为，亚洲金融危机爆发之前，大多数危机国家一直被评论家们认为是世界上最成功的国家，具有其他国家没有的经济增长率、低通货膨胀率、较强竞争力的出口部门和国际收支顺差或略有赤字。此外，这些国家没有受到一般发展中国家公共部门膨胀和不可持续财政赤字的困扰，以及私人部门的高储蓄率。这种情况不能用第一代货币危机理论进行解释。对危机前后投资基金的分析发现，1990—1996年间，危机国家资本净流入增加了3倍，1996年超过700亿美元，但1997年净流出110亿美元。最明显的转折是银行贷款净额的变化，从1996年的410亿美元下降到1997年的-320亿美元。这一事实并不能证明资本流动在引发危机过程中起到突出作用，资本流动可能仅仅是对危机做出的反应或许起到了一定的作用，但并没有启动危机的恶性循环。这一现象似乎也不能用第二代货币危机理论来解释。

因此，发展第三代货币危机理论的任务被提出来了。由于亚洲金融危机不仅限于货币市场，所以需要一个更一般性理论模型来进行解释。但是，对第三代模型应当包括哪些内容目前还没有一致的观点，甚至对这些模型应当解答什么问题也没有统一的看法。这些问题包括：货币危机是否与其他部门的危机有必然的联系？特别是国内银行业和其他资产市场（特别是不动产市场）危机与货币危机的同时发生是否仅仅是一种偶然现象？危机在国家之间的传播机制和途径是什么？政府担保的道德风险问题。土地和商用房产是借款唯一可接受的抵押物的国家的脆弱性问题。发展中国家的外汇和汇率制度的安排问题。

本章小结

1. 国际资本流动是指资本从一个国家（或地区）转移到另一个国家（或地区）。从一个国家或地区的角度来看，国际资本流动可以分为资本流入和资本流出。资本流入包括外国个人和机构在本国投资建厂、本国政府和企业在外国发行证券筹集资金、本国企业收回在国外的资本金和本国机构收取外国偿还的债款本息等，资本流出包括本国个人和机构在国外投资建厂、购买外国发行的证券、外国企业抽回在本国的资本金和本国机构支付外债的本息等。

2. 国际直接投资是指一国在国外对厂房、设备、土地等实质性生产要素的投资，投资者拥有对这些实质性资产的所有权。在资本形态上，国际直接投资包括货币资本的流动、设备和半成品等有形资产的转移、专利技术和商标使用权等无形资产的转移；从投资方式来看，有创办新企业、直接收购、购买另一企业股票达到一定比例、利润再投资等方式。

3. 主权债务是指债务人是一国的政府或政府机构，债权人是各国私人机构；主权债务问题是指主权债务不能通过破产清偿的方式来进行解决。由于主权债务危机往往与金融危机同时出现，其后果轻者引起经济衰退，重者给一个国家带来毁灭性打击，甚至引起地区性的经济金融动荡。

4. 货币危机是指在市场参与者对某国缺乏弹性的汇率制度失去信心的情况下，通过外汇市场进行抛售等操作导致该国汇率制度崩溃、外汇市场持续动荡的带有危机性质的事件。货币危机与金融危机密不可分，货币危机发展的结果必然导致金融危机，金融危机也必然导致货币危机。

思考题：
1. 论述国际资本流动的作用与影响。
2. 论述发展中国家债务危机爆发的原因、对世界经济的影响及主要解决的手段。
3. 一国吸收国外直接投资是否会增加该国的外债？为什么？
4. 论述利用外资对我国宏微观经济的影响和效应。
5. 国际投机性资本流动积极和消极的作用有哪些？
6. 债务危机的实质是什么？
7. 货币危机的实质是什么？
8. 论述资本账户的开放与货币危机的关系。

相关链接　20世纪90年代以来的部分金融危机

一、俄罗斯金融危机

1997年的亚洲金融危机爆发后，国际市场对新兴市场国家的信心逐渐下降。俄罗斯经济原本已经出现复苏迹象，并向利好的方向发展，但金融状况并不尽如人意。金融市场在经历了1997年秋季的急剧动荡之后，1998年一直处于不稳定的状况之中，到5月终于再次爆发了金融动荡，8月进一步恶化为金融危机。

俄罗斯金融危机大致分为两个阶段：第一阶段，1998年5月，俄罗斯金融市场开始出现动荡，从月初到月末，股市、汇市和债市的恐慌性抛售一浪高过一浪。俄罗斯中央银行于5月15日开始入市进行干预，大量购进短期国债，并且将抵押贷款利率相继由30%提高到40%，接着又由40%提高到50%。但是短期国债价格再度急剧下跌，年收益率由50%升至80%，有些甚至达到90%。受其影响，股市也陷入狂泻。股票市场的暴跌对外汇市场形成沉重压力,莫斯科银行间外汇交易,卢布兑美元比价一度跌至"汇率走廊"机制所规定的6.2:1的水平。由于单日跌幅过大,俄汇市、股市和债市的交易均被迫启用停板机制。而俄罗斯中央银行为阻止市场状况的进一步恶化,再次将再贷款利率提高至150%。第二阶段,8月17日,俄罗斯政府宣布三条改革措施:①放宽卢布的"汇率走廊"区间;②延期清偿国内债务;③延期清偿外债90天。上述措施的宣布,等于向世界昭示:俄罗斯的经济及财政状况已处于危机的边缘,由此导致人们出现极大的恐慌心理,从而引发了卢布汇率的狂泻,9月4日,卢布兑美元汇率已跌至17:1,较5月份又下跌了近3倍。

二、巴西金融危机

1999年初,巴西金融市场的动荡成为全球关注的焦点。首先是1月8日,巴西第二大州——米纳斯吉拉斯州宣布延期偿还外债90天,导致雷亚尔兑美元汇率下跌10%,跌至1.32:1,股市也下挫5%。为此,巴西中央银行决定取消原先窄幅交易区间,导致汇市、股市进一步下跌,并影响和牵动美国和西欧股市大幅度下跌,亚洲等新兴市场国家股市也呈现波动。其次是巴西的汇率机制出现52年来的转变。1月18日,巴西中央银行宣布结束兑换幅度制为基础的货币政策,实行雷亚尔兑美元汇率的自由浮动,中央银行将在汇率波动过大时进行有限度的干预,对汇率不正常的走势进行必要的监控;同时,中央银行将优惠利率从36%提高到41%,银行隔夜贷款利率由29%调高到41%;政府将金融交易税由0.2%提高到0.38%。1月20日,巴西政府通过了重要的退休金改革方案,预计将为政府筹措40亿雷亚尔(25亿美元)资金,以帮助政府缩减预算赤字。最后是由于巴西自身的问题以及受国际投机势力炒作的影响,雷亚尔继续贬值,为此,巴西中央银行实行了自由浮动汇率机制的首次干预举措,并有所收效,汇率下跌趋势有所缓解,但是仍然处于不稳定之中,贬值幅度已经达到近40%,股市基本恢复上涨趋势,政府调整计划逐步出台并开始实施。但巴西货币贬值的加剧却引发了全球金融市场的新一轮动荡,美股和西方股市纷纷下挫,亚洲金融市场也再度动荡。

三、土耳其金融危机

2000年11月29日,土耳其银行间隔夜拆借利率由28日的0.8%上升到2.5%,政府债券基准利率由0.1%急升到0.6%,中央银行的外汇储备3天内减少了约23亿美元。受到利率大幅度上调的影响,土耳其投资者纷纷抛售股票,将资金转向银行间同业拆借市场,致使股市大幅度下跌,伊斯坦布尔100指数大幅下跌955点,报收于9642点,跌幅达9%,成为14个月以来的最大跌幅。仅仅半个多月,伊斯坦布尔100指数累计跌幅已达30%多,土耳其100家最大企业的股票价格下跌了46%,损失近百亿美元。与此同时,国内银行发生大规模的客户挤兑现象,各地银行纷纷向中央银行求救现金支援。尽管土耳其中央银行在两周内向市场投放了75亿美元,银行贷款利率已经由45%骤升至1200%,以期平定挤兑风潮,但是未能奏效。

四、阿根廷金融危机

2001年12月,阿根廷陷入了经济、政治和社会的三重危机。布宜诺斯艾利斯股票市场12日开盘后一路暴跌,至中午跌幅达到12.92%,跌破300点心理大关。收盘前,市场略有反弹,最后以311.65点报收,跌幅达8.16%。与此同时,表明贷款风险度的国家风险指数12日一路攀升,达到1519点。此外,银行间比索隔日拆借利率12日竟由11日的50%蹿升至200%的水平。据银行界人士透露,当天各金融机构实际上已停止交易。虽然国家规定阿根廷比索汇率与美元一比一的比价保持不变,但布宜诺斯艾利斯各兑换所的汇率从10日起就开始大幅波动。12日,一些兑换所的比索换美元的比价已从前几天的100.5比索兑100美元变为105比索兑100美元。也就是说,比索实际上已贬值5%左右。

2001年12月20日,德拉鲁阿总统宣布辞职,至2002年1月1日正义党参议员爱德华多·杜阿尔德就任新总统,短短12天内阿根廷五易总统,表明阿根廷出现了严重的政治危机。此次政治危机源于其经济的全面崩溃。阿根廷新政府为了稳定经济,出台了比索与美元脱钩和一些重要的财政政策指导方针的经济改革方案,包括削减13%的政府支出、增税和30亿比索的预算赤字目标等。与此同时,从2002年2月11日开始让比索自由浮动,在此项政策开始实行时,比索兑美元的汇率在1.8~2.4比索/1美元范围内变化。

自阿根廷金融危机爆发以后,陷入崩溃状态的阿银行体系资不抵债,存款流失,支付能力继续下降,危机不断恶化。阿根廷政府虽然采取了种种措施,包括冻结银行存款,但仍未能从根本上解决问题。

从2002年初开始,银行存款流失始终没有停止。从今年1月1日到7月12日,阿根廷整个银行体系流失的存款额总计高达224.45亿比索,相当于去年12月底存款总额的28%左右。其中,有208.55亿比索为私人存款,这个数目相当于私人存款总额的29.4%。

在此危机冲击下,阿根廷银行体系支付能力大大下降,一些银行被迫宣布倒债,或者与债权人重新谈判债务,或者破产倒闭。为克服严重的银行危机,阿根廷政府已采取了一系列措施,如通过立法(即所谓堵漏法),禁止提取银行存款,允许储户将存款转为政府债券或用被冻结的存款单购买汽车、房屋或不动产,采用指数化调整债务,支持陷入倒闭的银行进行重组,等等。但是,这些措施都未能从根本上解决银行面临的严峻形势。

五、美国次贷危机

2007年4月,美国的抵押贷款公司——新世纪金融(New Century Financial)申请破产保护,引爆了美国次级抵押贷款危机。2007年8月,美国第五大投资银行贝尔斯登宣布旗下对冲基金停止赎回,引发投资者撤资行为,从而触发了流动性危机。这被视为美国次贷危机全面爆发的标志。2008年2月,英国北岩银行被美国政府国有化,这是次贷危机爆发以来第一家被国有化的金融机构，也标志着次贷危机已经蔓延至欧洲。2008年3月，贝尔斯登申请破产倒闭，在美联储的斡旋下被摩根大通收购。美国政府对贝尔斯登的救援标志着次贷危机进入一个新阶段。

2008年9月，美国的次贷危机演变为全球金融危机。9月7日，美国政府宣布接管"房地美"与"房利美"，这意味着美国房地产金融市场爆发系统性危机。9月15日，美国第四大投资银行雷曼兄弟申请破产保护，美国政府没有实施救援。在雷曼兄弟破产的同一周内，美国第三大投资银行美林宣布被美洲银行收购，美国前两大投资银行高盛和摩根斯丹利宣布转为银行控股公司。华尔街上显赫一时的五大投资银行集体消失。同时，美国最大的保险公司美国国际集团（AIG）出现严重亏损，最终被美联储注资850亿美元并实施国有化。

2008年9月，危机也由美国金融市场全面蔓延至欧洲与新兴市场国家的金融市场，危机正式由国别金融危机转变为全球金融市场危机。

第九章 国际贸易融资

国际贸易融资（International Trade Finance）是国际信贷市场中的一项重要业务活动，它是指在国际贸易各环节中对进出口商提供的资金融通和信用支持。对从事国际贸易的企业来说，国际贸易融资是一种很重要的融资方式，因为在国际贸易活动中，出口商开始履行合约和收到进口商支付的货款，往往存在时间上的差距，其现金流动会受到影响；又或者在大型的设备进口中，进口商在短期内要支付巨额货款，也可能出现现金不足的问题。为解决上述问题，使进出口贸易顺利开展，产生了各种国际贸易融资方式。从历史上看，早期的国际贸易融资主要是国际贸易的一方向另一方提供资金融通，如赊销、预付等。但由于进出口商的资金实力有限，这种资金的融通额较小，期限较短。随着国际贸易的迅速发展，贸易金额的不断增大，单靠进出口商之间通过调整支付方式实现的资金融通，已不能满足国际贸易的实际需要，于是银行和金融机构开始向进出口商提供直接或间接的资金支持，并在国际贸易融资中发挥越来越重要的作用。有经济学者形容，"信贷是国际贸易的血脉"，充分说明了国际贸易与贸易融资的紧密关系，可以肯定，如果没有国际贸易融资的促进，世界贸易不会发展到当今的规模。

当前国际贸易融资除了规模不断扩大外，融资方式也越来越多样化，融资手段更为灵活，以满足国际贸易中的不同需求。各种国际贸易融资方式可从不同角度进行分类：

第一，根据融资提供方的不同，可分为商业信用和银行信用以及官方金融机构融资和私人银行融资。

（1）对外贸易融资的商业信用和银行信用。商业信用，是指从事国际贸易的进口商与出口商之间，以赊销或预付等形式提供的信贷。如进口商在收到货物单据的一段时间后才对出口商支付货款，实际上就相当于出口商对进口商提供了商业信贷。银行信用指由银行或其他金融机构对进口商或出口商提供的信贷。如银行以出口商发运商品的货运单据为抵押而提供的贷款。

（2）官方金融机构融资和私人银行融资。官方金融机构融资泛指官方金融机构直接参与的融资和官方通过利息补贴等方式支持的融资。官方金融机构提供的融资利率较低、期限较长，但资金用途受到一定约束，为本国对外贸易政策服务的目的十分明显；私人银行融资主要是私人的商业银行、其他金融机构对参与国际贸易的客户提供融资。

第二，根据融资期限不同，可分为短期贸易融资和中长期贸易融资。

短期对外贸易融资是指期限在1年以内的贸易融资，中长期贸易融资是指期限在1年以上的贸易融资。

第三，根据融资的接受方不同，可分为对出口商的融资和对进口商的融资。

在国际贸易的不同阶段，出口商和进口商有不同的资金需求，需求的特点也不同，因此必须有不同的融资方式满足他们各自的要求。如适应出口商需要的打包放款、保付代理等业务，适应进口商需要的信托收据、银行承兑等业务。

第一节　短期对外贸易融资

一、短期对外贸易融资的概念和方式

短期对外贸易融资，是指期限在1年以内，主要用于满足商品周转快、成交金额不大的进出口需要的贸易融资。短期贸易融资可满足出口商或进口商的需要，它在期限、利率等信贷条件上与国内金融市场上类似的贸易融资无多大区别，也不受某些国际协定的约束。从事对外贸易的进出口商在商品的采购、打包、仓储、储运等各个阶段，都能从不同渠道得到资金融通的便利，从而减少资金积压，解除了资金条件对贸易的约束，从而保障进出口贸易的顺利完成。

短期对外贸易融资与进出口合同的支付方式有密切的联系，如进口商的资金实力雄厚，合同可能会选用由进口商提供贸易全过程的信贷支付方式，比如预付全部货款的做法；如出口商资金实力雄厚，则反之。但一般情况下，不会选择这两种极端的做法，而选择介乎两者之间的支付方式，或者还会由第三方——银行提供融资。按照出口商承受信用风险的程度，五种最基本的国际贸易支付方式可排序如下：①预付货款（Cash in Advance）；②信用证（Letter of Credit）；③远期汇票（Time Draft）；④寄售（Consignment）；⑤开立贸易账户（Open Account）。

当然通常情况下，对出口商收回货款越有保障的支付方式，对进口商来说成本会较高，或手续较繁琐。因此，为克服这种两难问题，常常需要金融机构参与其中，提供各种对出口商和进口商都有一定保障的贸易融资服务，调整贸易双方的利益和风险。常见的短期进出口贸易资金融通方式有：与贸易有关的贷款和透支、打包放款（Packing Loan）、出口票据押汇（Negotiation of Export Bills）、出口托收押汇（Advance Against Documentary Collection）、票据贴现、开证授信额度（L/C Limit）、信托收据（Trust Receipt）、银行承兑业务（Banker's Acceptance）、保付代理（Factoring）等。

二、对出口商的融资

（一）进口商对出口商融资

前面提到的预付货款就是一种对出口商的信贷，预付的方式有以下两种：① 作为进口商执行合同的保证。通常称为预付定金。这种预付款是短期的，一般占成交金额的比重小，只有1%左右，或相当于货价可能下跌的幅度。出口商要求进口商交付定金主要是担心在供货期内货款价格下跌，导致进口商不执行合同。若进口商预交了定金，出口商收回货款就得到了一定的保障。定金形式的融资在对外贸易中被进出口双方广泛采用。② 若进口商提前付款的时间较长，金额较大，这就是预付性质的融资。经济发达国家的公司向发展中国家收购农产品和其他初级产品时常常采用，由于这些农产品和初级产品是发达国家所必需的，为保证货源，发达国家进口商愿意对发展中国家出口商提供信贷支持。

（二）由银行对出口商融资

为满足出口商短期资金周转的需要，由当地银行或国外银行（一般是出口商的往来银行）向出口商提供的短期贷款。比如，出口商为了进行采购并积累准备出口的商品储备，可以用已在国内购入的出口货物作为抵押，向其往来银行取得贷款。贷款额度一般为货物市值的50%~70%。如货物价格下跌，银行将要求出口商偿还部分贷款，以维持抵押贷款与货物市值之间的比例，否则也可另外提供商品作为抵押。

1. 打包放款

打包放款是出口地银行对本国出口商融资的一种方式，目的是解决出口商在安排货物装运之前或者在准备装运时即面临的资金短缺问题，支持出口商按期履行合同。从形式上看，打包放款属于抵押贷款，早期，这种业务的抵押品是处于打包阶段、还没有达到可以装运出口程度的货物，现在，银行要求出口商提供正本信用证为还款凭证和抵押品。打包放款的金额不会是信用证的全部金额，一般不超过90%。放款期限也不超过信用证有效期，因为放款银行在收到出口商交来的单据后，作为议付行应马上寄到开证行，收到开证行支付的货款后即可扣除贷款本息，其后将余额付给出口商。在贷款期间，为保证安全及时地收回贷款，银行会与客户保持密切联系，了解有关贸易合同的执行情况，督促客户及时发货交单，并用所得款项归还银行贷款。如信用证过期后客户仍未能提交单据，银行会根据贷款协议的有关规定，要求客户立即归还全部贷款本息。

2. 出口票据押汇

当出口商发运货物后，他可以凭货运单据向银行申请出口押汇。出口押汇是出口方银行向出口商有追索权地购买全套物权单据的融资行为。由于出口方银行在取得货运单据（Shipping Document）后不管汇票是否到期，即向出口商支付货款。所以实际上，银行在购买出口单据到收回货款的期间对出口商提供了短期融资。因出口合同的支付方式不同，出口押汇包括信用证出口押汇和托收出口押汇两种形式，从银行的角度看，前者的收款对象是信用证的开证行，融资风险较低；后者的收款对象是进口商，风险较大。

（三）经纪人对出口商融资

经纪人组织在某些发达国家相当活跃，它们已成为特殊行业，在国际贸易中有着不可替代的作用。尤其在初级产品、农产品贸易方面，经纪人组织不但是联系买卖双方的桥梁，促成了进出口交易，还在贸易融资方面发挥着作用，承担了银行不愿承担的责任和信贷风险。它们把从银行取得的低息贷款转贷给中小出口商，加快其资金周转，另外得以加强对出口国的部分初级产品货源的控制，维持有利的收购价格，获取较高额的利润。

三、对进口商的融资

（一）出口商对进口商融资

在竞争激烈的国际贸易市场上，出口商常以赊销的方式出口商品，以争夺销售市场。这类融资又分为两种方式：

1. 开立贸易账户融资

出口商与进口商之间订立协议，互开贸易账户，记录贸易往来的应收或应付货款。当出口商将出口商品发运后，出口商将进口商应付货款借记进口商的账户，而进口商则将这笔货款贷记出口商的账户，进口商应在规定的期限内支付货款。开立贸易账户是很传统的融资方式，但在当今的对外贸易中仍经常使用，特别是在一些有长期联系、相互信任的进出口商之间，因为这种融资方式手续简单，无需指定付款日期，比较灵活，同时还可以避免银行的额外收费，成本较低。

2. 票据融资

票据融资是指出口商发运货物后向进口商开立远期（定期）汇票，进口商或进口商银行承兑汇票后，待到指定付款日期才支付货款。

（二）银行对进口商融资

由于进口商资金有限，所以常常需要银行金融机构介入，提供更灵活的信贷支持。银行对进口商提供的信贷主要有以下形式：

1. 发放贷款

发放贷款是银行向进口商直接提供资金支持。主要有两种类型的业务：

（1）透支业务。银行通常会对其关系密切的进出口企业核定一定的透支额度，允许它们获得超过其存款金额的贷款,应付短期的资金需要。

(2) 抵押贷款业务(进口押汇)。在一般信用证支付条件下,开证人(进口商)因资金周转问题,可能无法按时付款赎单。不能赎单也就不能提货,不能及时销售或转卖,收回货款,最终影响按时向出口商付款。在这种情况下,进口商可向开证行申请信托收据抵押贷款(Loan Against Imports with Trust Receipt)。信托收据是进口商将进口货物抵押给银行的确认书,并承诺在约定的一段期限后,即归还银行垫款。开证行在接到申请、核定贷款额度后,即对信用证项下相符单据付款,同时凭申请人(进口商)签发的信托收据将有关货物单据以信用托管方式释放给申请人,申请人收到单据后,凭以提货、销售,并在信托收据约定的时间内将收回的货款归还银行的贷款。

2. 银行承兑

银行承兑是指银行在远期汇票上签署"承兑"字样,承担于汇票到期日无条件向持票人付款责任,从而方便持票人在公开市场转让或贴现汇票的一种融资方式。当出口商不完全相信进口商的支付能力,不愿意接受向进口商开立远期汇票的付款方式的情况下,进口商可向其往来银行申请承兑信用,若银行同意承兑进口商汇票,则出口商在货物装船发运后,不是向进口商而是向进口方银行开立和提交汇票,汇票经该银行承兑后,出口商收回货款得到保障,而且出口商还可通过贴现承兑汇票提前取得货款;同时,进口商也可提前取得货运单据和提货。

可见,银行帮助进口商解决资金不足问题,并不一定要直接提供资金,而是通过提供信用担保,增强汇票的流通性或可接受性,间接起到对进口商融资的效果。

3. 提货担保

提货担保(Delivery Guarantee or Shipping Guarantee)是指银行应进口商的要求,向船公司出具书面担保,请其允许进口商先行提货,保证日后及时补交正本提单。银行办理提货担保业务是因为有的时候货物比提货单据更早到达进口地,进口商希望及早提货、销售,早日收到货款。

第二节 国际保理业务

一、国际保理业务简述

保理业务(Factoring)是保付代理业务的简称,是指保理商(Factor)从客户(供应商或出口商)处买进通常以发票表示的其债务人的应收款,并负责债务回收以及赊销控制、销售分账户管理等的一种综合性金融业务。当供应商及其客户处于同一个国家,这种保理属于国内保理业务(Domestic Factoring);当供应商及其客户处于不同国家,属于国际保理业务(International Factoring)。

保理业务大约在 20 世纪 30 年代始于美国，当时美国正处于经济大萧条时期，生产停滞，货物大量积压。因此保理商业务相当活跃，他们帮助生产厂商在全美国范围内推销、分销积压商品。有的时候代理商会在商品销售出去、收回货款前，向厂商支付部分应付款。随着美国经济的恢复，商品销售好转，部分代理商将主要业务从分销商品转为提供融资服务上，开始以贴现商业汇票为主，随后还提供其他综合性的金融服务，保理业务就是这样开始发展起来的。

20 世纪 60 年代后，一方面，国际贸易发展迅速，国际市场竞争日趋激烈；另一方面，由于国际通讯设备越来越发达，获取各国的贸易金融信息和商户信用状况信息更方便和快捷，这些变化都促使保理商开始提供跨国服务，国际保理业务逐渐开展起来。目前，国际保理业务已有一定规模。为协调各国保理公司的业务，促进国际保理业务的发展，业内先后成立了几个规模较大的国际性保理组织，如国际保理商联合会、国际保理协会等，制定统一的行业惯例来规范国际保理业务的开展，如国际保理商联合会 1991 年颁布的《国际保理业务惯例规则》。通过更紧密的国际合作，国际保理业务将更完善和适应市场的需求。

二、国际保付代理业务的基本程序和特点

根据目前国际上的通行做法，国际保付代理业务涉及的四方面的当事人有：

（1）出口商。对出口商品开具发票，其应收账款由出口保理公司负责保付的当事人。

（2）出口保理商。与出口商签订保理协议，对其应收账款提供保理业务的一方当事人。

（3）进口商。也称为债务人（Debtor），是因为进口商品而承担付款责任的当事人。

（4）进口保理商。同意代收出口商以发票表示的已过户给出口保理公司的应收账款，并根据《国际保理业务惯例规则》承担信用风险，负责支付应收账款的当事人。

国际保理业务的基本程序是：首先，出口商与本国出口保理公司签订保付代理业务协议，明确双方必须遵守的条款、责任和义务。然后，出口商可将进口商的名称及有关交易情况等资料提交出口保理公司，后者将有关资料转交进口方的进口保理公司。进口保理公司对进口商进行资信评估，并将调查结果及可提供信用额度的建议通知出口保理公司，再由出口保理公司转告出口商。出口商在信用额度内发货后，将发票和货运单据直接寄交进口商，同时将发票副本送交出口保理公司委托代收货款。如保理协议上有融资要求，出口保理公司按约定比例预付部分货款给出口商，并向进口保理公司提供应收账款清单，由其协助催收货款。到了付款期后，进口商将全部货款付给进口保理公司，进口保理公司即转给出口保理公司，该公司扣除垫款和有关费用后将剩余款项付给出口商。在整个业务过程中，出口商只需与出口保理公司联系，进口商也只需与进口保理公司联系，非常方便。

从上述保付代理业务的基本内容与程序看，它具有以下特点：

（1）保理公司对出口商提供短期融资。典型的保理业务是出口商卖出货运单据后，立即得到保理公司预支的部分货款。

（2）保理公司承担了信用风险。若保理协议中规定保理公司提供无追索权保理业务，则保理公司在信用额度内购买的出口商应收账款无追索权，如果进口商到期拒付或不按期付款等，保理公司要承担全部坏账损失。

（3）保理业务公司负责对进口商的资信调查、托收、催收账款等，有的还提供会计业务。

国际保理公司一般实力雄厚，在各国有分支机构或代理机构，形成网络，有条件对进口商资信情况进行详细的调查，了解进口商的负债状况及偿还能力，并能提供短期融资和有效的催收欠款。所以，保理公司不同于业务比较简单的贴现公司（Discounting House），而是提供综合性金融服务的公司。

三、国际保付代理业务的类型

为了适应不同的市场需求，国际保理业务提供的服务项目是可以灵活调整和组合的。在长期的国际贸易融资实践中，国际保理业务形成了以下几种基本类型：

（一）到期保理与融资保理

国际保理业务根据是否对出口商给予融资，分为到期保理（Maturity Factoring）和融资保理（Financed Factoring）。在到期保理业务中，保理公司不是在购进出口单据时立即向出口商支付现金，而是根据出口商通常给予对方的付款期限计算出平均到期日，并于平均到期日无追索权地向出口商支付发票价款。保理公司在此业务中实际上提供的是按时收回出口应收款的保障。在融资保理业务中，保理公司在购进出口商品发票等票据时立即向出口商预付约定比例（一般不超过80％）的发票价款，剩余金额在收到进口商的付款后进行清算。

（二）无追索权保理与有追索权保理

无追索权保理（Without Recourse Factoring），是指保理公司根据协议对出口商提供的客户进行资信调查，为每个客户核定相应的信用额度，出口商在核定信用额度进行赊销，保理公司对这部分应收账款的预付没有追索权，要承担由于债务人资信问题造成的呆账、坏账损失。而在有追索权保理（With Recourse Factoring）业务中，保理公司不负责为出口商核定客户的信用额度，也不提供坏账担保，仅提供融资及协议规定的其他服务。如债务人到期无力支付货款，保理公司有权向出口商追索，要求退回保理公司预付的货款。

（三）公开保理与不公开保理

公开保理（Disclosed Factoring）有时又称为直接保理，如果出口商要求保理公司提供的是公开保理业务，他必须以书面形式将保理公司的参与通知进口方，并指示他们将货款付给保理公司，然后由保理公司转交出口商；不公开保理（Undisclosed Factoring）又称为隐性保理或间接保理，若出口商不希望保理公司过多介入贸易过程，他可以要求保理公司提供不公开保理业务，在此业务中，保理公司的参与是对外保密的，出口货款仍然直接付给出口商。而有关融资费用的清算，则在出口商与保理公司之间进行。

（四）应收账款全套保理和逐笔保理

保理公司为了分散风险，通常要求客户实行应收账款全套保理业务（Entire Receivables Factoring），即出口商不根据进口商的信用状况对应收账款划分等级，而是将全部贸易应收账款交给保理公司保理。通过这种做法，他们还可以更全面地跟踪了解到债务人的信用状况，及时调整信用额度。另外，还可以降低保理公司承担的总体风险。对于信用状况差，保理公司不同意给予信用额度的客户，出口商仍然可以与其进行交易，但该项应收款不包括在保理业务之内。逐笔保理（Individual Receivable Factoring），是指在保理总协议的管辖下，出口商在一笔出口业务成交后，根据需要，与保理公司签订保理分协议，保理公司逐笔提供保理服务。

（五）单式保理与双式保理

在国际贸易的进出口双方当事人中，若只有进口商所在国有保理公司，出口商所在国没有保理公司，于是由进口方、出口方和进口保理公司三方组成保理业务关系。这种保理方式称为单式保理。在单式保理业务下，通常由出口商向进口保理公司提出保理业务申请并签订保理协议，由该保理公司负责提供对进口商的资信调查、核定信用额度、催收货款等服务。国际保理业务一般都采用双式保理业务，当进出口双方的所在国分别设有保理公司，于是出口商可委托本国出口保理公司，出口保理公司再从进口国选择、联系进口保理公司，共同提供保理业务的服务。在双式保理下，还是由出口商提出保理申请，不同的是对进口商的资信调查由进口保理公司进行，并核定买方信用额度然后通知出口保理公司转告出口商，凭以签订保理协议。

四、保理业务的费用

保理公司向客户提供综合性的金融服务，需要收取一定的费用。费用的多少主要看客户申请哪些服务项目，同时还受保理市场竞争程度的影响。保理业务费用主要由三项内容构成：

（1）代理费（Factoring Fee）或称贴现费（Discounting Charge）。保理公司是以贴

现的形式购入出口商的应收账款的，也就是说要在应收款的面额上减去一定的折扣额。保理公司与出口商签订保理合约时要将折扣率确定下来，影响折扣率高低的因素有出口公司的年营业额、每笔应收账款的平均金额及平均赊销期、债务人的资信等级和当时金融市场的基础利率水平等。一般情况下此费率为1.75%~2%。

(2) 信用保险费或称无追索权费（Nonrecourse fee）。对无追索权的保理业务，保理公司实际上要承担坏账损失，所以保理公司在原服务费的基础上加收0.25%~1.5%的费用。

以下试举一例说明保理业务的成本估算。

根据保理协议，某保理公司以2%的贴现率（月率）买入出口商的应收账款，另加收1.25%无追索权费。若出口商有一笔100万美元、90天到期的应收账款要求该保理公司提供无追索权保理业务，这笔保理业务的成本如下：

代理费：$1000000 \times (2\% \times 3) = \$60000$

无追索权费：$1000000 \times 1.25\% = \$12500$

预付款：$1000000 - 72500 = \$927500$

保理业务的总费率（年率）：

$[(60000 + 12500)/927500] \times 360/90 = 31.3\%$

五、保理业务在国际贸易中的作用

保理业务在国际贸易短期融资中发挥着独特的作用，不管是出口商还是进口商，都可以利用保理业务解决国际贸易过程中有关结算和融资的一些问题。所以，保理业务对参加国际贸易的进出口双方都有一定好处。

(一) 对出口商的好处

(1) 出口商可得到融资的便利。因为出口商将货物发运装船完毕后，可以提前获得现金，补充经营的需要，加速资本周转，促进利润的增加。同时，出口商可以向进口商提供更优惠的延期付款条件，有利于争取客户，扩大出口。

(2) 可以避免信用风险。由于国际保理公司通常提供无追索权的应收款预付，即在核定的信用额度提供坏账担保，因而出口商可以避免到期收不回货款的商业信用风险，减少了坏账损失。

(3) 可以较低费用完成对进口商的资信调查。对于外贸公司来说，开拓新市场，往往需要对新客户进行资信调查，为节约成本，他们愿意委托保理公司进行这项调查，并提出信用额度建议。保理公司在世界许多国家设有分支机构，与大商业银行关系密切，相互交流信息，情报快而准确，能以相对低廉的收费为出口商完成对买方的资信调查工作。

(4) 可以得到多项金融服务。国际保理业务不是单纯的贴现业务，出口商还可以根据本公司的实际情况要求保理商提供全套服务项目（Full Factoring Service）或指定的部分服务项目（Partial Factoring Service）。除以上介绍的服务项目外，还有销售分户管理、赊销控制等。

（二）对进口商的好处

（1）进口成本相对较低。因为无需向银行交付申请开立信用证的押金，减少了资金的积压，降低了进口成本。

（2）进口商收到合格货物有较大保证。为减少收回应收账款的困难，减少合同纠纷导致的呆账、坏账，保理公司很重视对出口商的监督，督促他们按合同要求装运货物，认真审核提交的货运单据，从而保证了进口商所收单据的真实性和收到合格的货物，免受出口商的欺诈。

（3）简化了进口手续。通过保理业务，大大节省了开立信用证、催证等时间，简化了进口手续，进口商可以更快取得货物。

（4）可加速资本周转。保理业务所提供的服务使进口商可以减少小批量进口的麻烦，从而减少了库存成本，加速资金周转。因此，在货币价格合理的条件下，进口商也愿意接受保理业务。

第三节 中长期对外贸易融资——出口信贷

随着国际贸易的发展，技术与资本含量高的机电产品、高新技术产品、成套设备和大型项目的进出口贸易越来越普遍，不但在发达国家之间进行，同时也越来越多地在发达国家与发展中国家之间以及发展中国家之间进行。大型设备的交易价格比较高，支付期也比较长，短期对外贸易融资已经不能满足进出口商的需要。因此，中长期对外贸易融资的贸易促进作用显得越来越重要。从资金来源来看，中长期对外贸易融资可分为两种类型：来源于私人资金的融资和来源于政府资金的融资。前者主要是私人银行以其资金和信用支持的远期付款对外贸易融资，如远期信用证融资、远期银行保函融资和福费廷业务（包卖票据业务）；后者主要是政府支持的出口信贷（Officially Supported Export Credit）。本节将主要讨论后者，包括出口信贷的产生和发展、概念和特点、业务类型和程序、有关的国际组织和协议等内容。

一、出口信贷的产生和发展

第一次世界大战后，随着垄断资本加快了对海外的扩张，国际贸易蓬勃发展，但同时，各国家的相互竞争日趋激烈。为了提高本国出口产品的国际竞争能力，工业发达国家相继建立专门的金融机构，从事对外贸易融资和相关业务，鼓励和支持本国企业参与

国际金融

国际市场竞争，占领新的海外市场。英国作为对外贸易和国际金融都比较发达的国家，较早形成一些专门提供对外贸易融资服务的金融机构，如承兑商号（Acceptance House）和海外银行（Overseas Bank）。英国政府也是第一个成立官方专门机构，以官方支持的出口融资促进其对外贸易发展的国家。英国政府早于1919年已成立了出口信贷担保局（Export Credit Guarantee Department, ECGD），通过承办出口货物保险和出口融资担保等业务，支持出口商从金融市场获得贷款。英国出口信贷担保局为英国企业争夺国外市场以及英国政府推行其对外贸易政策发挥了重要的作用。随后，许多发达国家也先后成立了官方的出口信贷机构，如美国的进出口银行（EXIMBANK）、法国的对外贸易银行（BFCE）和德国的出口信贷银行（AKA）等。习惯上，这类专门提供政策性出口信贷业务的机构可统称为进出口银行。因为，尽管这类机构在成立背景、业务范围、管理体制等方面存在差异，但它们都与政府有直接或间接的关系，都得到国库资金或财政拨款的支持，其经营目标是支持本国企业扩大出口，贯彻国家的对外贸易方针与经济发展政策。

"二战"后，发展中国家在实现工业化和经济起飞的过程中，也开始重视政策性金融对出口的促进作用，纷纷借鉴发达国家的经验和做法，先后成立进出口银行，运用政府资金和财政手段，加强对外贸易融资和风险担保，提高出口产品在国际市场的竞争能力，实施国家对外贸易发展战略，如印度、韩国和泰国等。中国也在1994年成立了中国进出口银行（Eximbank of China），并在2001年成立了中国出口信用保险公司。

20世纪90年代后，随着经济全球化的发展，国际融资的环境与方式也发生了很大变化，一方面，商业银行提供资金的能力迅速增强，更愿意对企业提供融资；另一方面，跨国企业融资渠道拓宽，直接融资日益成为大企业融资的重要方式。同时，世界贸易组织的补贴、反补贴协议涉及范围广泛，几乎包括国内财政、金融、税收等各方面的补贴手段，各国支持出口政策受到越来越严格的约束。在此国际经济与金融的大环境下，一方面，出口信贷成为各国通行的、主要的对外贸易政策性金融支持手段，进一步体现了国家政策性金融补充和完善商业性金融的特殊职能。另一方面，各国政府不断调整其出口信贷体系、信贷方式和手段等，以适应新的经济环境和市场需求。近年来，各国出口信贷体系和业务种类发生的变化主要表现为：

（1）所有权性质的变化。有更多的国家政府将专门出口信贷机构私有化或政府与私有机构共同持股，或将部分业务授权私人代理机构经营。

（2）业务宗旨的变化。出口信贷机构的业务宗旨有了扩展，除了要促进出口贸易，有的国家还提出要促进就业、促进本国对外投资、促进共同发展，各国侧重点有所不同。

（3）业务形式的变化。部分国家出口信贷机构逐渐收缩甚至放弃短期业务，专门提供中长期业务；逐渐退出直接融资业务，通过提供利息补贴、出口信用保险、出口信贷担保等鼓励其他金融机构开展出口信贷业务。

（4）贷款用途的变化。目前出口信贷的资金不仅限于支持资本货物（Capital Goods）的出口，还可用于支持非资本项目出口、服务出口、环保项目出口、海外投资项目等。

（5）业务品种的变化。业务品种更加多样化，新业务不断推出，如项目融资、海外投资保险、外汇汇率波动险、海外建筑工程与设备险、合作信贷安排等。

二、出口信贷的概念和特点

出口信贷是国际贸易融资的一种重要形式，它是出口国政府为提高本国商品的国际竞争力，支持出口商以赊销或延期付款方式出口货物和服务而提供的比市场条件优惠的融资、保险或担保等安排。在实际运用中，出口信贷的含义有狭义和广义之分，狭义的出口信贷是专指对出口商或外国进口商提供资金融通（Export Financing）；广义的出口信贷又翻译为出口信用，包括出口融资、出口信贷保险（Export Credit Insurance）和出口信贷担保（Export Credit Guarantee）等相互联系紧密的促进出口手段。从业务的期限看，出口信贷可分为短期业务（通常为2年以内）、中期业务（2~5年）和长期业务（5年以上）。根据贷款对象的不同，出口信贷可分为买方信贷和卖方信贷。当前，各国政府通过利息补贴、再融资、再保险和信贷担保等方式，支持中长期的出口信贷业务。

出口信贷与一般的银行中长期贷款不一样，它具有以下特点：

（1）出口信贷是一种得到官方资助的政策性金融业务，通常都设有独立的政府机构或委托专门的出口信贷代理机构（Export Credit Agencies）负责出口信贷的管理和发放工作。

（2）由官方出口信贷机构提供出口信用保险与担保，如发生出口信贷项下的出口货物损失或收不回贷款，信用保险机构利用国家资金给予出口商或贷款银行赔偿，即国家承担了出口信贷的风险。

（3）出口信贷是一种相对优惠的贷款，其贷款利率一般比相同条件的商业银行贷款利率低，它们之间的利差由国家给予补贴。出口信贷保险与担保的费用也比较优惠，并承保商业保险不承保的特殊险种。

（4）政府提供出口信贷的目的是促进本国的出口，所以，贷款资金只能用于购买贷款国出口的产品，并通常与特定的出口合同相联系，限制条件相当严格。但是，当前也有国家提供限制条件较宽的贷款方式，如英国出口信贷担保局支持的信用额度安排（Lines of Credit），这种贷款方式不与特定出口合同联系，可用于支持多个出口项目。

（5）出口信贷要受国际协定的约束，如贷款利率、贷款期限、现金支付额、保险费率等要符合国际协定的要求。

三、出口信贷体系的类型

各国出口信贷体系的功能和政策目标是一致的，都是通过发挥政策性金融的功能，补充和完善商业性金融对进出口贸易支持的不足，提升本国大型项目出口产品的国际竞争能力，贯彻国家的外贸方针政策。但不同国家的出口信贷体系在组织结构、运行机制和规则、业务范围等方面又存在一定的差别。从不同角度看，它们可以划分为以下类型：

（一）根据专门机构的所有权结构

(1) 国家所有制（State-owned System）。即出口信贷机构由官方全资拥有，资本金由政府财政出资，经营资金由财政预算拨款和业务收入或客户缴纳的保险费组成。该机构与政府的关系十分密切，通常直接对财政部、商务部或对外贸易部负责。由政府部门指定董事会成员，并在行政管理上、经营规模和业务范围上受到政府多方面的控制。如英国、意大利和日本等属于这种类型。

(2) 混合所有制（Mix Ownership System）。出口信贷机构是半官方性质，允许公众参股（Semi-public Joint Stock Companies），即由政府和私人公司按比例共同持股的公司。例如，西班牙的出口信贷保险公司的资本金，政府持有50.25%股份，其余的49.75%由私人机构持有；瑞典的出口信贷公司，政府持有50%的股份，其余的50%由瑞典的7家私人商业银行持有。

(3) 私有制（Private-owned System）。由私人持有100%股权的出口信贷机构。但这类出口信贷机构往往与政府签有协议，实行"双账户"制度，公司账户记录公司自己的商业性业务，政府账户记录公司代表政府承办协议指定的政策性业务，并得到政府的资金支持。如法国、荷兰和葡萄牙等属于这种类型。

（二）根据专门机构的业务范围

(1) 国家设立单一的官方支持的出口信贷机构，该机构只提供出口信用保险和出口信贷担保业务，不参与融资业务。出口融资和再融资业务由商业银行提供，官方出口信贷机构的保险和担保业务为它们收回贷款提供了保障。

(2) 官方出口信贷机构提供出口信贷担保和保险业务，并通过给予贷款银行利息补贴或再融资的方式支持商业银行向出口商发放比市场条件优惠的出口信贷，本身不直接参与贷款。

(3) 设立单一的出口信贷机构同时提供融资、保险和担保等多种业务。

(4) 设立两个相互独立的出口信贷机构，一个机构提供融资服务，另一个机构提供保险和担保业务；或一个机构提供保险业务，另一个机构提供担保业务。

四、出口信贷的基本贷款形式

目前出口信贷的基本形式有卖方信贷、买方信贷、混合信贷和福费廷业务。现分别讨论如下：

（一）卖方信贷

在大型项目的进出口贸易中，为了便于出口商以赊销或延期付款方式出口商品，由出口商所在地的银行对出口商提供的贷款就是卖方信贷（Supplier Credit）。卖方信贷业务的基本程序是：

（1）进出口双方签订贸易合同后，出口商（卖方）以延期付款或赊销方式向进口商（买方）出售大型机械或成套设备，进口商先支付约10%~15%的定金，在分批交货、验收和保证期满后，再分期支付10%~15%货款，其余70%~80%的货款在全部交货或待设备投产后分期偿还。

（2）出口商与保险公司签订保险合约，投保出口中长期付款收汇险。

（3）出口商向其所在地银行商借贷款，签订贷款协议，获取资金支持。

（4）进口商随同利息分期偿还出口商货款后，出口商根据贷款协议，再以此偿还从银行取得的贷款。

利用卖方信贷方式，出口商要签订贸易合同、保险协议和融资协议，手续比较繁琐，另外还要支付出口信贷利息、担保费、承担费和管理费等。而对进口商来说，采用卖方信贷有利有弊，其利在于这种做法比较简单，进口商只需与出口商签订一项贸易合同，而资金的筹措完全由出口商负责，进口商可把精力集中于商务和技术谈判上；不利之处在于成本和费用可能比较高，因为进口商得到的货物报价往往包含了利息和其他费用成分。

（二）买方信贷

买方信贷（Buyer Credit）是出口信贷的一种重要贷款方式，它是指为解决进口商大型进口项目中的资金周转问题，由出口方所在地银行向进口方所在地银行或直接向进口商提供贷款。买方信贷分两种方式：一种是由出口方所在地银行直接向进口商提供贷款，但要求进口商所在地银行提供担保，然后进口商与出口商以现汇方式结算；另一种是由出口方所在地银行向进口方所在地银行提供贷款（Bank-to-Bank Credits），该银行把款项转贷予进口商，然后进口商利用这笔贷款立即支付出口商的货款。买方信贷在出口信贷中应用很普遍，特别是第二种方式。

1. 买方信贷基本程序

（1）直接向出口商贷款的买方信贷：①进口商与出口商洽谈贸易，签订即期付款的贸易合同后，进口商先缴付相当于货价15%的现汇定金。现汇定金在合同生效日交付，或在合同规定的一定期限内支付。②进口商与出口商所在地银行签订贷款协议。③贷款银行向出口信贷机构申请担保。如果贷款是由商业银行提供，该商业银行一般还要向官方出口信贷机构申请利息补贴。④进口商用借得的贷款，按现汇付款条件支付出口商的货款。⑤进口商对出口商所在地银行的欠款，按贷款协议的条件分期偿还。

(2) 出口方银行向进口方银行贷款方式的买方信贷：①进口商与出口商洽谈贸易，签订即期付款贸易合同，进口商预付相当于货价15%的现汇定金。②银行与出口商所在地银行签订贷款协议。协议以贸易合同为基础，但有相对独立性。③贷款银行与官方出口信贷机构签订出口信贷担保协议。④进口方银行以其得到的借款，贷给进口商，进口商以现汇条件向出口商支付货款。⑤进口商按贷款协议规定偿还进口方银行的转贷款。⑥进口方银行根据贷款协议分期向出口商所在地银行偿还贷款。

有关出口买方信贷业务流程见图9-1。

出口买方信贷业务流程图

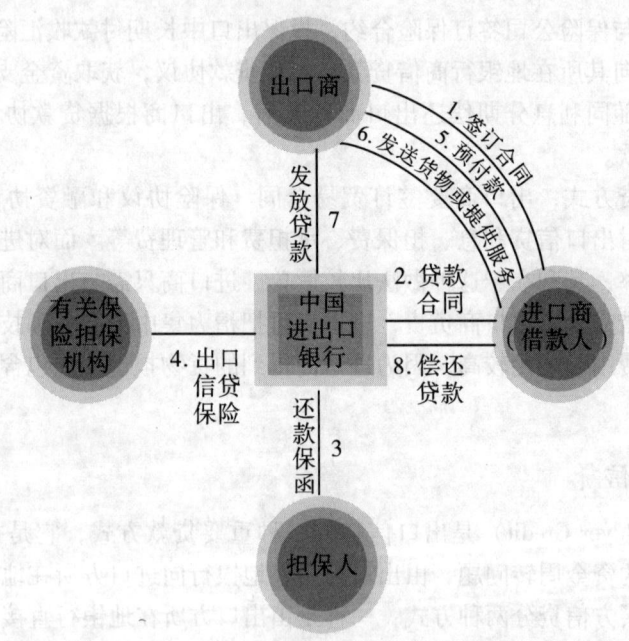

图9-1　中国进出口银行出口买方信贷业务流程

2. 买方信贷的优点

(1) 由于合同按现汇条件签订，货价的确定原则是按质论价，不涉及利息因素问题。进口商通常对商品属性、质量及技术要求比较熟悉，相对简单的价格构成，方便进口商将供应商的报价与国际市场上同类商品的价格进行比较，进口商在交易洽谈中，可以集中精力谈判有关技术条件和商务条件的问题。另外，信贷合同事宜由进口方银行与出口银行直接商谈和签订，由于双方都是银行，熟悉贷款业务，相互了解对方的信誉，有关贷款利息和管理费用可取得较优惠的条件，也就间接降低了进口商的进口成本。

(2) 使用买方信贷的情况下，进出口合同采用即期现汇付款条件，出口商履行贸易合同后，可以迅速收到货款，能够加快其资金周转，降低商业风险。另外，由双方银行签订贷款协议，使出口商省去了如卖方信贷中筹措资金的麻烦，可以集中精力组织生产，按合同规定完成交货责任。

（3）由于一般情况下银行的资信状况好于进出口商，一笔直接贷放给国外买方银行的贷款风险较小，如期收回贷款和利息更有保障。同时，买方信贷的贷款业务也为银行开拓了国际信贷市场，所以出口方银行也愿意采用买方信贷方式。

3. 提供买方信贷的一般原则和条件

买方信贷是一种带有政府政策性融资性质的信贷，因此各国政府会根据本国的对外贸易政策和发展目标，制定提供买方信贷的要求和条件。另外，有关国际组织为了协调各国的政策和维持一个良性的竞争环境，也制定了一些要求各国遵守的原则和规定，其中有的规定已成为国际惯例。

（1）接受买方信贷的进口商所得贷款，只能用于支付从贷款国的贸易商、制造商或在该国注册的外国贸易公司购买货物的款项，而不能用于支付从第三国的进口。

（2）外国进口商申请买方信贷，其进口物品要受一定的限制，传统上一般限于从贷款国进口资本货物，而不能用于进口原材料和消费品。但随着国际贸易结构的变化，有的国家也运用出口信贷支持本国服务产品的出口，因此，利用买方信贷的外国进口商的进口产品范围有所扩大。

（3）提供买方信贷国家出口的产品仅限于该国制造的产品，如由多国产品组成，则要求本国制造成分达到一定比例才能申请出口信贷。

（4）出口信贷不对贸易合同提供100%的融资支持，一般规定最高融资额不超过合同金额的85%，其余15%部分要以现汇支付。而且贸易合同签订后，买方至少要预付5%的定金，并要在付足15%或20%的现汇后才能使用买方信贷。

（5）各国一般要求申请买方信贷的贸易合同须达到或超过一定的起点金额，以促进大宗出口贸易。各国规定的起点金额有所不同。

（三）混合信贷

混合信贷（Mixed Credits），是指为了满足一大型设备项目的融资需要，卖方信贷或买方信贷与政府贷款或赠款混合贷放的方式。它是援助贷款（Aid Financing）的一种形式，是出口信贷与政府援助性贷款进一步结合的产物。

如前所述，买方信贷与卖方信贷限制条件比较严格，使用受到一定的限制。如在卖方信贷方式下，根据国际惯例规定进口商要以现汇向出口商支付合同价款一定比例的定金；在买方信贷方式下进口商要以现汇方式支付合同价款的15%，其余85%的货款才能取得出口信贷的支持。另外，该项贷款资金也不得用于支付当地的运输等其他费用（Local Costs）。因此，一些发达国家通过利用混合信贷方式克服这种限制，即在出口银行发放卖方信贷或买方信贷的同时，出口国政府还从预算中拨出资金，作为政府贷款或赠款，随同卖方信贷或买方信贷一齐发放，以满足出口商（卖方信贷方式）或进口商

(买方信贷方式)支付当地费用和现汇定金的需要。由于政府贷款部分收取的利息比较低,甚至可以是无息贷款,其他贷款条件也比较优惠,所以,混合贷款的总体利息水平低于一般的出口信贷,贷款期限也更长,总体贷款条件更具竞争力,有利于促进该国的出口。

五、出口信贷保险

本节主要讨论的是官方支持的出口信贷,而根据"君子协定"的界定,官方支持的形式包括出口信贷保险(Export Credit Insurance)。可见,出口信贷保险是出口信贷的重要组成部分,也是许多国家进出口银行的主要业务之一。

出口信贷保险,是指出口信贷保险机构对出口商在履行出口合约过程中由于境外的商业风险(Commercial Risk)或政治风险(Political Risk)导致的收不回货款或不能如期收回货款的风险而提供的保险。由官方或半官方的进出口银行或指定的专门保险机构提供的出口信贷保险,是一种政策性保险业务,该业务主要通过向出口商承保一般商业保险机构不愿或无力承保的风险,进一步补充和完善对出口商出口收汇的保障。

(一) 出口信贷保险的特点

(1)由政府支持的出口信贷保险不以营利为目的,而以收支平衡为原则。专门的出口信贷保险机构只要该种业务经营总体不亏损,就会降低保险费率,从而使本国出口商的出口成本下降,促进本国的出口。

(2)出口信贷保险承保的风险具有特定的范围,不承保商业保险机构承保的普通保险业务,只承保出口商的出口收汇风险,而且一般承保由于商业风险或政治风险所引起的收不回或不能按期收回货款的风险。对于其他原因导致的收款不着风险,如出口商或出口产品本身的原因造成的收款不着风险,则不予承保。根据各国的习惯做法,商业风险(又称买方风险)一般包括:买方被宣告破产或无力支付货款,买方违约逾期不付款,买方无理终止合同或违约拒收货物。政治风险(又称国家风险)包括:买方国家实行更严格的外汇管制、贸易禁运或进口限制,买方国家发生战争、动乱、革命等。

(3)出口信贷保险采取部分保险的原则,专门保险机构的承保额或称赔偿率(Percentage of Cover)一般低于出口的发票金额。即当保险事故发生时,保险机构并非100%赔偿被保险人的损失,投保人必须负担部分损失。一般情况下,私营商业保险机构的承保金额为出口发票的75%左右,而专门出口信贷保险机构承保额为发票金额的85%或以上,有的发达国家在特殊情况下,甚至提供100%的保险。例如,德国的出口信贷保险机构(Hermes)规定承保额不能为发票金额的100%,对政治风险损失的最高赔偿率为90%,对商业风险的赔偿率为85%,即有10%~15%的风险损失由出口商自己承担。美国进出口银行规定对商业风险提供90%~100%的保险,对指定的政治风险提供95%~100%的保险。值得注意的是,出口货运保险的投保金额通常可以是发票金额的110%，不但包括了整个出口合同的总价款，而且可以包括卖方预得的10%的利润。这是出口信贷保险和出口货运保险的一个不同之处。

（4）保险责任期限比较长。与出口货运保险比较，出口信用保险的保险责任期限比较长，根据国际上通行的"仓至仓"条款，出口货运保险的责任期为装运港发货人的仓库开始到目的港收货人仓库位置。而出口信用保险的保险人责任期限，一般是从货物发运时开始到货款支付期到期后若干时间为止。根据投保人的要求，甚至还可以包括货物出运前一段时间。如果是中长期的出口信贷保险，其保险责任期可长至5年或以上。

（二）出口信贷保险的种类

（1）按保险责任开始的时间分为出运保险与合同保险。出运保险负责货物出运后收不到货款的损失；合同保险不仅负责收款不着损失，还负责货物出运前由于买方破产或发生政治风险事件等导致货物无法出口给被保险人带来的损失。

（2）按信贷期限分为短期保险与中长期保险。短期保险承保信用期不超过1年的出口合同，中长期保险承保信用期在1年以上的出口合同。

（3）按出口信贷的融资方式不同，可分为买方信贷保险和卖方信贷保险。

（4）出口信贷保险可以采取两种方式承保，即整批保险和逐笔保险。整批保险要求出口商投保其保单适用范围内的全部出口，不得选择其中一部分客户或一部分业务投保；逐笔保险要求出口商就每笔出口业务与保险机构签订合同，分别投保。

（三）影响出口信贷保险费率的因素

出口信贷保险费通常包括两部分：①纯保险费。准备在保险事故发生时给予投保人赔偿之用，一般根据风险率估算。②附加保险费。主要指各种营业费、资本利息等。

在具体确定保费率时，保险机构一般还考虑以下三种因素：①进口市场所在国或地区的信用等级。根据世界各国的资信情况，出口信用保险机构将各国或地区分为不同的信用等级，对不同信用等级的市场实行差别保险费率。如美国进出口银行根据国际权威组织提供的资料，将世界各国划分为ABCD四个等级，属于A级市场者，信用最佳，保险费率较低，属于D级市场者则保费率较高。有的机构对不同信用等级国家的保费率差异可在1%~15%之间。②出口贸易的支付方式与保险期长短。在国际贸易中，不同的支付方式导致的收款风险不一样，在其他条件相同的情况下，L/C方式的收款风险一般要比D/P方式的风险低，所以保险费率可低一些。③洲际和国际的政治因素将直接或间接地影响国际贸易及其风险，所以保险机构会根据这方面的变化适当调整保险费率。

六、出口信贷担保

出口信贷担保是指官方出口信贷担保机构应向融资银行提供的还贷保证，它是政府

促进出口的一种重要的政策性金融支持手段。出口信贷担保与出口信用保险容易被混淆，在此有必要把两者做一比较，找出它们之间的联系与区别：

(1) 出口信贷担保是对出口信贷协议的保证，属于融资担保；而出口信用保险则是对出口合同下买方付款责任的保证。

(2) 出口信贷担保的直接受益人是融资银行（Guarantees for Banks），出口信用保险的直接受益人是出口商（Cover for Exporters）。

(3) 出口信贷担保作为担保，通常承担无条件担保责任，涵盖了一切还贷风险；出口信贷保险作为保险只承担保险条款规定范围内和规定条件下的损失，是一种有条件的保证。

(4) 出口信贷担保可以是100%的担保，而一般情况下，出口信用保险不对风险损失提供100%的保险。

由于出口信贷担保主要由官方出口信用机构提供，有政府的资金支持，因此费率较低，条件较宽松。另外，相对于直接出口融资而言，出口信贷担保可以使政府资金发挥"杠杆作用"，它通过满足融资银行防范金融风险的需要，引导更多的商业银行资金投入出口信贷业务，支持本国的出口。所以，近年来的发展趋势是，各发达国家出口信贷机构不断减少直接融资，把更多资金用于开展出口信用保险和出口信贷担保业务。

七、协调各国出口信贷政策的国际协议与组织

出口信贷作为国家政府支持出口的重要手段，随着国际贸易的迅速发展而发展。同时，随着国际市场竞争日益加剧，各国竞相提供条件更优惠的出口信贷，以致造成各国间的贸易矛盾和冲突，影响了国际经贸关系。在这种情况下，发达国家开始协调立场和政策，产生了一些国际协调组织和协议，其中最具影响力的是经济合作与发展组织（OECD）建立的一个常设机构出口信贷部（Export Credit Division）及其达成的关于《官方支持的出口信贷指导规则的协议》，通常简称为"君子协定"（Gentlemen's Agreement）。该协议生效于1978年4月，现有35个参加国，其中包括欧盟的全部成员国和8个非欧盟成员国。"君子协定"不是OECD具有法律效力的文件，但经过多次修改和补充，其主要原则和规定不仅在OECD成员国及其他参加国中被普遍执行，而且日益成为其他国家官方出口信贷机构效仿和参照的规则。可以说，"君子协定"已成为出口信贷业务的国际惯例。

"君子协定"的目的是为各国有序使用官方支持的出口信贷而提供一个制度性框架（Institutional Framework），缓解各国在出口信贷条件优惠程度上的过度激烈的竞争，鼓励建立在出口货物和服务质量和价格基础上的竞争，防止市场扭曲。为此，"君子协定"对出口信贷的主要条款和条件制定了若干约束性的规定。根据2010年版本的"君子协定"，这些规定主要有：

(1) 最低现金支付额（Minimum Cash Payments）。进口商在信贷起始日（Starting

Point of Credit），即买方实际获取货物前，必须支付相当于贸易合同价值15%的现款。并且，出口信贷不能对这笔现金提供直接融资，只能以保险或担保的形式提供支持。

（2）最长偿还期限（Maximum Repayment Term）。对偿还期的规定是不断修改的，目前的规定是：第一类国家（欧盟成员国中的富国）为5年，特定情况下可延长至8.5年；第二类国家（非欧盟成员国）为10年。本金的偿还应采取每半年定期等额偿还的方式，并且首次还款不得超过信贷起始日后的6个月。

（3）最低利率水平（Minimum Interest Rate）。在出口信贷中如包含了直接融资、再融资或利息支持等，其利息不应低于最低利率水平。根据"君子协定"已实行了多年的规则，浮动商业参考利率（Changes in Commercial Interest Reference Rates，CIRRs）是确定出口信贷利率的依据。商业参考利率由两部分构成：一部分为基础利率（Base Rate），它根据该种货币的长期政府债券的收益率来计算；另一部分为固定差价（Fixed Margin），目前规定为100（Basis Points）。基础利率加上固定差价即为商业参考利率。OECD每月的15日调整各参与国货币的商业参考利率并予以公布。例如，OECD公布的2010年6月15日至7月14日适用的美元出口信贷商业参考利率是：5年以内的为2.3%，5~8.5年的为3.18%，8.5年以上的为3.86%。

（4）最低保费标准（Minimum Premium Benchmarks）。协定规定，对得到官方支持的出口信贷，出口信贷保险机构收取的保费不应低于最低保费标准。最低保费标准的确定，首先要以保险机构承担的风险为基本依据（Risk Based），特别是要考虑面临的主权信用风险（Sovereign Credit Risk）和国家信用风险（Country Credit Risk），遵循风险低保费低、风险高保费高的原则；同时必须遵循收支平衡的原则，即从长期看，保费收入应能补偿保险机构的经营成本和亏损；另外，还要根据保险合同的其他条款对保费作适当的调整。

除了以上的主要规定，"君子协定"还就与贸易有关的援助（Trade-related Aid）、参加国之间关于出口信贷业务的相互知会程序（Notification Procedures）、例外原则、有关信息的交流程序等制定了原则或规定。另外，还对与民用飞机、船只和非核发电站等有关的出口信贷制定特定的规则。

值得注意的是，目前世界贸易组织的补贴与反补贴协议原则上允许各国政府实行出口信贷政策，但要求符合"君子协定"的原则和规定。从发展趋势看，世界贸易组织有把这些原则列入其有关协议的倾向，"君子协定"对出口信贷及出口信贷机构的基本原则和规定有可能成为真正意义的国际规则。

另外，信贷及投资保险国际联盟，简称"伯尔尼联盟"（Berne Union）也是一个与出口信贷有关的重要国际机构。该联盟是介于从事出口信贷和投资保险业务的保险公司之间的一个行业性国际组织，曾为短期出口信用保险和担保业务制定了一些指导原则。但其重要性和影响力远不如上述的"君子协定"。目前，"伯尔尼联盟"的主要作用是促进各国出口信用保险和担保机构在有关业务方面的信息交流，并交换各成员对官方出口信贷保险和担保指导原则的看法。

本章小结

1. 进出口贸易与一个国家的经济发展、就业和国民的生活水平有紧密关联，所以国际贸易融资既是国际信贷市场的重要组成部分，又是一国政府促进对外贸易发展的重要手段。国际贸易融资可作以下分类：商业信用和银行信用，官方金融机构融资和私人金融机构融资，短期融资和中长期融资，对出口商的融资和对进口商的融资。

2. 短期对外贸易融资是融资业务与进出口贸易过程的灵活结合，有效地解决了进出口商在采购、打包、仓储、运输等环节的短期资金周转的需要，缓解了资金条件对贸易的约束。

3. 保付代理业务是一项集贸易融资、商业资信调查、应收账款管理以及信用风险担保的综合性金融服务，在解决买方信用、卖方流动资金不足、应收账款催收等方面具有优势。保理业务的基本类型包括到期保理和融资保理、全套保理和单项保理、无追索权或有追索权保理、公开或不公开保理。

4. 官方支持的出口信贷是中长期对外贸易融资的重要形式之一，在国际贸易发展中发挥着重要作用。它是出口国政府为提高本国商品的国际竞争力，支持出口商以赊销或延期付款方式出口货物和服务而提供的比市场条件优惠的融资、保险或担保等业务。出口信贷是为国家政府的经济和贸易政策服务的。早期的出口信贷主要用于支持资本货物的出口，目前其范围已不断扩大。OECD 的《官方支持的出口信贷指导规则的协议》是协调各国出口信贷政策的重要国际性协议。

5. 出口信贷的主要形式有买方信贷、卖方信贷、混合信贷。广义的出口信贷还包括出口信贷保险和担保。出口信贷保险是对卖方收回出口合同下的应收账款的保证，受益人是出口商。出口信贷担保属于融资担保，是对出口信贷协议的保障，受益人为银行。

思考题：

1. 请解释以下术语：打包放款，票据融资，承兑信用，信托收据抵押贷款。
2. 试述保理业务的基本程序与特点。
3. 保理业务对进出口双方各有什么好处？
4. 出口信贷有何特点？
5. 简述各国出口信贷体系的类型。
6. 何谓买方信贷？使用买方信贷有何优越性？
7. 出口信用保险与出口信贷担保有何区别？
8. 何谓"君子协定"？该协定对出口信贷业务有哪些主要规定？

 **出口信贷适用范围的扩展**

——中国进出口银行文化产品和服务（含动漫）出口信贷

文化产品和服务（含动漫）出口信贷包括出口卖方信贷和出口买方信贷。文化产品和服务出口卖方信贷是指中国进出口银行对我国企业文化产品和服务出口所需资金提供的本、外币贷款。文化产品和服务出口买方信贷是指中国进出口银行向境外借款人发放的用于进口我国文化产品和服务所需资金的本、外币贷款。

一、贷款对象

凡在我国工商行政管理部门登记注册、具有独立法人资格、并具有文化产品和服务出口经营权的企业，均可向中国进出口银行申请文化产品和服务出口卖方信贷。中国进出口银行认可的进口商、进口国金融机构或进口国政府授权机构均可向中国进出口银行申请文化产品和服务出口买方信贷，且出口商为我国独立的企业法人，具有中国政府授权机构认定的实施文化产品和服务出口的资格，并具备履行商务合同的能力。

二、贷款申请条件

（一）申请文化产品和服务出口卖方信贷应具备的条件

（1）借款人经营管理、财务和资信状况良好，具备偿还贷款本息的能力，在中国进出口银行信用等级评定结果在 A^- 级（含）以上。

（2）出口的文化产品和服务被列入国家有关部门颁布的《文化产品和服务出口指导目录》，或属于图书、报刊、电子音像制品、电影和电视剧版权出口以及文化企业在境外设立出版社、广播电视网、出版物营销机构、广播电视在境外落地、购买境外媒体播出时段、在境外开办广播电视频率频道和文化企业开展对外劳务合作等。

（3）提供中国进出口银行认可的还款担保。

（4）中国进出口银行认为必要的其他条件。

（二）申请文化产品和服务出口买方信贷应具备的条件

（1）借款人所在国经济、政治状况相对稳定。

（2）借款人资信状况良好，具备偿还贷款本息的能力。

（3）出口的文化产品和服务被列入国家有关部门颁布的《文化产品和服务出口指导目录》，或属于图书、报刊、电子音像制品、电影和电视剧版权出口和文化企业开展对外劳务合作等。

（4）借款人提供中国进出口银行认可的还款担保。

（5）必要时投保出口信用险。

（6）中国进出口银行认为必要的其他条件。

相关链接　国内一起国际保理业务法律诉案

一、案情

××年初,国内某出口商委托当地出口保理商叙做一笔出口保理业务。在获得进口保理商批准的10万美元信用额度后,出口保理商即与出口商签订了《出口保理业务协议》及《保理融资扣款授权书》。4月和5月,出口商先后向出口保理商提交了两张发票,金额总计10万美元。出口保理商随即将这两张发票先后转让给了进口保理商,并根据出口商的申请,向其提供了8万美元的出口保理融资。

8月5日,出口保理商收到进口保理商发来的争议通知,告知出口保理商,该年初出口商以托收方式发给进口商的货物因质量问题被进口国海关扣留,致使进口商对该批托收项下已付货款的货物不能提到,进口商因而拒付该出口商保理项下两笔应收账款。进口保理商同时随附了一份进口国海关的证明书。出口保理商立即将有关争议情况通知了出口商,出口商承认托收项下货物确有问题,并正在与进口商交涉。为了资金安全,出口保理商根据与出口商签署的《保理融资扣款授权书》及《出口保理业务协议》的有关条款规定,于8月11日将保理融资款项及利息费用从出口商账上冲回,出口商对此未提出任何异议。

然而,在这之后直至次年7月进口商破产,买卖双方始终未能协商解决保理项下这起因反索而引起的贸易纠纷。第三年3月5日,出口商以"出口保理商冲回保理融资侵犯了出口商的合法权益"为由向法院起诉,要求出口保理商赔偿人民币100多万元,后又认为起诉理由不当而主动撤诉,并另以"保理业务项下贸易合同未出现任何质量争议,出口保理商却以质量争议为由扣划保理融资款项是严重侵犯出口商权益"起诉出口保理商。之后法院正式开庭,原被告双方就"反索"的定义及"反索是否构成贸易纠纷"进行了激烈的辩论。出口保理商当庭出示了大量正本证据,其中包括:①进口保理商的书面争议通知书。该通知书显示因出口商××年初所发货物有质量问题,进口商拒付保理项下应收账款。②进口国海关因出口商货物质量问题拒绝其货物入关的证明。③出口商回复进口商的传真。该传真清楚地显示该公司承认货物确实存在质量问题。④有关往来函电。这些函电证明出口商至少有5笔对该同一进口商的应收账款未转让给出口保理商,而是通过进口商所在国的C银行代收的,违反了其与出口保理商签署的《出口保理业务协议》的有关规定。⑤出口保理商与出口商签署的《出口保理业务协议》及《保理融资扣款授权书》。⑥《国际保理业务惯例规则》。⑦有关国际保理业务专用术语的解释。所有这些证据都得到了原告律师的当庭认可。由于这是国内第一起国际保理业务法律诉讼案,为慎重起见,法院合议庭将把此案提交给中级人民法院,由院长和各庭长组成审判委员会最后判决。

二、分析与启示

对于本案例,我们主要要把握以下几点:

(1) 对保理业务中保理商保证赔付必须建立在"出口商按时按质按量履行交货义务"的基础上。因为在保理业务中,出口商出售的应收账款均被认为是产生于已经或将会被买方所接受的销售服务或服务,所以如果买方对此提出异议、抱怨或索赔,均被推定为是发生贸易纠纷,保理商将立即转告出口商去处理。如纠纷未能在合理时间内得到解决,保理商有权主动冲账,该类冲账将显示在每月的对账单上。如有异议,出口商应于收到对账单后对天内通知保理商。对发生贸易纠纷的应收账款,不论其是否在信用额度之内,均为不合格应收账款,保理商有权主动冲账,并不承担坏账风险。

(2) 涉及本案的焦点就在于对"反索"的定义及"反索是否构成贸易纠纷"的分歧。

首先,根据国际保理商联合会对"反索"一词的解释,"反索"应为贸易纠纷的一种,即因与出口商另外一笔交易的结果,导致进口商向出口商提出索赔而引起的争议。(Counterclaim – When the buyer creates a dispute by advising that he has claim against the seller as a result of another transaction.)

在本案中,由于出口商最初发给进口商托收项下的货物出现质量问题,从而导致进口商拒付该出口商保理项下两笔应收账款,这实质上就是一种反索。而国际保理商联合会颁布的《国际保理业务惯例规则》第41条规定:"如果债务人提出抗辩、反索或抵触(纠纷)并且如果出口商于发生纠纷的应收账款所涉及发票的到期日后270天内收到该纠纷通知,进口保理商不应被要求对债务人由于这种纠纷而拒付的金额进行付款。"[If a debtor raises a defence, Counterclaim or set-off ("dispute") and if the Expert Factor receives notice of such dispute within 270 days after the due date of the invoice to which the disputed account receivable relates, the Import Factor shall not be required to make payment of the amount with held by the debtor by reason of such dispute.] 所以,根据惯例规则,"反索"即是纠纷的一种。

其次,出口商与出口保理商签订的《出口保理业务协议》第7条第2款约定:"若进口商提出质量争议或由出口商责任引起的拒付及拖延付款,出口保理商有权追索已融资部分的款项。"

因此,本案中出口保理商在收到进口保理商的纠纷通知后冲回给予出口商的融资款项并没有违反其与出口商签订的《出口保理业务协议》,同时也是符合国际保理业务惯例的。

(3) 此案例告诉我们,为了减少麻烦,便利于双方控制风险,出口商在向出口保理商提出信用额度申请时,应将其与买方之间所有现存贸易纠纷如实通报出口保理商,以便其及时转告进口保理商,此条应列入出口商与出口保理商签订的《出口保理业务协议》。

(4)《出口保理业务协议》应明确,一旦出口商以保理方式与某买方进行交易,须将所有对该买方的应收账款(信用证交易及现金交易项下应收账款除外)转交出口保

理商处理,以便保理商及时控制因贸易纠纷引起的收汇风险。

(5)一旦客户提出反索,出口商不该在纠纷是否成立这个问题上与出口保理商纠缠不休,而应积极联络进口商,就如何协商解决反索引起的纠纷及早达成一致意见。

第十章　国际货币体系

目前，世界上绝大多数主权国家都有自己的货币，本国货币在国内经济活动中发挥着交易媒介和价值尺度两项基本功能。但是，当交易越出国界，特别是当国际贸易日渐兴起的时候，就需要有国际普遍接受的国际交易媒介，进而引起外汇、汇率以及外汇收支等一系列活动。为了保证国际交往的顺畅进行，就需要对这些活动做出一定的安排，于是就构成了国际货币体系。国际货币体系反映了国际经济交往的需要和世界经济稳定发展的需要。同时，它与国际政治经济格局的变化密切相关。

第一节　国际货币体系概述

一、国际货币体系的概念及其作用

国际货币体系（International Monetary System）是指规范国与国之间金融关系的有关法则、规定及协议的全部框架，是各国对货币在国际范围内发挥世界货币职能所确定的原则、采取的措施及建立的组织形式。它的主要目的是协调各个独立国家的经济活动，促进国际贸易和国际支付活动的顺利进行。国际货币体系一般包括以下四方面的内容：

1. 汇率及汇率制度

汇率及汇率制度的内容包括：一国货币与其他货币之间汇率如何确定和维持，一国货币的可兑换性，对外支付是否受到限制，一国货币可否自由兑换成支付货币，该国采取何种汇率制度，等等。

2. 国际储备资产的确定

为满足国际支付和调节国际收支的需要，一国应持有一定的储备资产。持有何种为世界所普遍接受的资产作为储备资产、它们的构成以及新的储备资产如何供应和创造等，都需要有国际性的规则和制度做出安排。

3. 国际收支及其调节机制

国际收支及其调节机制涉及如下问题：当一国出现国际收支不平衡时，各国政府应采取什么方法弥补这一缺口，各国之间的政策措施又如何互相协调以及如何使各国在国际范围内公平地承担国际收支调节的责任等问题。

4. 国际货币事务的协调和管理

由于国际收支调节、汇率制度、国际储备体制会牵涉不同的国家，这些国家又都有不同的经济条件和政策目标，难免产生矛盾和冲突。国际货币事务的协调和管理的实质，是协调各国的国际货币活动和与此有关的经济政策，具体包括国际金融组织的建立，解决国际金融问题的规则、惯例和制度，等等。

在以上四方面的内容中，汇率制度居于核心地位，它制约着国际货币制度的其他方面，反映了一定时期内国际货币体系的基本特征。

理想的国际货币体系应能够促进国际贸易和国际资本流动的发展，主要体现在能够提供足够的国际清偿能力、保持国际储备资产的信心、保证国际收支失衡能够得到有效而稳定的调节等方面。理想的国际货币体系应使国际清偿能力保持与世界经济与贸易发展相当的增长速度，过快的增长会加剧世界性的通货膨胀，而过慢的增长会导致世界经济和贸易的萎缩。保持清偿能力的适量增长也是维持储备货币信心的关键。因为清偿能力的适量增长意味着国际储备价值的相对稳定，各国政府和私人都愿意继续持有国际储备资产，从而不发生大规模的抛售国际储备货币的危机。此外，良好的国际货币制度还应具有有效的国际收支调节机制，使各国公平合理地承担国际收支失衡调节的责任，并使失衡在最短的时间内以最小的成本得到调整。

二、国际货币体系的划分

国际货币体系按不同的分类标准可分为不同的类型。一般而言，可以从汇率制度和储备资产的保有形式两个角度进行划分。

汇率制度是国际货币体系的核心，根据汇率制度，可以将国际货币体系分为固定汇率制、浮动汇率制以及介于两者之间的可调整的固定汇率制和管理浮动汇率制。

国际储备货币或本位货币是国际货币体系的基础。根据国际储备资产划分，有金本位制度、金汇兑本位制度和信用本位制度。金本位制度，只以黄金作为国际储备资产或国际本位货币；金汇兑本位制度，同时以黄金和可直接自由兑换的货币作为国际储备资产；信用本位制度，只以外汇（如美元或英镑等）作为国际储备资产而与黄金无任何联系。

将上述两种分类方式相结合，又可分为：①金本位条件下的固定汇率制度；②以不兑现的纸币（如美元）本位为基础的固定汇率制；③以黄金和外汇为储备的混合本位为基础的、可调整的固定汇率制，或管理浮动汇率制，以及完全的自由浮动汇率制，等等。

国际货币体系随历史的不同时期在不断地演变。最早的国际货币体系是大约形成于1880年延续至1913年的国际金本位制。第一次世界大战的爆发使金本位制崩溃，各国纷纷停止黄金的兑换，并采取浮动汇率制度，国际货币关系陷于混乱。1925年以后，主要工业国又开始致力于恢复金本位制，但这时建立的是国际金块本位制和金汇兑本位制度。1929—1933 年经济大危机的爆发又使该种制度崩溃，国际货币关系又陷于混乱。第二次世界大战末期，西方盟国即着手重建国际货币体系，从 1945—1973 年，国际实行的是可兑换的美元本位下的可调整固定汇率制，通常称为"布雷顿森林体系"。1973 年布雷顿森林体系宣告崩溃，各主要西方国家的货币从此进入了浮动汇率时期，或者确切地说是有管理的浮动汇率制。要深入地探讨国际货币体系的现状与前景，就必须了解它的历史。以下我们按时间顺序依次对国际货币体系的各个演变阶段作比较详细的介绍。

第二节 国际金本位制

世界上首次出现的国际货币体系是国际金本位制，是在 19 世纪下半叶随着西方各主要资本主义国家逐渐过渡到单一的金铸币本位制而形成，到 1914 年第一次世界大战爆发时结束。尽管早在 1816 年英国就颁布了铸币条例，实行金本位制，但通常认为 1880 年为国际金本位制的起始年，因为这一年欧洲和美洲的一些主要资本主义国家都先后在国内实行了金本位制。

一、国际金本位制的特征

金本位制是一种以一定成色及重量的黄金为本位货币的货币体系。在金本位制度下，黄金具有货币的全部职能，即价值尺度、流通手段、储藏手段、支付手段和充当世界货币。国际金本位制就是以各国普遍采用金本位制为基础的国际货币体系。国际金本位制有三个显著的特征：

（一）黄金作为最终清算手段充当国际货币

在金本位制度下，流通中使用的是具有一定成色和重量的金币。金币可以自由铸造、自由兑换、自由输出入。金币的自由铸造或熔化，使金币的面值与黄金含量保持一致，则金币的数量就能自发地满足流通中的需要；金币的自由兑换，保证了黄金与其他代表黄金流通的金属辅币和银行券之间的比价相对稳定；黄金的自由输出入，又保证了各国货币之间的比价相对稳定。因此，国际金本位制是一种比较稳定的货币制度。虽然国际金本位制的基础是黄金，但是，实际上当时英镑代替黄金执行国际货币的各种职能。当时英国依靠它的经济大国地位和殖民统治的政治大国地位，以及在贸易、海运、海上保险、金融服务方面的优势，使英镑成为全世界广泛使用的货币，伦敦成为国际金融中心，国际贸易大多以英镑计价和支付。许多国家中央银行的主要储备是英镑而非黄金。这时候黄金只作为"最终清算手段"和"价值的最后标准"而存在。因此，国际金本位制实际上是以英镑为中心、黄金为基础的国际货币体系。有的西方经济学者则把第一次世界大战前的国际金本位制称作英镑本位制。

(二) 汇率体系是严格的固定汇率制

在金本位制下，各国货币都规定了含金量，各国货币的汇率由它们各自的货币含金量之比，即铸币平价来决定。市场汇率围绕铸币平价上下波动。但由于黄金的自由输出入，汇率波动的上下限不超过黄金输送点，因此汇率相对稳定。实际上，英国、美国、法国、德国等主要国家货币的汇率平价自1880年至1914年间，35年内一直没发生变动，从未升值或贬值。可见国际金本位制下的汇率体系是严格的固定汇率制。

(三) 自动调节国际收支的机制

在金本位制下，国际收支失衡会自动恢复平衡。当一国出现国际收支逆差时，外汇汇率会上升至黄金输送点，导致黄金外流；黄金外流使国内通货紧缩，货币流通量减少；货币流通量减少使物价下跌；物价下跌使出口成本降低，导致出口增加进口减少；逆差逐步消除。反之，如果国际收支顺差引起黄金流入，也会产生或消除外汇大于支的种种效应。这就是英国经济学家休谟（D. Hume）于1752年最先提出的所谓"价格－铸币流动机制"（详见第一章国际收支）。这种自动调节机制的实现依赖于以下三项原则：一是各国货币当局维持本国货币的法定含金量，并随时可以兑换黄金；二是黄金可以自由输出入，各国货币当局应随时按官方比价无限制地买卖黄金和外汇；三是货币发行机构发行钞票必须有一定的黄金准备。也就是说，货币数量的变动能充分影响物价的变动，物价的变动又能充分影响进出口的变动。

后来，新古典学派又对金本位的自动调节过程做了一点补充，它强调国际短期资本流动及收入变化加快了国际收支失衡的调节。

(1) 当一国国际收支逆差造成汇率下跌时，外汇投机者深知在金本位制度下，汇率只能在黄金输送点之间波动，而黄金的流出最终将使国际收支和汇率恢复均衡，汇率下跌只是暂时现象，不久就会回升。因此，大量外汇投机性短期资金就会流向该国，以期在该国货币升值时获取收益。

(2) 当国际收支逆差引起汇率下跌时，进出口贸易商也预测到汇率不久将回升，于是本国进口商将尽量推迟付汇，而国外出口商则倾向于尽量提前付汇，引起短期资金的流入。

(3) 国际收支逆差引起黄金外流，导致国内信用收缩，金融市场利率上升，大量短期套利资金也会流向该国。

这样，各方面的短期资金流入将加速逆差国收支恢复平衡。可见，休谟的"价格－铸币流动机制"仅以货币数量论作为依据，而新古典学派则看到了资本流动对国际收支调节的影响，比休谟前进了一步。

二、对国际金本位制的评价

国际金本位制盛行之时，正是自由资本主义发展最迅速的"黄金时代"。金本位制度所带来的稳定的价格水平和汇率水平，以及较为平稳的世界政治经济环境，极大地促进了世界各国的经济增长和贸易发展。但金本位制本身也存在许多缺陷：

（1）国际金本位制的自动调节机制受许多因素制约，它要求各国政府严格按照金本位制的要求实施货币政策，对经济不加干预。然而，各国不可能忽视本国经济发展对货币的需求而保持充分的黄金准备，或听任金本位制度的自动调节，它们通常利用国际信贷、利率及公开市场等手段来解决国际收支困难，而不愿黄金频繁流动，使自动调节机制难以实现。

（2）金本位制下的价格稳定只有当黄金与其他商品的相对价格较为稳定时才能实现。研究表明，国际金本位时期，价格并不是长期稳定的，其波动与世界黄金产量的波动直接相关。当货币黄金的增长率超过物质产品的增长率时，价格水平就趋于上升，反之则趋于下降。当然，黄金产量的波动对物价的影响是长期而且缓慢的。

（3）金本位制下，黄金是重要的储备资产和最后的结算手段。该制度的成功与否取决于货币黄金的增加能否满足经济发展的需要。当世界黄金产量的增长满足不了世界经济的增长和维持稳定汇率的需要时，金本位制就显得非常虚弱，难以经受各种冲击。事实上，由于各国发展的不平衡和经济实力的悬殊差异，较发达的国家通过贸易顺差的持续积累和其他特权，不断地积累黄金。到1913年，英国、美国、法国、德国、俄国5个国家的黄金存量达到了世界黄金存量的2/3，使得其他国家国内的金本位制难以继续维持。

（4）在国际金本位条件下，根据"价格－铸币流动机制"，国际收支失衡使盈余国出现通货膨胀，赤字国出现通货紧缩，从而引起国内生产和就业水平的变化，进而恢复收支平衡。虽然这种机制能够使国际收支恢复平衡，但同时却不利于国内经济的稳定。

三、国际金本位制的崩溃

1914年第一次世界大战爆发，各参加国均实行黄金禁运和纸币停止兑换黄金，国际金本位暂时停止实行。战争结束以后，世界经济形势发生了很大的变化，战争期间各参战国为了融通战争经费，均发行了大量不能兑现的纸币，这些纸币在战后大大贬值，并造成了严重的通货膨胀。同时，各国货币之间汇率剧烈波动，严重影响了世界经济和国际贸易。所以，战后各国为恢复经济，先后着手重建金本位制。但各国面临的世界黄金存量绝对不足与相对不均的局面更加严重了，此时恢复的国际金本位制度与战前已大不相同。战争使美国取代英国成为世界金融霸主。此时只有美国实行的是完整的金币本位制，英、法两国实行金块本位制，德国、意大利、奥地利和丹麦等30多个国家实行以美元、英镑和法郎为中心的金汇兑本位制，将本国货币与另一实行金本位制国家

（美国、英国或法国）的货币保持固定比价，并在该国存放大量外汇或黄金，以便随时干预外汇市场。因此，此时的国际货币体系实际上是国际金汇兑本位制。

国际金汇兑本位制是一种既以黄金为基础，又节约黄金的货币制度。当国际收支发生逆差时，一般先动用外汇储备，如果仍然不能平衡，就要使用黄金作为国际清算的最后手段。从节约黄金的角度来说，这个货币制度在一段时期内是成功的。但从根本上说，在国际金汇兑本位制下，黄金数量依然满足不了世界经济增长和维持稳定汇率的需要。世界经济的增长使黄金显得相对不足；运用黄金来干预外汇市场以保持固定汇率，又使黄金显得相对不足，尤其是当汇率发生频繁波动时更是如此。黄金的不足发展到一定程度时，国际金汇兑本位制就会变得十分脆弱，经不起任何冲击。同时，各国越来越重视国内经济目标，使自动调节机制的作用进一步受到限制，国际金本位制的可信性也大大下降了，而可信性的下降使国际资本流动也日益成为金本位制稳定的威胁。

第一次世界大战以后，各国勉强恢复的国际金汇兑本位制终于在1929年爆发的世界性经济危机和1931年因国际资本流动冲击引起的金融危机中彻底崩溃。1931年德国最先放弃了金汇兑本位制度。英国由于经济危机的影响，国际收支已陷于困境。在1931年的金融危机中，各国纷纷向英国兑换黄金，使其难以应付，终于被迫在同年9月21日终止实行金块本位制。同英镑有联系的一些国家也相继放弃了金汇兑本位制。接着，美国于1933年3月在大量银行倒闭和黄金外流的情况下，也不得不停止兑换黄金，禁止黄金输出，从而放弃了金本位制度。法国、比利时、荷兰、意大利、波兰、瑞士六国组成的"黄金集团"，坚持到1935年也先后放弃了金本位制，从而宣告了国际金本位制的彻底瓦解。

国际金本位制彻底崩溃后，国际货币制度一片混乱。主要的三种国际货币，即英镑、美元和法郎各自组成相互对立的货币集团——英镑集团、美元集团、法郎集团。各国货币之间的汇率再次变为浮动汇率，各货币集团之间普遍存在着严格的外汇管制，货币不能自由兑换。在国际收支调节方面，各国也采取了各种各样的手段。为了解决国内严重的失业，各国竞相实行货币贬值以达到扩大出口、抑制进口的目的，即所谓"汇率战"，而且各种贸易保护主义措施和外汇管制手段也非常盛行。"汇率战"在第二次世界大战期间为筹措战争经费达到高峰，最终结果却是国际贸易严重受阻，国际资本流动几乎陷于停顿。

第三节 布雷顿森林体系

一、布雷顿森林体系的建立

国际金本位制后期至第二次世界大战末期，国际货币金融领域十分混乱，对各国经济和贸易都造成极大危害。因此，在"二战"即将结束的前夕，英、美各国即着手拟订战后经济重建计划，希望重建统一的、稳定的国际货币制度，以加速战后经济贸易的恢复和发展。

美、英两国政府都从本国利益出发，设计新的国际货币制度，于1943年4月7日分别发表了各自的方案，即英国的"凯恩斯计划"和美国的"怀特计划"。

"凯恩斯计划"是英国财政大臣首席顾问约翰·M. 凯恩斯提出的国际清算同盟方案。国际清算同盟是世界性的中央银行。按照这个计划，①由国际清算同盟发行一种名叫"班柯"（Bancor）的国际货币以作各国中央银行或财政部之间结算之用，班柯与黄金之间有固定的比价。②各国货币按一定的比价与班柯建立固定汇率。这个汇率是可以调整的，但不能单方面进行竞争性的货币贬值，改变汇率必须经过一定的程序。③各国中央银行在国际清算同盟中开立账户，彼此间用班柯进行清算。发生盈余时将盈余存入账户，发生赤字时则按规定的份额申请透支。如清算后，一国的借贷余额超过份额的一定比例，无论是盈余国还是赤字国均须对国际收支的不平衡采取调节措施。"凯恩斯计划"强调透支原则和双方共负国际收支失衡调节责任，是从国际收支经常发生赤字的英国利益出发，但也受到了许多国家政府和经济学者们的赞许。

美国财政部官员怀特提出的是国际稳定基金计划，该计划采取了存款原则。根据"怀特计划"，①设立一个国际货币稳定基金，资金总额50亿美元，由各会员国以黄金、本国货币或政府债券认缴。份额取决于各国的黄金外汇储备、国民收入和国际收支状况等因素，并决定各国在基金内的投票权。②基金组织发行一种名叫"尤尼塔"（Unita）的国际货币，作为计算单位，其含金量为137.142格令，相当于10美元。尤尼塔可以兑换黄金，也可在会员国之间相互转移。③各国要规定本币与尤尼塔的法定平价，非经基金组织同意不得任意变动。④基金组织的任务主要是稳定汇率，并对会员国提供短期信贷以协助解决国际收支不平衡问题。"怀特计划"明白无疑地昭示了美国的意图——凭借拥有的黄金和经济实力，操纵和控制基金组织，为谋求金融霸主地位铺平道路。

"凯恩斯计划"和"怀特计划"充分反映了两国各自的利益以及建立国际金融新秩序的深刻分歧。1943年9月到1944年4月，两国政府代表团在有关国际货币计划的双边谈判中展开了激烈的争论。由于美国的政治和经济实力大大超过英国，英国被迫接受了美国的方案，美国也做出了一些让步，最后双方达成协议，又经过30多个国家的共同商讨，于1944年发表了《专家关于建立国际货币基金的联合声明》。同年7月，在美国新罕布什尔州的布雷顿森林城市召开由44国参加的联合和联盟国家国际货币金融会议，通过了以美国"怀特计划"为基础的《国际货币基金协定》和《国际复兴开发银行协定》，总称《布雷顿森林协定》，从此建立起布雷顿森林体系。布雷顿森林体系的建立，意味着国际货币金融关系自20世纪30年代以来一直动荡不安局面的终结和新国际格局的形成。

二、布雷顿森林体系的主要内容

以国际协议的法律形式固定下来的布雷顿森林体系，包括以下五个方面：

(1) 建立了一个永久性的国际金融机构，即国际货币基金组织（IMF），旨在促进国际货币合作。IMF 是战后国际货币制度的核心，它的主要职能是监督会员国货币的汇率，审批货币平价的变更，为国际收支逆差成员国提供融通资金，协调各国重大金融问题。基金组织的各项规定，构成了国际金融领域的基本秩序，在一定程度上维持着国际金融形势的稳定。

(2) 规定以美元作为最主要的国际储备货币，实行以美元－黄金为基础的、可调整的固定汇率制。美元与黄金直接挂钩，规定每盎司黄金等于 35 美元，各国政府或中央银行随时可用美元向美国按官价兑换黄金；其他国家的货币与美元挂钩，从而间接与黄金挂钩。各国货币与美元保持固定汇率，这一汇率不得随意变更，其波动幅度维持在货币平价 ±1% 以内，各国政府有义务通过干预外汇市场来实现汇率的稳定；会员国只有在国际收支出现"基本失衡"时，经 IMF 批准才可以进行调整。

(3) IMF 向国际收支赤字国提供短期资金融通，以协助其解决国际收支困难。IMF 资金的主要来源是会员国认缴的基金份额，份额的 25% 以黄金或可兑换黄金的货币（1976 年牙买加会议后改用特别提款权 SDRs 或外汇）认缴，其余 75% 的份额以本国货币认缴。当会员国发生逆差时，可用本国货币向 IMF 按规定程序购买一定数额的外汇，将来在规定的期限内以用黄金或外汇购回本币的方式偿还借用的外汇资金。

(4) 废除外汇管制。IMF 的宗旨之一就是努力消除阻碍多边贸易和多边清算的外汇管制，它要求会员国履行货币兑换的义务。《IMF 协定》第 8 条规定会员国不得限制经常项目的支付，不得采取歧视性的货币措施，要在兑换性的基础上实行多边支付。但有三种情况可以例外：①IMF 不允许成员国政府在经常项目交易中限制外汇的买卖，但容许对资本移动实施外汇管制。②会员国在处于战后过渡时期的情况下，可以延迟履行货币可兑换性的义务。IMF 当初希望废除经常项目外汇管制的过渡时期不超过 5 年，但实际上直到 1958 年末主要工业化国家才取消了经常账户的外汇管制，恢复了货币的自由兑换。并且直到今天，在 IMF 所有会员国中，也只有部分国家遵守此项条款，外汇管制在发展中国家仍然相当普遍。③会员国有权对"稀缺货币"采取暂时性的兑换限制。

(5) 制定了稀缺货币条款（Scarce-Currency Clause）。当一国国际收支持续盈余，逆差国对该国货币的需求将明显、持续地增长，并会向基金组织借取该种货币，这会使这种货币在 IMF 的库存下降。当库存下降到该会员国份额的 75% 以下时，IMF 可将该货币宣布为"稀缺货币"，允许其他国家对"稀缺货币"采取临时性限制兑换，或限制进口该国的商品和劳务。这样，"稀缺货币"发行国的出口贸易就可能受到影响，从而迫使其采取调节国际收支的措施。制定该条款的目的是使国际收支顺差国与逆差国一样,肩负起调节国际收支的责任。但是,该条款并未真正得到实施,在布雷顿森林体系条件下,国际收支失衡的调整负担仍然不对称。

三、布雷顿森林体系的运行

从1944年达成协议到1971年,这是布雷顿森林体系主宰国际金融秩序的时代,在这段时期内,该体系在面对不断变化的国际经济局势时是如何运行的呢?

(一)以黄金为基础的美元本位

在布雷顿森林体系下,美元与黄金挂钩,各国货币与美元挂钩,可兑换黄金的美元处于国际货币制度的中心地位,其他国家的货币都依附于美元。即其他货币通过美元与黄金之间的固定平价关系,间接与黄金建立联系,进而决定各成员国货币之间彼此的平价关系。IMF规定各会员国货币与美元的汇率如果发生波动,范围不得超过平价的±1%,如果超过,每一会员国(除美国外)的中央银行均有义务在外汇市场买卖美元和本国货币,以维持本国货币同美元汇率的稳定。另外,按照IMF的规定,如果一国发生国际收支基本不平衡,可以向IMF申请调整其货币与美元的平价关系,而不必紧缩或膨胀国内经济。实际上,在平价10%以下的汇率变动是可以自行决定而无需IMF批准的;如果在10%~20%之间,则需IMF批准,这就是布雷顿森林体系的可调整固定汇率制。因此,布雷顿森林体系实质上是以美元为中心的国际金汇兑本位制。

在实际运行之中,会员国的汇率调整是很少见的。1949年9月,英镑贬值约30.3%,从1英镑=4.02美元贬到1英镑=2.80美元,欧洲和英镑区一些国家的货币也跟着贬值。这次贬值主要是英国和其他许多欧洲国家对美国的逆差太大,不得不进行调整。1949—1966年间,主要国家货币之间的汇率没作什么调整。此后,英镑在1967年,法郎在1969年贬值,德国马克在1961年和1969年有两次很小的升值,日元和里拉对美元汇率一直没有调整。这与布雷顿森林体系设计者们原来的构想不一致,在这期间并不是没有发生过国际收支的基本不平衡,而是调整汇率有种种困难。

(二)对国际收支的调节

根据《布雷顿森林协定》,国际收支失衡有两种方法调节:短期失衡由IMF提供的信贷资金解决,长期失衡通过调整汇率平价来解决。但是在实际操作中,这两种方法都没有产生明显效果。IMF向国际收支逆差国提供短期资金融通,以协助其解决国际收支困难。如各国都可以使用的普通提款权和特别提款权,出口原材料和初级产品的国家还可以申请出口波动补偿及初级产品国际缓冲贷款。IMF贷款的范围和金额日益扩大,在1966年和1969年,为了改善美国、英国和法国等主要工业国的国际收支逆差,IMF分别发放了35亿美元和25亿美元的贷款。然而,随着世界经济的推进,国际收支普遍逆差的趋势蔓延,IMF通过配额筹集的资金规模有限,对于解决各国国际收支逆差简直是杯水车薪。另外，在布雷顿森林体系下，汇率调整的情况并不多见。

对美国来说，由于美元的特殊地位，它的持续对外收支逆差无需纠正。它可以用增加货币供给量的办法来弥补逆差，从而形成持有美元储备的国家的财富实际向美国转移。这种现象被称为"铸币税"或"通货膨胀税"，这是布雷顿森林体系下美国拥有的特权。对此，法国总统戴高乐曾公开将其批评为"过分的特权"。而对于美国以外的其他国家来说，若出现国际收支赤字，则毫无选择地必须采取纠正措施，为了维持固定汇率，国内经济也必然要受到影响。比如，英国在遇到赤字、英镑疲软时，为了维持汇率的固定，不得不在外汇市场用美元购回英镑，并在国内实行紧缩银根、提高利率的货币政策，于是导致了国内经济停滞，失业增加。这时政府往往又改用扩张的政策来刺激生产，增加就业，但物价又趋上升，贸易发生逆差；同时，扩张性的货币政策会降低利率，导致资金外流，进一步扩大国际收支赤字，于是又不得不回到紧缩性的货币政策。这样，英国经济一直陷于政策松松紧紧，经济走走停停的困境。又比如，联邦德国在20世纪50年代中期经济得到全面恢复以后，国际收支常常处于盈余状态，而联邦德国政府不愿让马克升值从而减少出口，引起国内失业增加，于是在外汇市场上抛出马克，购进美元，使国内货币供应量增加，发生通货膨胀。因此，有人说联邦德国的通货膨胀是从美国输入的。

《布雷顿森林协定》中原订有"稀缺货币条款"，以便使赤字国和盈余国共负调节责任。但是，在战后初期美元严重短缺时，却无法引用此条款限制美国的出口，那么要在20世纪60年代动用此条款对付联邦德国和日本，政治上也自然行不通。所以"稀缺货币条款"形同虚设，于是，在60年代日益严重的国际收支失衡状态中，赤字国（美国）不愿贬值，盈余国也不愿升值，国际收支的调整无法顺利进行，失衡因此持续下去，最终酿成美元危机的总爆发。事实上，在布雷顿森林体系运行的20多年时间里，国际收支大面积失衡的问题始终没有得到真正解决。

四、布雷顿森林体系的解体

在"二战"结束初期，各国都需要从战争废墟中恢复，都需要进口美国商品，但又缺乏用美元来支付。拥有美元就拥有了购买美国商品的能力，世界各国对美元的强烈需求造成了20世纪50年代的"美元荒"。为了缓解这种压力，美国、加拿大及各种国际金融组织纷纷向欧洲提供贷款和援助，其中最著名的是美国的"马歇尔计划"。通过这个计划，大量美元流入西欧各国，促使这些国家的经济逐步得到恢复。自1950年起，美国的国际收支开始出现逆差，原因在于美国继续执行援外计划，海外驻军费用支出庞大，以及低利率政策也促使资本外流。但在1958年以前，国际储备状况基本上还是短缺的，各国都乐于积累手中的美元，没有发生对美元的信心问题。

但从50年代末开始，美元逐渐过剩，美国的黄金储备相对短期债务越来越少，导致美元的信用基础发生动摇，最终爆发了美元危机。布雷顿森林体系的解体过程，就是美元危机不断爆发——拯救——再爆发直至崩溃的过程。

（一）第一次美元危机及其拯救

第一次较大规模的美元危机是1960年爆发的。危机爆发前，资本主义世界出现了相对美元过剩，有些国家用自己手中的美元向美国政府兑换黄金，美国的黄金储备开始外流。1960年，美国对外短期债务（衡量美元外流的重要指标）首次超过了它的黄金储备额。人们纷纷抛售美元，抢购美国的黄金和其他经济处在上升阶段的国家的硬通货（如马克）。为了维持外汇市场的稳定和金价的稳定，保持美元的可兑换性和固定汇率制，美国要求其他资本主义国家在国际货币基金组织的框架内与之合作，稳定国际金融市场。各国虽然与美国有利害冲突和意见分歧，但是储备货币的危机直接影响到货币制度的稳定，也关系到各自的切身利益，因而各国采取了协调冲突、缓解压力的态度，通过国际合作设计出一系列措施来稳定美元的地位，减轻了对美国黄金库存的压力，避免了发生向美国挤兑黄金的风潮。

"黄金总库"（Gold Pool）是美国、英国、法国、联邦德国、意大利、荷兰、比利时和瑞士8国中央银行于1961年10月达成的共同出金以维持金价稳定和布雷顿森林体系正常运转的一项协议。该协议规定，8国共同出资相当于2.7亿美元的黄金以建立黄金总库，其中美国出50%，联邦德国、英国、法国、意大利各出9.3%，瑞士、荷兰、比利时各出3.7%。黄金由英国中央银行英格兰银行代为管理，当金价上涨时，就在伦敦市场抛出黄金；当金价下跌时，就买进黄金，以此来调节市场的黄金供求，稳定金价。由于国际市场黄金吞吐量巨大，2.7亿美元的黄金实在是杯水车薪，无济于事。因此，"黄金总库"实际上在1968年美国实行黄金双价制后就解体了。

"借款总安排"（General Arrangement to Borrow）是国际货币基金组织与10个工业国家（美国、英国、法国、加拿大、联邦德国、日本、意大利、荷兰、比利时、瑞典）于1961年11月签订，并于1962年10月生效的借款协议。当时签订该项借款协议的主要目的，是为了从美国以外的9国借入资金以支持美元，缓和美元危机，维持国际货币体系的正常运转。

"互惠信贷协议"又称"货币互换协定"（Swap Agreement，Reciprocal Agreement），是美国于1962年3月与其他14个国家签订的、彼此间在规定的期限和规定的金额幅度内利用对方货币来干预外汇市场、稳定汇率的一种协议。比如，当美元对马克的汇率遭到贬值压力时，美国可按协议规定的金额幅度向联邦德国借用马克，然后抛出马克收购美元，由此平抑马克资金对美元的投机性冲击，稳定美元与马克的比价，从而间接地稳定美元与黄金的比价。然后，在规定的期限内，美国一次或分批地归还所借用的马克。1962年3月，该协议签订时的总额为117.3亿美元，1973年7月该数字扩大为197.8亿美元。

除了上述主要合作性的稳定汇率、稳定金价的措施以外，美国政府在20世纪60年代还一直运用政治压力劝说外国政府不要持美元向美国财政部要求兑换黄金。美国在 1967 年曾与联邦德国政府达成协议，联邦德国承诺不将其持有的美元向美国兑换黄金。但有些西方国家政府，比如法国对此却丝毫不买账，仍然要求兑换黄金，带头冲击美元的霸主地位。

(二) 第二次美元危机及其拯救

第二次较大规模的美元危机是 1968 年爆发的。20 世纪 60 年代中期，随着美国侵越战争的扩大，美国的财政金融状况明显恶化，国内通货膨胀加剧，美元对内价值不断贬值，美元同黄金的固定比价又一次受到严重的怀疑。到 1968 年 3 月，美国黄金储备已降至大约 120 亿美元，只够偿付其对外短期负债的 1/3。结果在伦敦、巴黎和苏黎世黄金市场爆发了空前规模的抛美元、抢黄金的美元危机，在半个月内美国的黄金储备又流失 14 亿美元，巴黎市场金价一度涨至 44 美元 1 盎司。于是美国政府被迫要求英国自 3 月 15 日起暂时关闭伦敦黄金市场，宣布停止在伦敦黄金市场按 35 美元 1 盎司的官价出售黄金，同时还宣布解散"黄金总库"，实行"黄金双价制"（Two-tier Gold Price System）。

所谓"黄金双价制"，就是指两种黄金市场实行两种不同价格的制度。在官方黄金市场上，仍然实行 35 美元等于 1 盎司黄金的比价；而在私人黄金市场上，美国不再按 35 美元等于 1 盎司黄金这一价格供应黄金，金价由供求关系决定。各国政府或中央银行仍可按黄金官价，以其持有的美元向美国兑换黄金，各国官方机构也按黄金官价进行结算。从此，自由市场的黄金价格便与黄金官价完全背离，在国际市场出现了"黄金双价制"。"黄金双价制"说明美国已经无力继续维持黄金市场的官价，布雷顿森林体系开始从根本上动摇。

第二次美元危机爆发后，各国认识到了布雷顿森林体系的缺陷和危机的性质。为了摆脱这一困境，经过长期讨论，国际货币基金组织于 1969 年 9 月在第 24 届年会上正式通过了"特别提款权"方案，并从 1970 年起开始发行特别提款权。特别提款权是一种账面资产，基金组织按"份额"分配给会员国，会员国可借以向基金组织提用资金，并对其他会员国进行支付、归还基金组织的贷款，以及在会员国政府之间拨付转移，但不能兑换黄金，也不能用于个人一般支付。特别提款权的价格为 35 个特别提款权等于 1 盎司黄金。

特别提款权的设立与分配，使日益耗竭的美国黄金外汇储备稍有增加，从而提高了其应付国际收支逆差的能力；外国政府或中央银行持有的美元，若要求美国兑换成黄金，美国可用特别提款权来支付，因其与黄金等同，能够减少美国黄金储备的流失，有助于美国危机的减缓和国际货币制度的维持。但是，美国的国际收支状况并未因此而改善。到 20 世纪 60 年代末期，美国的经济形势进一步恶化，越南战争连年庞大的军事开支和财政赤字使国内通货膨胀率继续上升，美国产品的国际竞争能力低落，国际收支进一步恶化。

(三) 第三次美元危机及其拯救

第三次美元危机是 1971 年爆发的。1971 年，美国出现自 1893 年以来未曾有过的全面贸易收支逆差，同年其黄金储备已不及对外短期负债的 1/5。美元势必贬值的形势已经非常明显，国际金融市场上预期美元贬值的气氛愈加浓厚，预期因素导致大量资本逃离美国。1971 年 5 月，在西欧主要金融市场上又一次掀起抛售美元、抢购黄金或联邦德国马克、瑞士法郎、日元等硬币的浪潮。各国中央银行不得不大规模进行干预，有些国家采取了外汇管制，甚至对外国存款倒收利息的措施，但是都无法阻止资本移动的狂潮，美元外流的情况在 1971 年夏天达到了顶点。

面对猛烈的危机，尼克松政府不得不于 8 月 15 日宣布实行"新经济政策"：对内采取冻结物价和工资，并削减政府开支；对外停止履行外国中央银行按黄金官价以美元向美国兑换黄金的义务，并对进口商品征收 10% 的附加税，以限制进口，改善美国的国际收支和美元地位。"新经济政策"的推行，意味着美元与黄金脱钩，这样，布雷顿森林体系的两大支柱——美元可兑换黄金倒塌了，它标志着布雷顿森林体系开始走向崩溃。

"新经济政策"刺激了投机性资本大量进入国际金融市场，在这种压力下，许多国家被迫关闭黄金和外汇市场。在国际金融市场重开时，大多数发达国家都实行了浮动汇率制，法国甚至采用双重汇率制。为了挽救布雷顿森林体系，1971 年 12 月，十国集团在华盛顿特区的史密森学会大厦签订一项妥协方案，简称为"史密森协议"（Smithsonian Institute Agreement）。它的主要内容包括：①美元对黄金贬值 7.89%，黄金官价以每盎司 35 美元提高到 38 美元，但仍然停止美元兑换黄金。②美国取消 10% 的进口附加税。③调整各国货币与美元的汇率平价，有的贬值，有的升值。但是，按照美元贬值幅度计算，实际上各种货币对美元的汇率都升值了，其中日元大约升值 17%，联邦德国马克约升值 14%。这次汇率调整的意义不在于调整汇率本身，而在于它适应了战后各国经济发展不平衡的客观情况，反映出美元地位的下降。④扩大汇率波动幅度，将汇率波动的允许幅度从过去的 ±1% 扩大到 ±2.25%，其意图是增加货币制度的灵活性和弹性。

"史密森协议"虽然勉强维持了布雷顿森林体系下的固定汇率，但并未能阻止美元危机与美国国际收支危机的继续发展。1973 年 2 月，由于美国国际收支逆差日益严重，美元信用进一步下降，国际金融市场上又一次掀起了抛售美元，抢购联邦德国马克、日元、瑞士法郎，并进而抢购黄金的浪潮。仅 2 月 9 日一天，联邦德国法兰克福外汇市场就抛售了近 20 亿美元，国际外汇市场不得不暂时关闭，在这种情况下，美国政府于 2 月 12 日又一次宣布美元贬值 10%，黄金官价也相应由每盎司黄金 38 美元提高到 42.22 美元。

美元的再度贬值仍未能制止美元危机。1973年3月,西欧又出现了抛售美元、抢购黄金和联邦德国马克的风潮。伦敦黄金价格一度涨到每盎司96美元,联邦德国和日本的外汇市场被迫关闭达17天之久。西方国家经过磋商,最后达成协议:西方国家的货币实行浮动汇率制度;联邦德国在马克升值3%的条件下,与法国等西欧国家实行对美元的"联合浮动";英国、意大利、爱尔兰单独浮动,暂不参加共同浮动。此外,其他主要西方国家的货币也都实行了对美元的浮动汇率制。至此,布雷顿森林体系的另一支柱,即各国货币钉住美元、与美元建立的可调整固定汇率制度彻底解体,布雷顿森林体系完全崩溃。

五、对布雷顿森林体系的评价

布雷顿森林体系是在第二次世界大战中极不平衡的政治经济局势下建立起来的,反映了各国对国际金融稳定的良好愿望,它对全球经济贸易发展起了积极作用。

(1) 促进了"二战"后国际贸易的迅速发展和生产国际化。各国严格遵守国际通行的固定汇率制,保持汇率的稳定,消除了国际贸易及对外投资的汇率风险,自然极大地推动了国际贸易和资本流动。据统计,1948—1971年,资本主义世界的出口贸易平均年增长8%,大大高于第一次世界大战期间的0.8%。以"马歇尔计划"为开端的大规模资本借贷和投资,使一大批国家走上负债发展经济的道路,通过生产国际化,积极参加国际分工,拉美各国及亚洲"四小龙"的高速发展令世人瞩目,号称奇迹。

(2) 树立了开展广泛国际货币合作的典范。布雷顿森林体系建立常设机构IMF来协调国际货币问题,该组织吸收了140多个国家参加,每年召开一次全体成员会议,就国际金融问题交换意见,在共同讨论的基础上做出决策。在稳定汇率方面,IMF与十国集团之间的互相协调已受到世界范围的首肯,通过IMF这样庞大的国际金融组织来协调解决国际金融问题,开辟了国际金融政策协调的新时代。

尽管布雷顿森林体系曾对当时世界经济的发展起到了积极作用,但这个体系存在一些根本缺陷:

(1) 无法解决的"特里芬难题"。美国经济学家特里芬(D. Triffin)对布雷顿森林体系进行分析研究后指出了清偿力和信心之间的矛盾。美国在布雷顿森林体系中有两个基本责任:一是保证美元按固定官价兑换黄金,维持各国对美元的信心;二是提供足够的国际清偿力,即美元。但信心和清偿力同时实现是有矛盾的。为了满足世界各国对美元储备的需要,美国只能通过对外负债形式提供美元,也就是国际收支持续逆差。然而,国际收支长期逆差,普遍的"美元灾"引发美元信心危机,美元就必须贬值而不能按官价兑换黄金。如果为了保持美元的稳定,美国就应保持国际收支顺差,那么各国将因缺乏必要的国际清偿手段而降低生产和贸易发展速度。美元在布雷顿森林体系下的这种两难处境,被称为"特里芬难题"。实际上任何国家的货币如果单独充作国际储备货币,都会遇到同样的难题。尽管IMF在20世纪70年代初分配了93.15亿特别提款权，但是杯水车薪的新增国际清偿力仍然无法解决"特里芬难题"。

（2）僵化的汇兑体系不适应经济格局的变动。布雷顿森林体系把维护固定汇率制放在首要地位，成员国在国际收支根本不平衡时可以申请改变汇率。但 IMF 对什么是根本的不平衡没有明确的定义，难以判断。事实上，各国改变汇率的次数极少。然而，在布雷顿森林体系期间，美、英、法、日、联邦德国5国的经济实力和地位已经发生了巨大变化，反映在国际收支上，美国持续逆差，英、法两国逆差年份多于顺差年份，日本和联邦德国积累了巨额顺差，如果排除各国央行的强力干预，美元、英镑、法郎贬值，日元和联邦德国马克升值是必然之举，外汇市场上的货币风潮就是很好的证明。但是，布雷顿森林体系的准则不能轻易突破，美国宁愿美元被高估，背上出口发展缓慢的包袱，而继续享受美元作为国际货币而带来的"铸币税"收益，也不愿让美元贬值而失去无偿或廉价占用他国实际资源的好处。英、法两国要维护作为大国的形象，很难根据国内经济政策需要适时调整汇率。而日本和联邦德国则把巨额美元储备作为增强实力、提高国际地位的手段，希望维持顺差，不愿调整汇率。汇率调整的僵化加重了国际收支调整的困难，也违背了建立"可调整的钉住汇率体系"的初衷。

（3）各国为了稳定汇率，不得不牺牲国内经济目标。国际收支逆差国，其货币趋于贬值，为了维持与美元的固定汇率，中央银行必须在外汇市场卖出美元购进本国货币，从而缩减了国内货币供给，往往导致衰退和失业；顺差国的货币趋于升值，为了维持与美元的固定汇率，中央银行必须在外汇市场抛出本币购进美元，从而增加了国内货币供给，往往导致国内通货膨胀。各国深受僵化的汇率机制之苦，美国逐渐失去出口竞争力和海外市场，日本和联邦德国却因被迫收买美元维护平价而导致通货膨胀。第二次世界大战后各国经济周期不同步，客观上要求各国采取各不相同的宏观经济政策来稳定本国经济发展。但是，固定汇率制把大家捆绑在一起，财政金融政策在国际的传递畅通无阻，常常干扰一国独立实施经济政策，引起许多国家的不满。布雷顿森林体系的这一缺陷也是其设计者所始料不及的。

第四节 当前的国际货币体系——牙买加货币体系

一、牙买加货币体系的形成

布雷顿森林体系崩溃以后，国际金融形势更加动荡不安，美元的国际地位不断下降，国际储备出现多元化现象，各国普遍实行浮动汇率制，汇率波动剧烈，全球性国际收支失衡现象严重，各国积极寻求货币体系改革的新方案。1972年7月，国际货币基金组织决定成立一个国际货币体系改革和有关问题专门委员会，专门负责研究国际货币改革问题。该委员会由20个国家组成，故又称为"二十国委员会"。"二十国委员会"

经过长期的争论，于1974年1月的罗马会议上提出了"第一个改革提纲草案"。同年6月在华盛顿会议上形成一份正式的改革纲要。这个纲要的主要内容有：①以稳定的但可调节的平价为基础，采取有效的步骤来调节各国货币的平价汇率；②在特定情况下可以承认浮动汇率制，但须经国际货币基金组织授权并加以监督；③在应付扰乱性的短期国际资本流动方面进行国际合作；④加强特别提款权作为国际储备资产的职能，降低黄金及储备货币的这种职能；等等。1974年10月2日，在"二十国委员会"宣告解散的同时，国际货币基金组织成立了理事会关于国际货币制度问题的临时委员会（简称"临时委员会"），接替"二十国委员会"的工作，负责国际货币体系改革，修改《国际货币基金组织协定》，处理威胁货币体系的突发事件，等等。

到1976年1月，"临时委员会"在牙买加首都金斯敦召开会议，就汇率制度、黄金处理、储备资产等问题达成了协定，该协定内容在同年4月通过的《国际货币基金组织协定》第二次修正案中得到肯定，由于这个协定是牙买加会议的产物，所以被称为牙买加协定，至于牙买加协定以后的国际货币体系，则被称为"牙买加货币体系"。

二、牙买加协定的主要内容

牙买加协定肯定并继承了布雷顿森林体系下的国际货币基金组织，但又摒弃了布雷顿森林体系的以美元为中心的双挂钩制度。其基本内容如下：

（一）承认浮动汇率合法化

1973年美元危机以后，以美元为中心的固定汇率制度崩溃，主要资本主义国家普遍实行浮动汇率制。但是《国际货币基金组织协定》中有关维持固定汇率的条款并未修改，使浮动汇率制的推行缺乏法律效力。牙买加会议决定，在协定中取消原条文有关固定汇率的条款，代之以实行所谓有管理的浮动汇率制的条款，使当前推行的浮动汇率制度有了法律依据。但基金组织要对会员国的汇率政策进行监督，缩小波动幅度，使汇率符合各国长期基本情况，避免会员国操纵汇率来阻止国际收支的调整或获取不公平的竞争利益。基金组织有权要求会员国解释它们的汇率政策，并推行适当的国内经济政策，来促进汇率体系的稳定。在将来世界经济出现稳定局面之后，基金组织经过总投票权的85%多数票通过，仍然恢复稳定的但可调整的汇率制度。

（二）黄金非货币化

新条款删除了协定中有关黄金的所有规定：①黄金不再作为各国货币的定值标准，特别提款权也不再用黄金定值，黄金作为国际储备资产的地位将由特别提款权取代。②废除黄金官价，成员国的中央银行可按市价自由从事黄金交易。③会员国之间以及基金组织与各会员国之间须用黄金支付的义务一律取消。④基金组织所持有的黄金总额中，按市场价格出售1/6（约2500万盎司），另外1/6按官价归还会员国，剩余部分根据总投票权85%做出的决议处理,向市场出售或由各会员国购回。

(三) 提高特别提款权的国际储备地位

未来的货币体系中,特别提款权将成为主要的储备资产,也就是把美元本位改为特别提款权本位。根据规定,参加特别提款权账户的国家可以用特别提款权来偿还欠基金组织的债款,用特别提款权作为偿还债务的担保,各参加国也可以用特别提款权进行借贷。此外,特别提款权还可以作为各国货币定值的标准。基金组织一般账户中所持有的资产一律以特别提款权表示。这些新的规定主要是使特别提款权成为国际货币体系中的主要储备资产,削弱黄金、美元在国际货币体系中的地位。

(四) 增加成员国的基金份额

成员国的基金份额,从原来的292亿特别提款权增加到390亿特别提款权,即增加33.6%,从而提高国际货币基金组织的清偿能力,使特别提款权成为主要的国际储备。各成员国基金份额的比重有所升降,石油输出国的比重由5%提高到10%,达到128个成员国出资总额的10%。联邦德国和日本也略有增加,其他西方工业国家都有所下降,英国份额下降最多。

(五) 扩大对发展中国家的资金融通

用按市场价格出售1/6的黄金超过官价的收益部分,设立一笔信托基金,向最不发达的发展中国家以优惠条件提供援助,帮助解决其国际收支问题;扩大基金信用贷款的额度,由占成员国份额的100%增加到145%;增加基金"出口波动补偿贷款"的数量,由原来占成员国份额的50%提高到75%,以满足发展中国家的特殊需要。

综上所述,牙买加协定就其主要内容来说,只不过是对当时国际货币金融领域里已经发生了的变化和在混乱中自发形成的局面正式予以承认而已,并未对国际货币制度进行根本性的改革,如对汇率的监督、国际收支的调节、国际储备的创造和管理等。由于这些根本问题没有获得解决,这个体系变得更加不稳定了。一些经济学家认为,该体系并不是一种货币秩序,而是根本没有制度(Non-System),称为"没有制度的体系"。

三、牙买加协定后国际货币体系的特征

牙买加协定形成后,国际货币体系并没有完全沿"协定"的精神发展。牙买加协定后的国际货币体系实际上是以美元为中心的多元化国际储备和浮动汇率体系。

(一) 以美元为主导的多元化国际储备体系

尽管牙买加协定提出用特别提款权替代美元,但是特别提款权只是一种记账单位,不是通货,现实中需要实在的货币充当国际经济交往的工具。因此,国际交往越来越多

地使用国际货币作为交换的媒介，最终形成国际储备多元化的结构。当前，多元化国际储备体系突出表现为：①黄金的国际货币作用受到严重削弱，但并没有完全丧失；②美元地位削弱，但仍是最主要的国际货币；③欧元、日元、英镑和特别提款权的国际货币地位日益加强。

在布雷顿森林体系下，国际储备主要是美元和黄金，外汇储备90%以上是美元，结构比较单一。从历史发展来看，黄金因其稀缺和高昂的内在价值而成为一切货币的物质基础，当货币与黄金挂钩时，货币的价值就比较稳定。黄金非货币化，实际上为各国实行通货膨胀政策敞开了大门。作为国际储备的货币不稳定，必然给多数国家造成灾难。所以，在美国大肆推动黄金非货币化时，以法国为首的欧洲国家要求恢复金本位制，把黄金摆在国际金融体系的中心。然而，恢复金本位制没有可能，因为黄金储量和生产量有限，最多能实行金汇兑本位制，这就需要确立像英镑或美元那样的中心货币，一旦这种中心货币贬值，金本位体系就会崩溃，而且无论哪种货币充当中心货币，都将面临同样的"特里芬难题"。尽管黄金非货币化使各国不再像以前那样重视黄金，黄金在国际储备中的地位明显下降，但是几百年来的传统很难一下就根除，何况各国都认为在战争或重大动荡情况下黄金仍是最稳定的价值手段和最终的国际清偿手段。黄金储备至今仍是各国国际储备中的一个重要组成部分，但已降为二线储备的地位。近几年由于黄金的市场价格持续上升，黄金储备在国际货币基金组织会员国国际储备总额中所占的比重有所增加，约占9.5%，2009年甚至达到了10.5%的高点。

在布雷顿森林体系下，各国货币的对外汇价均以美元来计算，但在布雷顿森林体系崩溃后实行的浮动汇率制下，许多国家的货币不再与美元保持固定比价，而且汇率钉住美元的国家也在不断减少。1974年，98个不发达国家中，有61个国家的货币钉住美元，1998年9月，只有20个国家的货币钉住美元。尽管如此，在国际外汇储备构成中，美元仍然是最主要的储备货币。具体表现在：①美元作为国际间最主要的计值单位、交易媒介、价值储藏手段的地位仍不可替代。国际贸易中，约2/3的进出口贸易以美元计价和结算。②在计算和比较世界各国的GNP、人均收入、进出口额和外汇储备等指标时，通常折合成美元。③在国际金融市场，绝大多数外汇批发业务以美元交易，各国中央银行为控制汇率波动，在外汇市场上进行干预所使用的货币主要是美元。④在国际储备构成中，尽管牙买加体系初期，美元在官方外汇储备中的比例有所下降，并在1990年达到历史性的低点，但进入20世纪90年代后，这种下降趋势戛然而止，并逐渐上升到60%左右。显然，美元仍然是各国官方外汇储备的重要组成部分。

值得关注的是，1999年1月1日取代欧洲货币单位登上了历史舞台的欧元，作为一个与美国不相伯仲的经济体所使用的共同货币，有可能挑战美元的金融霸主地位。在经济上，欧元区的人口、国民生产总值和贸易额与美国不相上下。欧元区与美国的人口分别为2.91亿和2.66亿。据统计，1998年欧盟的国内生产总值已超过8.4万亿美元，占全球生产总值的31%；而美国的国内生产总值为7.2万亿美元，占全球生产总值的

27%。在世界贸易总额中,欧洲为1.9万亿美元(内部贸易除外),占全球贸易总额的20%;而美国为1.7万亿美元,占全球贸易总额的18%。尽管如此,欧元在短期内还难以挑战美元在国际货币体系中的霸主地位。一方面,美元固有的国际地位,在充分享受金融霸主带来的巨大利益之后,美国不会轻易退出历史舞台,而会采取种种措施确保"肥水不流外人田";另一方面,欧元体系本身存在一些不确定性因素,在今后仍将面临许多新的挑战与困难。因此,在能够预见的将来,美元仍将作为主要的国际储备货币发挥作用,无论是日元还是欧元,都不可能取代美元的中心地位。但从长远看,欧元仍具有走强的实力。随着欧元区各国经济的日益趋同,以及欧盟整体实力的进一步增强,欧元将经历由弱趋稳渐强的走势,并成为美元霸主地位的最有力的挑战者。

进入21世纪后,IMF的COFER数据库中全球外汇储备的币种结构发生的主要变化包括:第一,美元资产占外汇储备的比重逐渐下降,从1999年的71%降至2008年的64%;第二,欧元资产占外汇储备的比重逐渐上升,从1999年的17.9%升至2008年的26.5%;第三,英镑取代日元成为全球外汇储备中第三重要的币种,2008年英镑资产占外汇储备的比重为4.1%,而日元资产比重为3.3%。上述结构性变化的根本原因在于,在该时期内,欧元和英镑处于相对强势地位,而美元和日元处于相对弱势地位,导致各国央行主动或被动地实施了外汇储备的币种结构调整(如表10-1所示)。

表10-1 官方持有外汇储备的币种结构变动总值(%)

币种	1999年	2004年	2005年	2006年	2007年	2008年
美元	71.0	65.9	66.9	65.5	64.1	64
欧元	17.9	24.8	24.0	25.1	26.3	26.5
英镑	2.9	3.4	3.6	4.4	4.7	4.1
日元	6.4	3.8	3.6	3.1	2.9	3.3

资料来源:International Monetary Fund Annual Report 2009。

与工业化国家相比,发展中国家的外汇储备币种结构调整更加积极。从1999年底至2007年底,发展中国家外汇储备中美元资产比重由69%降至61%,欧元资产比重由19%升值28%。俄罗斯、伊朗等国更是将石油交易计价货币由美元转换为欧元,从而进一步提升了欧元在全球储备与交易货币中的地位。相比之下,同期内工业化国家外汇储备中美元资产由73%降至69%,欧元资产比重由23%升至33%。

总之,国际储备多元化势在必行,这是国际经济关系力量对比在国际货币金融领域的必然反映。

(二) 以浮动汇率制为主的混合汇率制

鉴于布雷顿森林体系固定汇率制度单一化，难以适应各国经济发展水平差异的弱点，牙买加协定明确规定，国际合作的基本目标是经济稳定（物价稳定）而不是汇率稳定，于是更具弹性的浮动汇率制度在世界范围内逐步取代了固定汇率制度。牙买加协定签订初期，人们普遍认为浮动汇率制是暂时的。协定规定"当世界经济具备稳定条件时，经成员国85%的多数投票通过，可以恢复可调整的钉住汇率制度"。但是，20世纪70年代的石油危机加剧了各国的通货膨胀，再加上各国的国际收支不平衡加剧、国际短期资金流量剧增，使固定汇率制的恢复愈加困难。由于汇率变动总在一定程度上妨碍了正常的国际经贸活动，同时鼓动了外汇投机，所以在世界范围内有过多次关于汇率制度的讨论，出于对现状的认可和政治经济综合实力强大的美国的支持，浮动汇率制的格局得以延续。

根据牙买加协定，各会员国可以自由选择汇率方面的安排。在此制度下，各国可以自行安排其汇率，形成多种汇率安排并存的国际汇率体系。截至2005年底，IMF共有186个成员。成员的汇率制度分为八类：依照汇率弹性从小到大依次为：无独立法定货币（41个），货币局安排（7个），传统钉住安排（35个），水平区间钉住（4个），爬行钉住（5个），爬行带内浮动（10个），事先不公布汇率目标的管理浮动（50个），独立浮动（34个）。由于主要大国间实行浮动汇率制度，可以认为，汇率制度多样化和以浮动汇率制为主的混合汇率制度安排是当今国际汇率体系的主要特点。

(三) 国际收支的多种调节机制

在牙买加体系下，国际收支的调节呈现出多渠道特征，即通过汇率机制、利率机制、基金组织的干预和贷款、国际金融市场及商业银行的融资等渠道来调节的，明显比布雷顿森林体系灵活一些。

目前，主要国家的货币都采用浮动汇率，因此，以汇率机制调节国际收支失衡是该体系的一个重要特征。汇率调节的运作方式是：当一国国际收支出现逆差，对外汇的需求大大提高，超过外汇的供给，使外汇汇率上升，本币汇率下跌，这使本国出口品在国际市场上的竞争能力提高，本国出口增加；同时，外国进口品的市场竞争能力降低，本国进口减少，从而使贸易收支、经常项目收支得到改善。反之，当一国发生国际收支经常项目顺差时，外汇的供求关系正与上例相反，外汇汇率将下浮而本币汇率上浮，使本国出口减少，进口增加，贸易收支的顺差减少。但实际情况却是，由于受到种种条件的限制，汇率机制对国际收支的调节作用并不十分灵敏。首先，汇率调节的项目主要是经常项目，或者说是贸易项目，而国际收支还包括资本与金融项目，加入了资本与金融项目之后，汇率的改变最终能起到什么作用是不确定的。其次，即使对贸易项目来说，汇率机制也并不是在任何情况下都能如愿以偿的，要受到马歇尔－勒纳条件的制约。对于发展中国家来说，其进口需求弹性一般都很低，出口供给弹性也不大，满足不了马歇尔－勒纳条件。而且不少发展中国家采用钉住美元等单一货币的汇率安排，这就使汇率机制的调节功能更难发挥。即使一国满足马歇尔－勒纳条件，也存在J曲线效应问题，国际收支的改善也需要一段时滞。

事实也证明，汇率浮动对国际收支的调节作用确实不如原来预期那样灵敏。例如，自1985年2月美元汇率开始下浮以来，对联邦德国马克、日元、瑞士法郎、荷兰盾等硬币的汇率都一路下跌，对英镑、意大利里拉等软币也一再下降。此期间美国的贸易收支状况并没有得到改善，到1987年反而达到历史最糟水平，在1988年后才有所好转。由于绝大多数发展中国家不具备马歇尔－勒纳条件，浮动汇率使其国际收支更加恶化。何况20世纪80年代以来，国际游资冲击国际金融市场，加剧了一国平衡国际收支的不确定性；改变汇率后，一旦受到国际游资的投机性冲击，往往会出现与政策制定者的初衷背道而驰的局面。因此，单靠一国改变汇率来改善国际收支很难奏效。

牙买加体系下，另一调节国际收支的机制是利率机制，即通过一国实际利率与其他国家实际利率的差异来引导资金流入或流出，从而达到调节国际收支的目的。由于这一时期的国际金融市场日趋发达，发达国家之间的资本流动几乎不受什么限制，国际资本流动的规模十分巨大，超过了国际贸易的增长。一国与他国的实际利率差异很容易导致资金流入流出。因此，在牙买加体系下，利率机制对国际收支的调节作用较为明显。利用利率机制调节国际收支实际上就是通过资本与金融账户的盈余和赤字来平衡经常账户的赤字和盈余。或者说，是利用债务和投资来调节国际收支。例如，20世纪80年代初美国里根政府推行宽松的财政政策和紧缩的货币政策：一方面减税，扩大政府开支；另一方面严格控制货币供应量，压低通货膨胀率。这使美国的实际利率水平高于其他国家，导致国际资金源源流入，使美国的资本账户出现巨额盈余，弥补了经常项目的赤字，从而改善了国际收支状况。但是，依靠利率机制调节国际收支往往会产生负作用，美国的高利率在吸引大量资金流入的同时，也促使外汇市场上对美元的需求大于供给，带来了美元汇率的上浮，美元的高汇率不利于美国商品的出口而有利于进口，从而导致美国贸易收支更趋恶化。利率机制的负作用还表现在：逆差国若通过提高实际利率来改善国际收支，可能会导致国内经济衰退；顺差国若为改变国际收支状况而采取低利率政策，可能会导致通货膨胀。因此，世界各国在运用利率机制调节国际收支时一般都比较慎重。

在牙买加体系下，国际货币基金组织（以下简称基金组织）本来应当在调节国际收支方面发挥重要作用。因为，根据牙买加协定，它不仅应向赤字国提供贷款，帮助赤字国克服国际收支困难，还应指导和监督赤字国和盈余国双方进行国际收支调整，以便双方对称地承担国际收支调整义务。牙买加协定还扩大了基金组织信贷部分贷款的额度和出口波动补偿贷款的额度，并利用基金组织出售黄金的收益建立了信托基金，以优惠条件向最不发达国家提供贷款，帮助它们解决国际收支困难。然而，从实际情况看，基

金组织在调节国际收支方面发挥的作用很有限。尽管基金组织、世界银行和其他一些重要国际机构在调节国际收支失衡，特别是在解决发展中国家国际收支困难方面的确做了大量的工作，同时还在商业银行和债务国之间进行协调，促进国际债务的重新安排和减免。但是，由于资金有限，它们向逆差国提供的贷款额度不能根本解决这些国家巨额的国际收支逆差。此外，基金组织除了在1947年一度考虑过宣布美元为稀缺货币外，从来没有真正运用过"补充货币和稀缺货币"条款，没能促使强大的顺差国承担起调节国际收支的义务。面对全球性国际收支严重失衡现象，基金组织没能充分执行调节职能。

牙买加体系的一个重要特点是国际金融市场日益发达，尤其是欧洲货币市场及欧洲债券市场的繁荣兴旺，通过在国际金融市场的借贷，可以有效地筹集到调节国际收支失衡的资金。自1973年以来，国际金融市场和私人商业银行在调节国际收支方面发挥了重要作用。例如，20世纪70年代的两次石油危机时期，国际收支失衡的基本格局是石油输出国的大量经常账户盈余，非产油国特别是非产油发展中国家的大量经常账户赤字。由于国际金融市场的存在，才使石油输出国手中的"石油美元"存款转贷给石油输入国，缓解了这些国家严重的国际收支失衡。此外，80年代的美国、90年代的德国也是通过吸引欧洲货币市场的资金流入来弥补国际收支逆差的。不过必须指出：巨额的资金，通过国际金融市场在国际频繁转移，不仅导致了国际金融领域的动荡和混乱，而且还酿成了80年代初发展中国家的债务危机。此后，商业银行提供贷款时条件更严格，行为更谨慎，不愿为发展中国家平衡国际收支提供长期贷款，这又加重了发展中国家国际收支方面的困难。实际上，许多国家发生国际收支逆差并非由暂时的需求膨胀引致，而是存在深层次的结构问题，结构调整贷款具有期限长、金额大的特点，在目前不易获得。因此，不能过高地指望国际金融市场和商业银行贷款来平衡国际收支。

上述这些调节机制各有自身的缺陷，故而谁也难以成为调节国际收支失衡的"灵丹妙药"。

四、对当前国际货币体系的评价

从历史发展来看，牙买加体系的诞生有其客观必然性。20世纪70年代世界经济多极化发展，日本和西欧崛起，石油输出国家财力雄厚，与第二次世界大战后初期美国独占鳌头的形势相比，已发生了沧桑巨变。以美元为中心的布雷顿森林体系已不能适应新形势的需要，一个更为灵活、更能体现世界经济多元化格局的国际金融新体系应运而生。牙买加体系创建至今，经历了国际金融的一系列重大变化，比较灵活地适应了国际经济的发展变化和各个主要国家的政策模式，对维持国际经济运转、推动世界经济稳定发展起了积极作用。

第一，多元化的储备体系一定程度上解决了"特里芬难题"。在牙买加体系下，美元不再是唯一的国际储备资产，国际储备资产多样化使国际储备货币的"信心和清偿力"之间已不再形成矛盾。当对一种储备货币发生信心危机时，这种储备货币地位下降，而其他储备货币则在储备资产中比重上升；当一个储备货币发行国国际收支盈余无法提供足够的国际清偿能力时，又有其他货币可以补充其不足。可见，多元化储备体系在世界经济繁荣与衰退期间都有较强的适应性。这样，美国不必用国际收支逆差来提供国际清偿手段，美元与黄金脱钩，美国可以自主地安排汇率。其他国家则综合考虑进出口对象、资本流动、各种储备之间的风险收益后选择国际储备，消除了布雷顿森林体系下必须与美国拴在一起的弊端。

第二，以浮动汇率为主的混合汇率体制能够灵敏地反映不断变化的客观经济状况，有利于世界经济的持续发展。首先，自由的汇率安排能使各国充分考虑本国的宏观经济条件，不必为维持汇率稳定而丧失国内经济目标。在受到国外冲击时，可以由汇率变动来自动调节，不必实行紧缩或扩张的经济政策来维持汇率，能够保持国内经济政策的连续性，使宏观经济政策的力度和范围得到保障，市场效率更高。其次，主要储备货币的汇率可以根据市场供求状况自发进行调整，及时反映瞬息万变的客观经济情况，使各国货币的币值得到充分体现和保证，这有利于国际贸易与金融的发展。最后，在以浮动汇率为主的混合汇率体制下，各国还可以减少由于维持汇率稳定所必须保留的应急性外汇储备，而用来增加国内投资和加快经济的发展。

第三，牙买加体系下国际收支多种调节机制相互补充的办法，一定程度上缓解了布雷顿森林体系调节机制失灵的困难。多种国际收支机制也能较适应当今世界经济水平发展不均衡，各国发展模式、政策目标和客观经济环境不相同的特点，对世界经济的正常运转和发展起到了一定的促进作用。

总之，牙买加体系的储备多元化、汇率安排多样化、国际收支的多种调节机制等特征决定了它的最大优点——具有较强的适应性，但是其弊端也日益明显地暴露出来。

第一，汇率波动过大。该体系下各国拥有了选择汇率制度的自由。实际情况是，主要工业国基本上实行浮动制，而大多数发展中国家采用钉住制，大国往往只顾自身利益而独立或联合起来改变汇率，使钉住它们货币的发展中国家无论国内经济状况好坏都不得不随之重新安排汇率，承受额外的外汇风险。面对这样一个汇率制度多样化的世界，IMF 在放弃固定汇率制的同时，也放弃其对成员国汇率进行干预的责任和义务，致使竞争性贬值或竞争性升值经常发生，国际汇率处于经常性的变动之中。近年来，随着国际资金流动的飞速发展，汇率的剧烈变动更加严重，在很多情况下甚至演变成货币危机，如 1992 年的英镑危机、1994 年的墨西哥货币危机、1997 年的亚洲货币危机、2008 年的美国次贷危机等。汇率波动过大，尤其是货币危机的发生，给世界经济带来严重的负面影响。

第二，造成储备货币管理的复杂性。在国际储备多元化的条件下，各储备货币发行国，尤其是美国仍然享受着向其他国家征收"铸币税"的特权，并且国际清偿力的增长仍不能完全符合世界经济均衡增长的形势，它不仅丧失了金本位条件下的自发调节机制，而且也没有形成 IMF 对国际清偿力增长的全面控制。另外，多元化储备体系本身缺乏统一、稳定的货币标准，因而具有内在的不稳定性。只要对其中某一种货币的信心稍有动摇，其持有者便欲抛出该货币，兑换成别的国际储备货币，国际储备货币间的投机不可避免。这种投机使汇率波动频繁且剧烈，增加了各国储备管理的复杂性，也给国际贸易和投资带来了巨大风险。

第三，缺乏有效的国际收支调节机制。在牙买加体系下，国际收支的调节虽然是通过多种机制相互补充的办法来实现的，但实际上各种调节机制自身都有局限性，且相互间很难协调，它们的作用也常常是相互矛盾、相互抵消，从而无法全面改善国际收支。自 1973 年以来，国际收支失衡的局面一直没有得到改善，而且日趋严重。一些逆差国，尤其是发展中国家只能依靠借外债来缓解，有的国家甚至成为重债国，一有经济发展不利，极易发生债务危机。在这种情况下，逆差国往往不得不诉诸国际货币制度以外的力量，如实行各种形式的贸易保护主义来强制平衡国际收支。近年来，全球国际收支失衡集中表现为顺差国长期顺差，逆差国长期逆差，其中，美国的经常项目账户赤字、亚洲发展中国家（尤其是中国）和石油输出国的经常项目账户盈余。以 2006 年为例，美国的经常项目账户赤字金额为 8567 亿美元，占国内生产总值（GDP）的比率为 6.5%；亚洲发展中国家的经常项目账户盈余金额为 2531 亿美元（中国为 2385 亿美元），占 GDP 的比率为 5.4%（中国为 9.1%）；中东国家的经常项目账户盈余金额为 2124 亿美元，占 GDP 的比率为 18.1%。这表明牙买加体系创建 30 多年来，全球范围的长期国际收支不平衡并未得以根除，这已经成为世界经济发展的隐忧。

第四，缺乏一个最终贷款者的角色。现代经济是信用经济，在一国国内发生信用危机时，由本国中央银行来调节和负担。但发生全球性金融危机时，现行国际货币体系中缺乏这样的管理者和最终贷款人的角色。IMF 不仅在防范危机上无能为力，而在发生危机后提供资金援助时显得难以为继，不能担当最终贷款人的角色。而且金融全球化使 IMF 的职能发生异化。当金融危机发生时，IMF 并无义务干预，只有在问题可能威胁多边自由支付时，IMF 才会提供援助，而这时往往已经错过了治理危机的最好时机。另外，IMF 在援助时通常会提出紧缩方案，这更会加剧成员国经济的衰退。

综上所述，当前的牙买加体系虽然在各个方面有较强的适应性，但它的缺陷也相当突出。人们越来越清楚地认识到，牙买加体系已不能适应当前世界经济的发展，必须进行根本性改革。

五、国际货币体系改革

1976 年达成的牙买加协定在很大程度上是对既成事实的一种法律追认，有许多问题在该协定中并没有得到反映和解决，规则弱化导致重重矛盾。特别是经济全球化引发金融市场全球化趋势在 20 世纪 90 年代进一步加强时，这一体系的弊端也越来越明显。因此，自 20 世纪 70 年代开始，各国政府以及国际金融组织对新货币体系的探索从来就没有中止过。

(一) 不同国家对国际货币体系改革的态度

为了建立一个更加公正合理的国际货币体系，一些国家的政府和著名学者先后提出不少改革国际货币体系的方案。但由于发达国家与发展中国家的利益相去甚远，主要国家之间又矛盾重重，它们的立场和主张难以协调一致，因而，牙买加协定后的国际货币体系改革进展缓慢。

20世纪90年代金融危机的频繁爆发，尤其是亚洲金融危机更加暴露出现行国际货币体系的根本缺陷，也促使发达国家和发展中国家达成了共识：必须对现行国际货币体系进行根本性改革。在国际货币体系何去何从的问题上，国际货币基金组织、发达国家和发展中国家分别提出了自己的主张。从整体看，对现行体系的改革过程充满了利益之争。

国际货币基金组织作为现行国际金融体系的载体，在国际货币体系改革方面负有不可推卸的责任。1998年2月，国际货币基金组织时任总裁康德苏提出了旨在强化基金作用的六项建议：①通过披露所有相关的经济和财政资料，对各国的经济改革进行更有效的监测；②实行地区性监测和政策协调；③推进金融行业的改革，包括实行更为谨慎的监督与管理制度；④建立有效的债务处理方法，防止国际债务危机；⑤稳妥地、有步骤地向资本流动自由化迈进；⑥在成员国的支持下，增加国际货币基金组织的融资能力，提高国际货币基金组织的资金实力。推行国际货币基金组织的改革方案存在着一些不易克服的障碍，因为实施这一方案势必涉及有关债权国和债务国的国内法律修订或一定意义上的主权让渡。

发达国家提出的改革国际货币体系方案虽在整体上是维护发达国家的利益，但存在着明显的相互冲突。矛盾的焦点主要集中在争夺国际货币体系和国际经济金融的主导权上。美国为巩固其在国际金融体系中的霸权地位，提出应当进一步推行金融和经济自由化并在更大范围内实行浮动汇率。同时，为维护在国际货币体系中的领导权，以主导国际货币体系改革，美国坚决反对法国代表欧盟提出的将国际货币基金组织的临时委员会扩展为决策机构的做法，并试图另起炉灶与欧盟的建议相抗衡。欧盟则为了摆脱在国际货币体系中对美国的过度依赖，积极参与国际货币体系改革。一方面，通过经济一体化实现金融一体化，试图用欧盟的统一货币欧元作为筹码，在国际储备货币中与美元相抗衡；另一方面，欧盟提出改革国际货币基金组织，试图削弱美国在国际货币基金组织中的影响力，达到同美国争夺国际货币体系领导权的战略目标。日本为了扩大在亚洲经济金融中的影响力，主张建立亚洲货币基金，形成以日元为核心的亚洲货币体系，以争夺对亚洲经济金融的领导权。但是，日本的主张遭到欧美以及亚洲国家的反对。

发展中国家在现行的国际货币体系下无疑处于弱势地位，为保护自身利益，积极参与国际货币体系改革，提出了一些改革建议：①在对国际资本流动的监管上，主张对国

际资本尤其是短期资本的无节制流动进行严格监管；②在金融开放上，提出应当实行有条件的渐进式的金融开放，兼顾金融开放与金融安全；③在对国际金融机构的改革上，主张对国际货币基金组织等国际金融机构进行改革：一是改变国际金融机构由少数发达国家控制的局面，增加发展中国家在国际金融机构决策中的发言权和影响力，使之尽可能多地代表发展中国家的利益；二是改革国际金融机构对发展中国家进行金融救助的方式，放宽援助条件，以便减少发展中国家因接受条件苛刻的金融救助而造成的经济社会的大幅震动，维护对发展中国家经济发展的信心。

(二) 国际货币体系改革的基本框架

在经济全球化和金融全球化加速向纵深发展的 21 世纪，发达国家与发展中国家之间的贫富差距趋于扩大。部分最不发达的国家甚至面临被"边缘化"的危险。如果发展中国家经济发展的国际货币金融环境不能获得根本改善，不同形式的经济和金融危机仍将频频爆发，而且危机的"传染性"将不再仅限于发展中国家，还必然会波及发达国家。所以，国际货币基金组织等国际金融机构应发挥更具建设性的作用，帮助发展中国家推动经济发展，从而使全世界走向共同繁荣。所以，虽然在国际货币体系改革问题上发达国家同发展中国家之间客观上存在着诸多矛盾和利益冲突，但为了维护世界金融安全，发达国家与发展中国家还是应该本着荣损与共的基本理念，通过卓有成效的真诚合作，共同打造新型的国际货币体系，促进国际金融在健康的框架内实现健康发展。

第一，调整国际货币基金组织和世界银行的职能。一是让世界银行来承担国际货币基金组织的贷款业务，成为唯一的国际援助和贷款机构。国际货币基金组织则转变职能，不再从事贷款业务，专司国际金融监管机构的职能，或仅提供短期资金，帮助解决新兴市场经济国家和地区出现的金融危机。二是对世界银行进行机构调整。1995 年 6 月以来，世界银行已经进行了较大的改造，新的改革建议包括取消国际金融公司和多边担保机构，或者将国际金融公司并入世界银行。还有建议主张世界银行撤出亚洲和拉美地区，把对这两个地区的开发贷款业务留给亚洲开发银行和美洲开发银行，世界银行只需担负国际"扶贫"的任务，负责向非洲、西亚、南亚和东欧的贫困国家提供无偿援助。

第二，完善国际金融体制，建立国际金融新秩序。其中心内容是建立"世界金融组织"，提高发展中国家在国际金融中的地位和作用。在拟议中的"世界金融组织"中，发达国家和发展中国家以平等的地位参与关于国际资本流动和国际金融运行规则的制定，用以规范国际金融市场行为，保证国际资本的自由和有序流动。

第三，加强国际金融风险的评估工作，形成国际金融的反投机机制，以维护国际金融市场的安全和稳定。具体包括以下内容：①以国际清算银行为中心，建立国际金融风险预警系统，提高防范国际金融风险的能力；②组建国际金融评估机构，评审成员国银行的信誉等级，评审向成员国提供贷款的风险，保证国际资本流动的安全性；③提高信息透明度，公开披露有关信息，要求成员国金融机构实行国际通行的会计制度，以此评估银行资产和申请贷款客户的偿还能力；④严格审核有关的数据和决策，国际金融监管机构及时公开披露上述信息，并公布自身的审核结果，以利于投资者明了和回避市场风险。

第四，严格实施市场纪律，限制公共部门担保，监管成员金融机构的运行。严格要求公共部门不向存在经营问题的银行提供资金援助，不向银行的所有者及主要债权人提供保护。但对中小储户的存款，可实行存款保险制度，以利于金融稳定。同时，严格要求公共部门及时勒令那些已被金融监管机构认定为失去偿还能力的银行退出市场，防止个别银行的问题得以蔓延和危害其他银行；或者一旦银行不能恢复盈利，也无法实施托管制度时，应立即对其实施清盘，让资不抵债的银行破产，以维护国际金融的稳定和安全。

第五，建立国际金融合作和协调机制。为稳定国际金融，不仅需要加强国际金融的监督和预警，还应推动各国金融政策的合作和协调，以缓解国际资本流动和国际金融运行中的矛盾和冲突。它包括国际金融经营环境的国际合作和协调、国际金融内部控制的国际合作和协调、国际金融市场约束的国际合作和协调、国际金融监管的国际合作和协调。由于任何国家都无法单独抵御国际金融动荡的冲击，这就从客观上要求各国加强国际金融的合作和协调，在条件成熟时建立区域金融合作机制，使全球性金融稳定真正落实在区域性金融稳定的基础上，从而减弱国际金融动荡产生的可能性，增强国际金融动荡产生后的救助能力。

第五节 欧洲货币一体化

自布雷顿森林体系崩溃以来，欧洲货币一体化的演进被公认为是国际政策协调方面最为重要的典范，也是迄今为止"最适度货币区"理论最为成功的一次实践，它在当今世界货币关系中发挥着重要的作用，也为其他区域货币体系的发展提供了有益的借鉴。

一、欧洲货币一体化进程

所谓欧洲货币一体化，是指欧洲经济共同体各成员国在货币金融领域进行合作，协调货币金融关系，最终建立一个统一的货币体系，其实质是这些国家集团为了货币金融领域的多方面合作而组成的货币联盟。欧洲货币一体化大致经历了以下几个演变阶段：

第一阶段（1960—1970年）：跛行货币区

欧洲货币一体化的起源可以追溯到20世纪60年代以前，如1950年建立的欧洲支付同盟及其替代物——1958年欧洲经济共同体各国签署的欧洲货币协定。但这些组织

或协定在内容上虽具备以后货币一体化的形式，却无其实质。它们的出发点在于促进成员国贸易和经济在战后的发展，恢复各国货币的自由兑换，不涉及各国的汇率安排和储备资产的形式。因此，人们一般将20世纪60年代的跛行货币作为欧洲货币一体化进程的开端。

这一阶段的标志性体系为英镑区，区内成员国的外汇储备主要是英镑，各国的货币也钉住英镑，由于英镑本身是钉住美元的，因而该时期的汇率制度是跛行的。跛行货币区虽然开始了欧洲货币一体化的尝试，但由于其内部缺乏支持其稳定存在的基础，在整个货币一体化的发展进程中，它的地位并不重要。尽管欧洲经济共同体在20世纪60年代已首次提出建立欧洲货币联盟的概念，《巴尔报告》（*Barre Report*）也强调各国应采取更有效的措施，以实现区域内各国间的政策协调，并倡议建立使逆差国能从顺差国获取信贷资助的体系，但在实践中，欧洲货币一体化并没有取得实质性的进展。

第二阶段（1971—1978年）：联合浮动

1970年10月，以卢森堡首相兼财政大臣魏尔纳（Werner）为首的一个委员会，向欧共体理事会提交了专门报告，即"魏尔纳计划"。该计划建议从1971年到1980年分3个阶段实现欧洲经济与货币联盟（European Economic and Monetary Union）：第一阶段从1971年初至1973年底，主要目标是缩小成员国货币汇率的波动幅度，着手建立货币储备基金，以支持干预外汇市场、稳定汇率的活动，并开始加强货币政策和经济政策的协调；第二阶段从1974年初至1976年底，主要目标是集中成员国的部分外汇储备以充实货币储备基金，进一步稳定各国货币间的汇率并促使欧共体内部的资本流动逐步自由化；第三阶段从1977年初至1980年底，主要目标是使共同体内部的商品、资本和劳动力的自由流动完全免除汇率变动的干扰，固定汇率制向统一的货币发展，货币储备基金向统一的中央银行发展。

该协议自1971年3月22日起正式实施。在第一阶段中，从1972年4月起，在共同体内部实行了联合浮动（又称"蛇形汇率制"），即国家集团在成员国之间实行固定汇率制，同时对非成员国货币实行共升共降的浮动汇率。欧洲货币体系联合浮动机制的内容包括：①确定每种货币对欧洲货币单位的法定中心汇率，每种货币离中心汇率的最大波动幅度称为最大偏离界限，它是根据每种货币在欧洲货币单位中所占权数的大小而定。此外，还规定偏离警戒线，它是最大偏离界限的75%，其作用是作为每种货币偏离同欧洲货币单位中心汇率的警告指标器，当达到偏离警戒线时，该国货币当局应采取预防措施，防止达到偏离最大界限。②确定成员国货币每对货币之间的法定中心汇率，规定相互汇率波动的幅度不得超过中心汇率的±2.25%。意大利里拉较弱，同其他成员国货币的汇率波动幅度可扩大到±6%。各国货币间形成相对固定的平价网汇率体系。当每对货币间汇率变化超过波动幅度时，双方货币当局有义务进行干预，使双方汇率重新回到允许的波动范围内。在1973年4月正式设立了欧洲货币合作基金（该基金主要是用来干预成员国货币市场的投机活动，维持货币汇率的稳定，并对国际收支有困难的成员国提供短期信贷，同时还办理成员国间的多边清算）。然而，由于美元危机在这一阶段频繁发生并最终导致布雷顿森林货币体系彻底瓦解，共同体无法按其既定计划实现各项目标，加上法国又在 1974 年 1 月宣布退出联合浮动制，从而使该计划实际上在第一阶段末期就陷于搁浅。尽管如此，以后共同体各国在对付货币危机的冲击和在加强货币金融方面的联合仍有所进展。如共同体从 1974 年 1 月起改用欧洲货币计算单位（EMUA）代替过去的记账单位；以后，为了摆脱美元汇价动荡不定的不利影响，在 1975 年 3 月 12 日又建立了新的欧洲计算单位（EUA）。

欧洲经济与货币联盟的计划虽然由于各种原因而未能完全实现，但共同体在加强货币金融的联合方面所采取的一系列主要步骤，则充分体现了共同体内部在这一领域里的协调与合作的加强，从而为以后建立欧洲货币体系积累了经验并奠定了基础。

第三阶段（1979—1998 年）：欧洲货币体系

1977 年美元危机再次爆发，欧洲共同体各国的汇率受到猛烈冲击，威胁到关税同盟、统一对外贸易政策和农业政策的巩固和发展，联邦德国和法国为此提出建立欧洲货币体系的建议，试图以区域货币一体化来抗衡美元，保证汇率的相对稳定。1978 年 12 月 5 日，共同体 9 国首脑在布鲁塞尔达成协议，决定在 1979 年 1 月 1 日建立欧洲货币体系（European Monetary System，EMS）。后因法国和联邦德国在农产品贸易补偿制度上发生争执，该体系延至 1979 年 3 月 13 日正式成立。其主要内容有：

第一，创建欧洲货币单位（European Currency Unit，ECU）。欧洲货币单位是欧洲货币体系的核心，是按"一揽子"原则由共同市场各国货币组成的复合货币。各国货币在 ECU 中所占权重按其在欧共体内部贸易中所占比重及其 GDP 在欧共体 GDP 总额中所占比重加权计算，指标取过去 5 年中的平均值。权数每 5 年调整一次，必要时也可随时调整。ECU 币值根据这些比重和含量及各组成货币的市场汇率用加权平均法逐日计算而得。

欧洲货币单位的作用在于：①作为决定成员国货币的中心汇率的标准；②作为各成员国与欧洲货币基金之间的信贷尺度；③作为成员国货币当局之间的结算工具及整个共同体财政预算的结算工具；④随着欧洲货币基金的建立，逐渐成为各国货币当局的一种储备资产。可见，欧洲货币单位不仅起到了计价单位的作用，还可作为国际储备手段和共同体成员国之间的结算工具，进一步摆脱美元的控制与影响。按照共同体的设想，ECU 最终应该成为共同体成员国的共同货币。

第二，稳定汇率机制（Exchange Rate Mechanism，ERM）。欧共体成员之间实行可调整的固定汇率，对外实行联合浮动。共同体成员国都规定本国货币与欧洲货币单位的中心汇率，并在双边的基础上确定各成员国间货币的中心汇率，各国货币只允许在中心汇率 ±2.25% 的幅度内波动（由于意大利里拉较弱，故其波动幅度可扩大到中心汇率 ±6%）。这就是所谓"平价网体系"（Parity Grid）。这一机制对各成员国货币与 ECU 中心汇率的波动规定了最大偏离幅度，它等于 ±2.25% ×（1 − 该国货币在 ECU 中的比

重),并在这个幅度内规定了各成员国货币的偏离警戒线,它是最大偏离幅度的75%。当汇率达到波动幅度规定的界限时,成员国必须进行干预。可见,欧洲货币体系的成员国对其货币的汇率具有双重干预义务:一是本国货币对ECU中心汇率偏离达到最大偏离界限,二是本国货币对其他成员国货币的中心汇率偏离达到最大波动幅度时,应进行干预。干预措施包括:一是通过各中央银行间的相互贷款以干预外汇市场(即抛出强币以减轻对弱币的压力,吸收弱币以加强对弱币的支持),二是在国内实行适当的货币政策和财政政策(如弱币国家提高利率、紧缩银根,强币国家则降低利率、放宽信贷),三是改变中心汇率。在上述两种干预措施无效时,只好调整中心汇率。整个20世纪80年代,欧洲货币体系的中心汇率只调整过13次,其中11次发生在1983年以前。欧洲货币体系的汇率机制在稳定成员国汇率方面成就卓著。

第三,建立欧洲货币基金(European Monetary Fund,EMF)。根据欧洲货币体系的规定,各成员国须缴出其储备的20%(其中一半为黄金,一半为外汇)作为共同体的共同储备。其作用是:一是加强干预外汇市场的力量,打击投机活动,稳定成员国货币之间的汇率和维持汇率联合浮动;二是为共同货币ECU提供物质准备,以及给予国际收支困难的成员国信贷支持。在欧洲货币体系成立初期,欧洲货币基金的总额约有250亿ECU,其中的140亿ECU作为短期贷款,其余110亿ECU作为中期金融援助。每个成员国都有一定的贷款限额,尤其对弱币国家的贷款更严格控制在定额之内。不超过45天的短期贷款,没有任何限制,还可享受3%的利息贴补。与IMF发放贷款的方式相似,成员国取得贷款时,应以等值的本国货币存入基金。

从欧洲货币体系所包含的主要内容中可以看出,该体系的建立并不意味着欧洲经济共同体在走向经济与货币联盟方面另起炉灶,而是在原有基础上依据实际情况所采取的一个更为求实的做法,是继续向经济与货币联盟目标迈进的一个重要步骤。

第四阶段(1999年至今):欧洲单一货币

1988年6月,欧共体首脑汉诺威会议决定委托以欧共体委员会主席德洛尔(Delors)为首的一个委员会制订关于进一步实施货币合作的计划。1989年4月,德洛尔向12国财政部长提交了《关于欧共体经济与货币联盟的报告》,即《德洛尔报告》,它是欧共体货币一体化的指导理论和先驱性文件。

1991年12月9日和10日,欧共体12国首脑在荷兰小镇马斯特里赫特举行会议,正式修改1957年签署的《罗马条约》,并签署了《欧洲联盟条约》,包括《经济与货币联盟条约》和《政治联盟条约》,统称《马斯特里赫特条约》(以下简称《马约》),这标志着欧共体从经济实体向经济政治实体转换迈出了历史性的一步。

《马约》的核心内容是:①于1993年11月1日建立"经济货币同盟"(Economic and Monetary Union,EMU),密切各国在外交、防务和社会政策方面的联系;②于1998年7月1日成立欧洲中央银行(European Central Bank),负责制定和实施欧洲的货币政策,并于1999年起实行单一货币;③实行共同的外交和安全防务政策;等等。

根据《马约》，将花10年分3个阶段逐步实现欧洲经济与货币联盟。第一阶段从1990年7月1日到1993年12月31日，主要任务是所有成员国货币加入EMS的汇率机制，实现商品、劳动力和资本的自由流动，协调各成员国的经济政策，并建立相应的监督机制。第二阶段从1994年1月1日到1997年，进一步实现各国宏观经济政策的协调，加强成员国之间的经济趋同；建立独立的不受政治干预的欧洲货币管理体系——欧洲货币局（EMI），作为欧洲中央银行的前身，为统一货币做技术和程序上的准备；各国货币汇率的波动在原有基础上（意大利、西班牙和英国货币汇率的波幅为±6%，其他成员国货币汇率的波幅均为±2.25%）进一步缩小并趋于固定。第三阶段从1997年至1999年1月1日，最终建立统一的欧洲货币和独立的欧洲中央银行（European System of Central Banks，ESCB），即最迟于1999年实现统一的欧洲货币。至此，欧洲经济货币联盟正式成立。此时，各国中央银行将非常类似于美国的联邦储备银行，这意味着各成员国将失去其有关货币供给和货币政策的独立权力。

《马约》为各国过渡到欧洲经济货币联盟，规定只有在1999年1月1日达到以下4个趋同标准的国家，才能被认为具备了参加EMU的资格条件：①通货膨胀率不得超过3个成绩最好国家平均水平的1.5%；②当年财政赤字不得超过GDP的3%，累积公债不得超过GDP的60%；③政府长期债券利率不得超过三个最低国家平均水平的2%；④加入欧洲经济货币同盟前2年的汇率一直在欧洲货币体系汇率机制规定的幅度（±15%）内波动，中心汇率没有重组过。

经过不懈努力，欧共体各成员国议会于1993年10月底通过了《马约》，1993年11月1日，欧共体更名为欧盟。1995年芬兰、奥地利、瑞典加入欧盟，欧盟成员国增至15个。同年的《马德里决议》将单一货币的名称正式定为欧元（EURO）。

根据《马约》和欧盟的有关规定，欧元的发行到完全取代欧盟成员国的货币，分3个阶段进行：第一阶段自1999年1月1日始，不可撤回地确定欧元和参加货币同盟成员国货币的折算率，并按1:1的比例由欧元取代ECU进行流通。欧元作为11个参加国的非现金交易的"货币"，以支票、信用卡、股票和债券方式流通。欧洲中央银行实施独立的货币政策。第二阶段从2002年1月1日始，欧元纸币和硬币作为法定货币，进入流通领域，成员国居民必须接受欧元，欧元纸币和硬币逐渐取代各成员国的纸币和硬币。第三阶段从2002年7月1日始，欧元区各国货币全部退出流通领域，市场只流通单一的货币——欧元，欧洲统一货币正式形成。

1996年底，欧洲货币联盟的发展取得了重大的突破。12月13—14日，欧盟首脑会议在爱尔兰首都都柏林举行。经过各国财长的反复磋商，终于打破僵局，欧元国与非欧元国之间就建立新汇率机制、欧元使用的法律框架、货币稳定与经济增长的原则及主要内容等达成妥协，并原则同意了欧洲货币局提供的欧元纸币的"样币"。至此，都柏林首脑会议获得成功，欧洲单一货币机制框架基本形成。

1997年10月2日，欧盟15国代表在荷兰首都正式签订了6月达成的《阿姆斯特丹条约》，这是一个在《马约》基础上修改而成的新欧盟条约。新条约及先前已获批准的《稳定与增长公约》、《欧元的法律地位》和《新的货币汇率机制》等文件，为欧元1999年1月1日的按期启动提供了技术准备和法律保证。

1998年5月2日，欧盟15国在布鲁塞尔召开特别首脑会议，决定接受欧盟委员会和欧洲货币局的推荐，确认比利时、德国、西班牙、法国、爱尔兰、意大利、卢森堡、荷兰、奥地利、葡萄牙和芬兰等符合《马约》条件的11个国家为欧元创始国，首批加入欧洲单一货币体系。欧盟的其余4个国家，即英国、丹麦、瑞典和希腊，因暂时不愿加入欧元体系或未能达标，没有成为首批欧元国家。同时决定在原有的欧洲货币局基础上成立欧洲中央银行，由荷兰人杜伊森贝赫出任欧洲中央银行行长。1998年6月，欧洲中央银行于法兰克福正式成立。

1999年1月1日，欧元准时启动。欧洲货币单位以1:1的比例转换为欧元，欧元与成员国货币的兑换率锁定，欧洲中央银行投入运作并实施统一的货币政策，欧元可以支票、信用卡等非现金交易的方式流通，各成员国货币亦可同时流通，人们有权选择是否使用或接受欧元。从2002年1月1日起，欧元纸币和硬币开始全境流通，欧洲中央银行和成员国将逐步回收各国的纸币和硬币，届时人们必须接受欧元，欧元成为欧元区唯一的合法货币。

希腊于2000年达到标准并于2001年1月1日加入欧元区。斯洛文尼亚于2006年达到标准并于2007年1月1日加入欧元区。塞浦路斯和马耳他于2008年1月1日加入欧元区。斯洛伐克于2008年达到标准并于2009年1月1日加入欧元区。目前欧元区共有16个成员国和超过3.2亿的人口。

二、欧洲货币一体化的影响

欧元的诞生标志着欧洲自罗马帝国灭亡以后又一次实现货币统一，其间经历了漫长的19个世纪。但两者的本质区别在于罗马帝国是用武力征服异邦，强行实施单一货币，而今天的欧洲联盟则以经济的、政治的，即和平的渐进手段逐步迈向统一，各成员国主动、自愿地让渡自己的部分主权，包括货币主权，欧元的问世便是这一进程的必然结果。

（一）对欧盟国家的影响

首先，欧元作为单一货币的推行，避免了货币汇率风险和兑换损失，简化了流通手续，降低了成本消耗，从而加快了商品与资金流通速度，增加了出口商品的竞争能力，有利于改善企业生存的宏观经济环境，并最终促进整个欧盟经济和贸易的发展。欧盟区内贸易过去一直占欧盟成员国全部对外出口贸易的60%，而今这一份额已增加到近80%，达1.6万亿欧元。从这个意义上说，欧元是欧洲经济增长的因素。

其次，统一欧元的行使，欧盟成员国之间拆除了贸易壁垒，强化了欧盟内部的市场竞争，促进了商品、资本和劳动力的自由流动，这就迫使欧盟各国特别是欧元国加大税收、工资待遇、社会福利和社会保险制度的改革力度，尽快实现税务和社会保障体系的趋同，以期缩小与邻国的明显差异，从而形成一个透明的、流动性更高的商品资本市场，吸引更多的资本流向欧元资本市场，增强欧洲金融市场的地位，有利于欧洲资本投资市场的发展。

再次，欧元将促使欧盟各国整顿并严格管理自己的公共财政，防止政府开支无度，努力营造健康稳定的经济环境。因为《马约》规定的预算赤字标准和公债标准连同其他两项趋同标准具有不可逆转性，也就是说，申请加入欧元区的国家必须同时符合上述条件。成员国间经济政策的统一与协调，增强了欧洲央行与欧盟委员会经济政策的权威性及协调区内经济的能力，从而增强了成员国的经济凝聚力与整体竞争力。

最后，欧元带动并促进了欧洲政治一体化。实现欧洲联合，建立一个泛欧联邦式合众国是欧洲数代人孜孜以求的理想。欧洲一体化进程从发端时起就含有这种强烈的政治意愿，只不过限于时局等主客观条件的考虑，"欧洲大厦"的设计者们采取了一种务实的态度，选择了"先经济、后政治"、"政治经济化"的发展道路，但无论如何，他们从没有放弃欧洲政治一体化的终极目标。所以，从这个角度说，欧元的意义如同业已建成的欧洲关税同盟、欧洲统一大市场，都是推动欧洲迈向统一的手段。1992年的《马斯特里赫特条约》其核心内容就是实现欧洲经济与货币的联盟，同时正式启动欧洲政治联盟。这标志着欧共体开始从"政治经济化"自然过渡到"经济政治化"阶段。欧元的出现，对美国在全球金融体制当中的霸主地位提出了挑战，也是欧洲联盟和美国在经济上讨价还价非常重要的手段。欧元已成功地走入了欧洲人的生活，并将对欧洲乃至世界未来的政治、经济产生重大影响。

（二）对现行国际货币体系的影响

欧元对现行国际货币体系的影响具体表现在三个方面：

第一，对国际货币基金组织协调能力的挑战。一方面，从历史上看，IMF在协调其成员国缓解1973年与1979年两次石油危机对世界经济的危害、救援1982年拉美债务危机、帮助发展中国家进行结构性改革并促进其经济稳定增长方面表现出较强的协调能力。但在特别提款权问题、南北货币关系问题以及IMF的贷款条件等问题上，其协调能力却令人质疑。可以肯定的一点是，欧洲货币联盟作为同样的跨主权国家的国际货币机构，尽管它也将面临许多困难，但在保证欧元稳定方面将发挥出更完善的协调能力。另一方面，在货币问题上以一个声音说话的欧洲，将会代替原发达国家内部美、日、德三极上德国的位置，并将大大增强这一极的力量，从而使IMF在协调西方发达国家内部立场的问题上难度更大。

第二，对现有的以美元为主的国际外汇储备格局形成冲击。从经济实力来看，欧元区拥有3亿多人口，已经超过美国（2.76亿）和日本（1.27亿）。目前欧元区的GDP

占世界 GDP 的比重（16%）低于美国（22%），高于日本（7%），但随着未来欧元区的逐步扩大，这一比重将趋向扩大。现欧元区的商品与劳务出口占世界的比重（19%）已明显领先于美国（15%）和日本（9%）。在实力支撑下欧元区将更有"资本"扩大欧元金融区的地缘经济影响，平等参与建设未来世界的经济制度。欧元启动后，欧盟的金融地位将明显提高。美国对外贸易占世界贸易的比重不足 20%，但世界贸易中的 60% 仍以美元计价和结算，各国外汇储备的 60% 左右仍是美元。目前，美国是全球最大的债务国和最大的净进口国，而其能够继续维持的重要手段就是——发行美元。美国依靠发行美元维持一种特殊的"平衡"，说明美国的经济实力已经缺乏承受能力，美元作为国际货币和金融市场的主导货币的风险开始增大。欧元的启动对于美元和美国的国际地位无疑是雪上加霜。据专家估计，欧元将会成为世界贸易中"最具吸引力的美元替代货币"。各国中央银行为分散风险，将调整其外汇储备结构。可见，欧元对国际储备结构的影响将是渐进的和长期的，美元的霸主地位在短时间内不会动摇。随着欧盟经济的发展，欧元在世界各国的外汇储备中会逐渐增加，当然，欧元的国际储备货币地位最终还取决于市场判断。从长期看，欧元为世界各国提供了新的能与美元相抗衡的国际储备资产，这不仅意味着各国货币当局选择机会的增加，同时对美元霸权也可能起到某种程度的制约作用，从而克服"世界美元本位制"固有的一些缺陷。

第三，欧元的出现为国际汇率制度的变革提供了示范。欧洲单一货币政策的采用是人们把金融自由化与固定汇率制结合起来的一次有益尝试。30 多年来，越来越多的国家采取了较有弹性的汇率制度，目前的浮动汇率制大体上能适应世界经济的基本情况，但它也存在诸多局限。对浮动汇率制最主要的一条反对意见是汇率频繁波动增加了国际贸易和对外投资中的不确定性，从而对各国经济带来了消极的影响。此外，浮动汇率对国际收支的调节作用有限，并且也不能使各国真正实行独立的经济政策。但同时，全面的固定汇率制也是行不通的，因为在各国经济增长率、通货膨胀率、利率和对外收支等方面存在很大差异的情况下，实行固定汇率是没有基础的。在这种情况下，欧元的出现为国际汇率制度的变革提供了示范，即通过成员国的经济趋同和政策协调来实现区域性的货币稳定，从而使多元化的汇率安排中出现局部的固定汇率的回归。

此外，统一的欧元将是人类历史上第一次可用于非官方结算的跨国界信用本位货币的一种创造，它的诞生及其后的发展，无疑将为未来国际货币体系的改革提供一个可借鉴的范例，并推动世界其他国家和地区对货币一体化的尝试，加剧全球范围内的货币集团化倾向，从而将国际货币体系改革引向一个新的阶段。

本章小结

1. 国际货币体系是指规范国与国之间金融关系的有关法则、规定及协议的全部框架，是各国对货币在国际范围内发挥世界货币职能所确定的原则、采取的措施和建立的组织形式。国际货币体系一般包括以下四方面的内容：汇率及汇率制度、国际储备资产的确定、国际收支及其调节机制、国际货币事务的协调和管理。

2. 历史上第一个国际货币体系是国际金本位制度，它形成于19世纪80年代。国际金本位制的三大特征：黄金作为最终清算手段充当国际货币，汇率体系是严格的固定汇率制，自动调节国际收支的机制。

3. 第二次世界大战后建立的国际货币体系称为布雷顿森林体系。其基本内容可概括为美元与黄金挂钩、各国货币与美元挂钩的"双挂钩"制度。该体系对当时的世界经济起到过积极的作用，但本身却存在致命的缺陷，这一缺陷被称为"特里芬难题"。

4. 20世纪70年代后，国际货币体系进入了牙买加体系阶段。它是对布雷顿森林体系进行改革的结果，主要内容是浮动汇率合法化、黄金非货币化及储备货币多元化。

5. 当前的牙买加体系虽然在各个方面有较强的适应性，但它的缺陷也相当突出：①汇率波动过大；②造成储备货币管理的复杂性；③缺乏有效的国际收支调节机制；④缺乏一个最终贷款者的角色。

6. 欧洲货币一体化被公认为是国际政策协调方面最为重要的典范，也是迄今为止最适度货币区理论最为成功的一次实践，其发展经历了跛行货币区、联合浮动、欧洲货币体系和欧洲单一货币。

思考题：

1. 什么是国际货币体系？它包括哪些主要内容？
2. 试析国际金本位制的特点及崩溃的原因。
3. 简述布雷顿森林体系的主要内容及其作用。
4. 什么是"特里芬难题"？
5. 牙买加协定的主要内容是什么？
6. 现行国际货币体系有什么特征？
7. 试析牙买加协定后的国际货币体系中国际收支失衡的调节机制。
8. 简述《马斯特里赫特条约》的主要内容及其在欧洲联盟中的地位与作用。
9. 简述欧洲货币体系的内容和欧洲货币一体化的进程。
10. 试析欧元的启动对欧盟国家经济及当前国际货币体系的影响。

相关链接　希腊的债务危机与欧元区的缺陷

2010年5月10日，欧盟成员国财政部长达成一项总额7500亿欧元的救助机制，以帮助可能陷入债务危机的欧元区成员国，防止希腊债务危机蔓延。从2009年12月希腊危机爆发至今，欧盟内部对于救助希腊有着怎样的利益冲突？促使欧盟和IMF最终出手的原因有哪些？

国际金融

一般来说，为了避免系统性危机的恶化，一国政府会要求自己的职能部门，比如中央银行履行"最后贷款人"的职责，实行救助，以此切断问题部门可能向经济全体蔓延的态势。拿希腊的案例来说，就是尽快让市场能够改变现在的担心，充分相信希腊政府具有还债能力，而不至于让社会认为希腊经济无可救药。但是，这可能在一个政策相对独立的主权国家能够办到，或者即使办不到，也可以通过申请 IMF 来谋求解决系统性危机的办法。而希腊目前做不到，因为它加入了欧元，放弃了自己独立货币政策的实施，而处于严重问题状态的财政政策失去了"自救"的能力。所以，挽救希腊的办法就只有靠欧盟政府和欧洲央行这一现在唯一具有政策能力的组织——它的政策推行往往要基于欧元区或者欧盟成员国整体的经济运行状况。于是，在一国的问题没有达到威胁整个地区的时候，欧洲央行或欧盟政府不会轻易动用宝贵的财富资源去救助一个有问题的成员国家。因此，希腊主权债务问题刚出现的时候，欧洲决策部门的表现是消极的，甚至公开声明欧盟或欧洲央行不会救助希腊，这给市场释放了非常错误的信号——希腊自己已经没有手段自救，而欧盟又没有任何意思帮助希腊，还认为它有能力解决自己的问题，结果事情顺着市场的预期越搞越大，直到现在被逼到一个越来越难收拾的局面。另外，欧盟成员各国对希腊问题发展状况的判断存在分歧，里面也有受主观情绪的支配做出了非常不客观的判断。这也拖延了唯一能够采取"最后贷款人"职能的欧洲央行或欧盟政府的出资救助希腊的最佳时机！而 IMF 在这个问题上一开始就扮演着"局外人"的角色，只是从口头上呼吁欧洲政府和希腊政府尽快拿出解决危机的有效办法，以防主权债务问题蔓延成一个国家的经济危机、政治危机，甚至蔓延到欧盟整体乃至全球国际金融市场。当发现欧盟的救助机制存在效率缺陷，而且希腊对自己的 SOS 呼吁一浪高过一浪，IMF 为了重建国际信誉，最后终于达成了与欧盟一起救助的方案。

于是，我们看到欧元区存在巨大的缺陷——所谓新的"三元悖论"陷阱，它经不起市场投机力量的冲击：第一元素是欧元区整体"货币齐步走"（一个欧元）的状态，那么，不管希腊经济基本面出现了怎样的恶化，欧元都不能做出相应的调整。从希腊的基本面情况看，欧元应该贬值，但是，从欧元区整体经济基本面看，欧元不应该贬值得那么厉害。所以，让希腊跟着不让欧元贬值的统一的货币政策走，希腊经济会变得更加糟糕！如果希腊能够通过自己贬值的货币政策的调整，刺激出口，修复基本面，提高偿还债务的能力，那么，危机从道理上讲应该是可以向健康状况方向收敛的。第二元素是欧洲央行执行的统一的、独立的货币政策，即钉住通胀率的货币政策。如果在危机面前能够放弃控制通胀的货币政策，像美联储在 2008 年年末那样，不断向下调整利率，向希腊政府注入流动性，降低希腊债务负担，那么，希腊的债务困境就会大大改善。但是，欧洲央行没有轻易放弃货币政策的独立性——不受希腊问题的影响继续保持常态下的货币政策，这就使得希腊在失去了财政政策手段救助的情况下，又失去了货币政策的救助手段。在没有政府政策干预的空间下，希腊政府的口头承诺最终就成了经不起推敲的"呐喊"，有时甚至让市场感到是"此地无银三百两"的闹剧，从而希腊被市场看穿了，被市场抛弃了。第三个元素是庞大的国际金融市场形成的做空欧元的力量加剧了欧元的危机，加剧了欧洲金融业对流动性需求的恐慌，这进一步恶化了需要通过市场正常融资来解决希腊债务的融资环境，形成了希腊问题拖累欧元的"恶性循环"状态。如果欧美政府或国际货币基金组织能够形成强大的监管力量，有效地去阻碍市场做空的力量，那么，欧元危机所造成的恶性循环状况就会收敛。此时配合行之有效的援助计划，希腊问题和欧元危机就会逐步减轻。总之，货币齐步走、钉住通胀货币政策或自由放任的金融市场交易这三个元素，其中一个都不能被放弃或改变，那么，欧元必定陷入"新三元悖论"的陷阱，希腊问题和欧元危机就会继续被捆绑在一起，"恶性循环"地发展下去，那时再大的援助计划对这一缺陷的修复也都无能为力！

　　如果能够修复上述"欧元的缺陷"（新三元悖论），那么，巨额的救助计划对上述修复政策的效果显现赢得了宝贵的时间。也就是说，救助计划是"输血"，弥补欧元缺陷是控制"失血"。另外，即使今天拿出了输血计划，但如果没有找到有效的输血方式，或者因为过分地去要求"条件的成熟"而失去了最好的输血时机，那么，都会使得救助计划的效果大打折扣。在这方面要学习美联储，先解决债务危机及其可能带来的连锁反应，再"秋后算账"，对高官的薪酬或精英投机行为进行严格的制裁。因为道德危机的问题需要良好的制度建设才能做到事前防范，但是，一旦制度缺陷造成灾祸降临的时候，首要的问题就是要防止危机恶化或蔓延，然后才是修复和整顿的加强。当然，那时不能好了伤疤忘了疼！否则，今后道德风险的问题会愈演愈烈。

资料来源：http://www.sina.com.cn 2010年5月13日《上海商报》，作者：孙立坚（复旦大学经济学院副院长、金融学教授）。

第十一章　国际金融机构

国际金融机构（International Financial Institution）是指旨在稳定和发展世界经济而从事国际金融管理及国际金融活动的超国家性质的组织机构。它是为协调国际货币政策、加强国际货币金融合作而建立起来的，可以说它是国际货币制度发展的必然产物。

第一次世界大战结束后，为处理战后德国赔款和协议国之间债务的清算及清偿事务，1930年5月，由英国、法国、意大利、比利时、德国、日本等国的中央银行和美国的三家大银行组成的银行团在瑞士的巴塞尔成立了国际清算银行（Bank for International Settlements, BIS），这是建立国际金融机构的重要开端。

第二次世界大战后，生产国际化和资本国际化的发展，使国际货币关系得到加强，一系列国际金融机构相继出现并在世界经济的发展中发挥着重要作用与影响。国际金融机构大致可以分为：①全球性国际金融机构：成员国遍布全球各地，如国际货币基金组织、世界银行集团；②半区域性国际金融机构：成员国主要在区域内，但也有区域外的国家参加，如亚洲开发银行、泛美开发银行、非洲开发银行等；③区域性国际金融机构：成员国完全由地区内的国家组成，如欧洲投资银行、阿拉伯货币基金组织、西非发展银行等。

1947年，国际货币基金组织和世界银行与联合国正式签订了建立相互关系的协定，从此国际货币基金组织和世界银行成为联合国11个专门机构中独立经营国际金融业务的机构。目前，这两大全球性的国际金融机构是所有国际金融组织中规模最大、成员国最多、影响最广泛的国际金融机构。

第一节　国际货币基金组织

国际货币基金组织（International Monetary Fund, IMF）是在国际合作的基础上，为协调国际货币政策，加强货币合作而建立的政府间的国际金融机构。它是根据1944年7月在布雷顿森林会议上签订的《国际货币基金协定》于1946年3月正式成立，1947年3月1日开始其在国际金融领域的活动，同年11月15日成为联合国专营国际金融业务的一个专门机构。基金组织总部设在美国华盛顿。

一、国际货币基金组织的宗旨

根据《国际货币基金协定》,国际货币基金组织的宗旨是:①通过设置常设机构促进成员国在国际货币问题上的磋商与协作,从而促进国际货币领域的合作;②促进国际贸易的扩大和发展,借此实现就业和实际收入水平的提高及生产能力的扩大;③促进成员国汇率的稳定和有秩序的汇率安排,借此避免竞争性的汇率贬值;④为经常项目收支建立一个多边支付和汇兑制度,努力消除不利世界贸易发展的外汇管制;⑤在临时性的基础上和有保障的条件下,向成员国提供资金融通,使它们在无需采取有损本国和国际经济繁荣的措施的情况下,纠正国际收支的不平衡;⑥争取缩短和减轻国际收支不平衡的持续时间和程度。由此可见,国际货币基金组织的根本任务在于向各成员国融通短期资金,调整国际收支的不平衡,维持汇率的稳定。

截至 2010 年 6 月,国际货币基金组织成员国达 186 个。中国是国际货币基金组织的创始国之一,我国的合法席位是在 1980 年 4 月 18 日才恢复的。

二、国际货币基金组织的组织结构

国际货币基金组织由理事会(Board of Governors)、执行董事会(Board of Executive Directors)、总裁和众多业务机构组成。此外,根据业务需要,理事会和执行董事会可任命若干特定的常设委员会,理事会还可以组建临时委员会。

理事会是国际货币基金组织的最高决策机构,由各成员国派 1 名理事和 1 名副理事组成,任期 5 年,其任免由成员国本国决定。理事通常由各国的财政部长或中央银行行长担任,副理事只有在理事缺席时才有投票权。按照基金组织协定规定,理事会的主要职权是:批准接纳新成员、决定基金组织的份额规模和特别提款权的分配、决定成员国退出基金组织以及讨论决定有关国际货币体系的重大问题。理事会通常每年举行一次会议(即年会),必要时可以召开特别会议。当出席会议的理事投票权合计数占总投票权的 2/3 以上时,即达到法定人数。

执行董事会是国际货币基金组织华盛顿总部的常设机构,一般行政和政策事务,均由执行董事会行使权力。该机构由 24 名执行董事组成,其中 8 名执行董事由美国、英国、法国、德国、日本、俄罗斯、中国、沙特阿拉伯任命,其余 16 名由其他成员组成的 16 个选区选举产生。中国自 1980 年恢复会席后,单独成为一个选区指派一名执行董事。执行董事任期为 2 年。每 1 名执行董事可指派 1 名副执行董事,在执行董事缺席时代行表决权。

总裁是基金组织的最高行政长官,负责基金组织的日常工作。总裁由执行董事会推选,任期 5 年,并兼任执行董事会主席。总裁在通常情况下不参加董事会的投票,但若同意与反对双方票数相等时,总裁可投决定性 1 票。总裁下设副总裁协助工作。基金组织成立以来,总裁一直由欧洲成员国的 1 名人士出任。

此外，在执行董事会和理事会之间还有两个机构：一个是国际货币基金理事会关于国际货币制度的临时委员会，简称"临时委员会"（Interim Committee），另一个是世界银行和国际货币基金组织理事会关于实际资源向发展中国家转移的联合部长级委员会，简称"发展委员会"（Development Committee）。这两个委员会都是部长级委员会，每年开会 2~4 次，讨论国际货币体系和开发援助的重大问题，且这两个委员会一般同时、同地举行会议。由于两个委员会的成员大都来自主要国家而且政治级别高，因此，其决议往往最后就是理事会的决议。

除理事会、董事会、临时委员会和发展委员会外，IMF 内部还有两大利益集团——"十国集团"（代表发达国家利益）和"二十四国集团"（代表发展中国家利益），以及许多常设业务机构，负责经营日常业务活动。

基金组织的重大决策由成员国投票表决。每个成员国拥有 250 票的基本投票权，此外，它们每认缴 10 万特别提款权（原为 10 万美元）的份额便增加 1 票。在表决时，对一般重大问题采用简单多数通过原则，对特别重大问题采用 85% 多数通过原则。这种权力分配方式与股份公司十分相似。

三、国际货币基金组织的资金来源

国际货币基金组织的资金来源于成员国交纳的份额、借款和信托基金三个方面。

（一）份额

份额（Quota）是基金组织的主要资金来源。份额在性质上相当于股份公司的入股金，成员国一旦缴纳后即成为基金组织的财产。每个成员国所缴纳份额的大小，取决于成员国的国民收入、黄金外汇储备、平均进口额、出口变化率、出口额占国民收入的比例等因素。份额的计算单位原为美元，1969 年以后改为以特别提款权为计算单位。

成员国缴纳份额的方法是：①原规定份额的 25% 以黄金缴纳（或按本国黄金与美元储备的 10% 缴纳，以数额小者为准）；②份额的 75% 以本国货币缴纳，或以成员国凭券支付的、无息的国家短期有价证券代替本国货币。自 1976 年牙买加会议后，黄金的地位发生了变化。因此，基金组织于 1978 年 4 月 1 日正式通过修改协定，取消了以黄金缴纳 25% 基金份额的规定，改为以特别提款权或可自由兑换货币缴纳。

基金组织的理事会对成员国份额每隔 5 年左右进行一次总检查，并在认为合适的情况下对成员国的份额进行调整。理事会调整份额的目的是为了使份额能比较真实地反映成员国在世界经济中的相对地位。最近一次总检查在 2008 年 4 月进行，理事会投票批准了关于份额和投票权改革的方案。根据这一方案，发达国家在该组织的投票权比例将从目前的 59.5% 降为 57.9%，发展中国家的投票权比例则从目前的 40.5% 上升为 42.1%。中国在国际货币基金组织的份额增加到 3.997%，投票权增加至 3.807%，中国在该组织中的份额位次也由原来的第八位提高到第六位。尽管发展中国家尤其是新兴市场经济体的代表性有所增加,但发达国家在国际货币基金组织中的份额和投票权优势仍相当明显。美国、日本、德国、法国、英国仍是国际货币基金组织份额和投票权最多的5个国家,其中美国所占份额和投票权比例仍分别高达17.674%和16.732%。

成员国缴纳的份额,除了作为基金组织发放短期信贷的资金来源外,可以说,基金组织的一切活动几乎都同成员国的份额有关。对于每一个成员国来说,所缴纳份额的大小不仅决定其在基金组织中的投票权,而且决定其从基金组织借款的最高限额和特别提款权的分配数额。

(二)借款

当基金组织的份额资金不能满足成员国的实际需要时,借款就成为基金组织的一个重要的资金来源。这项资金是在基金组织和成员国的协议下,向成员国借入的资金。到目前为止,基金组织与成员国有两个借款总协议,一个是与美国等11个工业国家订立的"借款总安排"(General Arrangement to Borrow,GAB),目前承诺向基金组织提供170亿特别提款权(约260亿美元)的资金;另一个是与39个参加国家(26个原参加国加13个新参加国)订立的"新借款安排"(New Arrangements to Borrow,NAB),该协议承诺的总借款额度为340亿特别提款权(约520亿美元)。为提高基金组织的贷款能力,帮助成员国克服金融危机带来的影响,2010年4月12日,基金组织执行董事会通过方案,将新借款安排的借款额度扩大到3675亿特别提款权(约5886亿美元),提高了10倍之多。

(三)信托基金

基金组织于1976年决定,将它持有的1/6的黄金分4年按市价出售,所得的利润(即市价超过原黄金官价1盎司黄金=35美元的部分,共46亿美元)作为信托基金,向最贫困的发展中国家提供优惠贷款。这是一项特殊的资金来源。

四、国际货币基金组织的业务活动

国际货币基金组织自成立以来,其业务活动主要是汇率监督、资金融通、政策协调以及提供技术援助等方面。其中,汇率监督和资金融通是基金组织的两项重要业务。

(一)汇率监督

为了使国际货币制度能够顺利运行,基金组织要检查各成员国以保证它们与基金组织的其他成员国进行合作,以维持有秩序的汇率安排和建立稳定的汇率制度。但是,在不同的国际货币制度下,基金组织汇率活动的侧重点是不同的。在布雷顿森林体系下,各国实行固定汇率制度。基金组织对成员国的汇率进行直接管理和监督:各成员国按规定确定本国货币的平价,它们直接或者间接地通过钉住美元来保持这种平价,其汇率的

波动应维持在平价上下各1%（后改为±2.25%）的幅度内。基金组织对此负有监督执行的责任：当一国国际收支发生根本性失衡时，只有经过与国际货币基金组织的磋商和批准，才能改变平价。另外，基金组织还对成员国的宏观经济政策进行检查和协调，以保证有秩序的固定汇率安排。

布雷顿森林体系瓦解后，各国都转向了浮动汇率制度，不再负有维持固定汇率的义务，基金组织也允许成员国自由选择汇率安排。基金组织虽然不再对各国汇率进行直接管理，但汇率监督的职能却得到了加强。基金组织为成员国执行本国汇率政策制订了三条原则：第一，成员国不能操纵汇率或国际货币体系，以防止以此获得不公平的竞争优势；第二，基金组织要求成员国在必要时可干预外汇市场，以消除货币短期破坏性波动；第三，基金组织要求这些成员国在干预外汇市场时，要充分考虑其他国家的利益。

基金组织成员国有义务把其汇率安排的选择迅速通知基金组织，成员国提供的有关情况成为双边和多边监督的起点。国际货币基金组织执行董事会定期专门讨论汇率政策问题。基金组织每年出版2期的《世界经济展望》也对汇率的发展进行分析。该杂志为基金组织审查世界经济和汇率制度的总体情况以及董事会将要讨论的问题提供基本的分析框架。基金组织根据《基金组织协定条款》中第Ⅳ条款，通过与成员国进行磋商的方式，对成员国进行年度检查。在通常情况下，执行董事会讨论磋商国家的经济形势和政策，讨论的重点是汇率政策。执行董事会的看法最后以执行董事会主席和执行董事的总结形式传递给成员国政府。

总之，对成员国汇率安排审查和监督是国际货币基金组织的中心职责。这种监督一般是结合各国不同经济结构，通过与成员国磋商的方式来审查成员国汇率安排的适当性，并据此提出政策建议。

（二）资金融通

向成员国提供贷款，以帮助成员国弥补因经常项目收支而发生的国际收支逆差，是基金组织最主要的业务活动。

基金组织贷款具有以下特点：①贷款对象限于成员国政府。基金组织只同成员国的财政部、中央银行、外汇平准基金或其他类似的财政金融机构往来。②贷款用途。贷款原来主要限于解决成员国国际收支不平衡，用于贸易、非贸易的经常项目支付。现在大部分贷款仍用于国际收支调整，但近10年来新增设的一些贷款已超出国际收支调整的需要，用于经济结构调整和改革。③贷款额度受成员国缴纳份额的限制，与其份额大小成正比例。④贷款方式。一般采取由成员国用本国货币向基金组织换购外汇的方式，还款时则以外币购回本国货币，因此基金组织用"购买"（Purchase）和"购回"（Repurchase）两词来表示"借"和"还"的关系。现在基金组织的贷款不论用哪种货币发放，均要求按特别提款权计值，偿还时利息也以特别提款权缴付。

目前，国际货币基金组织办理的贷款主要有普通贷款、中期贷款、出口波动补偿贷款、缓冲库存贷款、信托基金贷款、补充贷款等。

1. 普通贷款

普通贷款（Normal Credit Tranche）是基金组织最基本的一种贷款，用于解决成员国一般国际收支逆差的短期资金需要，期限 3～5 年，利率随期限递增。贷款累计数的最高额度可达成员国缴纳份额的 125%。普通贷款由储备部分贷款和信用部分贷款构成。

（1）储备部分贷款（Reserve Tranche）。即成员国申请贷款额不超过其份额的 25% 的贷款，称为储备部分贷款。这部分贷款相当于成员国在加入基金组织时认缴份额 25% 的黄金或外汇缴纳部分。成员国可以自由动用这部分贷款，不需要特殊批准，即贷款是无条件的，也无需付利息，成员国可视为本国的储备。

（2）信用部分贷款。在规定普通贷款最高额为成员国缴纳份额的 125% 中，除 25% 属于储备部分贷款，成员国可以自由动用外，其余的 100% 在使用时须经基金组织审核批准。这 100% 部分贷款额度又分成 4 档，每档均占份额的 25%。

基金组织对第一档信用部分贷款的审批掌握比较宽松，只要成员国做出计划表明用于克服国际收支困难即可获准贷款。对第二档信用部分以上的贷款（又称高档信贷部分贷款），随档次越高，条件越严，多采用备用信贷的形式提供。基金组织对申请高档信贷部分贷款，要求成员国提出内容广泛并有定量指标的稳定财政的计划。借款国只有完成计划中所确定的政策指标（包括信贷、贸易、国际收支、压缩外债等各项指标）和遵守基金组织提出的行为准则时，才可提用贷款。在贷款的使用过程中，基金组织还要进行一定的监督，如借款国未能履行计划，基金组织将考虑采取进一步措施，以保证原定目标的实现。

2. 中期贷款

20 世纪 70 年代以后，基金组织意识到引起成员国国际收支困难的因素既有短期因素，也有中长期因素，尤其是结构性不合理问题不是短期的有限贷款能解决的。为此，基金组织于 1974 年 9 月 13 日创立了一项中期贷款（又称扩展贷款，Extended Fund Facility，EFF），其目的是向出现特殊国际收支困难的成员国提供数量较大、期限较长的资金。这类贷款条件是：①基金组织确认申请贷款国的国际收支困难，确实需要提供比普通贷款期限更长的贷款才能解决。②申请国必须提出整个贷款期限内改善国际收支情况有关政策目标的计划，如加强货币和财政措施，采取适当的贸易和外汇政策，在头 12 个月内准备施行的有关政策措施的详细说明，以及此后为实现计划目标将采取的措施，等等。③贷款要根据借款国执行政策措施的实际情况分期发放。

贷款的额度最高可达份额的 140%，但中期贷款和普通贷款两项总额不得超过成员国份额的 165%。备用安排期限可达 3 年，贷款期限 4～10 年。

3. 出口波动补偿贷款

出口波动补偿贷款（Compensatory Financing Facility）是在 1963 年 2 月创设的。它

是对初级产品出口国家因出口收入暂时下降而发生国际收支困难时，可向基金组织在原有普通贷款以外再申请的一项专用贷款。1981年基金组织扩大这项贷款使用范围，成员国因进口成本过高而面临国际收支困难时，也可申请这项贷款。申请这项贷款的条件：该种收入下降或成本上升必须是短期性的，而且是成员国本身能力所不能控制的原因造成的；借款国有义务与基金组织合作，采取适当措施解决其国际收支困难。

贷款最高限额分别为份额的83%（出口收入减少时或进口支付增加时），两项合计不超过份额的105%。该贷款于1988年8月改名为"进出口波动补偿与偶然性收支困难贷款"（Compensatory and Contingency Financing Facility）。

4. 缓冲库存贷款

缓冲库存贷款（Buffer Stock Financing Facility）创立于1969年6月，目的是为了帮助初级产品出口国稳定国际市场初级产品价格而建立国际缓冲库存的资金需要。一些初级产品的生产及出口国组建了一个国际缓冲库存组织，该组织建立一定数量的初级产品库存。当国际市场产品价格波动过大时，该组织就向市场抛售或买进该产品，以稳定价格，进而稳定生产及出口国的出口收入。贷款最高额度为成员国份额的45%，期限3~5年，属于短期性贷款。由于此项贷款与出口波动补偿贷款在目的上有密切关系，因此规定这两项贷款总额不得超过借款国份额的105%。

5. 信托基金贷款

信托基金（Trust Fund）于1976年1月设置，用于援助1973年人均国民收入低于300美元的国家和1975年人均国民收入低于520美元的国家。基金来源为基金组织以拍卖持有黄金所得利润建立的"信托基金"，贷款条件优惠。

6. 补充贷款

补充贷款（Supplement Financing Facility），也称伟特文贷款（the Wilteveen Facility），设立于1977年4月，总计100亿美元，是对中期贷款（扩展贷款）的一种补充，用于帮助成员国解决持续的巨额国际收支困难。补充贷款资金来源由8个工业国和6个石油生产国提供。沙特阿拉伯出资最多，其次是美国。贷款期限为3.5~7年，采用备用信贷安排方式，最高借款额度可以达到成员国份额的140%。该贷款于1980年分配完毕后，基金组织于1981年5月又设立"扩大借款政策"（Enlarged Access Policy），作为对补充贷款的一种继续，贷款限额由基金组织视情况逐个确定。

7. 结构调整贷款

结构调整贷款（Structural Adjustment Facility）设立于1986年3月，用于帮助低收入发展中国家制定和执行全面的宏观经济调整和结构改革计划，以恢复经济增长和改善国际收支，从而解决它们的中期国际收支困难。资金来源于成员国借用信托基金还款的本金和利息。贷款的最长期限为10年（其中包括5.5年的宽限期），限额为份额的70%。1987年12月，基金组织又设立了加强的结构调整贷款（Enhanced Structural Adjustment Facility），贷款资金来自成员国的捐款。限额在一般情况下为份额的250%，遇特殊情况可超此限额，但借款数额还取决于借款国与基金组织的合作程度以及做出的调节努力。近几年来，基金组织根据外部环境的变化，适当地调整了贷款政策，陆续设立了一些新的贷款种类，如制度转型贷款、紧急贷款机制等。

制度转型贷款（Systemic Transformation Facility）。此项于1993年4月设立，旨在帮助解决由计划价格向市场价格转变引起的收支困难；由双边贸易向多边贸易转化引起的收支困难；由游离于国际货币体系之外到融入国际货币体系之内的过程引起的收支困难。贷款的最高限额为份额的50%，期限为4~10年。成员国在提出借款申请时，必须制订一项经济稳定与制度改革方案，如果借款国为此做出了切实有效的努力并与基金组织充分合作，基金组织才继续向借款国贷款。这项贷款已于1995年12月底停止运作。

紧急贷款机制。这是基金组织为解决成员国出现的突发性金融危机，防止危机在更大范围内蔓延而设置的贷款安排。该项贷款在1994年底至1995年初的墨西哥金融危机和1997年发生的亚洲金融危机的解决中发挥了一定的作用。它实际上是一项可保证执行董事会在成员国满足必要的贷款条件时（即成员国对外账户出现危机，或成员国对外账户受到威胁并可能引发危机而必须由基金组织立即做出反应时），能够迅速批准其贷款申请的特殊程序。根据紧急贷款机制，基金组织一旦与成员国就调整规划达成协议，执行董事会应加速审议成员国提出的贷款申请；在危机得到彻底解决以前，基金组织要对成员国政策回应的有效性进行经常性检查；一旦金融危机迅速得到解决，成员国应提前偿还其根据紧急贷款程序所提用的资金。

五、国际货币基金组织的基本矛盾

国际货币基金组织自从正式营业以来，对于加强国际货币合作、稳定国际汇率、缓和国际收支危机以及促进世界经济发展等方面都起到了一定的积极作用。但是，随着国际经济关系的发展，基金组织也暴露出一些基本的问题，显得与国际金融形势的发展不相适应。

（一）信贷资金不敷需要

在信贷资金的提供方面，1978年以前，差不多60%的贷款是提供给发达国家的，然而自1979年后，基金组织的贷款几乎全部提供给了发展中国家，对缓和发展中国家的国际收支失衡起了重要的作用。从理论上说，发展中国家的短期资金来源既可以来自IMF贷款，也可以来自国际金融市场上的商业银行短期信贷。但是，自1982年债务危机爆发以后，国际商业银行提供给发展中国家的贷款大大减少，只有很少数发展中国家能够利用国际金融市场上的短期信贷资金。对于大多数发展中国家来说，基金组织实际成了它们最重要的、有时是唯一的短期信贷资金来源。并且自80年代以来，发展中国家的国际收支经常账户收支不断恶化，对贷款资金的需求激增。于是在扩大对发展中国家的资金融通中，基金组织的资金就显得不足，无法满足发展中国家的贷款资金需求。例如，在东南亚金融危机中，涉及较大数额的援助就必须向其他国际组织（如世界银行和地区发展银行）或是美国、日本等发达国家请求支持和合作。为此，基金组织采取了一些措施来扩大资金来源，比如多次扩大基金的份额，并通过与工业化国家和一些石油输出国的双边安排来扩大资金来源，等等。1998年基金组织理事会通过决议，将份额总数增加45%，增至2120亿特别提款权，同时要求各成员国份额增加额的25%要以特别提款权或基金组织规定的其他成员国货币来支付。

（二）决策机制存在缺陷

基金组织决策机制的缺陷主要体现在投票制度和决策机构两方面。基金组织的投票制可以称为"加权投票制"，成员国投票权大小取决于其缴纳份额的多少。由于份额的多少是根据各国的经济实力计算提出的，发达国家的投票权远远高于发展中国家。此外，基金组织的投票原则也不仅仅是简单多数（即超过51%有效），在一些重要事项（例如增加成员国份额和批准某国加入基金组织）的表决中采用特别多数的原则（即70%和85%的赞同通过）。这使一些投票权较高的发达国家能够通过联合很轻易获得否决权（甚至一国否决权）。例如，基金组织协议规定，理事会修改协议时需要85%的投票权赞成，所以，只要拥有17.83%投票权的美国反对，就可以使该议题化作泡影。近年来，IMF更是两次修改协定，将需要特别决议的事项由9类增加到53类，加剧了发达国家和发展中国家的权力差距，使发达国家得以完全操纵IMF的运行。不公平的投票机制造成了IMF的低效运行。首先，投票权决定了各国份额的分配，使"富者越富、贫者越贫"；其次，近年来因国际收支失衡、币值不稳而导致金融危机的国家或地区多为发展中国家。但是，恰恰是这些最需要及时得到援助的成员无法使其合理要求获得通过，IMF事实上违背了"向成员国提供流动性"的宗旨和目标。

在决策机构上，基金组织的决策机构由理事会、发展委员会和临时委员会组成，其成员是各国中央银行行长、财政部长或政府高级官员，每年聚会次数不多，无法对国际金融市场的重大事件进行快速反应。例如，根据协议，基金组织有权确定成员国货币政策与经济发展状况是否有可能直接导致其他成员国国际收支的严重失衡，并向其他成员国公布。但是，确定的权利并不是直接授权给理事会等决策机构，而是要经过特别多数（70%）的投票表决过程。同时，决策机构的成员分配也是根据各国的基金份额数安排的，同样具有不公平性。

（三）提供贷款的附加限制条件

基金组织创立初期，协定中并没有关于贷款限制性条件的条款，后来在美国的提议下，基金组织开始实施贷款条件限制。所谓贷款限制性条件（Conditionality），是指基金组织成员国在使用基金组织贷款时必须采取一定的经济调整措施，以便在贷款项目结束或即将结束时能够恢复对外收支的平衡。

当然，基金组织同其他金融机构一样，在发放贷款时必须考虑贷款资金的回收问题，以保证基金组织拥有的资金能够循环使用。就此而言，基金组织发放贷款时附加限制性条件是正确的。但关键是贷款的限制性条件必须真正有利于借款国国际收支的顺利调整和经济发展。然而，从基金组织近年来对一些发展中国家实行贷款限制性条件的实际结果看，由于基金组织对发展中国家国际收支失衡的原因分析不够准确和全面，因此附加贷款条件规定的紧缩和调整措施给借款国的经济带来了消极的影响。

实际上，基金组织提出的国际收支调整措施几乎都是要求借款国在经济上实行紧缩措施，压缩政府开支，减少货币供应量，以平衡政府预算和降低国内通货膨胀率，从而达到压缩进口需求、平衡国际收支的目的。基金组织的这种政策方法旨在解决发展中国家内部产生的不平衡，并将内部调整作为获得平衡的手段。事实上，造成发展中国家国际收支失衡的原因是多方面的，对于某些国家，国际收支赤字是由于国内的政策失误所致，那么紧缩性的调整会收到明显效果。但也有的情况是其他原因造成的，如有些发展中国家出口商品的单一化，主要依赖少数传统的初级产品出口，这样，当国际市场价格波动不利时，就会形成国际收支赤字。在这种情况下，基金组织限制性贷款条件要求的紧缩措施就难以收到预想效果。另外，还有些发展中国家的国际收支赤字是由于发达国家的经济衰退、贸易保护主义等政策的影响，这些外部因素是发展中国家所无法控制的，也不是紧缩政策可以解决的。除了上述贷款条件可能运用不当的问题以外，对发展中国家提出执行紧缩政策还有一个经济和社会承受能力的问题。经济紧缩的后果是增长速度放慢、失业增加。一个国际收支赤字的国家，国内可能已经出现了收入水平下降，进一步的紧缩可能加剧国内经济状况的恶化。所以，在执行基金组织的紧缩政策时，需要在政治上和经济上都付出沉重的代价，何况许多发展中国家承受经济紧缩的能力有限。这样，过度紧缩的结果不仅解决不了国际收支赤字的问题，还可能引起政治动荡。

目前看来，随着世界经济与国际货币和金融形势的发展，基金组织的某些传统职能和惯例已经显得不能与新形势相适应，对国际货币基金组织进行改革已成为人们关注的一件大事。

第二节　世界银行集团

世界银行集团（World Bank Group）由国际复兴开发银行（International Bank for Reconstruction and Development，IBRD，简称世界银行）、国际开发协会（International Development Association，IDA）、国际金融公司（International Finance Corporation，IFC）、国际投资争端解决中心（International Centre for Settlement of Investment Disputes，ICSID）和多边投资担保机构（Multilateral Investment Guarantee Agency，MIGA）5个成员机构组

成。世界银行集团的目标最初是为西欧国家战后复兴提供资金支持，1948 年"马歇尔计划"中的欧洲复兴资金落实以后，业务目标转变为帮助发展中国家提高生产力，促进其社会进步和经济发展，改善和提高人民生活。其中前 3 个机构为集团的主要业务机构。

一、世界银行

世界银行是国际复兴开发银行的简称。1944 年 7 月，布雷顿森林会议的各国代表就美国提出的计划进行了研究，并最终通过了《国际复兴开发银行协定》。根据此协定，国际复兴开发银行即世界银行成立于 1945 年 12 月 27 日，1946 年 6 月 25 日正式开始营业。根据协定，凡参加世界银行的国家必须是国际货币基金组织的会员国，但国际货币基金组织的会员国不一定都加入世界银行。世界银行建立之初，有 39 个会员国，至 2010 年 6 月，已增至 186 个会员国。总部设在美国华盛顿。

（一）世界银行的宗旨

根据《国际复兴开发银行协定》规定，世界银行的宗旨是：①对用于生产目的的投资提供便利，以协助成员国的经济复兴与开发，鼓励不发达国家生产和资源的开发；②通过担保或参与私人贷款和私人投资的方式，促进私人的对外投资；③用鼓励国际投资以开发成员国的生产资源的方法，促进国际贸易的长期均衡发展，维持国际收支平衡；④配合国际信贷，提供信贷担保。总之，世界银行的主要任务是向成员国提供中长期贷款，以促进成员国的经济复兴与发展。目前，世界银行的主要目的是向发展中国家提供开发性贷款，资助其兴办长期建设项目，以促进其经济增长与资源开发。

（二）世界银行的组织机构

世界银行的组织机构与国际货币基金组织类似，也是由理事会、执行董事会和以行长、副行长及工作人员组成的办事机构。

理事会是世界银行的最高权力和决策机构，由每个成员国指派的理事和副理事各 1 名组成。理事一般由成员国的财政部长或中央银行行长担任。理事和副理事任期 5 年，可以连任。副理事只有在理事缺席时才有投票权。理事会每年举行一次会议，一般与国际货币基金组织的理事会联合召开。理事会年会必须有代表投票权总数 2/3 以上的理事出席，才具有合法性。理事会的主要职责是：批准接纳新成员国，增加或减少银行资本，停止成员国资格，决定银行净收益的分配以及其他重大问题。

执行董事会是负责组织世界银行日常业务的机构，行使由理事会赋予的职权。执行董事会由 22 人组成，其中 7 人由持有银行股份最多的 5 国（美国、英国、法国、德国、日本）及中国、沙特阿拉伯各自指派，其余 15 人由其他成员国按地区组成 15 个选区推选产生。执行董事可每两年指派或选举一次，每个执行董事可以指派 1 名副执行董事，在执行董事缺席时，代其行使职权。执行董事会除召开常务会议和正式会议外，还根据业务需要随时召开临时会议。会议必须有占总投票权1/2以上的执行董事出席，才构成法定人数。

执行董事会选举1人为行长，是世界银行的最高行政长官，负责领导银行的日常工作以及任免银行的高级职员和工作人员。行长下设副行长若干人，协助行长工作。行长无投票权，只有在执行董事会表决中出现赞同与反对双方票数相等的情况时，可以投起决定作用的一票。

世界银行拥有庞大的办事机构，在总部内按地区和专业设有50个局和相当于局的机构，分别由18名副行长领导。总部是银行的执行机构，负责业务经营。除在华盛顿设有总部外，还在许多成员国设有办事处、派出机构和常驻代表，办理有关贷款事宜。

参加世界银行的成员国都须认股，认缴额按申请国的经济和财政力量分摊。世界银行的重大问题都要由成员国通过投票表决的方式做出决定。根据银行协定规定，每个成员国都有基本投票权250票，此外每认缴1股（每股10万美元，1978年4月1日后改为10万特别提款权）增加1票，其权力分配与股份公司相似。美国一直是世界银行最大的股东，现有投票权占总投票权的16.53%，对世界银行的业务活动具有绝对的控制权。

（三）世界银行的资金来源

世界银行不是一般意义上的"银行"，它是联合国的专门机构之一。世界银行的资金主要来自成员国缴纳的股金、借款、业务净收益和转让债权等，其中借款是世界银行的主要来源。

1. 成员国缴纳的股金

世界银行成立之初，法定资本为100亿美元，分为10万股，每股10万美元。按照原来的规定，成员国认缴的股金分两部分缴付：一部分是成员国在加入世界银行时必须缴纳其认缴额的20%，其中2%以黄金或美元支付，世界银行对这部分股金有权自由使用；其余18%以本国货币支付，世界银行将这部分股金用于贷款时，必须征得该成员国同意。另一部分为待缴股金，即成员国认缴股金的80%，由成员国保存，当世界银行遇到资金困难或其他危机时，可要求成员国以黄金、美元或银行所需要的货币支付。世界银行认为需要时，经总投票数3/4多数通过，即可增加股本。

2. 借款

世界银行实有资本有限，而且它不能像商业银行那样吸收存款，因此，借款是世界银行的主要资金来源。世界银行主要采用以下两种方式在各国和国际金融市场发行债券筹措资金：其一是直接向成员国政府、政府机构或中央银行发行中短期债券；其二是通过投资银行、商业银行等中间包销商向私人投资市场发行债券，这种方式筹措的资金期限较长。在这两种方式中，采用后一种方式发行债券的比重不断提高，近年来已超过总额的 2/3，有时甚至接近 3/4。

世界银行发行债券的期限从 2 年到 25 年不等，其利率随国际金融市场的变化而变化，但由于世界银行资信较高，利率往往要低于一般的公司债券和某些国家的政府债券。在借款管理上，世界银行采取的方针是：一是借款市场分散化，减少对特定市场的依赖，以取得最佳的筹资条件；二是尽力使借款成本最小。为此，世界银行除继续借入美元外，还借入了其他主要西方国家的货币，以减少汇率与利率风险。它利用自己拥有较大规模流动资产作为缓冲的有利条件，采用多种方式，谨慎选择借款时机和市场，从而降低了筹资成本。

3. 业务净收益

世界银行历年来的业务净收益不分配给股东，它将一部分以赠款形式拨给国际开发协会，大部分留做准备金，成为发放贷款的一个资金来源。

4. 转让债权

从 20 世纪 80 年代以来，世界银行将贷出款项的债权有偿地转让给商业银行等私人投资者，以提前收回资金，并转为贷款的一个资金来源。

（四）世界银行的贷款业务

世界银行贷款的重点一向是各种基础设施，如公路、铁路、港口、电信和动力设备等，近年来又逐渐增加了能源开发、农业、公用事业和文教卫生等福利事业的项目贷款。另外，1980 年以来，世界银行开始重视发展中国家的经济结构和政策的调整，增设了结构调整贷款。这种贷款的目的是促进宏观或部门经济政策的调整和机构的改革，这对满足发展中国家重大经济结构调整而形成的资金需求是有很大帮助的。

1. 贷款的原则

按照世界银行协定的有关规定，世界银行在办理贷款业务时应严格遵守下列原则：

（1）只有成员国才能申请贷款。世界银行只向成员国政府或由成员国政府、中央银行担保的公私机构提供贷款。

（2）贷款必须用于申请借款国特定的生产性项目。这些项目必须经世界银行审定为在技术和经济上是可行的，并与借款国商定确属经济发展应最优先考虑的项目。只有在特殊情况下，世界银行才发放非项目贷款。

（3）只有在申请借款国确实不能以合理的条件从其他方面获得资金时，世界银行才考虑发放贷款，参加贷款，或提供担保。

（4）贷款必须专款专用，并接受世界银行的监督。世界银行的监督，不仅在使用款项方面，同时在工程的进度、物资的保障、工程管理等方面也进行监督。

（5）贷款期限一般为数年，最长可达 30 年。贷款实行浮动利率。

（6）贷款只贷放给有偿还能力的成员国，以确保贷款能按期收回。

总之，世界银行在做出贷款决定时，只能根据经济上的考虑。近年来，世界银行为了达到项目贷款的经济效益和社会效益的统一，主要向处于经济和社会发展较高阶段的发展中国家提供贷款。

2. 贷款的种类

世界银行的贷款分为项目贷款、非项目贷款、部门贷款、联合贷款和第三窗口贷款等几种类型，其中项目贷款是世界银行贷款业务的主要组成部分。

（1）项目贷款（Project Loan）又称为特定投资贷款。它是世界银行对成员国工农业生产、教育、能源、交通以及市政、文教卫生等具体项目所提供的贷款的总称。为了确保贷款资金能按时收回，世界银行对项目的可行性研究历来十分重视。经过几十年的实践，世界银行在项目选择、建设和管理方面积累了丰富的经验，逐步形成了一套严格的管理制度、管理程序和管理方法。成员国从申请到按项目进度使用贷款，都有严密的程序。概括起来有以下几个阶段：

第一阶段为项目的选定。世界银行对借款国初步提出的项目分别进行筛选，将那些需要优先考虑并符合世界银行贷款原则的项目列入贷款规划。为此，借款国必须向世界银行提供有关经济、财政和与贷款项目有关的情况和统计资料。

第二阶段为项目的准备。准备工作由申请借款国在与世界银行的密切合作下着手进行。有关专家应从技术、经济、财务、组织机构等方面对项目的可行性进行研究，编制可行性报告，为下一阶段的评估工作做准备。准备阶段一般需1~2年，所需时间的长短取决于项目的性质、申请国项目计划人员的经验和能力。

第三阶段为项目的评估。申请借款国提出项目报告以后，世界银行通常要派出由专家组成的工作组对项目的各个方面进行全面系统的考察，特别是对项目的技术、组织机构、经济、财务四个方面做出评价。考察结束后，工作人员要编写评估报告，提出贷款的额度、条件等建议。评估报告是世界银行和申请国进行谈判的基础。

第四阶段为项目的谈判。上一阶段结束后，世界银行通常邀请申请借款国派出代表团到总部就贷款协议进行谈判。谈判的内容包括贷款金额、期限、偿还方式，更重要的是为保证项目顺利执行所应采取的措施。谈判达成协议后，申请国与世界银行共同签署谈判协议，另由申请国的财政部代表该国政府签署担保协议。这两个协议须报世界银行执行董事会批准。批准后，项目的协议就完成了法定手续，并送联合国注册登记。

第五阶段为项目的执行。在这一阶段，借款国负责项目的执行和经营，世界银行则通过借款国的项目执行报告和不断派遣专家到借款国考察，对项目的执行或施工情况进行监督。

第六阶段为项目的总结评价。世界银行在项目贷款全部发放完毕后1年左右，要对其资助的项目进行总结。在这一阶段，世界银行负责该项目贷款的业务主管人员要编写一份"项目完成报告"，这个报告必须经由业务评价局进行审查。总结评价的目的是总结项目贷款中的经验教训，并对改进和提高今后的项目管理提出意见。

（2）非项目贷款（Nonproject Loan）。是世界银行为支持成员国现有的生产性设施

须进口物资、设备所需外汇提供的贷款,或是支持成员国实现一定的计划所提供的贷款的总称。前者如世界银行在建立后初期对西欧国家的复兴贷款,后者如结构调整贷款和应急性贷款。结构调整贷款设立于1980年,目的是帮助借款国在宏观经济、部门经济和结构体制等方面进行必要的调整和改革,使其能够有效地利用资金和资源,在较长时期内维持国际收支平衡。应急性贷款是为支持成员国应付各种自然灾害等突发性事件提供的贷款。

(3)部门贷款由部门投资贷款、部门调整贷款和中间金融机构贷款组成。部门投资贷款用于改善部门政策和投资重点,加强借款国制订和执行投资计划的能力。部门调整贷款用于支持某一具体部门的全面政策和体制的改革,这类贷款通常为部门进口提供所需外汇。中间金融机构贷款是指世界银行将资金贷放给借款国的中间金融机构,如开发金融公司和农业信贷机构,再由中间金融机构按照世界银行的统一要求转贷给该国的分项目单位。

(4)联合贷款。是指世界银行与借款国以外的其他贷款机构联合起来,对世界银行的项目共同筹资和提供贷款。其方式有两种:一是世界银行与其他贷款机构分别承担同一项目的一部分;二是由世界银行做介绍人,动员有关贷款机构对项目或与项目有关的建设计划提供资金。这样做,一方面可以减轻世界银行本身的资金压力,增加贷款资金来源;另一方面也是增强其他贷款机构贷放资金的安全感。

(5)第三窗口(the Third Window)贷款设立于1975年12月,其贷款条件介于世界银行发放的一般贷款和世界银行附属机构国际开发协会发放的优惠贷款之间。其贷款利率(4.5%)与世界银行的一般贷款利率(8.5%)的差额由工业发达国家和石油生产国自愿捐赠形成的"利息贴补基金"(Interest Subsidy Fund)解决。该项贷款的期限可达25年,主要用于援助低收入国家。

二、国际开发协会

(一)国际开发协会的建立及其宗旨

随着欧洲复兴的进程和新独立国家的兴起,对经济发展提供资金的问题被提到了议事日程。在发展中国家,人口增长率高而储蓄率低,经济十分落后,需要引进大量的外来资金以便摆脱困境和发展经济。而国际货币基金组织和世界银行的贷款条件较高且数目有限,不能满足这些较贫困国家对大量低息或无息贷款的需求。因此,它们迫切要求建立一个能为其提供优惠贷款的开发性国际金融机构。在这种情况下,美国于1958年提出成立国际开发协会的建议。1959年10月,经世界银行通过,国际开发协会于1960年9月24日正式成立,同年11月开始营业,总部设在华盛顿。至2010年6月,国际开发协会共有169个会员国。

国际开发协会在其协定中规定,其宗旨是向低收入国家提供长期优惠性贷款,帮助这些国家加速经济发展，达到提高劳动生产率和改善人民生活的目的。因此，国际开发协会的贷款是低收入发展中国家获得发展经济所需资金的一个很重要的来源。

（二）国际开发协会的组织机构

国际开发协会的机构设置与世界银行相同，其最高的权力机构是理事会，理事会下设执行董事会负责组织日常业务经营活动，由经理、若干副经理和工作人员组成的办事机构则负责处理日常业务工作。国际开发协会由世界银行的人员负责经营管理，从经理到内部机构的人员均由世界银行相应机构的人员兼任。可以说它同世界银行在组织机构上是"两块牌子，一套人马"。但是，这两个金融机构在法律和财务上是相互独立的。国际开发协会的成员国必须是世界银行的成员国，而世界银行成员国并不一定都要参加国际开发协会。国际开发协会也是按股份公司方式组织起来的，投票权的分配与成员国认缴的股金挂钩。

（三）国际开发协会的资金来源

1. 成员国认缴的股金

国际开发协会成立初期，法定资金为10亿美元。以后，由于成员国的增加，资本总额也有所增加。成员国认缴的股金数额，按其在世界银行认购的比例确定。国际开发协会的成员国分为两类：第一类是工业发达国家或收入较高的国家，这些国家认缴的股金必须以黄金或可兑换货币缴付，可全部供国际开发协会出借；第二类为发展中国家，这些国家认缴的股金的10%必须以可兑换货币缴付，其余的90%以本国货币支付，这部分资本额未经成员国同意，不能作为贷款之用。

2. 成员国提供的补充资金

国际开发协会规定，该协会不得依靠在国际金融市场发行债券来筹措资金，而成员国认缴的股金有限，远不能满足成员国的信贷需要。所以，国际开发协会只能要求各成员国政府（主要是第一类成员国）定期提供补充资金（Replenishments），以保证协会的财源。

3. 世界银行的拨款

根据1964年世界银行理事会政策声明，世界银行从那时起每年从其业务净收益中拨出一部分款项捐赠给国际开发协会，作为协会贷款的资金来源。

4. 国际开发协会经营业务所获得的净收益

由于国际开发协会的信贷十分优惠，所以这部分款项为数甚少。

（四）国际开发协会的贷款业务

国际开发协会的主要业务是向低收入的发展中国家提供长期优惠性贷款。一个国家是否符合获得IDA援助的资格，首要的决定因素是它的相对贫困状况。而相对贫困的标准是人均国民总收入低于某个确定的、每年更新的临界点。1997 年的标准是 925 元，2007 财年规定的新标准为 1025 美元。

国际开发协会提供的贷款被称为信贷（Credit），以区别于世界银行提供的贷款（Loan），其间的区别在于世界银行的贷款条件严格、贷款利率相对较高，被称为硬贷款。而国际开发协会所发放的优惠贷款则被称为软贷款。软贷款的优惠条件体现在长期和无息两个方面。贷款期限通常为 35~40 年，最长可达 50 年，头 10 年为宽限期，不必还本，从第二个 10 周年起每年还本 1%，其余 30 年每年还本 3%。在整个贷款期限中免收利息，只对已拨付的部分每年收取 0.75% 的手续费。

因此，国际开发协会的信贷具有明显的援助性质，它作为世界银行贷款的补充，从而促进了世界银行目标的实现。由于发展中国家主要依靠农业，因此，国际开发协会的信贷资金主要用于资助农业和农村发展部门以及运输、能源、电力、交通、水利、港口建设等公共工程部门。目前有 82 个国家符合获得 IDA 援助的资格。这些国家共拥有 25 亿人口，占全世界总人口的差不多一半。据估计，这些国家有 15 亿人口每天靠 2 美元或不到 2 美元的收入维持生活。

三、国际金融公司

（一）国际金融公司的建立及其宗旨

由于世界银行与国际开发协会的贷款都是以成员国政府为对象，如对私人企业贷款必须由政府机构担保。而且世界银行只能经营贷款业务，无权参与股份投资或为成员国的私人企业提供其他种类有风险的投资。这些规定不仅在一定程度上限制了世界银行业务活动的扩展，而且不利于发展中国家民族经济的发展。因此，为了扩大对成员国私人企业的国际贷款，美国国际开发咨询局于 1951 年提出在世界银行下设立国际金融公司的建议。1954 年，世界银行同成员国政府协商后拟出创办计划。1956 年 7 月，国际金融公司正式成立。

国际金融公司的宗旨是：通过对发展中国家的私人企业提供无需政府机构担保的贷款与投资，鼓励国际私人资本流向发展中国家，支持发展中国家资本市场的发展，推动私人企业的成长，促进发展中国家的经济发展，从而补充世界银行的活动。

（二）国际金融公司的组织机构

国际金融公司作为世界银行的附属机构，其管理办法和组织机构与世界银行相同，最高权力机构是理事会，理事会下设执行董事会，负责处理日常业务。其正副理事和正副执行董事由世界银行的正副理事和正副执行董事兼任，正副经理由世界银行正副行长兼任。但是，国际金融公司有自己的业务和法律人员。从法律及财务上来说，它是一个独立的实体。

根据国际金融公司协定规定，该公司的成员国必须是世界银行的成员国，但世界银行的成员国不一定都要参加国际金融公司。2010年6月，国际金融公司的成员国已达182个。国际金融公司成员国的投票权也采用按认缴股份额计算的原则。每个成员国有250票基本票，每认缴1000美元增加1票。美国是认缴股份最多的成员国，拥有的投票权也最多。

（三）国际金融公司的资金来源

1. 成员国认缴的股金

这是国际金融公司主要的资金来源之一。国际金融公司成立时，法定资本为1亿美元，分为10万股，每股1000美元。此后，国际金融公司曾几度增资，目前法定资本达到23.5亿美元。成员国认缴的股金须以黄金或可兑换货币缴付。

2. 借款

借款是指国际金融公司从世界银行和其他金融市场借来的资金。在国际金融公司1999年度的资产负债表上，从世界银行的借款是3.5亿美元，从金融市场的借款是120.8亿美元。借款已成为国际金融公司最大的资金来源。

3. 业务净收益

国际金融公司历年来的业务净收益除对某些非洲项目捐助外，其余都作为自有资金。

（四）国际金融公司的贷款业务

国际金融公司的主要业务活动是对成员国的私营企业提供贷款或参与投资，无需政府担保。国际金融公司的贷款对象主要是亚、非、拉地区的不发达国家。贷款的资助部门主要为制造业、加工业和开采业，如钢铁、建筑材料、纺织、采矿、肥料、化工、能源、木材、造纸以及旅游和非金融服务业。在2005财年，国际金融公司投资于67个国家的236个项目，范围覆盖所有发展中地区：撒哈拉沙漠以南非洲、东亚与太平洋、南亚、欧洲与中亚、拉丁美洲与加勒比、中东与北非。

国际金融公司贷款的期限一般为7～15年，如确属需要，贷款的期限还可以更长一些；还款时须用原借款货币偿还；贷款的利率视投资对象的风险和预期收益而定，但一般高于世界银行的贷款利率；贷款规模较小，一般在200万～400万美元之间。国际金融公司从承诺贷款和入股之日开始，每年对未拨付部分收取1%的承诺费。

国际金融公司办理贷款的方式为：①直接向私人生产性企业提供贷款；②以入股方式向私人企业项目进行投资，但投资规模不超过项目成本的25%；③与私人投资者、商业银行和其他金融机构联合投资，共担风险，按投资比例分享利润，这既弥补了它的资金不足，又促进了发达国家对发展中国家私人企业的投资。

第三节　区域性国际金融机构

区域性国际金融机构是介于全球性和纯地区性国际金融机构之间的准地区性或准全球性国际金融机构。它们与联合国及其所属的国际货币基金组织和世界银行相互配合,对促进本地区的国际贸易与投资以及成员国经济的发展起着极为重要的作用。本节介绍与我国有密切联系的国际清算银行、亚洲开发银行和非洲开发银行。

一、国际清算银行

(一) 国际清算银行的建立及其宗旨

国际清算银行(Bank for International Settlement, BIS)是最早出现的国际金融机构。第一次世界大战结束后,为处理战后德国赔款和协约国之间债务的清算及清偿事务,1930年2月,英国、法国、意大利、比利时、德国、日本等国的中央银行和美国的3家大银行(摩根银行、纽约花旗银行和芝加哥花旗银行)组成的银行团在荷兰海牙签订国际协议,共同出资成立了国际清算银行;同年5月20日开始营业,行址设在瑞士的巴塞尔。

国际清算银行的宗旨,最初是处理第一次世界大战后德国对协约国赔款的支付和处理与德国赔款的"杨格计划"有关的业务。现在,其宗旨则是促进各国中央银行的合作,为国际金融活动提供更多的便利,在国际金融清算中充当受托人或代理人。从某种意义上说,它履行着"中央银行的银行"的职能。

(二) 国际清算银行的组织结构

国际清算银行以股份公司形式建立,其最高权力机构是股东大会,股东大会每年举行一次,由认购该行股票的各国中央银行派代表参加。董事会是国际清算银行的实际领导机构。国际清算银行创立时的股本全部由参加创建的各国中央银行和美国银行集团认购。后来,随着银行规模的扩大,其股票也在市场上交易,持股者于是包括与该行有业务关系的其他国家中央银行或金融机构,以及在市场上购进该行股份的私人。近年来,私人持股的数量和比重均有所下降,85%以上的股份掌握在有关中央银行手中。所有股东在分享该行利润方面都享有同等权利,但是私人持股人没有代表权和投票权。

(三) 国际清算银行的职能与业务

国际清算银行的职能是"中央银行的银行",办理多种国际清算业务。目前,全世界约有80多家中央银行将其大约10%的外汇储备和3000多吨黄金存于该行,作为提供贷款的资金保障之一。该行还办理各国政府国库券和其他债券贴现和买卖业务，买卖黄金、外汇，或代理各国中央银行买卖。国际清算银行办理黄金存储业务，既不计息也不收存储费，但可按市场价85%进行抵押，取得贷款。国际清算银行资金力量雄厚，积极参与国际金融市场活动，尤其是国际黄金市场和欧洲货币市场的重要参加者。

国际清算银行还是各国中央银行进行合作的理想场所。很多国家的中央银行行长每年在巴塞尔国际清算银行年会上会面，讨论世界经济与金融形势，探讨如何协调宏观政策和维持国际金融市场的稳定。国际清算银行还尽力使其全部金融活动与国际货币基金组织的活动协调一致，并与其联手解决国际金融领域的一些棘手问题。例如，在缓和20世纪80年代初发展中国家国际债务危机的过程中，国际清算银行提供了大量的贷款，起到了重要的作用。

1984年底，中国人民银行与国际清算银行开始建立正式的业务往来关系。随后，中国人民银行在国际清算银行开设了外汇和黄金账户，将部分外汇储备和黄金存入该行账户。这些账户的使用灵活方便，无疑为我国国际储备的有效管理提供了新的途径。中国人民银行与国际清算银行的交往逐年增多，也多次得到国际清算银行的技术援助，同时，也增加了同其他国家中央银行进行交往的机会。

二、亚洲开发银行

亚洲开发银行（Asian Development Bank，ADB）简称亚行，是西方国家和亚洲及太平洋地区发展中国家联合创办的亚太地区政府间国际金融组织，是一家仅次于世界银行的世界第二大开发性国际金融组织。

（一）亚行的建立及其宗旨

亚太地区是一个拥有大批发展中国家、人口众多，但人均物质水平相当低且区内经济反差很大的地区。第二次世界大战爆发后，这些国家原本极不发达的经济受到严重的破坏。战争结束后，获得民族独立的殖民地国家面临着迅速发展本国经济的艰巨任务。但由于缺乏资金、技术等条件，这些国家和地区的经济发展十分缓慢。面对这一现状，亚洲国家和地区的政府意识到必须在本地区建立一个开发性的金融组织，通过该组织进行本地区之间以及本地区与国际之间的金融合作，为本地区各国的经济发展提供必要的资金。1963年3月，日本提出了设立"亚洲开发银行"的建议。同年12月，联合国亚洲及远东经济委员会（简称亚经会）在马尼拉召开第一次亚洲经济合作部长级会议，讨论日本的建议，各国代表原则上同意建立亚洲开发银行。1965年11月至12月，在马尼拉召开的第二次亚洲经济合作部长级会议上，通过了《亚洲开发银行章程》（以下简称《亚行章程》）。1966年11月24日，亚洲开发银行成立，同年12月开始营业。总部设在马尼拉。

根据《亚行章程》，凡亚洲及太平洋经济社会委员会（原联合国亚洲及远东经济委员会，简称亚太经社委员会）的成员国、亚太地区的其他国家或地区和该地区外的联合国及所属专门机构的成员均可加入。亚行在初建时有34个成员国，其中22个来自亚太地区，12个来自西欧、北美地区。至2010年6月，亚行共有67个成员，其中48个来自亚太地区，其余来自其他地区。所以，亚行既是一个区域性的国际金融组织，又带有明显的国际性。

亚洲开发银行的宗旨是促进亚洲及太平洋地区的经济发展和合作，特别是协助本地区发展中国家以共同的或个别的方式加速经济发展。具体地说，亚行有如下主要任务：

(1) 利用亚行的资金为本地区发展中国家的开发项目和计划提供贷款。

(2) 为这些贷款项目的确认、准备、实施和运转提供必要的技术援助。

(3) 促进成员国中的公营和私营部门的开发性投资，以开发本地区。

(4) 帮助成员国制定协调发展政策和计划，更好地利用本国的资源，扩大对外贸易。

(5) 与联合国及其机构密切合作，组织对本地区开发基金投资。

（二）亚行的组织机构

亚行的组织机构主要由理事会、董事会和总部组成。

理事会是亚行的最高权力和决策机构，由各成员国委派1名理事和1名副理事组成。理事和副理事的任期由各成员国决定。理事会每年至少举行一次会议。当出席会议的理事投票权合计数占总投票权的2/3以上时，即构成法定人数。理事会的主要职权：①接纳亚行新成员国和确定接纳条件；②增加或减少亚行的核定股本；③终止成员国的资格；④修改《亚行章程》；⑤决定亚行储备金及纯收益的分配；等等。董事会是亚行日常业务的领导机构，行使由亚行章程和理事会赋予的权力。董事会成员由理事会按不同选区选举产生，任期2年，可以连任。

董事会现由12名董事组成，其中8名来自本地区，4名来自其他地区。董事可以任命1名副董事。董事会的最高领导是董事会主席，由亚行行长担任。我国自1986年加入亚行后，作为单独选区指派了董事和副董事。

总部由行长、办公室和各业务局组成。行长是亚行的合法代表和最高行政长官，规定由亚太地区成员的国民担任，由理事会选举产生，任期5年，可以连任。行长负责亚行的日常业务，并且根据董事会制定的规章，负责亚行官员和工作人员的任命和辞退。由于日本在世界特别是在亚洲所处的经济地位，历任亚行行长均由日本人担任。在总部内设有9个局和11个局级办公室。亚行除总部外，还在借款多的国家和地区设立了常驻代表处。亚行成员国的投票权采用按股本额计算的原则，按《亚行章程》规定，每个成员国均拥有基本投票权778票，以后每增加认股1万美元可增加2票。

（三）亚行的资金来源

1. 普通资金

普通资金是亚行开展业务的主要资金来源，由以下几部分组成：

（1）股本。凡参加亚行的成员国都应认缴银行的股本。亚行初建时，法定股本为10亿美元，后经多次增资，至1995年，法定股本为525.85亿美元，成员国认缴股本总额为384亿美元，其中实缴股本为33.7亿美元，实缴股本中的40%以可自由兑换货币支付，60%以本国货币支付；待缴股本为350.3亿美元，待缴股本由成员国保存，在亚行催缴时以黄金、可自由兑换货币或亚行需要的货币支付。目前拥有最多认缴股本额的国家是日本、美国和中国。

（2）借款。亚行在建立初期，主要依靠自有的银行资本对外发放贷款。此后，随着贷款业务的增加，从1969年起，亚行开始从国际金融市场借款。到1982年，亚行的借款额已超过其自身所拥有的股本和储备金总额。亚行借款的方式主要有：一是以发行债券的方式从国际资本市场上筹措资金，二是与有关国家政府、中央银行以及其他金融机构直接安排证券销售吸收资金，三是直接从商业银行借款。

（3）普通储备金。根据《亚行章程》第40条规定，亚行理事会每年从亚行业务净收益的一部分划作普通储备金。

（4）特别储备金。亚行对其1983年3月28日以前发放的未偿还的普通资金贷款，除了收取利息和承诺费外，还收取一定数量的佣金作为特别储备金。但从1985年开始，亚行已停止收取这种佣金。

（5）净收益。亚行收入来源包括贷款利息收入、承诺费收入、投资收益及其他收入，除去借款利息、其他财务费用、行政管理费用及雇员工资等费用外，每年可获取数亿美元的净收益。这些净收益不进行分红或再分配，都作为自有资金。

2. 亚洲开发基金

亚洲开发基金始建于1974年6月28日，专门对亚太地区贫困成员国发放优惠贷款。该基金主要来源于亚行发达成员国的捐赠，最大认捐国是日本、美国。除捐赠外，亚洲开发基金还有两个来源：一是亚行理事会按照银行章程规定，从各成员国缴纳的未核销实缴股本中拨出10%的款项留给该基金；二是亚行从其他渠道取得的一部分捐款。

3. 技术援助特别基金

技术援助特别基金设立于1967年，主要用于提高发展中国家人力资源素质和加强执行机构的建设，具体用于资助发展中国家聘请咨询专家、培训人员、购置设备进行项目准备、项目执行、制定发展战略、加强机构建设和技术力量、从事部门研究等。技术援助特别基金主要来源于各成员国的捐赠，其中最大的出资者是日本。另外，亚行理事会于1986年10月1日决定，从为亚洲开发基金增资的36亿美元中拨出2%的款项给技术援助特别基金。

4. 日本特别基金

日本特别基金设立于1988年3月10日。该基金的宗旨是帮助亚行调整经济结构，以适应整个世界经济环境的变化，开拓新的投资机会，促使本地区资本富裕成员国和地区的资本回流到发展中成员和地区。根据这一宗旨，该基金用于支持发展中国家所进行的与实现工业化，开发自然资源、人力资源以及引进技术有关的活动，以便加速发展中国家的经济增长。该项基金全部由日本政府捐赠。

5. 联合融资

亚行的联合融资是指一个或一个以上的外部经济实体与亚行共同为某一开发项目融资。具体来说，亚行联合融资的渠道主要有：①主要工业发达国家的政府机构；②多边国际组织，如联合国开发计划署、欧洲经济共同体、国际农业开发基金等；③主要工业发达国家的商业银行；④有关国家的出口信贷机构。目前，亚行的联合融资已成为发展中国家成员国日益重要的融资手段，它可加速国际资本向本地区的流动。

（四）亚行的主要业务活动

亚行的主要业务活动是对成员国进行贷款，同时还广泛地开展技术援助业务。

1. 贷款

亚行自成立以来，贷款业务发展十分迅速。贷款对象为成员国政府及所属机构、境内的公私企业和与开发本地区有关的国际性或地区性组织；贷款方向偏重于农业和农产品加工业、能源及交通运输业，也涉及工业、供水、城市发展、金融、教育和卫生等领域。

亚行贷款业务的种类采用两种划分标准：一是按贷款条件划分，二是按贷款方式划分。

按贷款条件划分，可分为硬贷款、软贷款和赠款三大类。硬贷款是用亚行普通资金提供的贷款，贷款的期限为10~30年，含2~7年的宽限期，贷款的利率为浮动利率，每半年调整一次；软贷款又称优惠贷款，是用亚洲开发基金提供的贷款，此种贷款仅提供给人均国民收入低于670美元（1983年价格），且还款能力有限的亚行成员，贷款的期限为40年，含10年的宽限期，不收利息，仅收1%的手续费；赠款用于技术援助，资金由技术援助特别基金提供，但金额有限制。

按贷款方式划分，可分为项目贷款、规划贷款、部门贷款、开发金融机构贷款、综合项目贷款、特别项目执行援助贷款和私营部门贷款等，其中项目贷款是亚行传统的和主要的贷款方式。取得亚行项目贷款必须符合三个要求：①项目的经济效益好；②有利于促进借款成员国的经济发展；③借款成员国政府有较好的资信。亚行的贷款项目从项目确定直到项目完成后的总结评价，中间要经过一系列的工作环节，这些环节与世界银行的项目贷款程序相似。

2. 技术援助

亚行多年来的经验表明，仅靠向发展中国家提供贷款和投资，不能达到促进其社会经济发展的目的，还必须向发展中国家提供致力于加强机构建设和提高劳动生产率水平的技术援助，使其能够更有效地利用投资，搞好经济开发项目的建设。因此，亚行在办理各项贷款业务的同时，积极开展了广泛的技术援助。亚行提供技术援助有多种形式：

(1) 项目准备技术援助。是为了帮助成员国确定项目或进行项目的审核，以便亚行或其他金融机构能顺利地对项目进行贷款或投资。

(2) 项目执行技术援助。是为了帮助项目执行机构（包括开发性金融机构）提高管理能力，以便保证贷款的使用效率。

(3) 咨询性技术援助。是为了帮助有关机构（包括亚行贷款的执行机构）加强建设，进行人员培训，以便正确地制定国家总体和部门发展规划及政策等。

(4) 区域性技术援助。是用于重要问题的研究，开办培训班，举办涉及整个区域发展规划的专题研讨会，等等。

亚行提供技术援助的方式主要有贷款和无偿赠款两种，其中以贷款方式为主。亚行为其成员国提供的总金额达17亿美元的技术援助中，其中75%采用贷款方式，17%采用赠款方式，其余的8%采用联合融资方式。亚行的技术援助在亚太地区社会经济发展中起着重要的作用，它不仅能够使受援国增强机构能力和提高技术水平，而且有助于扩大贷款业务。

亚洲开发银行创建时，台湾以中国的名义参加。1983年2月，我国政府致函亚行行长，要求正式加入该行。1986年2月17日，亚行理事会通过决议，接纳我国加入该行。同年3月10日，我国正式成为亚行的成员国，台湾以"中国台北"的名义留在该行。1987年，我国开始向亚行借款（中国投资银行和华能公司长山电厂两个项目借款1.33亿美元）；1994年我国成为亚行的第一大借款国。近年来，亚行向中国贷款项目及金额逐步增加，并且还为我国项目单位和有关部门提供了各类技术援助。

三、非洲开发银行

非洲开发银行（African Development Bank，AFDB）简称非行，是非洲国家创办的一家区域性国际金融组织，成立于1964年9月，1966年7月1日正式营业，行址在科特迪瓦首都阿比让。在非洲大陆建立一家开发银行的建议，最早是在1960年第一届非洲人民大会上提出的，1961年联合国非洲经济委员会亚的斯亚贝巴会议上指定由利比里亚等9个国家负责筹建，1963年8月在苏丹喀土穆举行的非洲国家财政部长会议通过了成立非洲开发银行的协定。该行成立时只有23个成员国，全是非洲国家。1980年该行允许区外国家认缴股本，我国于1985年5月正式参加了非洲开发银行。

非洲开发银行的宗旨是向非洲成员国提供贷款和投资，或给予技术援助，充分利用该大陆的人力和自然资源，以促进各国经济的协调发展和社会进步，从而尽快改变该大陆贫穷落后的面貌。

非洲开发银行与亚洲开发银行性质相近。理事会是非行的最高权力机构，它由每个成员国任命的1名理事和1名副理事所组成，担任理事的一般为该行成员国的财政部长、中央银行行长或外交部长等。理事会每年召开一次会议，必要时可举行特别理事会议。董事会是理事会的执行机构，负责执行理事会的决定，开展业务，定期向理事会汇报工作。董事会作为负责该行日常业务的常设机构，由理事会选派18人组成，董事的任期3年，大多数成员国的董事由其中央银行派出，但也有少数成员国是由其外交部派出。非行行长由董事会选举产生，并兼任董事会主席，为该行的合法代表，行长任期为5年，在董事会指导下开展工作。

非行的资金来源分普通资金来源和特别资金来源两大类。普通资金来源主要有该行核定资本的认缴额；该行筹借的资金，如利用发行债券、组织辛迪加借款等形式或从国际金融市场筹措来的资金。特别资金来源主要有最初捐赠给该行建立或受托的特别资金的款项，为特别资金筹措的专款，用特别基金发放贷款或提供担保而获得的偿还资金。非行经营的业务分为普通贷款业务和特别贷款业务。普通贷款业务是该行用普通股本资金提供的贷款。特别贷款业务是用该行规定专门用途的特别基金向成员国提供的优惠贷款。为了解决贷款资金的来源，非行还先后建立了以下四个机构：

（一）非洲开发基金

非洲开发基金是一笔跨国基金，由非行和非洲以外25个国家和地区成员认股缴纳的基金构成。它设立于1972年7月，1973年8月开始营业。该基金主要向非洲最贫困国家的发展项目提供长达50年的无息贷款，其中包括10年宽限期，每年只缴纳0.75%的手续费。

（二）非洲投资与开发国际金融公司

非洲投资与开发国际金融公司是1970年11月在非行倡议和参与下组建的控股公司，总部设在日内瓦。目的是动员国际私人资本建设和发展非洲的生产性企业。它的股东包括国际金融公司以及美洲、欧洲和亚洲的120余家金融和工商企业。

（三）尼日利亚信托基金

尼日利亚信托基金于1976年4月建立，是由尼日利亚政府出资而由非行管理的一个机构。该基金通过与其他信贷机构合作，向非行成员国中较贫穷国家提供项目贷款，贷款期限25年，宽限期最长可达5年，是低息贷款，主要用于成员国公用事业和交通运输部门的建设。

（四）非洲再保险公司

非洲再保险公司是非行的一个附属金融机构，由非行投资建立，1978年起开始营业，公司总部设在尼日利亚首都拉各斯。按规定，每个成员国至少要把在其境内再保险合同的5%投保于该公司。公司的宗旨是加速发展非洲的保险业，通过投资和提供保险等技术援助，促进非洲国家的经济自立和加强区域性合作。公司的最高权力机构是由各成员国代表组成的代表大会。

非洲开发银行自成立以来，特别是20世纪80年代以后，业务发展非常迅速。非行的贷款主要用于农业、交通运输、公用事业、工业和金融部门，对非洲经济的发展作出了应有的贡献。

本章小结

1. 国际金融机构大致可以分为全球性国际金融机构、半区域性国际金融机构和区域性国际金融机构。国际货币基金组织和世界银行是所有国际金融组织中规模最大、成员国最多、影响最广泛的国际金融机构。

2. 国际货币基金组织是在国际合作的基础上，为协调国际货币政策，加强货币合作而建立的政府间的国际金融机构。它的主要职能是进行汇率监督与提供资金融通。

3. 世界银行集团由国际复兴开发银行、国际开发协会、国际金融公司、国际投资争端解决中心和多边投资担保机构5个成员机构组成。其中前3个机构为集团的主要业务机构。国际复兴开发银行主要是向成员国提供中长期贷款，国际开发协会专门向低收入国家提供长期优惠性贷款，国际金融公司则是对发展中国家的私人企业提供无需政府机构担保的贷款。

4. 国际清算银行是最早出现的国际金融机构，它主要是促进各国中央银行的合作，为国际金融活动提供更多的便利，在国际金融清算中充当受托人或代理人的角色。从某种意义上说，它履行着"中央银行的银行"的职能。

5. 亚洲开发银行简称亚行，是西方国家和亚洲及太平洋地区发展中国家联合创办的亚太地区政府间国际金融组织。亚行的宗旨是促进亚洲及太平洋地区的经济发展和合作，特别是协助本地区发展中国家以共同的或个别的方式加速经济发展。

6. 非洲开发银行简称非行，是非洲国家创办的一家区域性国际金融组织。非行的宗旨是向非洲成员国提供贷款和投资，或给予技术援助，以促进各国经济的协调发展和社会进步，从而尽快改变该大陆贫穷落后的面貌。

思考题：

1. 国际货币基金组织的业务活动有哪些？

2. 试述国际货币基金组织贷款存在的基本矛盾与问题。
3. 布雷顿森林体系崩溃后国际货币基金如何加强其汇率监督职能?
4. 世界银行的贷款原则是什么?其贷款有何程序?
5. 国际货币基金组织、国际复兴开发银行、国际开发协会、国际金融公司的贷款对象及贷款条件各有什么特点?
6. 简述国际清算银行的职能与业务。
7. 试述亚洲开发银行的资金来源和主要业务活动。
8. 请结合1997年的亚洲金融危机和2008年的美国次贷危机,谈谈国际货币基金组织的地位和作用,存在的问题以及未来的改革方向。

相关链接 国际货币基金组织对贷款框架进行重大改革

2009年3月24日,国际货币基金组织(简称"基金组织")执董会批准对基金组织的贷款框架进行重大改革,包括建立一个新的灵活信贷额度(FCL)。

面对全球经济危机的不断深化,基金组织正在进行一系列将加强其贷款框架的改革。这些措施体现了与基金组织成员国和利益攸关方的磋商,将使基金组织能够更加有效地应对受危机影响的国家所面临的挑战。

新兴市场国家和发展中国家正面临因全球经济下滑而带来的日益增加的压力。随着危机拖得更长,其中很多国家发现,它们的政策回旋余地受到更大限制。在这样的情况下,基金组织如果及时提供融资,而且融资的数额和形式得当,可以缓冲外部冲击引起的经济和社会压力。在某些情况下,基金组织提供的援助可以有助于防止危机的发生。

在这个背景下,基金组织执行董事会批准通过下列措施对基金组织的贷款框架进行一次重大改革:

(1) 使基金组织针对所有借款人的贷款条件现代化。
(2) 推出一个新的灵活信贷额度。
(3) 增加基金组织传统备用安排的灵活性。
(4) 把非优惠资金的正常贷款限额增加1倍。
(5) 简化费用和期限结构。
(6) 取消某些很少使用的贷款机制。

此外,基金组织正寻求大幅度增加其非优惠和优惠贷款资金,这将使其能够满足因应对这场危机而产生的更大的融资需要。

资料来源:http://www.imf.org/external/chinese/np/sec/pr/2009/pr0985c.pdf.

主要参考文献

1. 陈彪如著. 国际金融概论（增订本）. 上海：华东师范大学出版社，1991
2. 陈彪如，马之騆编著. 国际金融市场. 上海：复旦大学出版社，1998
3. 姜波克编著. 国际金融新编. 4版. 上海：复旦大学出版社，2008
4. 陈雨露主编. 国际金融. 2版. 北京：中国人民大学出版社，2005
5. 刘舒年主编. 国际金融. 3版. 北京：对外经济贸易大学出版社，2005
6. 陈建樑主编. 新编国际金融学. 广州：中山大学出版社，1995
7. 刘金宝主编. 银行外汇交易与风险管理. 北京：文汇出版社，1998
8. 杨长江，姜波克. 国际金融学. 北京：高等教育出版社，2009
9. 杨胜刚，姚小义. 国际金融. 北京：高等教育出版社，2009
10. 段文斌，王化栋主编. 现代期货市场学. 3版. 北京：经济管理出版社，2003
11. 陈彪如，马之騆主编. 国际金融学. 成都：西南财经大学出版社，2000
12. 孙杰编著. 汇率与国际收支——现代西方国际金融. 北京：经济科学出版社，1999
13. 陈元等主编. 国际金融百科全书. 北京：中国财政经济出版社，1994
14. 谭雅玲，王中海著. 国际金融与国家利益. 北京：时事出版社，2002
15. 叶蜀君编著. 国际金融. 2版. 北京：清华大学出版社，2009
16. M Obstfeld P R. Krugman. *International Economics—Theory and Policy*. Addison Wesley Publishing Company, 2000
17. Shapiro A C. *Foundations of Multinational Financial Management*. 4ed. John Wiley & Sons, INC, 2002
18. Copeland S. *Exchange Rates and International Finance*. Pearson Education, 2000
19. Kolb W. *Understanding Futures Markets*. Blackwell Business, 1998
20. Hull C. *Options, Futures, & Other Derivatives*. Prentice-Hall International, Inc., 2000
21. Cheol S Eun, Bruce G Resnick. *International Financial Management*. McGraw-Hill Companies, Inc., 2009
22. http://www.imf.org/external/chinese/index.htm.

主要参考文献

1. 王梓坤, 概率论基础及其应用（修订本）, 下册, 北京: 北京师范大学出版社, 1991
2. 复旦大学, 概率论（第二分册）, 随机过程, 上海, 上海大学出版社, 1998
3. 龚光鲁钱敏平, 应用随机过程教程 上册、下册, 清华大学出版社, 2005
4. 陆传荣王梓坤, 随机过程论 C 册, 北京: 中国人民大学出版社, 2005
5. 刘嘉焜王家宝, 应用随机过程, 北京: 国防科学技术出版社, 2005
6. 钱敏陈珍瑛, 应用随机过程讲义, 上海: 华东大学出版社, 1998
7. 钱敏平龚光鲁, 随机过程论（第二版）, 北京: 北京大学出版社, 1994
8. 张三和孙荣恒, 随机过程, 重庆: 重庆大学出版社, 2009
9. 张波商豪, 应用随机过程, 北京: 清华大学出版社, 2009
10. 毛用才胡奇英, 随机过程（第二版）, 西安: 西安电子科技大学出版社, 2005
11. 张卓奎陈慧婵, 随机过程及其应用, 西安: 西安电子科技大学出版社, 2000
12. 林元烈, 应用随机过程, 北京: 清华大学出版社, 1999
13. 杨振明, 概率论, 北京: 科学出版社, 1999
14. 王连基, 国际金融市场, 北京: 中国时代经济出版社, 1997
15. 唐朱安, 金融市场—理论与应用, 武汉: 武汉出版社, 2002
16. 张世英, 货币金融学 第 2 版, 北京: 高等教育出版社, 2009

16. J. Obstfeld & R. Krugman, International Economics - Theory and Policy, Addison Wesley Publishing Company, 2000
17. Shiryev A N, Foundations of Multinational Financial Singapore, John Wiley & Sons, New York, 2001
18. Copeland S, Exchange Rate Determination, Longman, Pearson Education, 2000
19. Kelly V, Understanding Futures Market, Blackwell Business, 1995
20. Hull J C, Options Futures & Other Derivatives, Prentice Hall International, Inc., 2000
21. Chen S Fan, Drift C Hueston, International Financial Management, McGraw-Hill Companies, Inc., 2005
22. http://www.unf.org/extdata/chinese/Index.htm